北京孔庙国子监史话

李永康 高彦 ◎ 编著

北京燕山出版社

图书在版编目（CIP）数据

北京孔庙国子监史话/ 李永康、高彦编著． -- 北京 ：北京燕山出版社，2010.1 （2014年12月重印）
ISBN 978-7-5402-2246-8
Ⅰ.孔… Ⅱ.①孔… ②高… Ⅲ.孔庙－历史－北京市　Ⅳ.K928.75

中国版本图书馆CIP数据核字(2010)第017877号

北京孔庙国子监史话

作　　　者：	李永康　高　彦
责任编辑：	常思薇　王月佳
装帧设计：	仙境
出版发行：	北京燕山出版社
社　　　址：	北京市西城区陶然亭路53号
印　　　刷：	小森印刷（北京）有限公司
开　　　本：	787×1092　1/16
字　　　数：	378千字
印　　　张：	22
版　　　次：	2010年4月第1版
印　　　次：	2014年12月第2次印刷

ISBN 978-7-5402-2246-8
定　　　价：68.00元

燕山版图书，版权所有，侵权必究。
燕山版图书，印装错误可随时退还。

《北京孔庙国子监史话》编委会

编委会主任：吴志友
副 主 任：陈 静 李超英 高树荣
委 员：高 彦 李永康 庚 华 徐正宗
　　　　王琳琳 韩 英 张炳谦 董艳梅
　　　　孔 喆 邹 鑫 常会营 白雪松

前 言

希望有更多的人了解北京孔庙国子监

《北京孔庙国子监史话》出版了，这对那些热爱我国传统文化，尤其是对儒家思想、中国古代教育制度感兴趣的读者来说是一件值得欣慰的好事！

国子监的历史可以追溯到公元前124年汉武帝始立太学，距今已经有两千多年，若从"周代辟雍之制"、"祭祀仪礼之源"的历史来看那就更为久远了。中华民族崇尚文化的传统能够持续不断地传承并得以弘扬光大，孔子创立的儒家思想和孔庙的建立在其中发挥了不可磨灭的历史作用，所谓"庙学之制"就是这个作用的高度概括。北京孔庙和国子监承载了这绵长的教育发展进程，见证了中国深厚的文化底蕴，向世人诉说着曾经有过的辉煌历史。

北京孔庙和国子监是我国元、明、清三代中央政府创办的最高学府，曾经担负着教育和培养朝廷管理人才的重要作用，同时也是封建皇权管理教育、发布教育政令的教育管理机关。不仅如此，孔庙和国子监在我国近代史上，还是北京大学、国家图书馆、国家历史博物馆、首都图书馆、首都博物馆建立和发展的重要源流；在中外文化交流的历史长河中，又是东亚、东南亚"孔子文化圈"现象的重要源头。

北京市市委、市政府在北京奥运会前夕不惜投巨资全面修缮和恢复北京孔庙国子监建筑的原生态环境，市文物局的领导和有关方面的专家给予了特别的关注和指导，使得这项艰巨复杂的工程得以在奥运会召开前夕全面竣工。2008年6月14日孔庙和国子监博物馆正式挂牌全面对外开放，以最接近原生态的面貌，迎接来自世界各地的友人。

"忘记过去就意味着背叛。"孔庙和国子监博物馆一直希望能有一本专著，系统全面地介绍孔庙和国子监的历史，使更多人了解孔庙，了解国子监，珍惜这一在我国文化史上发挥过极为重要的历史遗产。《北京孔庙国子监史话》正是以此为据，应运而生。这本书的创作与出版，凝结了作者和有关专家、领导的智慧和心血，虽然这是一本学术著作，但作者力求摆脱晦涩的文字风格，用通俗易懂的语言、丰富的插图，使更多人愿意和看懂这本图文并茂的专著，借以弘扬我国灿烂辉煌的国学文化，更深刻地理解认识当今创建和谐氛围的必然，这同时也是我们组织写作和出版的目的。当然，这仅仅是一种尝试，其中的问题和错误在所难免，希望各位读者和专家斧正。

看过这本书，北京孔庙国子监的历史事件、历史人物就会灵活现地展现在面前，仿佛回到当年的皇家学府。

欢迎朋友们来孔庙国子监体验历史，感受国学！

孔庙和国子监博物馆

2009年11月25日

《孔庙和国子监史话》再版说明

《孔庙和国子监史话》一书，扼要地介绍了我国悠久历史中一种独特的文化现象，这就是从古代"辟雍"—太学—国子学—国子寺—国子监的历史传承体系。本书从介绍国子监和孔庙景点切入，运用丰富的典籍史料和相关资料，翔实记述了北京国子监的历史渊源及沿革；国子监官学体系的建立及其发展；国子监管理体制的沿革；国子监的政事、财务、人事管理的详情以及教学教育过程；国子监与地方儒学的关系；国子监的招生和毕业制度，与科举制度的关系。对史上曾担任过国子监主官，如读者耳熟能详的刘墉、纪晓岚、翁同龢、王懿荣等学界、政界精英和国子监教育的国际交往与贡献亦做了扼要的阐述。国子监中心建筑的建造纪实；国子监建筑和装饰的人文意义；国子监衰亡的历史原因简析等等，也是本书的重要内容。

书的下卷是孔庙部分，除了与上述有关内容之外，还重点介绍了庙的历史渊源和孔庙的由来，元、明、清三代对北京孔庙的修建和升级历史，孔庙建筑的礼制规范，进士题名碑的由来和存失，孔庙的古迹遗存，孔庙释奠礼的历史渊源和礼制规范，孔庙的历史地位和作用。

此书写作的目的还在于摒弃和排除在国子监历史介绍上的各类传说、戏说、胡说和诸多的以讹传讹，力求全面、准确地还原历史的本来面貌，求得它曾在中国教育史、文明史上辉煌并发挥过极为重要作用的原生态，以至于我们不得不承认历史上国子监曾建设"首善之区"的传统影响至今影响着现代的都市文明。

　　本书通俗易懂，图文并茂，避免晦涩的古语和专业术语，希冀有兴趣的读者都可以读懂这本书。

　　该书于2010年出版，2014年再版时作者在书稿中补充了若干最新研究成果，对书中内容做了比较大的修改，在此恳请读者的赐教。

《北京孔庙国子监史话》编委会

2014年12月

目 录

上篇·北京国子监史话 / 001

第一章　北京国子监和孔庙探源 /002

第一节　太宗始建国子学　世祖划定庙学基 / 003
第二节　洪武皇帝建南雍　永乐北京立太学 / 014
第三节　历代清帝改扩建　乾隆盛世终始成 / 023

第二章　古韵经纶国子监 /025

第一节　"集贤"门制等级严 /025
第二节　"太学"门额话渊源 / 027
第三节　琉璃牌坊掌故琐谈 / 028
第四节　礼制辟雍溯源探秘 / 031
第五节　建筑牌匾画龙点睛 / 043
第六节　三纲五典"彝伦堂" / 051
第七节　辛未重荣"复苏槐" / 055
第八节　两厅六堂奋镞砺 / 056

第三章　华亭碑影国子监 /063

第一节　国子监的碑与亭 / 063
第二节　珍贵完整的"乾隆石经" / 070
第三节　石碑的造型和规制 / 073

第四章　源自国子监后院的佳话 /076

第一节　敬一亭和东西厢 / 076

第五章　官本位下的国子监 /084

第一节　兼管监事大臣 / 085
第二节　祭酒与司业 / 088
第三节　国子监的博士和助教 / 108
第四节　国子监的学正、学录 / 113
第五节　国子监的行政官员 / 114

第六章　皇帝们亲自给国子监立规矩 /120

第一节　国子监监规是强化儒家思想教育的制度保证 / 126
第二节　国子监监规是培训封建官吏的制度规范 / 127
第三节　国子监的学规是为科举选官服务的制度 / 129

第七章　来自五湖四海的国子监生 /132

第一节　国子监贡监生的来源 / 135
第二节　国子监生的肄业与生活 / 139
第三节　做官诱惑下的监生百态 / 153

第八章　与国子监密切联系的中央官学 /157

第一节　独特的民族教育体系"八旗官学" / 158
第二节　国子监数学专科学校——算学 / 168
第三节　国子监的留学生 / 172

第九章　国子监生肄业期满以后做什么 /174

第一节　监生的拨历与考职 / 174
第二节　极佳的荫监生仕途 / 177
第三节　南学优秀生留监深造直接为官 / 180
第四节　监生参加科举考试而得官 / 180

第十章　国子监（太学）历史沿革概述 /189

下篇 · 北京孔庙史话 / 217

第一章 从庙说起 /218

第二章 从老师到学圣：孔子的生平与学行 /222

第三章 从家庙到圣庙：孔庙的由来 /228

第四章 北京孔庙三朝建 /234

第五章 孔庙处处皆文物 /253

  第一节 下马碑 / 253
  第二节 元代风格的孔庙大门 / 254
  第三节 元代孔子封号碑 / 254
  第四节 元明清进士题名碑的由来与存失 / 255
  第五节 触奸古柏 / 259
  第六节 燎屋 / 260
  第七节 孔庙古井——砚水湖 / 261
  第八节 乾隆石鼓 / 262
  第九节 "万世师表"匾 / 266

第六章 孔庙建筑有说法 / 268

  第一节 孔庙的门堂之制 / 268
  第二节 孔庙的殿堂之制 / 270
  第三节 孔庙建筑的平立面 / 271

第七章 孔子历代谥号和配享 /274

  第一节 孔子的历代谥号 / 274
  第二节 四配、十二哲 / 276

第八章　释奠礼渊源 /283

第九章　释奠礼的沿革和程序 /289

第十章　清代的临雍释奠 /295

第十一章　立碑孔庙彰显国家一统 /303

第十二章　北京孔庙的历史作用 /307

　　　第一节　孔庙历史作用之一——中国古代文化的象征 /307
　　　第二节　孔庙历史作用之二——庙学合一 /308
　　　第三节　孔庙历史作用之三——维系儒学价值 /311

附录一　韩国、越南、日本的孔庙管窥 /313

　　　第一节　韩国的孔庙 /313
　　　第二节　越南的孔庙 /314
　　　第三节　日本的孔庙 /316

附录二　《北京孔庙国子监史话》大事记 /318

参考书目 / 328

作者的话 / 335

后　　记 / 337

北京国子监史话

第一章 北京国子监和孔庙探源

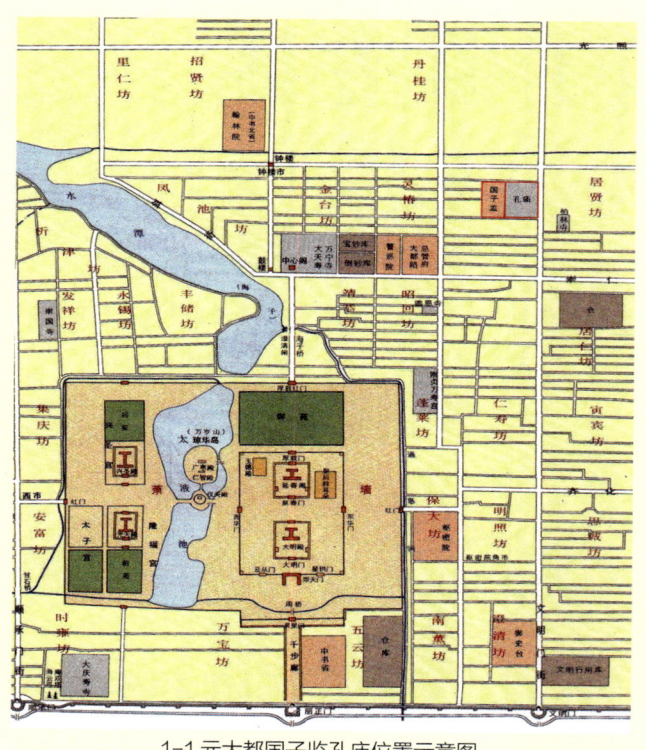

1-1 元大都国子监孔庙位置示意图

北京市东城区内有一条由东单北大街、东四南北大街及雍和宫大街相连接的南北直线街道，它的地理位置相当于距今700多年前元代"文明门"内的大街——文明门街。文明门街是元代贯穿大都城南北的一条重要街道。就在这条元时大街的中段建有古代的中央大学国子监和孔庙。与藏传佛教昔日皇家寺院"雍和宫"的西门隔街相对，是一条东西走向的街道，这就是中外闻名的"国子监街"。这条街口有着十分醒目的标志，是在北京的其他街道很少看到的，那就是分别书写着"成贤街"、"国子监"（图1-2）的两对牌楼。四座牌楼以孔庙和国子监为中心，东、西街口各有一对，分外醒目。

这条街道清静幽雅，槐荫夹道，至今古韵旧貌犹存，在繁华喧嚣、车水马龙的北京城里，给人一种难得的清净之感。徜徉在绿树成荫的成贤街上，举目凝望弥漫着传统遗风、积淀着文化精髓且宏伟庄重的偌大建筑群落，身心仿佛融入绚烂的历史，走进了辉映着古人智慧灵光的文化圣殿。这个规模宏大的建筑群中，西侧的国子监（国子学）成立于元代至元二十四年（1287），东侧的孔庙则建成于元大德十年（1306）。两组建筑彼此相邻，合为一体，孔庙在左，为上首；国子监在右，为下首。学校与孔庙毗邻而建，庙学合一，这就是中国古代学校建筑形制的传统规制，即所谓的"庙学规制"。

1-2 国子监街牌楼

在这条街道中段位置的孔庙大门西侧，就是国子监的大门——集贤门了。

第一节　太宗始建国子学　世祖划定庙学基

1-3 元太宗窝阔台

现在的北京国子监是从元代开始建造的，但最初的元代统治者并没有设置国子监官学体制的计划。蒙古太宗窝阔台（图1-3）六年（1234）灭金后，经过道士冯志亨的劝说，由王楫向太宗建议在城南原金代枢密院旧址立为国子学，获得准许。当时这个旧枢密院已经被改为"宣圣庙"有十余年了。[①]这应是北京国子监设建的萌芽。因为太宗窝阔台此时还远在疆场忙于战争，顾不上更多的办学举措。《元史》中记载了元代的国子学"以冯志常[②]为国子学总教，命侍臣子弟十八人入学"。[③]目的是教授蒙古贵族子弟学习汉文。为什么把学习汉文作为首要任务呢？我们从蒙古太宗窝阔台为此而发布的办学诏令就可以看出蒙、汉两种语言交流的迫切性。这个由蒙古人撰写的诏令把蒙、汉口头语混杂在一起，令人难以看懂。诏令的原文是这样的："道与朵罗台、咸得不、

---
① 1222年立为"宣圣庙"。
② 此处应为"亨"字的笔误。
③ 《元史》卷八十一·志第三十一选举。

绵思哥、胡土花小通事、合住、迷速门，并十役下管匠人、官人，这必阇赤（注：侍从的秘书）十一个孩儿，教汉儿田地里学言语文书去也。不选，但是可以学底公事呵也。教学者，宣喻文字。但是你每官人底孩儿，每去底十八个蒙古孩儿门根底，你每孩儿每内更拣选二十二个作牌子，一同参学文书、弓箭者。若这二十个孩儿内，却与歹底孩儿、好底孩儿隐藏下底，并断案打奚罪戾。这孩儿每学得汉儿每言语文书会也，你每那孩儿亦学底蒙古言语弓箭也会也。粘哥千僧奴底孩儿亦一同学者，若学底会呵，不是一件立身大公事那什么！教陈时可提领选拣好秀才二名管勾，并见看守夫子庙道人冯志亨，及约量拣选好秀才二，通儒道人二名，分作四牌子教者。虽已先禁治弓箭、军器去来，据这上项孩儿每底弓箭不在此限。你每各自斗教者，看谁管者教底先会了也。据住定房舍者，那孩儿每教底文书，不拣历日辰，起盖夫子庙廊房，并去底孩儿每住的房舍者。那孩儿每教底文书，不拣是何文书，教都学者。教学施行的文书，疾识字的文书者，教的时分，孩儿每根底休教阑当者。若识字呵，背识背写者。教参学底时分呵，自是不蒙古言语去底孩儿每，只教汉儿语言说话者，会汉儿言语呵。若不汉时言语里说话，却蒙古言语里说话，第一番一简子打者，第二番打两简子者，第三番打三简子者，第四番打四简子者，这言语我亲省会与他来也者。必阇赤每，比至会汉儿言语呵，说话仰胡土花小通事与两个熟会言语的通事转言语者，这必阇赤内有不服教训难道底人呵，具写姓名，我根底奏将来者，我这里更不省会那什么。仍道与朵罗台，仰与新拜降户内，每人拨与使唤的小孩儿一个者，各人并教读人等，每人日支米面各一斤，肉一斤，本处官人每底孩儿不在此限。外据家粮每人日支米一升，这必阇赤孩儿每晚后与解渴酒四瓶。如有爱愿就学书人等，仰本路课程所官验人数，每人日支米一升，不得因而夹带不是读书儒人冒请官粮，不得违错。准此！蛇儿年六月初九日。"①诏令中所提到的冯志亨是一位有着儒学背景的全真教道士。办学的地点就在燕京夫子庙，即金代枢密院旧址。这个旧址在哪里呢？据《析津志》记载，当时的东华门外，现今西城区枣林前街西段原有一座朝阳桥，俗称"枢密院桥"，想必是因枢密院所在而得名。②由此推断，金代枢密院的旧址应该就在附近。

立金枢密院文庙为国学、令冯志亨为国学总教习是蒙古太宗在国学建设方面仅有的两项决策。说来有意思，当时在这个占地80亩的夫子庙已经10年的冯志亨可不是个儒生，而是个全真教道士，但他却有儒生的背景，曾是金代太学生、进士，能文擅

---

① 《燕楚游骖录》，以上文字标点依《析津志辑佚》。
② 援引自王宗昱《金元时期北京地区全真教活动》一文的注释。

诗。另外的总教官还有道士李志常和儒士杨惟中，儒道合流办学。在金代枢密院旧址的这个国子学里，学生们还学习工艺、医药、酿酒、烹饪等方面的实用技术，反映了早期蒙古统治者教育观念注重实用的价值取向。①此后不久，入学的生员达到了120多人。随着儒家势力的逐渐壮大，冯道士把持庙学的局面开始松动，斗争持续了四五年，蒙古宪宗四年（1254），在忽必烈的严令下，冯志亨被迫将占据的庙产控制权交出。此后不到三个月冯就去世了，享年75岁，是不是因此事抑郁而死，不得而知。

1-4 元世祖忽必烈

蒙古太宗窝阔台汗时，还没有登上汗位的忽必烈在他的居所单独召见了被元军俘获的宋代名儒赵复。交谈之初，忽必烈欲令赵复为元军攻打宋军带路，被赵复严词拒绝。"世祖在潜邸尝召见，问曰：'我欲取宋，卿可导之乎？'对曰：'宋吾父母国也，未有引他人以伐吾父母者。'世祖悦，因不强之。"②对赵复这个宋朝大儒，忽必烈有着他自己的考虑，没有强求他带路。之所以如此，是因为元朝统治者此时急需大量人才，而追随赵复的学者有一百多人，发挥这一大批学者的作用，对于培养元代所需人才至关重要③。当时受到窝阔台汗重用的中书令杨惟中闻听此事，知道赵复在程朱理学上有很深的造诣，便和忽必烈青睐的幕僚姚枢（姚被忽必烈指定为太子"真金"的儒学老师）商量说服忽必烈在燕京修建宋朝名儒周敦颐祠堂，于此建立起元朝的第一个书院——太极书院，请赵复来讲学，随后又送去书籍八千余卷供书院讲授之用。④《续资治通鉴》记载，太极书院建于1238年，这是在窝阔台立国子学五年之后的事。它从一个侧面反映了忽必烈没有延续太宗的办学举措，对兴学有着自己独到的考虑。此后，被忽必烈邀请的宋朝名儒赵复、王粹及其他儒士就在书院讲学，传播程朱理学。据史料记载，来学习的人有百余之多。

忽必烈这样做是有深层考虑的。早在蒙古宪宗元年（1251）受命总领漠南汉地的

---

① 《潜溪集》："其一通论受学子弟员，习汉人文书之外，兼谙匠艺事。及药材所用，彩色所出，地里州郡所纪，下至酒醴曲蘖、水银之造，饮食烹饪之制，皆欲周览旁通。"
② 《元史》卷一百八十九。
③ 《元史》卷八十一：太宗始定中原，即议建学设科取士。世祖始命置诸路学校官，凡诸生进修者，严加训诲，务使成才以备选用。
④ 《元史》卷一百八十九。

藩王时期，他就有"大有为于天下"①的想法，并在他的夫人察必影响下，热心于学习汉文化。在忽必烈的周围，除了上边提到的太子儒师姚枢之外，还曾先后延揽任用了僧海云（宋印简）、僧子聪（刘秉忠）、王鹗、元好问、张德辉、张文谦、窦默等著名儒士。忽必烈向他们问以儒学治道并付诸若干军政之治，其中包括令刘秉忠根据"风水"理论为建新都（上都开平）寻址这样的大事。希望被接受为汉家"天子"儒君形象的忽必烈凭着他对中国传统文化的认知，以及作为少数民族统治者的敏感性，使他深刻认识到，若想有效地统治汉族人占绝大多数的中国，必须要赢得汉人儒士这个庞大群体的信任和支持。在打败了与其争夺帝位的政敌阿里不哥（忽必烈的弟弟），粉碎了地方诸侯的军事叛乱，初步确立了加强中央集权的王朝制度之后，为把更多的注意力放在属地汉民身上，完成从草原游牧民族的统领转变为统治中华帝国皇帝的宏伟政治目标，忽必烈采取了一个重大步骤，那就是将国都迁移到元帝国境内一个人口众多、资源丰富、经济文化繁荣的地区。至元三年（1266），忽必烈命令开始兴建新都，建都地点就选在今北京地区。北京这个地方，曾被辽代的突厥人称作"汗八里"（"大汗之城"），在金朝被称作"中都"，1272年入元后又被称作"大都"（"伟大的首都"之意）。至元四年（1267）开始修建"大都"城时，一个重要的举措则进一步体现了忽必烈为获得儒士精英支持所做出的努力，那就是规划了"庙学"所在地，即当今北京国子监和孔庙这个地址。至元八年（1271），忽必烈公布《建国号诏》法令，取《易经》中"大哉乾元"之意，正式建国号为"元"，即位为皇帝。

规划好的大都"庙学"并没有立即动工修建，却在"上都"开平建起了孔庙。而祭酒许衡领衔的、至元八年（1271）成立的国子学仍在原旧址王宣府宅开办。相隔了十六年后的至元二十四年（1287）闰二月，62岁的忽必烈在上都近郊打猎，召集大臣麦术丁、铁木儿、杨居宽等与集贤大学士阿鲁浑撒里以及叶李、程文海、赵孟頫讨论钞法和中央行政体制的改革，并沿袭汉族历朝旧制，议决"迁都北城，立国子学于国城之东"，"设国子监，设置国学监官：祭酒一员（从三品），司业两员（正五品），监丞一员（正六品），学官博士两员，助教四员，生员百二十人，蒙古汉人各半，官给纸扎，饮食仍隶集贤院；设江南各道儒学提举司"。十一月，"升集贤院秩正二品"。②次年（至元二十五年）十一月，"修国子监以居胄子"；③至元二十七年

---

① 《元史》卷四·世祖一。
② 《元史》本纪第十四。
③ 《元史》本纪第十五。

（1290）又"敕令臣下的子弟入国子学"。①规制比较完整的国子监（国子学）自此建立。

这段历史过程，《元史》卷八十一作了简洁的概括："至元二十四年，立国子学而定其制，设博士通掌学事，分教三斋生员，讲授经旨。"②根据这个决定，忽必烈将原来设在王宣府宅的国子学改为"大都路学"③，在城北设立国子学，与国子监合署共办。元代国子监（国子学）自此成立。

这里需要指出的是，国子监成立之时并没有马上修建孔庙。究其原因是因为蒙古贵族入主中原以后，崇信萨满教、藏传佛教。忽必烈称帝之后，奉行尊孔崇儒但不独尊儒术的基本国策。尽管没把孔子当回事，但还是决定"合行创建一所④，先立学校后盖文庙"，留下了建庙的位置⑤但没有开工。孔庙的修建则是发生在元成宗铁穆耳朝的事了。

成宗登基之元贞元年（1295），曾发布过修建京师"先圣庙"（孔庙）的诏令，但直到成宗大德三年（1299）都没有任何动静。他的干臣中书左丞相哈喇哈斯达尔罕奏请铁穆耳皇帝说：京师很长时间缺少孔子庙，国子学又与国子监衙署合署办学，有诸多不便，因此向皇帝奏请建庙扩学，并选拔著名的儒士作为庙学的学官，送朝廷官员子弟入学接受教育。⑥元成宗虽然批准了这个请求，但拖延数年，迟迟不见开工。无奈之下，还是富于责任心的丞相哈喇哈斯达尔罕亲自挂帅点将，于大

1-5 元成宗铁穆耳

德六年（1302）六月，修建文宣王庙（孔庙）的工程才在国子监旁正式动工。大德十年（1306）八月，京师孔庙在忽必烈朝规划并留下来的位置上终于建成。⑦历经数年的反复，终于在成宗去世的前一年（1306）建成了"巍然为天下之极"的先圣庙（孔庙）。为了表示对这个工程的重视和庆祝，元成宗铁穆耳皇帝决定要行"释奠"

---

① 《元史纪事本末》卷二。
② 《元史》卷八十一。
③ 大都路之"路"是元代的行政区划单位，不是道路的路。
④ 注：这里的"所"不是数量词，而是作地理指向的"处"理解。意思是指国子监和孔庙建在一起。
⑤ 《庙学典礼》卷二。
⑥ 《五礼通考》卷第一百十九：京师久阙孔子庙，而国学寓他署，乃奏建庙学，选名儒为学官，采近臣子弟入学。
⑦ 《钦定日下旧闻考》卷六十七：大德三年春，丞相臣哈喇哈斯达尔罕大惧，无以祗德，意乃身任之。伤五材，鸠众工，责成工部郎中臣贾驯。驯心计指授，晨夕匪懈，工师用劝，十年秋庙成。

大礼：要用猪、牛、羊作为祭品；以乐器合奏、乐师登堂合唱的"登歌"形式颂扬孔子；还给参与祭祀的萨满法师新制了全身缝缀有几百件饰物的"法服"三套；令翰林院确定乐名、乐章二十有七。由此看来，这个释奠礼在当时来讲已经是极为隆重了！根据吴澄作《草庐文集·贾侯修庙学序》中对新修建的宣圣庙所做的描述，使我们今天得以了解其宏伟壮观的概貌。

　　元代统治者建孔庙和祭孔的行为有着深层次的历史原因。蒙古贵族入主中原以后，崇信萨满教、藏传佛教，和藏僧喇嘛共治国家，但这抵挡不住社会上与朝廷中的学者，以及元廷汉臣中浓厚的、无所不在的文化影响，使得忽必烈及以后的元统治者不得不承认孔子学说是统治中国不可或缺的文化。孔庙的建设就是元统治者基于这一认识的具体体现。铁穆耳立此国策并修建了北京孔庙，举行了祭孔的祀礼。他去世以后，他的继任者即元武宗海山又加封孔子为"大成至圣文宣王"谥号。

1-6 元武宗海山

　　大德十一年（1307）正月，元成宗铁穆耳病逝，在皇位继承人缺位的情况下，由哈喇哈斯达尔罕策划，海山的同母弟弟爱育黎拔力八达三月带兵入京，发动政变。五月间在上都召开了一次忽里台大会，①公推海山为可汗。七月，还没有改元的海山可汗，也就是后来的元武宗下诏，为孔子加封谥号为"大成至圣文宣王"，并刻石立碑于曲阜孔庙。这是历代统治者对孔子的最高封号。而北京孔庙内的这块"加号诏书"石碑，原本立于元顺帝至元二年（1336），是上述曲阜孔庙谥号碑的复制碑。根据邢鹏博士的《北京国子监孔庙元代〈加号诏书〉碑考》一文揭示，这块碑曾数次遭遇到被推倒的厄运，最终立于大成门陛下东侧面南。一些同仁从石碑落款年号上认定这个加号碑是元成宗下诏敕建的，这其实是一个误解。因为此时的元成宗铁穆耳已经去世半年了，继任的元武宗还没有改元，故沿用旧的年号。"加号诏书"最初是给山东曲阜阙里孔庙的，为了表示对孔子的崇敬，元顺帝至元二年（1336）才在北京孔庙立此碑。至今这块珍贵的石碑还完好无缺，并被加上玻璃铁罩妥为保存。

---

①蒙古和中国元朝的诸王大会、大朝会。蒙古没有固定的嫡长继承制，历朝大汗即位，都由忽里台推戴。

在大成门陛下西边朝南的位置上还立石一块《加封先圣父母及圣配夫人颜曾思孟四子碑》，这块碑是元明宗至顺三年（1332）撰写的，也是由于上述的缘由，于元顺帝至正十六年（1356）立碑孔庙的。

修建京师孔庙的同时，御史中丞何玮对成宗铁穆耳提议说：古老的唐、虞几代古部落和古国，国都所在地和民居的小巷里都有学习的场所，现在孔庙已经盖成，位于西侧的国子监与太学合署办学已经20余年，简陋拥挤，不符"兴文崇教之实"，应该趁此扩建一新，使"首善之学亦伟然耸天下之"，如此，才能和新建的巍然孔庙相对称。成宗铁穆耳批准了何玮的提议。大德十年（1306）正月，文宣王庙（即孔庙）竣工前7个月，扩建国子监的浩大工程也正式开工。①

国子学是元朝中央官学之首，其中就读的生员基本上可分为国子生、伴读和陪堂生三种。其中，国子生和伴读生是享有官给廪饩的公助生，而陪堂生则是不享有官给廪饩的自费生。从历史资料记载的情况来看，刚开始的国子学规模不是很大，生员定制为100人，还有伴读生20人。

元朝初期，蒙古种族人口并不太多，只有几十万人。随着西征（欧洲）北伐（俄罗斯）、入主中原，版图的扩张，逐渐使蒙古的可汗们懂得，每当战役结束后被占领地就需要分派官吏去实施管理。这些可以铁骑横扫欧亚大陆的蒙古人，却在管理人才上极为匮乏。于是，在大力推进蒙古族官员子弟进入国子学接受教育，旨在解决管理人才缺乏的同时，还把原先西征欧洲途中早期降伏过来的"色目人"（图1-7），也都派出到中国各地，充当统治的官吏。

从元朝开始，政府下达民间的公文，就有"各色人等"，或"色目"人等的文句。所谓"色目人"，就是指元朝时对蒙古族以外的西北各族、中亚、西亚以及欧洲各族的概称。其中包括钦察（游牧于伏尔加河和乌拉尔河流域一带的突厥分支）、回回（中亚和西亚信奉伊斯兰教诸国各族人的泛称）、哈喇鲁（臣属于西辽的西突厥一部）、阿速（古代奄蔡人的后裔，属伊朗人的一支）、畏兀儿（高昌回鹘）、斡罗思（俄罗斯）等诸

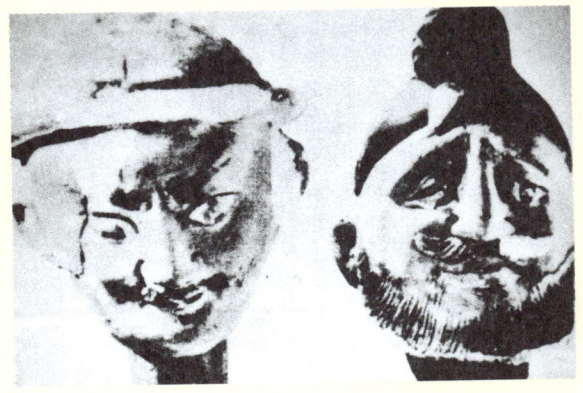

1-7 色目人

① 见《续资治通鉴》、《钦定日下旧闻考》卷六十七。

多民族。这些降俘的民族人口被编入元军的各式军中,拼搏疆场,为元大一统帝国的形成建立了功勋。同时,大批的西域军士还在内地筹粮秣马,"军耕以食"。元朝统一后,他们又与其他东迁的西域人口一起致力于治理荒芜,为元朝军队兵饷粮运的解决、农业的生产和恢复及边疆地区的开发作出了积极的贡献,因而这些人的地位仅次于蒙古人,优于汉人(长江以北的汉人和契丹、女真、高丽等民族)和南人(南宋汉民)。"各色人等",就是上述地区中各种族的人。

为了培养蒙古贵胄子弟、为官的色目人子弟,其自然都需要进入国子学学习,接受教育,以培养后备人才。随着入学人数的增加,尤其是蒙古人、色目人选派子弟人数的增加,元世祖忽必烈所初建的国子学原有规模已经远不能适应这一发展需要,亟须对旧的国子学的规模实行扩张,这就是成宗铁穆耳为什么听从御史中丞何玮提议而扩建国子学的背景原因。但扩建国子监的工程进度缓慢,临到成宗铁穆耳去世的时候也没有看见新的国子学建成什么样。而刚登基的元武宗又好大喜功,刚当上皇帝就"殊恩泛赐"(意为滥封官,滥赐金),且文过饰非,死不认错,"中书省臣言:'请依原降诏敕,勿超越授官,泛滥赐赍。'帝曰:'卿等言是,朕累有旨止之,又复蒙蔽以请。自今纵有旨,卿等其覆奏罪之'"。①元武宗的一意孤行,导致了"帑藏空竭,豫卖盐引"②的窘境,哪里还顾得上扩建国子监的工程?!以致御史台臣颇有微言"成宗朝建国子监学迄今未成"。至大元年(1308)五月,武宗的弟弟见到如此缓慢的工程进度也很着急,请皇帝发布谕旨批准他亲自督工以最后完成这个重要的工程。元武宗这才御准毛遂自荐的皇太子(其实应该叫作"皇太弟",海山的弟弟)最后完成这个扩建工程。③

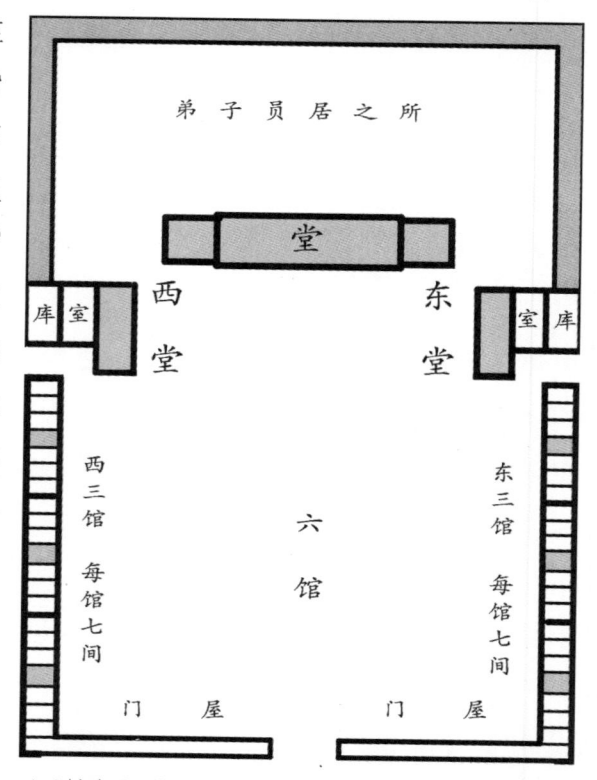

1-8 扩建后元代国子监示意图(根据《日下旧闻考》文字绘制)

---

① 《元史》卷二十二。
② 《元史》卷二十二。
③ 《钦定国子监志》卷二十七:至大元年五月丁卯,御史台臣言,成宗朝建国子学迄今未成,皇太子请毕其功,制可。

元武宗至大元年（1308），南北方向之两进院落、拥有数十间教室的国子监扩建工程终于竣工，从1267年制定规划开始，历经世祖忽必烈、成宗铁穆耳、武宗海山三朝，此时的国子监已经历了41年的历程，直到这个时候才算有了规模、布局合理、设施相对完备的太学。

这座集衙署（国子监）、学府（太学）为一身的国子监，与东面的孔庙毗邻而居，从此，这里就开始成为元、明、清三代封建王朝发布国家教育政令、管理国家教育的行政官署和全国的最高学府了。

根据相关的历史记载描述，扩建后的国子监和孔庙多有粗糙之处，①远远不是今天我们所看到的样子。从延祐四年（1317）开始，到天历二年（1329）的十二年间，修建和改建工程实施最多的是在国子监这个院。这即说明了国子监建设规划的先天不足，也反映了元代统治者对国子监重要性认识的深化过程。延祐四年（1317）开始，重修殿门堂庑，建东西两斋，增建环廊，扩建斋舍。尤其值得一提的是崇文阁的修建，堪称是国子监的"锦上添花"工程。"崇文阁在大兴县即今国子监彝伦堂址也。"②吴澄在他的《崇文阁碑》中描述了崇文阁的建筑形制、工程尺寸以及建成之后的具体功能："于监学之北构架书阁，阁四阿，檐三重，度以工师之引，其崇四常有一尺，南北之深六寻有奇，东西之广倍差其深。延祐四年夏经始，六年冬绩成。材木瓦甓诸物之直，工役饮食之费，一皆出御史府。雄伟壮丽焕然，增监学之辉。名其阁曰'崇文'。"③

"重屋"的本来意义是指有两层屋檐的殿堂，但元仁宗要的不是一般的重屋，他要建一座"四阿三重檐"屋顶的崇文阁。"四阿"就是宫殿的屋顶要有四个斜坡屋面，四面落水。这样的屋面结构在中国传统建筑里就叫作"庑殿式"。我们看到故宫里面的太和殿就是这样的屋顶，这是一种最高规制等级的建筑。三重屋檐既能体现高等级的规格，又能显现崇文阁的高崇华丽。元代的皇帝们似乎对高耸的"阁"一类建筑有着特殊的偏好，元上都的都城里就有和崇文阁相似的建筑上清阁、大安阁，它们的形制和元仁宗在国子监修建要求中的一样，都是"阁四阿，檐三重"。

楼阁建筑建成以后，工匠们丈量这个四阿建筑的尺度，测量的结果是：整个建筑高度为65尺（20.28米），建筑进深48尺多（约15.6米），东西面阔96尺多（31.2米）。元代的尺寸度量与现在的市尺不一样，相当于现代的31.2厘米，比现代市尺少

---

① 马祖常《大兴府学孔子庙碑》：京师杂五方俗，尹治日不给庙之墙，屋弊（倾倒）坏将压以毁，讲习之堂粗完。
② 《畿辅通志》卷五十三。
③ 吴澄：《崇文阁碑》。

1.8厘米。把史料记载的量度换算成现代尺寸，我们完全可以想象出这个工程的浩大和艰巨。虽然它的高度只是相当于现代六层楼的高度，但这是完全人力施工、手工制作建材、材质完全由木料组成的大体量单体楼阁。从每层的建筑适用高度和从阁楼窗扇进光角度分析，这个两层阁楼式大殿，估计顶层为四阿重檐，底层为单檐，共为三檐。这样设想比较符合建筑立面的审美要求和室内取光的合理性。工程从延祐四年（1317）夏开始建设，到了延祐六年（1319）冬天竣工，用了将近两年半的工期。①体量巨大、高高耸立的崇文阁单体建筑，在周围一片低矮的建筑中，俨然"雄伟壮丽，烨然增监学之辉"。一些仕子文人登上崇文阁，居高临下，环顾四周，八面来风，心情激动，作诗颂之："巍巍乎高哉，崇文之阁兮，吾不知其几百尺？突兀直倚苍冥中，雕檐高飞近晓日，琼窗洞启来清风，前瞻兮帝阙，下顾兮辟雍，京畿郁兮千里，五云近兮九重，太行西来兮迤逦，居庸北拱兮巃嵷。"②

现在，我们将元代对国子监的修建过程系统地排列如下，以便对国子监的发展有一个清晰完整的脉络：

太宗六年（1234），在原金代枢密院旧址"宣圣庙"办国子学；

世祖至元二十四年（1287），"迁都北城，立国子学于国城之东"。设国子监，与国子学一体。

世祖至元二十五年（1288），初建国子学与国子监合署；

成宗大德六年（1302）六月，修建京师孔庙的工程正式动工；

大德十年正月（1306），扩建孔庙西侧旧太学的工程正式开工；

大德十年八月（1306），京师孔庙建成；

武宗至大元年（1308），太学扩建工程竣工；

仁宗延祐四年（1317），开始重修殿门堂庑，建东西两斋，增建环廊，扩建斋舍，建崇文阁；

前后42年，经历了9次大的土木工程，而且后几次修建频率明显变高。这其中最主要的原因就是由于太学的招生规模日渐扩大，且有相当数量的伴读生、陪堂生参与进来，从元泰定帝四年（1327）开始，所有在国子监读书的生员又都在监内就餐，他们的给养由京畿漕运司和生员所在行政区供给。这些就读的生员学习与生活以及相应

---

① 《吴文正公全集·崇文阁碑记》：延祐四年夏经始，六年冬绩成。
② 陈琏：《登崇文阁歌》，见《畿辅通志》卷一百十七。

物资的贮备，国子监官员和教官的办公、讲学，都需要有相应的居室建筑予以保证，所以不断扩大国子监的建筑规模也自然成了题中应有之义。

经过历代修葺和重建，现在的北京国子监已经很难找到元代的建筑遗迹了，历经几百年的战乱和动荡，只有孔庙先师门（大门）檐下大而疏的斗拱结构，仍然保留着罕见的元代建筑风格，这是十分珍贵的历史遗存，我们应该倍加珍惜，精心呵护。

元代以少数民族入主中原，为了达到维持不同民族文化之间微妙的平衡，增进政治、文化上的认同感的目的，元朝皇帝从世祖忽必烈开始，多次颁布崇儒

1-9 刘秉忠

兴学的诏令，藉以"汉法"治国，欲达到长治久安的目的。奉行尊孔崇儒但不独尊儒术是元朝基本国策之一，上面谈到的加封孔子、修建孔庙、兴办国子学等都是基于这一政策的体现。同时，元廷还吸纳许多汉族士大夫进入统治集团，尤其在教育领域，积极学习先进的汉族文化，在刘秉忠、许衡等人的早期推动下，建立国子监、国子学（太学），并确立了程朱理学在学校教育和科举中的主导地位。

忽必烈招募并供养了一批热心于新儒学的饱学之士，其目的无疑是为了争取这个

1-10 许衡

越来越显要的知识群体。尽管他们中许多人拒绝为蒙古贵族服务（许多著名的儒士诏而不来或称病离去），但是仍然有一些新儒士把"教化"北方游牧人作为自己的使命。许衡就是这种新儒家的代表人物，他被儒学大师姚枢和窦默举荐到忽必烈的身边，以自己独到的见解和渊博的学识赢得了忽必烈的信任。蒙古宪宗四年(1254)，忽必烈出王秦中，任命许衡为京兆(西安地区)提学。在教学中，他特别强调对学生进行道德教育，教育学生通晓礼义，懂得荣耻。被公认为当时最优秀的学者之一，这时的许衡年仅45岁。至元八年（1271），世祖忽必烈任命许衡为集贤馆大

学士、国子祭酒，成为掌管国子学的领军人物。许衡以"乐育英才，面教胄子"为宗旨，门下不仅有汉族学生，还有蒙古族弟子。七品以上朝官子孙都可入学为国子生，民间俊秀子弟则可以入学伴读。在许衡的任期内，不仅培养了许多蒙古人和中亚人子弟，还培养了像王梓、刘季伟、韩思永、耶律有尚、吕端善、姚燧、高凝、白栋、苏郁、姚燉、孙安、刘安中这些著名的人物。他以国子学、国子监为教育平台，以一代新儒学——程朱理学之名师身份，教育他的弟子们个人要献身于国家和社会，并把这种思想灌输给他的弟子，使之成为日后对元代发挥重要影响的中坚力量。

元朝一代，在教育上多有创新，为了维持少数民族和汉族在文化上的平衡，从元世祖开始，在元大都先后设立了三种国子学，其中央官学主要为两类：一是以汉文进行教学的儒学教育机构——国子监、国子学，由元廷集贤院管理；二是以少数民族文字进行教学的教育机构——蒙古国子学（始称"蒙古国字学"）、回回国子学。前者学习由尊为"国师"的藏僧八思巴在至元六年（1269）创建的新蒙古文字（"八思巴文字"）；后者学习突厥语系的波斯文，均由蒙古翰林院管理（后内设蒙古国子监、回回国子监分别管理）。上述三种学府招收的所有学生都不限民族成分。这是元世祖忽必烈在位时基本建立起来的元代官学体制最重要的组成部分。

第二节　洪武皇帝建南雍　永乐北京立太学

明太祖朱元璋登基前三年，就有了重视教育的举措，他在元顺帝至正二十五年（1365）前就已在应天府（今南京）称吴王，次年即将元朝旧集庆路学改设国子学，并将这里作为招揽和培养人才的主要机构，并提拔昔日元代祭酒许衡的儿子许存仁为博士，专门从事教学工作。[①]应当指出的是，这个时候的国子学设置还比较简单，从各个方面都还未规制化。[②]大明立国之初，朱元璋曾总结元朝灭亡的原因，他认为元代"建国之初，辅弼之臣率皆贤达，所进用者又皆君子，是以政治翕然可观。及其后也，小人擅权，奸邪竞进，举用亲旧，结为朋党，中外百司，贪婪无耻。由是法度日弛，纪纲不振。至于土崩瓦解，卒不可救。今创业之初，若不严立法度以革奸弊，将

[①]《立斋闲录》：乙巳岁立国子学，擢许存仁为博士，以专学事。四年，升学为四品，始设祭酒，即拜存仁为之。
[②]《续文献通考》卷九三《职官考·国子监》。

1-11 明太祖朱元璋

恐百司因循故习，不能振举。故必选用贤能，以隆治化"。① 这段话是说，元代建国之初，朝廷多是贤达的辅佐大臣，选用的人才也都是君子，所以朝廷的管理秩序井然。但以后小人奸佞滥用权力，结党营私，朝廷规制松懈，制度遭到破坏，以至于江山土崩瓦解，无法挽救。当下建国之初，如果不严立法度，各级官僚必然会因循守旧，振兴新王朝的目标就会落空，所以必须选用贤能，以有效加强对国家的治理。朱元璋在这里把"严立法度"作为创建新王朝的首选，而要完成这样的重大任务，必要的前提条件就是"选用贤能"。江山可以马上得之，却不能马上治之，新政权迫切需要培养自己的官僚队伍维持国家机器的运转。虽然明初仍沿用元朝的职官名称和管理体系，但朱元璋首先把建立完备的明朝官僚体系和朝廷管理制度作为明确的工作目标。"朕观自古国家建立法制，皆在始受命之君，当时法已定，人已守，是以恩威加于海内，民用平康。盖其创业之初，备尝艰苦，阅人既多，历事亦熟，比之生长深宫之主未谙世故及僻处山林之士自矜己长者甚相远矣。"② 自恃"备尝艰苦，阅人既多，历事亦熟"的朱元璋较早就着手制定未来的政治制度了，历十年时间，"更改不计遍数"，先后七次誊写的《祖训录》终于在洪武六年（1373）完成。这篇《祖训录》以"祖法"的名义从"箴戒"、"持守"、"严祭祀"、"谨出入"、"慎国政"、"礼仪"、"法律"、"内令"、"内官"、"职制"、"兵卫"、"营缮"、"供用"十三个条目制定了朱氏后代子孙"一字不可改易"的基本政治制度。③ 制度的制定仅仅是第一步，关键的问题是还要有一大批能够效忠朱元璋的精英人才，这才是问题的全部核心所在。"人君之能致治者，为其有贤人而为之辅也。"④ 如何获得这样的辅佐贤才呢？朱元璋设想了四条途径，这就是"学校"、"科目"、"荐举"、"铨选"。"学校以教育之，科目以登进之，荐举以旁招之，铨选以布列之，天下人才尽于是矣。"⑤ 学校用来教育人才，科目用来

---

① 《明实录·大明太祖高皇帝宝训卷之一》。
② 《明实录·大明太祖高皇帝宝训卷之二》。
③ 《太祖高皇帝实录》卷之八十二。
④ 《明实录·大明太祖高皇帝宝训卷之二》。
⑤ 《明史》卷六十九·志第四十五。

选拔人才，荐举用来广泛招揽人才，铨选则根据才德安排人才，这样，天下的人才选用就全部包罗在内了。朱元璋对人才的需要表现出如此强烈的愿望，在历代皇帝的执政理念中是鲜见的。为此，洪武十四年（1381）改建了原亲自组建的旧国子学；洪武十五年（1382）五月，朱元璋在南京鸡鸣山下按照"东庙西学"的庙学规制建成偌大的新太学和孔庙，并把太学改名为"国子监"，即南京国子监，史称"南雍"。里边的建筑布局和形制基本上和现在的北京国子监相似：进入孔庙最前边是大成门，中间是大成殿，殿的两侧为两庑。大成门外东为牺牲厨，西为祭器库；太学里边的正堂是彝伦堂，祭酒、司业办公的公署和他们讲授经义的场所分列堂左右；堂西侧则是博士对监生进行考试的场所。教学区大门的匾额上书"太学"。所有在国子监里的贡生、监生分属在太学门内"率性"、"修道"、"诚心"、"正义"、"崇志"、"广业"六堂中学习。学习生活的设施也很齐全，学校四周有餐厅（会馔堂）、厨房、库房、浴所（湢）；还有专门为监生们准备的集体宿舍，叫作"号房"。如监生带家属在校外居住的，每月还发给白米以赡养家小之用。

修建鸡鸣山下的国子监时，朱元璋可没像元代修建京师国子监那样松松散散，一拖几年。他对这个工程极为重视，几次亲自到工地进行视察、督促和监工，直到新的国子监落成。为了彰显他的意志，除了派遣官员释奠孔庙祭祀孔子外，还令翰林院学士宋讷将南京国子监（南雍）修建始末镌刻于碑。元代修建的那个北京国子监当然还要发挥它的作用，只不过朱元璋把它降低级别，变成了"北平府学"。南京国子监的建成，使得过去分设的太学、国子监合为一体，实行"监学合一"，统称"国子监"，国子监的学生也一律改称"监生"（注：此前称作"太学生"）。从此，国子监成为明朝皇帝直辖"三监"中的一监（另外两监为"钦天监"和"上林苑监"），不仅提高了国子监的地位，而且强化了专制皇权对教育的直接管理。

朱元璋创立南京国子监，完全缘于对明朝政权制度建设非同一般的设想与实践。"举大器者不可以独运，居大业者不能以独成。是故择贤任能，列布庶位，安危协心，盛衰同德。""盖根疏者易拔，源浅者易涸。人君欲弘其德，惟当广览兼听，博达群情，则治益盛隆，道益光大矣。"[①]建立、培养和壮大能与自己同心同德治理天下的官僚队伍，是明初政权建设一件极为迫切的任务。更具体地讲，明太祖朱元璋把他所说的"选用贤能"、"盛衰同德"、"道益光大"的诸多目标都寄托在创建南京

---

① 《明实录·大明太祖高皇帝宝训卷之一》。

国子监上。把创建南京国子监和朝廷新型官僚的养成规制紧密地联系在一起，以制度的形式规定了"科举必由学校，而学校起家可不由科举。学校有二，曰国学，曰府、州、县学。府、州、县学诸生入国学者乃可得官，不入者不能得也"。①后人称颂为"至精至备"②的这种基本制度，织就了一张驱使天下知识精英必须要为明朝政权服务的天网。南京国子监创建以后，洪武二十六年（1393），朱元璋又罢中都国子监（洪武八年设置的凤阳中都国子学），将其师生并入京师国子监。明初的历史实践表明，朱元璋对国子监以异乎寻常的关注，曾先后五次亲自为国子监制定了详尽严苛的55条监规。③在具体的教育措施上，除了规定必读的"四书五经"、"大诰"等必修课之外，还把必须多方参与社会实践（督修水利、军籍清理、丈量土地建立簿册④）作为监生训练的重要途径。这些极富创见的教育手段，极大地促进了明初加速培养人才的进程，在很大程度上解决了明朝统治者对人才的需要。

明成祖朱棣夺取政权以后，一直想把他的起兵之地定为国都，因此，永乐元年（1403）时改"北平府"为"北京"（礼部尚书李至刚等言：自昔帝王或起布衣平定天下，或由外藩入承大统，而于肇迹之地皆有升崇。切见北平布政司实皇上承运兴王之地，宜尊太祖高皇帝中都之制，立为京都。制曰：可，其以北平为北京⑤）。二年（1404），设立由中央政府尚书侍郎领导下的分属机构专门管理北京府学，由于归属关系的改变，这个北京府学又变成了"行部国子监"。名称变来变去，其实都是原来的元朝国子监。永乐十八年（1420），明成祖朱棣发布御诏迁都北京，恢复了国子监的地位，变为北京国子监，遂将北京又改称为京师。"京师"一词最早见于《诗经·大雅·公刘》："京师之野，于时处处。"后世遂称国都为京师。还有一种说法，陕西凤翔有山曰"京"，有水曰

1-12 明成祖朱棣

① 《明史》卷六十九·志第四十五。
② 《青谿漫稿》卷十一。
③ 洪武十五年制定、修订各一次；十六年、二十年、三十年各制定一次。
④ 《续通考》、《明太祖实录》卷之一百八十、《明史》卷七十七、《明太祖实录》卷二百三十四。
⑤ 《太宗永乐实录》卷十六。

"师",因周文王和武王在此建都,故统名为京师,以后便将京师当成国都的代称。北京成为京师以后,明朝原来的国都南京变成了"陪都"。北京行部国子监成为京师国子监后,成了当时国家的最高学府所在地,南京鸡鸣山下的国子监改称"南京国子监",形成了南、北二监(也称南雍、北雍)并立的局面。从此,北京国子监重新恢复了封建朝廷的最高学府和中央管理教育机构的职能,并一直延续到清末。

明成祖迁都北京前后,将其主要精力和财力都放在了明皇宫建设上,加之朱棣屡屡领兵作战的频繁战事,根本顾不上业已残破的京师国子监即原来元代国子监的建设。迁都后的第二年即永乐二十年(1422)五月,还在带兵打仗的朱棣在外地"敕皇太子曰:朕今已至闵安,将及开平,去京师渐远,中外庶务悉付尔处决,军机重事则令五府六部商议至当,启汝而行,不必奏来";六月,"皇太子令工部修北京国子监"。①这是永乐年间第一次有明确记载在北京国子监进行维修,即由皇太子朱高炽亲自指挥工部,对破旧的京师国子监进行了简单的修缮。其实,对国子监破旧失修的现状,明成祖心里不是不清楚,"永乐七年六月辛亥,行在礼部言:北京国子监生唐谦等自陈年深,愿出仕及考试之文理不通,其教官宜论罚,生员年四十之考不中者宜发充吏。天下郡邑生员廪食十年,学无成及教官提调官宜悉论如制。上曰:北京学校曩因兵废,俟两年后考无成效论罚,余如所言"。②对行在礼部提议惩罚不求上进的生员及教官的奏本,明成祖把此种糟糕的现状归咎于长期战争的原因,"北京学校曩因兵废",这算是一个清醒、公正的实话。

其实在永乐初年,明成祖朱棣曾有过重修国子监和孔庙的打算。③这在当时是他决心迁都北京所释放的政治信号。但这个设想却因他屡屡亲率军队外出作战而一直没有顾及,加之从永乐四年(1406)闰七月准奏兴建北京皇宫开始,大批朝廷官员多被遣赴四川、湖广、江西、浙江、山西、山东、河南、陕西等地采木、制作砖瓦、选配工匠、民丁,还有筹措为此支付的巨额银两和粮食,前后十几年大兴土木,选配民工(每半年更换),④哪里还有修建国子监的兴致?!

永乐二十年(1422),皇太子朱高炽督工部对国子监进行了一次简单修葺,两年后在外征战的永乐皇帝就病逝于榆木川。继承皇位的明仁宗朱高炽于洪熙元年(1425)三月做出了将京师迁回南京的决定,北京各官署复称"行在",国子监也不例外,又变成

---

① 《明实录·大明太宗文皇帝实录》卷二百五十。
② 《明实录·大明太宗文皇帝实录》卷九十三。
③ 详见《五礼通考》卷一百二十。
④ 《太宗永乐实录》卷四十四。

了"行部国子监"。"行在"也叫作"行在所",它的意思是说,这是皇帝曾经专门来过的地方。明仁宗执政一年后病逝,宣宗朱瞻基登基,故京师各部门又恢复了原来的称呼,取消了"行在"的冠名。虽然宣宗朝"天下承平",宣宗又"颇事游猎玩好",①但对国子监却表现出少有的冷漠。执政十年时间里虽然也处理过国子监的个别事务,可却一次都没来过这个最高学府,更别提什么"视学"了。以致《钦定续文献通考》的作者都愤愤不平:"明制幸学,历代皆一行,而惠帝(指明建文帝)两年中乃再举之。其后世宗及庄烈帝亦两幸学,其未行臣者,仁、宣两朝耳,仁宗在位未久,自不及行,宣宗十年之内竟未一举,岂史阙载耶。"②宣宗朱瞻基登基第二年就以"朝廷小有造作,用力不多"的理由遣散了原来修建北京宫殿的970多名工匠。③综合古典文献的记载,纵观当时的历史环境,我们完全可以得出一个结论:

北京国子监在永乐、洪熙、宣德三朝年间根本就没有进行过较为彻底的维修或新建工程,这已为史载所证明。还有一个非常重要但又易为我们所忽视的原因,那就是明代建设规制程序的严格。朱元璋生前制定的《明会典》规定:"凡在京文武衙门公廨,如遇起盖及修理者,所用竹木、砖瓦、灰石、人匠等项,或官为出办,或移咨刑部、都察院差拨囚徒,着令自办物料,人工修造,果有系于动众奏闻施行。"其中的会典"事例"则作出更具体的补充规定:"永乐二年奏准,今后大小衙门小有损坏,许令隶兵人等随即修葺。果房屋倒塌,用工浩大,务要委官相料计用,夫工物料数目,官吏人等保勘,申部定夺修理。"④这里就产生一个问题:既然永、洪、宣三朝没有进行过大型修建,那么传说中的"北京国子监彝伦堂建于永乐年间"有什么根据呢?上述明代的修建程序制度清楚地表明了如果兴建彝伦堂,必定属于"用工浩大"的工程,那就要严格按照程序执行,这包括呈报相关部院、派遣兴建工徒(由囚徒或兵士组成)、派遣官员核定工程费用、相关官员实地勘测、建材物料(砖瓦、木材、石材诸项)准备、呈送申请报告等必需的规定事项。坊间关于"彝伦堂建于永乐年间"的前期工程准备本该有这样的文献记载,但实际情况却是相反。看来,这个传说中的彝伦堂修建时间应该是一个以讹传讹的故事了。

明永乐朝以后虽将国子监提升为"京师"学堂,但对此应予付出的人力、物力、财力却是少得可怜。此时的"南北两京国子监斋舍庖库皆敝","先圣庙及两庑、

---

① 《明史·列传第五十六》卷一百六十二。
② 《钦定续文献通考》卷四十九。
③ 《明宣宗章皇帝实录》卷之二十八。
④ 《明会典》卷一百四十七·工部一。

厨库、太学六堂及诸生斋舍皆年深损坏，失今不修，恐工费愈大"；①"乞会官考察及庙庑堂房风雨损坏，乞拨人修理"；②"本监（注：指北京国子监）旧有祭器、乐器、祭服、进士冠服，既无库藏收贮兼无库役看守"。③

大家还记得"土木之变"中被蒙古瓦剌（蒙古族分支，也叫作"厄鲁特蒙古"）部落太师也先的部队俘虏的明英宗朱祁镇吧，他8岁就继承皇位做了皇帝，年号"正统"。英宗童年纯守，当年冬天就遇到了来自朝廷内部的劝谏压力。皆因北京国子监自元大德十年（1306）扩建后逾一百三十多年未予大修，敝败漏陋的现状更是燃眉之急。诸多心存振兴太学之志的重臣先后上奏，提议新建或改建国子监。首先劝谏的是"行在吏部"主事李贤。他向英宗皇帝奏请道：太学从元代建成直到现在，已经是年久失修，破烂不堪了。明成祖在北京建立国都以后，北京的佛教寺院经常反复修建，太学却日渐废弛，如此，如何向天下显示我们的道德规范和典章制度？"当举若重修太学，虽极壮丽亦不过佛寺一所之费，况佛寺不下百余，无益于朝廷，太学虽止一处，有益于国家，伏愿皇上兴废举坠，乞敕该部计料兴工一新，太学作养秀才，重选师儒，厚加眷注，果能此道，将见数年之后贤才济济，文风大振，生民于是乎安，而天下于是乎治，我太祖养贤及民之效复见于今日，太平之盛不期自至，而国家社稷永享无穷之福矣。"英宗显然是被说服了，高兴地接受了李贤的奏议。④此后，刑科给事中刘孚、国子监助教李继、国子监祭酒李时勉又多次向英宗进言，请求对国子监进行修建。李时勉还为此遭受到当朝阉佞王振的迫害。群臣奏议六年之后，英宗终下大修国子监的决心。当月下诏"以修国子监，命师生暂讲肄于故都察院"。⑤"正统八年八月以营建国子监，遣工部尚书王卺祭告先师孔子。"⑥至此，大规模的北京国子监修建工程正式开始进行。

"乃诏有司率属从事。于是冬官胥勤工师，骏奔相度。"得到了皇帝旨意的工部马上挑选和组织工匠，迅速地制订工程计划和现场勘查测量，进行国子监修建工程的准备工作。《青谿漫稿》的"拟重修太学记"概括地记载了这次施工过程，"既同修治靡间，抉污剔腐，剜刓锓秒，欹者以安，黯者以明，悉置于新，弗加其旧"。这段文字的大意是说：扶正倾斜的柱间，换掉破裂的石材，剔除朽烂的材质，剜除肮脏的

---

① 《大明宣宗章皇帝实录》卷之四十、卷六十五。
② 《大明英宗睿皇帝实录》卷之十七。
③ 《大明英宗睿皇帝实录》卷之九十。
④ 《大明英宗睿皇帝实录》卷之二十三。
⑤ 《大明英宗睿皇帝实录》卷之一百六。
⑥ 《大明英宗睿皇帝实录》卷之一百九。

污秽,安装好倾倒的梁柱,让黑暗的地方明亮起来。匠作之处一律换用新材,不用旧材。大规模的施工管理严格,安排合理。"凡作①若干日工以完告,不亟(急躁)不遗(缓慢),百用具兴。"从文献中的字里行间可以看出,这个大规模的工程并不是对原有旧建

1-13 彝伦堂

筑物的完全推倒重建,而是对旧有建筑实行彻底的大修。整个工程竣工后展现为"旧庙之中为大成之殿,其前为大成灵星之门,东庑西庑,东序西序,神厨,神库,井亭,牲亭,为乐器祭器之库,持敬之门,致斋之所,皆丽于庙者也。学之中为'彝伦堂',其左右为六堂,绳愆,博士二厅,为会馔之堂,退省之房,高明载道,藏用之所,广储,广居,集贤之门号、庚溷、厕之室皆丽于学者也","高广靓深,炳炜崇严而庙学之制益大以成矣"。②

这次大修最显著的建筑就是改崇文阁之旧③、建"正堂"之新、仿南京国子监冠名的"彝伦堂",这才是北京国子监"彝伦堂"建成的真实本原。简言之,就是改建旧"崇文阁"为新"彝伦堂"。诚如《钦定国子监志》(四库本)所载:"正堂七间曰'彝伦堂',元之'崇文阁'也。"还原历史的真相,其实仿南雍冠名的"彝伦堂",就是利用旧"崇文阁"的旧建筑主体改建成悬山单檐的"正堂"而已。故而它的历史如同堂外灵台上的"日晷"一样,可以追溯得更为久远,④显现出横跨元、明、清三代王朝的古代建筑历史,彝伦堂的建筑地基和建筑主体在古老国子监中的所有建筑中堪称"祖师爷"。

经过一年左右的时间,国子监大修工程于正统九年(1444)春二月竣工。"春三月丁巳,皇上躬释奠于先师,退御正堂,命祭酒臣恂司业臣,业进讲如仪。于是卿相大夫与百执事以至游学之彦,侍卫之良,四夷朝贡之使,环拱观听者动以万计。"⑤自此,历经洪、永、仁、宣四朝却"斋舍庖库皆敝"的北京国子监,终在正统九年为

---

① 注:指传统建筑施工的类项。如石、木、瓦、琉璃、画等技术工种。
② 《青黎漫稿》卷十六。
③ 从上文"无库藏收贮"叙述中可推断,丧失了库藏作用的崇文阁已经失修不可用。
④ 《钦定国子监志》卷六十一:"彝伦堂站台东南立日晷一座,考明代《文庙国子监创建记》已载有此。"
⑤ 《青黎漫稿》卷十六。

1-14 明英宗重建太学碑

之一新。发生了如此大事，才有了旨在彰显英宗功德的正统九年"敕谕"，并镌刻"重建太学"碑文，立碑于北京国子监孔庙东庑（1768年乾隆重修孔庙时，把这块石碑移到了大成门外东南角新建的碑亭里）。

综上所述，我们可以得出一个结论：明代立国，北京国子监和孔庙第一次大规模建葺成新是在英宗朝，最好的证明就是明英宗的立石——《重建太学碑》。

修建后的明代国子监俨然一座"大学城"，建筑布局与现存大致相同，但国子监东北的会馔堂（会餐场所）、典籍厅（图书馆）、典簿厅（类似行政办公室）、掌馔厅（厨房）和在监西的十八座监生居住的学舍群现已不存。

相隔了57年之后的明孝宗弘治十四年（1501）间；于此再相隔31年的明世宗嘉靖十一年（1532）间，又分别对国子监进行了一定规模的修建。当然，嘉靖七年（1528）十月新建国子监"敬一亭"的工程竣工更是记录在明史之中。

下面，我们也将明代各朝修建国子监的工程简列于后：

成祖永乐二十年（1422）六月，由皇太子督工部对京师国子监进行简单的维修；

英宗正统八年（1443），对北京国子监进行了大规模修建、改建；

孝宗弘治十四年（1501），对国子监实施维修；

世宗嘉靖七年（1528）十月，新建国子监敬一亭竣工；

世宗嘉靖十一年（1532），对国子监实施维修；

崇祯十四年（1641）八月，重建国子监竣工。

从元到明，花费在国子监上的白银不计其数，国子监的每一寸土地上几乎都铺满了白银，但真正大手笔的花钱还远远没有结束，到了清朝年间，更是推向了一个高峰！

第三节　历代清帝改扩建　乾隆盛世终始成

进入国子监大门，我们就能深深感受到悠久的历史氛围。现在所能看到的国子监全部，基本上是明、清两代的历史遗存。清王朝入关，顺治元年定都燕京，元年（1644）即始就对国子监进行扩建。"命饬新国子监，扩元明之旧，左庙右署，规制大备。"①意思是说，顺治皇帝下旨命令将国子监整饬一新，将元明两朝的旧国子监进行扩建，按照左庙右官署的规制，把国子监孔庙建设完备。

为了改变清入关以后八旗管理人才奇缺的局面，除了进行修建国子监土木工程之外，还有一个令人瞩目的重大措施，那就是建立和大力发展八旗官学和其他满族官学，形成庞大的八旗教育体系，并把这样的一个独特体系的主要部分归属于国子监管理，藉以加强中央皇权对教育的统一布局和管理，以适应清王朝一统天下之后对大批具有文化知识和管理人才的迫切需要。因此，清代的历任皇帝对国子监的整饬和建设倾入了大量的人力、物力和财力，其中尤以乾隆朝为甚。这些投入主要包括：

从顺治元年（1644）开始，对旧国子监整修扩建；

从顺治元年（1644）年末开始，建立八旗官学；

康熙二十二年（1683），维修国子监内的殿堂和房屋；

康熙四十一年（1702），由和硕理亲王负责，对孔庙和国子监进行大修；

雍正元年（1723），礼部会同工部奉旨修葺国子监讲堂和监生号房；

雍正五年（1727），扩建八旗官学；

雍正六年（1728），始设俄罗斯馆于同文馆；

雍正九年（1731），设立国子监对面的"南学"，作为助教和监生内班生宿舍及读书场所；

乾隆二十四年（1759），斥银近三万两修葺国子监外东北角的御书楼（因火毁现不存）；

乾隆四十八年（1783），斥巨资三万余两白银仿周古制新建琉璃牌坊和"辟雍"，以及与之配套的东、西碑亭，钟亭、鼓亭。

至此，国子监的建筑高大辉煌，色彩鲜明，学制完备（隆规炳烁，学制大备），

---

① 《青豁漫稿》卷十六。

1-15 清绘国子监全图

规模宏大，俨然一座"大学城"。今天我们所看到的国子监建筑格局现状只是原有规模的主体部分。原来的国子监南学、箭场、国子监东北的会馔堂以及周围的掌馔厅、典籍厅、典簿厅、御书楼、仓库、土地祠、退省房，还有几十座学官的住宅院落、监生的几百间宿舍以及其他配套建筑早已荡然无存，地址改作他用。现在，当我们打开电子地图找到国子监地域影像，和上面那张清末的国子监手绘全图加以对比观察时，从那些房屋建筑群中依稀可辨的边界还可以看出国子监西边的箭场、南边的南学、东边的御书楼院，以及国子监和孔庙周边原来诸多馆舍隐隐的方位印记和道路痕迹。

经北京市政府批准，于2003年开始了对国子监和孔庙内部进行了大规模的维修复原工程，到2007年底奥运会召开之前正式竣工。无论从建筑格局、建筑形制，还是建筑色彩都更逼真地显现了历史上国子监内部的原生态。本书从第二章开始，主要讲述清代国子监在二百多年间所发生的巨大变化。

第二章 古韵经纶国子监

第一节 "集贤"门制等级严

来到国子监,首先看到的是上悬"集贤门"匾的大门。那就先从这个大门说起吧。集贤门的建筑形式呈现为一个单体的悬山顶建筑,是一个像"屋"一样的"门"(图2-1a、2-1b)。屋子的前后檐下完全敞开通透,不安装任何窗扇和槛墙。大门安装在正中央的位置,与屋顶最高的那根檩子——脊檩对齐。这种形式的门就叫作"屋宇式"大门。在传统建筑里,一般只能用于重要建筑的南面正门。这一类形式的门中,多开间、规模较大的往往是皇帝、衙署、高品级王府专用之门,一般呈现出宫殿形式。国子监不仅是太学,而且是封建朝廷掌管国家教育政令、管理国家教育的最高行政官署,因此大门两侧还专门建有向外伸出的八字墙,以示"向明而治",老百姓则形象地称这种

2-1a 国子监大门

2-1b 国子监大门旧照

带有八字墙的屋宇式大门为"八字衙门";等级较低的屋宇式大门则是单开间的门屋。我们翻阅《大清会典》就可以看到,开间的多少、建筑的高低、用什么样的装饰、用什么颜色都是根据官员等级来规制的。屋宇式大门和其他古建筑一样,面宽尺度以"间"来计算。这里所说的"间"指的是以四根立柱围合,施梁、桁于柱之上的木架构。为了便于读者观察,可以这样通俗地说,从外观上看,传统建筑檐下两根柱水平方向之间的距离就是一间。国子监的大门开间为三间,因此至少要看到四根柱子。"开间"就是量度建筑正面(南面)的宽度单位,这是表述中国传统建筑正面宽度单位的专用词汇。国子监的大门面阔三间,悬山顶,屋宇式,完全合乎清朝政府对官府、寺院、庙祠等公共建筑南向大门的规定。① 国子监的最高管理官员是祭酒,位高四品或从四品,所以柱子和大门只能漆成黑色,两旁的八字墙涂成白色,因为明确规定了"门柱饰黝垩(涂以黑色和白色)"。如果门、柱都漆成红色,那就是僭越规制,要有被杀头的危险了。由于门的建筑形制、开间数量、色彩绘画关系到尊卑等级地位,所以古代建门必须要按礼制的规定来设置,门也就自然成了地位尊卑贵贱的第一重要表征了。成语"门当户对"的含义就再明白不过地表达了从门户上认知等级地位的意思了。

2-2 持敬门

2-3 储才门

2-4 改建后的"乾隆石经"正门

2-5 退省门

① 《钦定大清会典》卷七十二:凡第宅公侯以下至三品官,基高二尺,四品以下基高一尺,门柱饰黝垩。中梁饰金,旁绘五彩杂花。

第二节 "太学"门额话渊源

步入国子监大门,就等于进入了国子监的专管区域了。这个区域南北走向,前后分为三进院,第一部分是前院,宽阔的场地主要是为了停放官员所乘之轿和部分监生来监拴所骑之马用的,有点像我们今天所说的"停车场",主要用于停放交通工具的。前院的东边有一"持敬门"(图2-2)与孔庙相通;东边北面有个小一点的门为"储才门"(图2-3),那是祭酒和典籍、典簿等行政后勤人员去办公室上班的出入之门,也

2-6 广居门

是去孔庙崇圣祠、土地祠的通道,还是昔日国子监监生们去会馔堂集体就餐的通道。现在已经改为通往"乾隆石经"的门户(图2-4)了。

西边与"持敬门"相对的是"退省门"(图2-5),是去"退省房"的门户;西边的北面也有一个稍小的门,那是祭酒的副职司业去办公室(西厢)的地方,也是监生们下课以后回到国子监西边宿舍的必经之门,叫作"广居门"(图2-6)。清代国子监对监生宿舍的管理沿袭了明朝对监生学舍的管理手段。明朝开始时是按学舍的方位定名称,如内号、大东号、新南号、小北号等等。后来改变了这种编号原则,它不同于我们现在的东区、西区,也不是A座、B座的编号,而是以儒家的礼制信条文字编排的,即:天、地、人,智、仁、勇,文、行、忠、信,规、矩、准、绳,纪、纲、法、度,一共十八号(也称十八段),共有六列面东的排房,每列三段,共18段。每段(号)有监生号房37间。六七百间监生的号房群真是浩大一片!难怪进门通道要取"广居"之意。清沿明制,依然继承了这样的编号

2-7 太学门额

方法,就像科举的考场编号一样,时刻告诫监生们即使回到号舍,也不要松懈斗志,要不断反省自我,以求进取。可以说,这种"标语"式的编号也具有灌输儒家理念的教育意义。

国子监第一进院正中,面对着集贤门方向的就是"太学门"了。这个大门上边挂着一块大匾,上边书写着"太学"两个字(图2-7)。什么是太学呢?太学的本义就是大学。"大学"最早出现在甲骨文记载中。"太"就是大的意思,在早期的儒家经典中两字相通。例如太庙就是大庙,太山(泰山)就是大山,太师就是大师,"大"作专有名词时写作"太"。在我国的历史上,距今已有2800多年的西周时就已有大学和小学的区分了,但都是贵族子弟学校。① 汉代及以后的儒学家将周代的大学系统认定为:周天子兴办的大学称为"辟雍",② 其诸侯国的大学称作"泮宫",以示等级之分。天子所设的大学,规模较大,有"五学"之分,即辟雍、成均、上庠、东序、瞽宗。其中辟雍是中心,四面环水。诸侯所设的大学,规模比较简单,仅有一学,半圈临水,故称"泮宫"。汉代戴德编撰的《大戴礼记·保傅》转引当时的《学礼》说,宫廷之学有东学、南学、西学、北学,中央之学则称为太学:"帝入太学,承师问道。"这就是后世将最高学府称为"太学"的渊源。

国子监的太学门平时是关闭的,只有皇帝视学临雍才开此门迎接皇帝出入。平时一般的监生和低品级的官员只能从太学门台基下两旁的掖门进入,现在两旁的掖门已经被封堵为墙。从太学门进去就进入了国子监的第二进院,这是国子监的教学区。

第三节 琉璃牌坊掌故琐谈

进入太学门第一眼就看到那座非常著名的国子监琉璃牌坊(图2-8)了。琉璃牌坊的正面和背面分别镶嵌着乾隆皇帝的御笔碑额,正面御书"圜桥教泽",背面御书"学海节观"。整个牌坊的形制为三门(间)四柱七檐楼。凡应属于宫殿建筑木构架的外露部分,在这里均装饰为花色琉璃贴面,七个楼顶上都覆黄色琉璃瓦,架以绿色琉璃斗拱。下边三个石券门洞是三间,落座于四个缠枝祥云仰覆莲石质须弥座之

---

① 《礼记·王制》:小学在公宫南之左,大学在郊。
② 《礼记·王制》:天子曰辟雍,诸侯曰泮宫。

2-8 琉璃牌坊近照　　　　　　　　　　　　2-9 琉璃牌坊旧照

上。整个石雕华丽精美，所雕行龙、缠枝、花朵、火珠都栩栩如生。建筑通体精致、大气、华美。这个琉璃牌坊很是有些名气。爱好集邮的人们都知道，"中华民国邮政"于1913年5月5日（民国二年）正式发行一套普通邮票，全套19枚。

面值5分至1角的图案为一帆船，背景是铁桥上飞驶的火车，寓水陆交通发达之意，通称"帆船票"。

面值1角5分至5角的：图案为一收获的农民，背景为天坛，寓发展农业之意，通称"农获票"。

面值在元以上的邮票图案为北京国子监牌楼，寓弘扬文化，通称为"宫门票"。

这套邮票发行了三次。1913年发行的邮票是在英国伦敦印刷的，称"伦敦版"。第二年因第一次世界大战爆发，改由北京财政部印刷局印制，于1914年发行第二版"帆船邮票"。邮票图与伦敦版相似，初期亦为19种面值。1919年又增加发行1分半、1角3分和20元三种面值。这就是说，1914—1919年间全套总共为22枚，称"北京老版"。1923年在北京财政部印刷局印制的第三版，称"北京新版"。在北京老版的"宫门票"中，有1元、2元、5元、10元和20元等五种元单位票。其中面值2元的，在印刷中出现了严重的错印。主图牌楼为黑色，边框为蓝色，此票采用双色套印的方法，即先用一个版印出边框，再用另一个版套印中心图案。由于印刷工人忙中出错，将其中一个版放倒了，所以印出来的邮票中心图案牌楼是倒印的，俗称"宫门倒印"票（图2-10）。据考证，这种"宫门倒印"错版票仅流出48枚，十分罕见，被列为"民国四珍"之一，为中国邮票中的珍罕之品。

2-10 倒宫门邮票

1996年4月苏富比公司在香港举办的"远东珍邮"拍卖，1枚"宫门倒印"以20.7万元（港币）成交；1996年5月20日北京邮品拍卖会，1枚北京老版2元"宫门倒印"，带版铭、有蓝色鉴定号"2115080"，底价人民币25万元，最后以人民币38万元成交。

这枚珍罕邮票所错印的官门图像，就是这座国子监琉璃牌坊。

细细观察这座著名的琉璃牌坊就会发现，这座琉璃牌坊与国子监大门外的几座牌楼很相似但又很不同，我们不妨回过头来简要地介绍一下"牌坊"的来历与发展。

牌坊的最早来源叫作"绰楔"，它具有标示和划分空间的作用，这是它产生的最基础原因。有的学者认为，牌坊是为上边所挂匾额而修建的，这个说法不符合史实的。由于牌坊本身并不安装门扇，不具有防卫和阻断空间的作用，所以只是一种象征性、礼仪性的大门。牌楼和牌坊都源于我国古代城邑中对居民聚居单位的划分，这样划分的单位在北魏以前称作"里"，北魏以后改为"坊"。如明代国子监和附近的一些胡同就有"崇教坊"（一说"崇敬坊"）[①]的居住区划。以前的"里"也好，"坊"也好，四周都是用墙封闭的，居民出入的必经之地只有坊门。为了宣扬教化，官府便借助这个坊门对坊内的居民的良行美德加以表彰，那就是将表彰的词句标在坊门之上，这种做法就叫作"旌表"。宋代以后里坊制度就瓦解了，坊门逐渐失去了防范的作用，墙去门留，坊门就成了一种象征性的、单独的大门了，并逐渐演化为通行无碍仅起标示或旌表作用的牌坊了。牌坊与牌楼的区分仅在于梁枋之上是否有"檐楼"，通俗地说，就是看有没有屋顶。从严格意义上讲，国子监外和国子监内的这座牌坊都应该叫作"牌楼"。它们是同一类建筑，只不过做法与结构及其建筑材料不同罢了。国子监街上的牌楼是"单间两柱带跨楼柱出头"牌楼，其较为深色的柱头装饰说明这是由古代"乌头绰楔"的形式演化而来的，原来是木制的（1947年修缮国子监时依原样改为钢筋水泥质地）；国子监内的牌楼是"三间四柱七楼"，是一座琉璃牌楼，它是国子监内教学区的标示，也是身后"辟雍"的象征性大门。乾隆皇帝所书的文字就是一种"旌表"行为。这座琉璃牌坊的建设过程我们在下节就要提及。

[①] 《京师五城坊巷胡同集》："崇教坊·十四铺：绒家务角头、头条二条三条胡同、方家胡同、净居寺胡同、国子监文庙、交阯号胡同、安定门街、极乐寺胡同、火烧寺胡同、武德卫营、鬼门关、崇兴庵、粮食店、大都角头东北。"

第四节 礼制辟雍溯源探秘

走进国子监的太学门,透过金碧辉煌的琉璃牌坊洞门,正面看去,辟雍殿居于整个国子监中轴线和中心点上。大殿的形制为重檐四角攒尖式木构架建筑。整体建筑高22.44米,坐落在高0.96米的台基座上(即清营造尺三尺,这是最高等级的台基之一种。清营造尺1尺=32厘米)。宫殿建筑本身为四方形,面阔16.96米。金黄色屋顶的最高端座立着3.2米高、金光熠熠的铜胎镏金宝顶,连接四条向下弯曲逐渐挑起的屋脊,宛如四条飘带,犹如一座远征大营中的帷幄帅帐。乾隆皇帝御书"辟雍"的金字高雕华带牌高悬在殿堂正前额枋之上,分外醒目。屋檐之下丹柱之上的斗拱群青绿点金,彩绘花纹,辉映于檐影之中。辟雍殿堂四周环水相绕,微波粼粼,虽不见"於牣鱼跃",[①]却也看得见红锦小鲤闲水自在之野趣;蓝天白云倒映其中,真乃"美哉轮焉,美哉奂焉"。[②]水池上架设的四座石桥连接辟雍殿和东、西、南、北四个方向。前院的东、西两个井亭和六堂身后的两个水井(现不存)注水于内,构成"辟雍环水"胜境,加上周径62.72米环水旁的汉白玉百合望柱石栏杆,使得高大粗笨的辟雍木构架,装饰为一座尺度和谐、雍容华贵的仿周形制的礼制建筑。环形水池恰如古玉璧,"雍"为水中高台。辟雍因形而名,故为"辟雍"。"周邢侯尊"(麦尊)等诸多铜器上的铭文都表明:圜水之中有高台的"辟雍"本是几千年前周王畋猎游观的园林,也就是公园,后由汉儒礼制

2-11 辟雍外景新照

2-12 辟雍外景旧照

---

① 《诗经·大雅·灵台》:"王在灵沼,於牣鱼跃。"
② 《礼记·檀弓》。

文化的演变，逐步变成了一种"天子之学"的古代特定形制建筑。

在中国古代传统建筑中，有三种类型的建筑。第一类是建筑本身是礼制的内容，比如天坛的"圜丘"、祈年殿；第二类是由"礼"的要求而来的"礼制建筑"，这就是指《仪礼》上所需要的建筑物或建筑设置；第三类就是在建筑布局上，因"礼"而产生的建筑元素，比如华表、钟楼、鼓楼、钟鼓亭等等。担负着宣传儒家礼制、教化四方任务的"辟雍"就属于第一类的"礼制建筑"。在古代礼制活动的实践中，辟雍可不是一个一般的礼制建筑，而是处于整个王朝礼制活动顶峰的礼制建筑之一，是王朝全部礼制活动的少数几个象征物之一，正如晋成帝咸康年间的侍中冯怀所说："天子修礼，莫盛于辟雍。"①天子演绎周礼最为盛大的就是在辟雍的礼制活动了。辟雍的建筑形制在儒家经典中有丰富具体的描述，但在历代则很少有能够付诸实现的。而在北京国子监修建"辟雍"的主意，是乾隆皇帝首倡的。《清实录》记载，乾隆二年（1737）九月间，清高宗下旨命国子监孔庙换用黄瓦，其中有这样一句话："思国子监为首善观瞻之地，辟雍规制宜加崇饰。"②意思很明白：国子监既然如此重要，就应该有"辟雍"这样的礼制建筑，以彰显太学教化的榜样作用。三个月之后，乾隆皇帝又借回顾顺、康、雍三帝"临雍"场面的描述，第一次明确表达了心中理想的临雍典礼的场面："儒臣进讲经书，诸生圜桥观听，雍雍济济，典至盛也。"③其实，在顺治、康熙、雍正三帝到北京国子监"临雍"之时，还只是在明代建筑彝伦堂中进讲和宣谕。"雍雍济济"不假，"圜桥观听"只是虚幻的想象而已。这里，清高宗明确地表露了在国子监应该修建"辟雍"的想法，此时朝廷中还没有任何人有过这样的设想，也没人会注意和留心年轻的乾隆皇帝会有如此这般的设计萌动。

乾隆三十二年（1767），高宗发帑银二十万对北京孔庙进行大规模的修葺，御史曹学闵乘此机会上奏，建议"宜考古制，建辟雍于国子监"。④在乾隆皇帝数次光顾的国子监中修建"辟雍"这个具有古老渊源的建筑，可是个不同一般的建议。因为在辟雍形制形成的历史过程中，历朝历代能够把传说中的辟雍付诸实现的极少，西汉末年辟雍、东汉洛阳辟雍、北宋辟雍，都是历史上极为罕见的范例。恰逢清代乾隆盛世，⑤曹学闵这个修建辟雍于太学之中的建言，虽然与乾隆帝的夙愿一拍即合，唤起他的共鸣，但却遭到礼部的否决而夭折。对此有些读者会不解：乾隆皇帝直接批准这个曹氏奏本不就行了吗，为什么还由礼部讨论呢？这就得说一下清中央政府六部的行政和议事规则了。

---

① 《册府元龟》卷五百七十五，四库本。
② 《清实录·高宗纯皇帝实录》卷五十。
③ 同上："我皇祖、圣祖仁皇帝、皇考世宗宪皇帝亲诣辟雍，登堂释奠，儒臣进讲经书。诸生圜桥观听，雍雍济济，典至盛也。"
④ 《清史稿》。
⑤ 《清实录·高宗纯皇帝实录》卷一千五百载："当承平日久，生齿日繁。有政、有民，天位、天禄、天职所与共治。初年帑数三百亿，后且增至七百亿有畸；藏富之本也。初年丁口不二万万，后多至三万万；有畸广生之征也。初年官中度支岁七万，后且仅以二万计；节俭之原也。"

从康熙朝开始，针对中央各部门的职责、办事规程而制定了基本的行政规则，这就是《则例》。其目的就是规范各部、院政务活动，保障其正常运转。清朝中央主要行政机关都编有《则例》，如《刑部现行则例》《钦定吏部则例》《钦定户部则例》《钦定礼部则例》《理藩院则例》《钦定台规》等。还有一种特别则例，如《钦定八旗则例》《兵部督捕则例》等。《则例》作为重要法律形式之一，是清朝的创造，它不仅对现实的国家行政管理起着至关重要的作用，同时也对我国以后的国家行政管理有着深刻的影响。

六部之一的礼部是掌管礼仪、学校、科举的中央国家机关，执行的行政规则就是《钦定礼部则例》。御史曹文埴的奏本事关学校和礼仪，自然需要礼部先行议决，再呈皇帝御准。正是按照这样的程序规定把属臣的奏本交由礼部议决，而不是由皇帝直接批准。当然，这与皇帝直接交办事项下旨给六部的办事程序是不一样的两种程序。

礼部讨论的反对意见由当时翰林院的掌院学士观保（注：观保此时官居从一品左都御史，兼翰林院掌院学士、礼部侍郎）汇报给乾隆皇帝。他说，古时帝王立学之规制各不相同，"六经"上所记录的儒家之说也是表述相异。唯有崇尚礼典、立教建学的兴贤之道是多少代圣人所共同主张的。因此，凡是统治天下的王者应审时度势，继承历史上共同的教化之道，不必强求立学之制与过去是否相同。学宫形制古今不同，现在学宫的建造形制与古时有所不同也无关紧要，关键是要看是否影响到教化的大事。御史曹学闵所陈奏的夏、商、周三代都以辟雍为学的规制这个说法来自《诗》《礼》。我等下臣仔细研究了"辟雍"之名，它最早出现在《灵台》之诗中；把辟雍指为"天子之学"，则始见于《王制》，先儒们一致以为是从周文王开始建造辟雍的，并不是夏、商、周三代共有的专用建筑。根据经学大儒们的有关论述，"水旋丘如璧"中的丘是自然形成的土堆；"引水环注"则是引来自然水流，人们在其周围筑起圆形河堤以约束之，形成河道，这是考虑到行礼之时观者拥挤才这样设置障碍的，与"明伦设教"的意思毫不相关。连孔颖达《五经正义》中都说："辟雍内有馆舍外无墙，所以用圜桥作门以挡住数万的观听者。"现在的太学和圣庙建立在都城之内，监生在六堂肄业，堂宇深严，比起引水来限制行人往来更为周密，何必拘泥于古制，开凿无用之沟渠呢？皇上重道崇儒，依王者之规制装饰圣庙殿堂、阶陛以至屋瓦，这足以使四方观瞻者如愿，使众多的士子们为之景仰了。"引水旋丘"是周代一朝之制，并不是千古不可废止的经典。沿袭古代帝王建学自有教养的实际效果，拘泥形制以复古的做法对学校有什么裨益呢？御史所奏的建太学辟雍一事不用再议了。我们不敢随便做主，还是请皇上发布谕旨决定。①

到底是老谋深算的饱学之士，面对如此滴水不漏的辩解，乾隆皇帝还能说什么呢？只好暂时作罢。

---

① 《钦定国子监志》卷五十四，四库本。

乾隆四十八年（1783）二月，已经72岁的乾隆决心实现修建辟雍的愿望，这次绝不能再让烦人的礼部干扰了，索性直接谕旨下令修建辟雍于太学之中。此时，距曹学闵提出奏本但遭到部臣反对而未能实行，已经相去16年了。乾隆坚持认为，古时周天子有了辟雍，以此兴礼乐，宣道德，教化四方，

2-13 辟雍内景旧照

典礼规模做得非常大。既然国学是人文荟萃之地，规制等级就应该做得很高。现在才修建辟雍，说明了元、明以来的典章礼制不够完善，自然应该增建，才能达到至善至美。[①]
随即组建了修建辟雍的初班人马：礼部尚书德保、工部尚书监管国子监事务刘墉和侍郎德成，后又增加了户部左侍郎金简、礼部郎中巴彦宝、南苑郎中董楷、工部员外郎富森阿、主事恭安和林、委署主事福兴。令他们前往踏勘工地，查勘现场，聚集民工，确定吉日动工修建，又催促他们尽快拿出图纸，"将辟雍图式呈进，自应仿照礼经旧制，度地营建"，并告诉这几位大臣，"落成之日，朕将举行临雍典礼，以昭久道化成之盛"。[②]

圣旨之下，岂敢怠慢。为了建成这个辟雍大殿，几位大臣先后联系了工部制造库、办造木仓，以准备颜料、地上铺的金砖；贤良祠官厂查看木料库存；热河副都统负责采伐树木大料；户部做资金先期准备；钦天监选择开工吉日。经过一番紧张的设计、计算，最后由礼部尚书德宝向乾隆皇帝汇报了规划设计意见的初稿，提出了辟雍设计的蓝图。现根据他们的奏本抄录并略加说明如下：

拟建的辟雍为重檐大殿，下檐见方，面阔六丈五尺（按清营造尺换算为20.8米）；

辟雍主体建筑柱高一丈五尺（4.8米）；

方台基每边长十一丈二尺（35.84米），高一丈五尺（4.8米）；

圜河一座，内口径至少大于十九丈二尺（>61.44米），深一丈（3.2米）；

平桥四座，各长四丈（12.8米），宽二丈二尺（7.04米）；

丹陛（注：辟雍前后的台阶）两道，凑长二十一丈九尺（70.08米），宽二丈二尺

[①]《钦定国子监志》卷二：稽古国学之制，天子曰辟雍。所以行礼乐，宣德化，昭文明而流教泽，典至钜也。朕此次释奠礼成，念国学为人文荟萃之地，规制宜隆。而辟雍之立，自元明以来典尚阙如，自应增建，以臻美备。
[②]《钦定国子监志》卷五十四，四库本。

（7.04米）；

殿前金砖海墁两处（注：台基之上的面积），凑长十丈（32米），宽四丈八尺五寸（15.52米）；

彝伦堂月台前金砖海墁两处（彝伦堂——辟雍中线上的月台上下甬道），凑长十六丈（51.2米），宽四丈八尺五寸（15.52米）；

太学门外东西凿井各一座；合并六堂后檐原有的水井东、西各一座；

砌造连接圜河的进水暗沟四条（注：连接四个水井的沟道），凑长九十七丈（310.4米）；

自圜河到集贤门外排水暗沟两道，凑长九十四丈（300.8米）；

从集贤门外至东大街官沟（注：现在的雍和宫大街当时旧有的公用下水道）泄水（排水）大沟八十一丈（259.2米）。

集贤门添安石质斜坡道，海墁散水，拆弃彝伦堂前的月台（注：以海墁金砖甬道）；

海墁所用二尺金砖2587块；

红铜檐蒙铜（注：辟雍殿原设计为铜瓦）、镀金看叶（注：也叫作"面叶"，辟雍隔扇门上的装饰条）、瓦帽根据实际情况做大小并镀银、开槽等工料估算，合银113498两7钱9分7厘，扣除现有的材料折算，净需97975两3钱7分1厘白银。①

对这样一个庞大的工程预算，乾隆皇帝非常谨慎，他将这份设计和预算方案交给内阁，让时任户部尚书和珅另定做法并再次核对工程钱粮预算。经过和珅现场踏勘，在给乾隆的奏本里，和珅提出了将原设计方案中辟雍内的四根"钻金柱"（直达顶部桁架的立柱）撤去，改用抹角架梁的方法，这样修改后较前一方案可以节省白银4400多两。②

这里说的"抹角架梁"，是从元代开始大量使用的一种大式宫殿木构架的构建方法。就是将按比例缩短的四根"转角梁"按45度角斜搭在殿内木桁架四个边角之上，围合形成第二层桁架；在第二层桁架上的四个边角继续构建抹角梁，形成第三层桁架，直到设定的高度。最后用四根角梁从上到下连接这个叠加桁架的四个边角，形成四条屋脊。它对保证角梁后尾的稳定性有显著的效果，同时也加强了四个建筑屋角的建筑刚度。用"抹角架梁"的办法的好处有三：首先，可以取代或减少大型木材的使用，降低了建造成本；其次，由于殿内减少了立柱而形成宽敞通透

2-14 和珅

① 《钦定国子监志》卷五十四，四库本。
② 《钦定国子监志》卷二十二，光绪本。

的视野空间，也比较安全；最后，由于减少了殿内的立柱，也就减少了声音散射传播的损失，在宽敞的空间内形成共鸣，使得向众人讲话时变得不再那么费力。在没有电器扩音的条件下，这的确是一个很聪明的设计方案。和珅虽为奸佞之臣，但在建造辟雍方案的修改中，却显现出了他出众的聪明才智。

根据现在的辟雍实际尺寸，和设计原稿的辟雍比较，原设计的要大；圜水原设计比现在的要小；辟雍的屋檐没有用铜瓦银帽而是改用了黄色琉璃瓦；彝伦堂的月台没有拆掉；

2-15 辟雍殿内景新照　　　　　　　2-16 辟雍的抹角梁

辟雍中线的前后甬道金砖海墁的工程没有施工。看来实际施工中改动了不少项目，具体的原因和过程未见史载。

后刘墉又呈奏了"诏建辟雍添造牌楼钟鼓亭"预算，增加了新的工程。这是金简（管理钱财的户部左侍郎，相当于财政部副部长）于设计辟雍的当年（1783）五月间给乾隆皇帝出的主意，那就是在辟雍殿前再添造四柱三楼木牌楼一座，两旁各添建碑亭一座；旧有钟、鼓亭不合辟雍礼制，拟于碑亭之南新建钟、鼓亭两座。并由刘墉呈览这些建筑的画样和国子监全图各一张。乾隆皇帝看了很高兴，但觉得四柱三楼木牌楼不够气派，要求按照海宁海神庙石牌楼的式样建造石牌楼。这下金简可慌了，他赶紧面见乾隆皇帝，劝说他改变这个主张，因为建石牌楼所用石料甚多且费工费时，怕明年春天赶造不及，耽误乾隆皇帝登基五十年的临雍大典。乾隆皇帝改了主意，谕旨按照大西天琉璃牌楼（现在的北海公园）式样建造一座辟雍琉璃牌楼。琉璃牌楼无论在构造还是在施工上都比石牌楼容易多了。它是采用砖或用木构架夯土做胎，表面粘贴琉璃花板贴面而成，省工省时而且华丽夺目。日后很快将"一牌楼四亭"的"烫样"（建筑模型）做好送皇帝审查，这才算是批准了这些配套工程。①

上述工程的部分项目日后又经过修改，形成了如下的标准：

"辟雍"四面各显三间，内明间面阔二丈一尺（6.72米），次间各面阔一丈六尺

① 《钦定国子监志》卷五十四，四库本。

（5.12米），外周围廊深六尺八寸（2.176米），擎檐柱高一丈六尺（5.12米），径一尺八寸（0.576米），擎檐廊深四尺三寸（1.376米），四脊攒尖安铜宝顶，重檐成造。

琉璃牌楼一座，面阔五丈五尺（17.6米），高三丈五尺五寸（11.36米），进深六尺六寸（2.11米）。

碑亭二座，各方二丈（6.4米），柱高一丈四尺五寸（4.64米），石碑二通，各高一丈六尺五（5.28米）。

钟、鼓亭二座，各方一丈四尺（4.48米），柱高一丈（3.2米）。

其他的没有改动。①

对于辟雍，乾隆还曾提出修改外立面，将"在辟雍殿座四面添安擎檐，庶足以壮观瞻"。②根据乾隆皇帝的旨意，辟雍殿外立面又做了修改，"辟雍殿连擎檐廊通，面阔七丈五尺，高三丈四尺五寸"。③现在国子监所存的辟雍就可以很清楚地看到这一点。最外一层擎檐柱的断面为梅花方形，明显地比檐柱及金柱的柱径显小。这样的修改，使辟雍整体的比例和尺度更加和谐，建筑整体显得壮观、华丽。

辟雍的修建工程始终处于乾隆皇帝的直接监督管理之下，对于工程进行中所发生的问题，都是由乾隆皇帝亲自予以解决或纠正。在辟雍新建工程中间，主持施工的刘墉和德保曾给乾隆皇帝上奏说，现在修建辟雍刨出来的土，多为沙性土壤，不能夯填作为地基使用。除了将能用的非沙性土壤回填作为基础夯填外，还需要购买新黄土五百零八方。加上将刨出来的沙土九百五十五方运抵安定门北城根平垫，需要支付银两三千九百六十五两。乾隆皇帝看了奏折以后，非常生气，"所奏甚属非是"，殿脚筑基固应坚筑，但安定门护城河旁已经有原来刨出之土，为什么不能用来回填夯打呢？你们把沙土运出去，还要购买新黄土，再加上来回的运费，白白地浪费许多银两。再说，回填之土将来打入土地，也不能再刨开检查，最容易滋生作弊。"况京城各处工程俱筑地基，从未见有添买土方之事"。因德成奉差在外，你们就借口出运、添买，用这些银两给自己开销，这种弊端总不能根绝。

乾隆还斥责刘墉：你不等到德成回京一起商酌办理，就自行具折上奏，对于工程你至今不熟悉，朕暂不以责备。至于那个德保，"原属无用之人"，他对于工程更是无知、糊涂。在失望之余，为了加强对修建辟雍的管理，特传谕金简，授权他升任为

---

① 《皇朝文献通考》卷六十八。
② 《清实录·高宗纯皇帝实录》卷一千二百三。
③ 《钦定国子监志》卷五十四，四库本。

辟雍工程管理人员，将上述的运送购买的土方切实查勘。"如该监督等果有藉词开销情弊，即行据实参奏。"①至此，乾隆皇帝将这个颇具意义的建筑工程管理权，交给了户部左侍郎金简、侍郎德成。刘墉此后不久（同年七月），即调任吏部尚书。

在乾隆四十九年闰三月，乾隆皇帝还修正了金简将辟雍"池中四尺蓄水"的主张："朕意止须三尺，尽足适观，且易于添换新水，可无停蓄垢污之虞。"嘱托"务率同该监督等，将灰土砖石如法成做，筑打坚实，不使稍有渗漏，方为妥善"。②

在辟雍基本上完工扫尾的几个月时间内（乾隆四十九年八月至十一月），乾隆先后两次传谕朝廷各衙门，令他们把孔庙释奠礼成、太学临雍大典的应行典礼细节一一具奏上来；又准备在第二年开春临雍之前，即乾隆皇帝五十年元旦那天，恩诏天下，诏内具体条款，也要求大学士和军机大臣"详悉开列具奏"。在将以极其隆重礼仪庆祝辟雍建成的同时，乾隆没有忘记表彰最早提出修建辟雍建议的干臣，这就是曹学闵。"内阁侍读学士曹学闵，前与御史任内条奏建立辟雍，经部臣议驳。国学为人文荟萃之地，规制宜隆，业经朕特降谕旨，增建辟雍。现已落成，明春举行临雍典礼。曹学闵从前能参考古制，独抒所见，其建白亦不可没。曹学闵著遇有应升缺出即行请旨升用，以示嘉奖。"③意思是说，曹学闵以前提出的修建辟雍之建议有独到见解，遇有升官位置缺失，应当给曹以升任。不久，曹即升任宗人府（管理皇室宗族事务的机构）府丞。对于负责辟雍工程的"所有承办之刘墉、金简、德成及在工监督等，俱著交部议叙"，按规定的等级次第予以奖励。德保则因"藉词开销情弊"被审查。

辟雍工程历时两年终建成。整个建筑模仿西周天子之学的形制而建，造型独特，建筑形式至今属全国独一无二。外圆内方的建筑平面不仅如形圆孔方的古玉璧，更体现了天子教化流传四方之构思。

辟雍还是居于国子监最中心位置之最高建筑，忽略

---

① 《清实录·高宗纯皇帝实录》卷一千二百。
② 《清实录·高宗纯皇帝实录》卷一千二百三。
③ 《清实录·高宗纯皇帝实录》卷一千二百一十九。

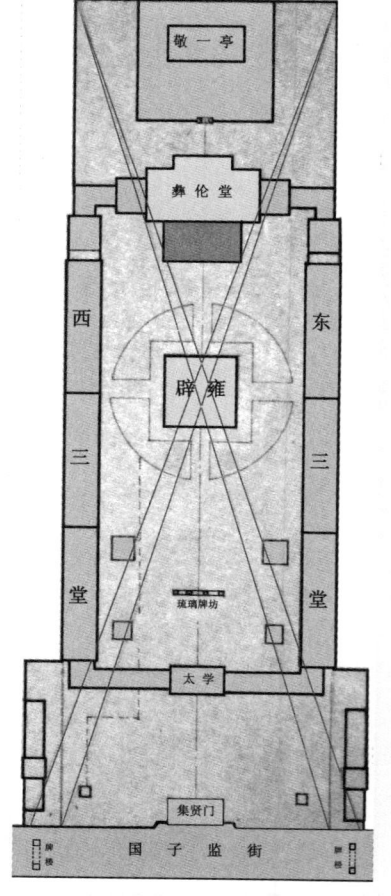

2-17 辟雍在国子监中的位置（1:2000）

由于历史原因所形成的南北距离变化,我们仍可以惊奇地看到这样一个事实:以现代2000:1的勘测图上,假如做两条对角线,连接国子监院落的东南角、西北角、西南角、东北角,则交叉点恰好处于辟雍的中心点(图2-17)。这就是说,辟雍位置与南北中轴线全长之比恰为50:100,这恰恰符合了《周易·系辞上》所述"大衍之数五十"的论述。对此,唐孔颖达解释道:"五十者,谓十日、十二辰、二十八宿也。"[①]因此"五十"这个数字在古人眼里有蕴含宇宙的意思,称其为"大衍",即五十这个数字可推演宇宙间一切变化,许多象征数字均与此有关。比如神秘的"洛书"中有九个数字,纵横各三(图2-18)。横、竖、斜相加之和均为"15"。而9、5、1这三个数字始终贯穿数字的南北方向,"5"又贯通其他各数的中枢,始终贵而居中。有解释说,"5"为天地之和,象征天地未分时的宇宙,它是生发一切事物的本原,所以居中不动。辟雍居于"大衍五十"之数,可以看出在设计之初"度地营建"时的处心积虑,亦可感受到新建辟雍在乾隆皇帝眼中的分量和地位。

2-18 洛书九宫格

为了视学典礼的隆重,乾隆四十九年(1784),皇帝还下旨工部,在修建辟雍的同时还要将彝伦堂和其他的厅堂整修油饰一新,并把除了辟雍、彝伦堂以外所有外悬的建筑横匾全部更新为竖额(华带牌),以便牌上加进竖写的满文文字。这样大规模地整修更新,就是要使在临雍大典的那一天环境优美、格调统一,尽显盛世崇教之隆仪。

乾隆皇帝之所以建造这个辟雍,就是为了"临雍"。临雍始于汉代,那就是汉光武帝莅临辟雍视学。汉光武帝刘秀年轻时曾在太学读过书。他建立东汉,迁都洛阳,马上重建太学。建成后还亲自视察,又召集太学的十四位博士讲学辩论,看到博士桓荣等身着儒衣,温恭有礼,饱读经义之书,从容辩理胜人,光武帝大加赞赏,除了颁赐赏物以外,又诏诸生"雅吹击磬"(注:磬为古乐器),欢度了一天。开创了封建皇帝到太学讲学的先河。从此以后,凡是各朝各代皇帝到太学视学、讲学,都被称作是"临雍"。

明、清各朝皇帝在即位之初,绝大部分都要到文庙祭祀先圣,并御国子监视学,以示敦崇礼教、感化百姓。每次皇帝有视学之举,势必先通知国子监。接到通知后,

---

[①] 宋·刘牧:《易数钩隐图》卷上,四库本。

整个国子监和孔庙以及门前的集贤街都要彻底洒扫一番，孔庙大成门东要设置坐北向南的御幄，供迎接天子之用。国子监彝伦堂中间要设御案、御座，供天子听讲、训谕之用。乾隆皇帝登基第二年（1737）来国子监讲学后，认为在彝伦堂讲学"名不副实"。经过反复，终于在乾隆四十八年（1783）下诏修建辟雍。乾隆五十年（1785）春天，就在新建的辟雍举办了盛大的"临雍讲学"典礼。此时，乾隆皇帝已是74岁的高龄了。

临雍大典前夕，即乾隆四十九年（1784）的初冬，高宗谕旨："明年正月初六日，绳祖武之丕休，举耆筵之盛典；又以辟雍肇建，于上丁释奠礼成后，亲临讲学。所以引年敷教者，既隆且备。"①这段话是说，为了承继祖上的善德，要为老叟们举行盛大的宴会。又因新建"辟雍"，上丁日（乾隆五十年二月）孔庙释奠之后，还要在国子监辟雍举行"临雍讲学"大典。这两个隆重的庆典缺一不可，皆因辟雍古礼就是尊养老而贤者和广施教化。如此看来，"绳祖武之丕休"不过是虚拟的口号，"举耆筵之盛典"原来是"辟雍肇建"引发的礼制行为，这应该是史上著名的"千叟宴"真实缘由。

乾隆五十年正月初六，"上御乾清宫，赐千叟宴。亲王、郡王、大臣、官员、蒙古贝勒、贝子、公、台吉、额驸、回部、番部、朝鲜国使臣，暨士、商、兵、民等，年六十以上者三千人皆入宴"。②如此盛大的"千叟宴"在高宗的眼中，不过是辟雍内御座后扆（五峰屏）上的一首小诗，③充其量不过是隆重奢华的临雍大典一个小小前奏曲。乾隆五十年（1785），在国子监建造辟雍的夙愿终获实现，高宗自然是喜出望外，围绕辟雍建成的庆祝活动也即将达到最高潮。

从乾隆四十九年冬天开始，以"临雍大典"为目标的大规模准备活动就此展开。这些准备工作大到下旨令衍圣公和其他圣贤后裔进京观礼并确定名额；报送临雍大典侍班④的内阁大学士、六部尚书和其他部院官员的职衔和名单；小到典礼所用的经书、进讲和御览讲章的起草准备、典礼之后的茶饮、圣贤后裔和庙户参加典礼时的服装制作；必不可少的国子监外周的防护兵丁和甬道中央铺设的毛毡；以及典礼之后的恩赐筵宴；等等，都必须依规通盘进行详尽的安排和准备。⑤涉及的官署有内阁翰林院、京师有关衙门（包括打扫沿途卫生的步军统领衙门）、山东巡抚、顺天府、

---

① 《清实录·高宗纯皇帝实录》卷一千二百十八。
② 《清实录·高宗纯皇帝实录》卷一千二百二十二。
③ 同上卷："御制《千叟宴叟恭依皇祖元韵》诗曰：抽秘无须更骋妍，惟将实事纪耆筵。追思侍陛髫垂日，讶至当轩手赐年。君酢臣酬九重会，天恩国庆万春延。祖孙两举千叟宴，史荣饶他莫并肩。"这首诗被制成铜牌，悬挂于辟雍内乾隆宝座之后的屏风后面。后因文物复制品制作时略掉此项，甚憾。铜质诗牌原件镀金铜字、蓝底（残件），现存于国家博物馆。
④ 临雍大典时进入辟雍陪侍皇帝讲学的朝廷重要命官和世袭王公。
⑤ 详细内容见《钦定礼部则例》卷二十六《仪制清吏司·临雍》。

工部、户部、兵部、礼部、吏部等。具体承办业务的太常寺、光禄寺、鸿胪寺、内务府、武备院,国子监更是忙得不亦乐乎。

乾隆五十年(1785)二月临雍大典当天,国子监祭酒率全体师生员工清晨即在成贤街西口恭迎圣驾。皇帝来了之后先到孔庙祭奠先圣,随后从绳愆厅后门(现已封堵,痕迹尚存)移驾至国子监彝伦堂的暖阁小憩更换衮服,而后进入辟雍升座。其间,国子监内钟鼓齐鸣,皇帝在中和韶乐《盛平之章》的伴奏声中步入辟雍,登上宝座。国子监全体师生二跪六叩头,并按次序站立在殿堂外甬道东西两侧。随后,进讲官满汉大学士、满汉祭酒四人从南桥上台阶,三品以上的皇帝随从官员从东、西桥上台阶,均从辟雍殿东西门进入,东西序立。新建的辟雍殿内,乾隆皇帝位座中央,临雍进讲的翰林满、汉大学士,国子监满、汉祭酒陛前东西;更有诸多身着蟒袍、补服的王公大臣立列左右,俨然皇帝上朝议政的朝班一般。当鸿胪官宣布"进讲开始",四位进讲官一叩头之后就坐于陛前的几榻上开始讲学。翰林满、汉大学士伍弥泰、蔡新大学士坐东边,面向西,讲《大学》:"为人君者止于仁,为人臣者止于敬,为人子止于孝,为人父止于慈,于国人交止于信。"讲的意思是说,做一个人,要完成一个人道、人伦的本分。做任何事情,那都是职业、职位的不同,但都须要先做人,才是本分。接下来,国子监满、汉祭酒觉罗吉善、邹奕孝坐西边,面向东,讲《易经》中"天行健,君子以自强不息"。这是教人们要效法天地,永远要自立自强,不要偷懒止息。满汉大学士和祭酒所讲的内容要谨遵圣谕,不得僭越。国子监的各班学生站立听讲。每次进讲后,皇帝开始分别阐发书义或经义,这称作"宣谕"。此时,在辟雍南门外、石阶下和太学门两侧安排的四名负责"传声"的鸿胪寺官员负责传声,皇帝讲一句,他们传一句,以达到扩音和传送的目的。当乾隆皇帝坐在新建的辟雍内兴致勃勃宣谕的时候,他所面对的正是48年前心中所向往的"儒臣进讲经书,诸生圜桥观听,雍雍济济,典至盛也"。① 此番情景使得乾隆皇帝的心情很是兴奋,大典之后,凡是参加临雍大典的所有人员都得到了一两银子的奖赏,② 仅此一项就耗费了几千两白银,这还不算按圣贤后裔、官员等级赏赐的貂冠、朝服、纻丝袍、缎袍、匣墨、八丝缎、貂皮等珍贵物品。

临雍大典进讲之时,所有参加临雍大典的圣贤后裔、满汉官员,以及进士、贡

---

① 《清实录·高宗纯皇帝实录》卷五十。
② 《钦定礼部则例》卷二十六《仪制清吏司·临雍》:"五十年,随班听讲之肄业生及进士举人、贡监生、荫生、八旗官学教习、官学生,共三千九十三名,俱赏银一两。"

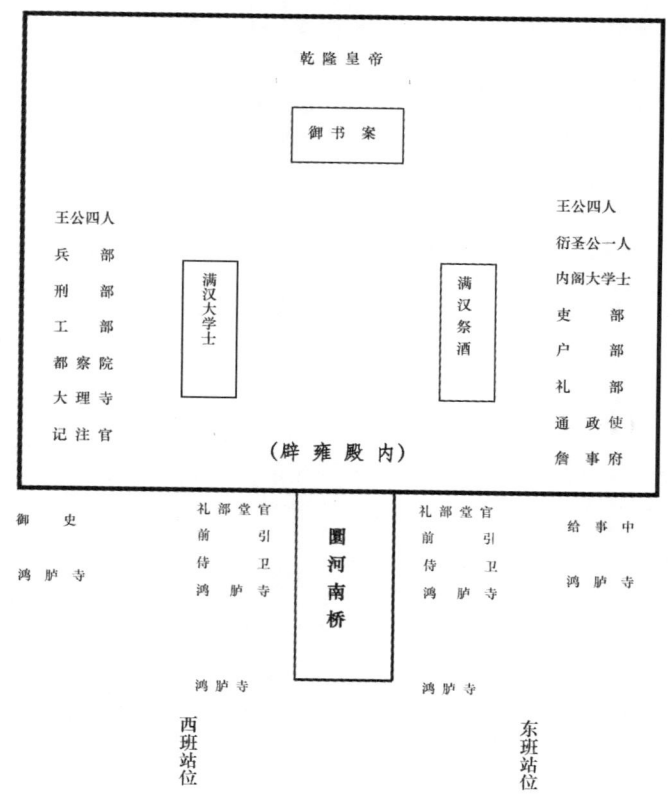

2-19 临雍大典站位示意图（根据《钦定大清会典图·卷二十七·礼二十七·朝会二》绘制）

生、监生都排列于辟雍环桥之南，分为东、西两班肃立。翰林院的五经博士及圣贤各氏后裔位于东班；身着补服的祭酒率国子监各官、各学教习（如算学、八旗官学、世职官学、觉罗学等诸学教习）、朝鲜来使位于西班。进士和身着补服的举人；身着青缘蓝衫、披领，头戴金雀高顶的国子监肄业之监生、贡生与身着青缘蓝衫、披领，头戴银雀高顶的生员、童生；着所袭品级补服的荫监生，按所袭顶戴世职品级穿蟒袍补服的八旗官学生以及朝鲜来使共3093名[①]各随东、西班之末（图2-19）。每次进讲完毕之后，听讲的全体人员除了大学士和衍圣公之外一律跪下，聆听乾隆皇帝就进讲的"书"和"经"而阐发的宣谕。讲完之后进讲官员退就桥南，奏中和韶乐之《丹陛大乐》，全体皆行三跪九叩礼。礼毕，所有在国子监的教官和监生到成贤街上列队敬候皇帝回宫之时。辟雍殿内，皇帝还要在《仰君师》的丹陛清乐中和王公大臣一道饮茶。茶毕，各王公大臣俱出辟雍东西序立，奏中和韶乐之《道平之章》，皇帝乘舆轿

[①] 《钦定礼部则例》卷二十六《仪制清吏司·临雍》。

出太学门回官,国子监全体师生官员成贤街跪送。第二天皇帝还要在礼部赐宴国子监各官员和办事吏员,并赐给各参与临雍大典的王公大臣、圣贤后裔、国子监官员及诸生貂冠、官服、丝缎、徽墨、银两等。次日,国子监祭酒自然要按规矩率全体师官、贡监生到午门前上表谢恩。至此,临雍大典的所有程序才告基本结束。当然,这还没有把在木板上镌刻此次皇帝"宣谕"并悬挂于彝伦堂之上的各项繁杂礼节和事项计算在内。

第五节　建筑牌匾画龙点睛

说到牌匾,古代传统建筑中尤其是官方的大式建筑,都离不开在建筑的正面高高地悬挂起一块镌刻有文字的牌匾,有的还带铃印,没有牌匾就好像建筑物上缺少了什么。为什么要在建筑上挂牌匾呢?这个问题涉及了传统文化的诸多方面,首先我们从建筑本身来分析一下相关的渊源。国子监里众多的传统建筑中,厅、亭、堂、殿、门,形制完整,用途各异,等级不同。但稍加观察和比较,就可以看出,这些建筑的基本形式几乎都由同一原型发展而来,都有一定的规制,并且几乎都是由官方修建的典型的"正规建筑"。它们的基本样式都差不多:

首先,有一个大屋顶,这个屋顶保护着整个木架结构。

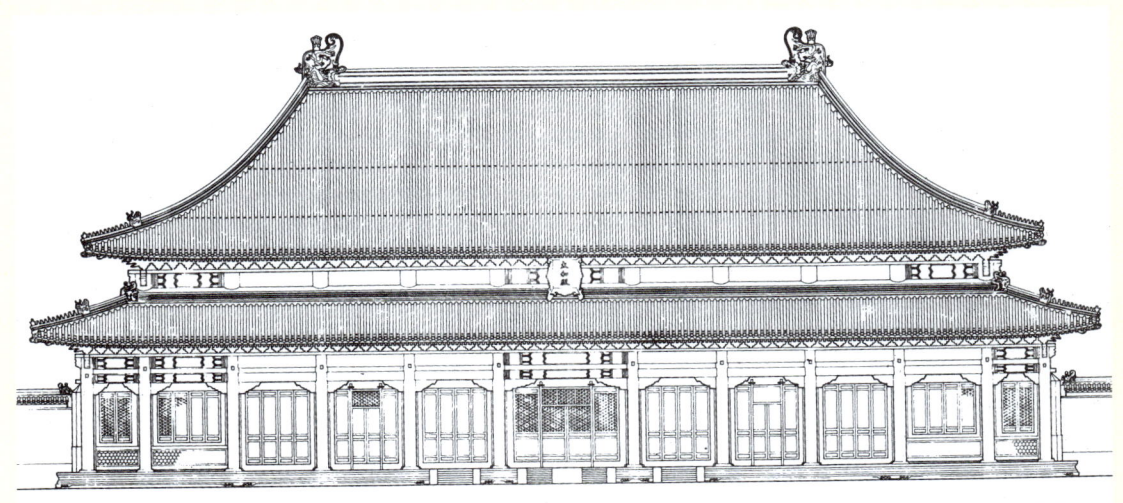

2-20 古代建筑线图

其次,屋身结构尽量通透,保持空气流通,方便更换构件。

最后,台基承托着整栋房屋,防止水浸,隔离潮气;增强立柱的稳固性。

宋代民间的著名建筑师俞皓据此把建筑的这三部分作了分类:屋顶是"上分",屋身是"中分",台基为"下分"。"凡屋有三分(读去声),自梁以上为上分,地以上为中分,阶为下分。"①这就是中国近代研究古代建筑著名的"三分法"。"三分"这种高度概括的分类,是从"天下三分"——"天、地、人"的文化理念发展而来。《易经·系辞传》讲到:远古伏羲氏治理天下的时候,人们抬头仰望天上的种种征兆,低头观察大地的变化万象,看周围鸟兽和多彩的生存环境,与大地是那样和谐地融为一整体。将周围的各种生命、远方的各种事物加以观察和思索,始创"八卦"学说,借以知晓神明功德之所在,悟出万事万物的不同本性。②由于早期人类活动的客观条件所限,最初的文化内容只能是直观的天、地、人,并赋予这些直观对象以主观构想和臆测。古人构造这种相互关联的文化体系,是一个象征内容极为丰富的文化体系,传统建筑的文化象征更是脱离不开这种文化关联,它融天、地、人的文化内容于一身,以因应维持一种文化的价值或理想而保存。虽然有了这样丰富神秘的文化概念,但有一个特点很为世人所不解:中国古典的建筑设计从来不存在以建筑用途来分类的概念,也就是说,房屋中只有大小和等级之分,没有因用途不同而表现出不同的类型。这在传统建筑上反映得相当充分。传统的儒家思想尊重宗法和提倡"中庸之道",反映到建筑上,就带有传统主义和稳定抗变的倾向,这种指导思想就是:房屋就是房屋,无论用于什么用途,尽管等级不同,首先要合乎使用的需要,那就是首先能"住"。这就是中国古代建筑构建原则——通用原则。这个原则的目的就在于尽量适应任何使用方式。中国的古代建筑之所以被称为"传统建筑",一个很大的原因就是对房屋的概念已经定型化(如上面所讲的"三分法"),有了这样的局限性思维,似乎不是这样设计和构建就不是房屋。在这样已经定型的概念下修建的房屋,在任何时候、任何情况下,似乎能够适合任何的使用要求。举例来说吧,离国子监不远的雍和宫,现在是作为寺院存在的,但同样是寺院的这些宫殿建筑,其前身却是清雍正皇帝未登基之前的潜邸,即皇帝即位之前的生活住宅,只是后来才改做喇嘛庙的用途。这就是一个很好的例证,也是一个很有意思的结论。西方建筑的修建前提却是先明确

---

① 沈括:《梦溪笔谈·卷十八·技艺》,四库本。
② 《易经·系辞传》:古者,包羲氏之王天下也。仰则观象于天,俯则观法于地。观鸟兽之文,与地之宜,近取诸身,远取诸物。于是始作八卦,以通神明之德,以类万物之情。

该建筑的使用功能，然后才能进行设计。也就是说，西方的教堂决不能改为生活居住房屋，反之亦是如此。那么，中国传统建筑在基本样式和建筑布局都相差无几的情况下，怎样才能区分这些古代建筑各自不同的功能用途和文化底蕴呢？

固然，国子监传统建筑上的彩画纹饰和装修规制可以区分建筑的使用功能和等级规制，无论是堂、殿、门、亭、厅、所，都是如此，这些都是根据所在；但还有一个更为重要的、能对建筑本身直接加以阐述说明的标志，那就是牌匾，它所起到的作用首先就是为特定用途的建筑画龙点睛。牌匾上的文字能直接或间接地展示一个建筑的功能内容，而且还设定了相关的人文意境，让人浮想联翩。换句话说，一块牌匾就可以决定一座建筑的用途。由于明、清两代以后的传统建筑，更趋于结构上的精致和装饰上的华丽，牌匾的作用越发的不可缺少。举例来说，上节《礼制辟雍溯源探秘》一文所讲的诸多历史内容，假如没有了建筑上"辟雍"匾额（华带牌，如图2-21），这一万多字的内容都将成为多余。正是因为这块匾额，这座建筑才蕴含了丰富的历史底蕴，同时也告诉人们：这是一座只有皇帝才可以使用的讲学官殿。

2-21 辟雍旧匾

我国古为文字之国，历史悠久，文化源远流长，用文字作为装饰题材的办法是极其普遍的，作为牌匾的装饰内容更是极为普遍，牌匾上为数不多的文字经常是请一些社会名流、达官贵人或当地的书法家来撰写，并请最好的工匠来篆刻，制作十分精美和考究。这样做的目的其实就是用文字来装点建筑，随着这种文化活动的普及，逐步演变为赋予建筑物以文化品位的装饰。几千年来的经纶义理、三纲五常、经学传流、经史文字体现在建筑上，观后使人感到文化底蕴的厚重；运用牌匾这一块宝贵之地，以画龙点睛之笔，借之发挥艺术才气，给人以精神上的享受；或是要人们振奋精神，大展宏图；或是褒扬圣名文化，教育后代。放眼国子监和孔庙之中的牌匾内容，无一不是如此，那真是一种精神享受！

中国的统治者对房屋、车服、礼器等诸多方面都要按照礼制的要求有一定制度性的规定，这就是我们常说的"规制"，那是必须遵守的。古代传统建筑的修建自然要遵守相应的规制，"规制"就是制度，就是等级。古代传统建筑中尤其是皇家建筑上必备的要件就是要悬挂牌匾，不如此不能划分各个等级不同的宫殿所具有的功能；不如此不能显示出不同建筑的等级划分。故宫博物院太和殿、中和殿、保和殿、乾清门、乾清宫等，功能各不相同，等级也有精细的划分。区分这些唯一的标识除了地理位置、建筑装饰外，最重要的还是各个宫殿上悬挂的牌匾。牌匾本身的制作类型和牌匾文字书写者（以钤印或落款姓名来显示）的权力、社会地位则给予牌匾以等级标识。国子监里的大式建筑辟雍、彝伦堂、大成门、大成殿上的牌匾就是这样显示出各自不同的等级和功能。

书写文字的牌匾一般有两种，一种是文字竖向书写的"华带牌"，①一种是文字横向书写的"匾"。"华带牌"形制在这里被归为"小木作"，其形状如东西六堂堂牌、集贤门（图2-22）、太学门、辟雍殿上所立悬的那种牌；而孔庙大成殿内、外额枋上悬挂的那些横向书写文字的木牌则称为"匾"，如康熙皇帝御书的"万世师表"匾则是此种。这些"牌"与"匾"一般都悬挂在殿、堂、阁、门、亭的正面额枋之上，上面书写文字，用以表达对主人、对事业、对环境、对建筑本身的赞扬；也可以视为装饰的手法，用语言的艺术画龙点睛地对建筑进行装饰或说明，往往可以达到意境深远、义理深邃的目的；同时也言简意赅地注明了建筑的功用，成为中国传统建筑的独特的、不可或缺的一种人文景观。

细细观"华带牌"，它是由独特的周边花纹边框所构成。华带牌四边的这种花纹，是起伏的云卷式边框。上部边框为云板两组，中间的两组云卷两端伸出圆头，最似如意式样；下部云板的两端深入左右立板之中，与牌面交成一定角度。四面的边框都成多角式，周边有规律的起伏跌宕的曲线，又增强了整个牌面的动感，十分大气且

2-22 集贤门华带牌

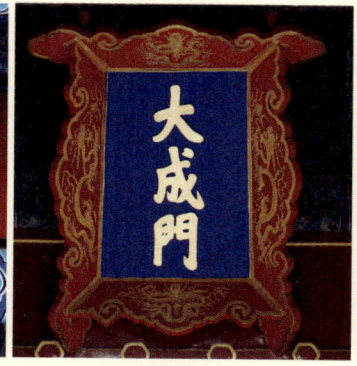
2-23 大成门华带牌

2-24 恢复辟雍匾色彩后

①宋·李诫所著：《营造法式》卷三十二。

又不失雅致之韵。规制不太高的华带牌一般是金字、红底、金边，与檐影之下的青绿主色调彩绘相辉映，显得格外鲜亮和精神。高等级规制的华带牌就是将四边的云卷如意式的边框上绘以彩画或作"和玺彩画"，孔庙大成门上的就是这样规制的华带牌，四周绘有盘龙和行龙的和玺纹饰（图2-23）。应该强调的是，虽然匾上绘为龙的式样，但并不是最高的规制等级。清顺治年间规定，"朱漆贴金彩画五爪龙……止用绘漆，不准雕刻"①，这是给血统最近的和硕亲王们规定的。它严格限定了建筑装饰手法和内容的界限，即只能是"绘漆"，把雕刻手法用于装饰（包括制匾），那是绝对不允许的。

以雕刻的图案作为华带牌装饰的，即规制最高等级的华带牌在国子监里有几块，首推"辟雍"殿上悬挂的那块雕有九条龙的"辟雍"华带牌（图2-24）。细细观之，这块华带牌的四周是用圆雕的手法雕刻的花纹，上边为三条龙的图案，中为团龙，左右各一条飞龙形成拱卫之势，下边为两条飞龙昂首相对；牌的两边各为一升一降两条龙上下呼应。九条龙雕刻得栩栩如生，呼之欲出。飘逸的祥云缭绕在金龙的周围，既威严又祥和，整个华带牌呈青绿碾玉色调，伴之以鲜明的金黄色，非常鲜明地衬托出乾隆御笔"辟雍"两个大字（民国维修辟雍时将原有的满文和钤印铲掉），表达了这位皇帝以儒家学说教化天下的雄心伟志。

另一块匾额可以从孔庙大成殿外边看到，那就是康熙皇帝手书"万世师表"匾。说起这块匾还有着详细的记载，在清《圣祖仁皇帝圣训》卷十二中记载，1684年农历十一月，康熙皇帝告诉他的大学士们："阙里系圣人之地，秉礼之乡。朕幸鲁地致祭先师。"是日，康熙皇帝在奎文阁前下轿，步行至大成殿内，在中国历史上第一次由皇帝对孔子行三跪九叩之大礼，乃"首礼"也。其间自然是一番乐舞间作之场面。隆重的祭礼完成以后，进入"诗礼堂"，由监生孔尚任（例监生）和孔尚铉分别讲解《大学》首节和

2-25 "万世师表"匾

① 《钦定八旗通志》卷一百十二。

《易经·系辞》首节。讲完之后，康熙皇帝对衍圣公孔毓圻等人发表他的感想说："铨至圣之德，与天地日月同；其高明远大，无可指称。朕向来研求经义，体思至道，欲加赞颂，莫能名言，特书'万世师表'四字，悬额殿中，非云阐扬圣教，亦以垂示将来。"随即命身旁的侍卫捧出书写有"万世师表"的卷轴展开，衍圣公跪接。① 自此以后，"万世师表"的牓文颁发各地，均制匾悬额于各地孔庙之中。这就是"万世师表"匾的由来。北京孔庙的这块匾于康熙二十四年（1685）悬挂在大成殿内，后移出悬挂在外。匾额为康熙御书，且有"康熙之宝"满汉文钤印。落款时间为康熙甲子年，是为康熙二十三年孟冬，也就是冬季的第一个月，即农历十月。这是书写的时间。根据史载，康熙皇帝是在甲子年的十一月去阙里孔府祭奠孔子的，想必是事先书写了这个牓文带到孔府去的。

2-26 "万世师表"匾钤印

这块巨大的匾额外形酷似华带牌，但却是横向书写的文字，横向置放，是为匾而非华带牌了。"万世师表"匾额的形状就是华带牌的横向拉伸，显然是清统治者对汉代文化的一种效法和继承。这块匾的四周边框和辟雍华带牌一样以雕刻成，这同样是清代最高规制等级的匾额。与此相同等级的牌匾，还有悬挂在大成殿内清历朝皇帝给孔子庙的题匾，这里不再一一赘述。

雕刻这种龙形匾框十分复杂费力，雕刻成形以后，还要用鱼鳔熬制的胶水满刷五次，每次彻底干燥以后，刷以白铅粉，也是各五遍，每次都要干燥彻底。最后用特制的鱼鳔胶水边涂边贴金箔。贴完之后，要用棉丝把每一个细部按实，候干。最后以玛瑙或玉石碾压追光，令其金光熠熠。还有一种不贴金箔的，那就是刷金漆。金漆是以桐油为基料，按照复杂、精致的顺序和工艺分别加入松脂、研细后的黄粉、黄丹色，合为金漆备用。说实话，在现在所进行的古代建筑修复工程中，真正用传统的金漆工艺已经是很难见到了。

"万世师表"匾的雕刻工艺十分精致，虽是高雕之作，很多细部几为透雕之工。可惜年代久远，一些龙首残缺成了平面，甚是一件憾事。整个雕刻的匾额纹饰上下对称，左右对称。上下每边共雕刻有六条飞龙。三三相对的五爪飞龙嬉戏火珠，龙身舞动之处，皆见祥云环绕，中下部为"重台地霞"吉祥图

---

① 上述援引皆为《皇朝文献通考》卷七十三。

2-27 博士厅华带牌　　　　　　　　2-28 绳愆厅华带牌

组。左右两边各是对称的戏珠升降对龙两条。整个看去，举目皆为祥和之韵。共计十条动感极强的飞龙环绕，可谓登峰造极之至！把康熙皇帝对孔子的极致崇敬之心表现得淋漓尽致！匾额按其本来规制，应该是贴金画作，但历史久远，多次涂绘，连现在上边不伦不类的金漆也不是正经的金漆了。

历史上遗存下来的匾额以及匾额上所书写的文字，对历史的研究颇具价值。概括来讲，国子监和孔庙的建筑用匾有这样几种功能，依其所悬挂的建筑物的不同而功能各异：

一是代表建筑本身的名称，是对建筑功能的一种说明。就像我们所说的"建筑名片"，这是比较常见的一种。如国子监的"博士厅"、"绳愆厅"两厅上悬挂的华带牌（如图2-27、2-28），就直截了当地告诉了建筑的功能。

二是对圣人、名人，对事业、本身的赞扬。譬如说大成殿上悬挂的"万世师表"匾，就是对孔子学说以及精神的褒扬。画龙点睛地表达大成殿这所建筑对孔子的极致崇敬和教育世人的功用。

三是用文字艺术来表现建筑。用语言文学来对建筑进行装潢，意境深远，义理深邃；同时又是一种装饰，二者密不可分；国子监里的六堂华带牌（如图2-29）都属于这一种的情况，上面分别书写的"率性堂"、"修道堂"、"诚心堂"、"崇志堂"、"广业堂"、"正义堂"等都是对在各堂监生学习的一种鞭策，鼓励。

四是对建筑历史意义的一种彰显。很多建筑在历史久远的长河中已经失传，利用当代的技术和智力水平修建仿制这样的建筑，是对历史意义的一种彰显，"辟

2-29 六堂华带牌

2-30 "圜桥教泽"匾额

2-31 "学海节观"匾额

雍"就是这样的一种礼制建筑。为了表现周代辟雍特有的传承意义,由乾隆皇帝御书的"辟雍"华带牌就有了更深层次的彰显作用。

五是借助于一定形制的建筑物宣扬一种精神,以期达到宣传教化的作用。琉璃牌坊就是这样的建筑,因此坊心的地方就是两块大匾:"圜桥教泽"和背面的"学海节观"(图2-30、2-31)。这就是用文字宣传儒家学说的教化恩泽,并将这种学说推崇为崇高峻极境界的教育匾额。

六是以匾额显示不同建筑的等级规制和使用功能。国子监里的几个核心建筑当然也离不开匾额的这种标识和提升作用。

第六节　三纲五典"彝伦堂"

在辟雍殿的北面，就是国子监古老建筑的祖师爷"彝伦堂"了。"彝伦堂"匾高悬在彝伦堂额枋正中，这块横匾是康熙四十四年（1705）国子监新修

2-32 康熙御书"彝伦堂"匾

竣工之后的亲笔手书。很多读者都听说过"明伦堂"，与这个彝伦堂有什么不同呢？原来，各地但凡有孔庙（庙学）的地方，一般都建有"明伦堂"。"明伦"一词来源于《孟子·滕文公上》："夏曰校，殷曰序，周曰庠，学则三代共之，皆所以明人伦也。"明朝的刘东阳在他写的《深泽县重建庙学记》中为明伦堂定义为"庙之制为大成殿……学之制为明伦堂"。意思是说，专于宣传教化场所用途的讲堂就叫作明伦堂。当然，也有一些地方将孔庙的大殿称为明伦堂的。而"彝伦"的意思是儒家所宣扬的"三纲五典"的礼制秩序，[①]它是统治者的常法、常道。匾名表达了以圣贤礼制治理天下的意思。不言而喻，最高的圣贤只能是皇帝。因此，"彝伦堂"是圣贤传道之所，这是与明伦堂的最大不同之处。前边已经说过，彝伦堂旧址就是元仁宗年代修建的崇文阁，时隔一百二十多年后，明英宗将它改建为国子监正堂，并仿照其先祖朱元璋创立的南京国子监的设置，为这个讲堂也冠名为"彝伦堂"。彝伦堂是辟雍修建之前的国子监主建筑，是清代国子监"堂期"（逢一、六日，唯十六改为十五）向祭酒和司业朝参礼仪的地方；国子监祭酒和司业也在堂内东侧办公。在辟雍没有修建之前，来国子监视学的皇帝就在这里的中门位置设座讲学。辟雍建成后，彝伦堂内由于建有暖阁，所以仍然是皇帝来国子监视学时驻足休息和更衣的便所。平时，彝伦堂门前的露台是国子监监生们上大课（"会讲"）的地方。简单来说，彝伦堂曾经发挥过四种作用：朝参、办公、临雍、会讲。"临雍"的情况上边已经简单地介绍了，这里再给大家简单介绍一下国子监"朝参"的基本程序。

[①]《周易衍义》卷八：而为三纲秩然，而为五典叙焉，而为彝伦率焉，而为大夏，此皆圣贤之所以常也。

国子监既然是发布教育政令和管理教育的衙署,那就必然有一套相应等级的官本位程序,这就是国子监规定的"堂期"。堂期是祭酒、司业这些被称之为"堂上官"的升监日子,为每旬一、六日,唯有十六日改用十五日,以拜孔子庙。升监的那一天,祭酒、司业穿戴吉服,清晨就到国子监来,由礼生迎候引入两厢(**即东、西厢**)小憩。东厢为祭酒,西厢为司业。然后由祭酒带领全体教官和全体贡监生到孔庙举行释菜礼仪,礼毕之后再回到国子监东、西厢。礼生前来跪禀:"请大人升监。"各引领出厢到达彝伦堂后抱厦小憩;此时,中院鼓声三鸣,祭酒、司业都从后堂出来,到彝伦堂正中皇帝的御座香案前,东西站定,拱手相揖,然后坐到自己的座位上(不得坐在中间,中间的位置设有皇帝讲学用过的御座香案,那是皇帝的专座)。

坐定后,由监内小吏呈上"公座簿"(其中包括实历簿、班簿、点名簿、监规簿),由祭酒浏览画签,就像现在的领导看完报告之后的签名。

接着就是负责后勤管理的守庙、巡风、巡仓库官、堂长、号长及诸皂隶手中捧着"结状"(值班记录)直接向祭酒、司业报告值班情况。

典簿、典籍、掌馔入内向祭酒、司业揖礼;典籍呈来各衙门送来的公文。

这些公务完成之后,两厢的专职小吏拿着"整齐"、"严肃"令牌跪禀"升监",随令各堂堂长及诸生按照一定的排序立于露台之下(其实监生们早都站好等着呢,发布号令无非是虚张声势)。

博士、助教、学正、学录等厅堂官进入彝伦堂向堂上官揖礼,而后分东西相对排列站立,相互对揖。

堂外,封了爵位的习礼公、侯、伯站立于前,未袭封者站立于后,与诸生同揖礼。

然后,肄业诸生按班划分,集体相互揖礼,再朝北面站立揖礼。

绳愆厅的巡视礼生二人向祭酒、司业禀报:"六堂诸生各在班讲习,整齐严肃。"

堂内礼生向堂上官跪禀:"今日当行……"(今天该做什么什么事了)

如遇放假之日,礼生跪禀:"今日公假。"诸生跪揖,穿堂如常仪,不回各班即鸣钟而散。

各属官向祭酒、司业致敬而退。

各堂堂长依次领各班生进入彝伦堂内"穿堂"。这个过程实际是绳愆厅用来检查、清点监生出勤情况的。

堂中礼生跪禀:"堂仪毕。"

祭酒、司业下座，又到中间位置的皇帝香案前相互对揖，礼生引至后堂，再次相互对揖，各回各厢。

朝参至此鸣钟而散。

监生每月六次的朝参，遇到下雨、下雪、路途泥泞的时候就免去这一套仪式。

前边说的是堂期的朝参仪式，下面再讲讲彝伦堂前的"会讲"，也就是现在所说的"上大课"。

国子监里的会讲分初一（朔日）、十五（望日），上旬之后再进行一次。朔、望日祭酒、司业（主要是司业）讲"四书"和《性理通鉴》；博士讲"五经"，除了上述会讲内容安排之外，还有上旬的助教讲义，下旬的六堂官学正、学录轮流讲书，每次二人定讲题，撰写讲章，并且送西厢的满、汉司业审定。

到了会讲那一天，设讲座于露台（图2-33）台阶之上。届时，监丞、博士、助教、学正、学录按规定座次于彝伦堂外。鼓声三鸣后，礼生引导讲官登座。礼生取案上准备好的讲章折子，送到讲官手里。诸生一起揖礼，听讲。讲完之后，由礼生引导回到讲官的座位上，再引导另一位讲官登座讲经。讲完之后，堂中礼生跪禀："会讲完毕。"肄业诸生（注：入国子监学习的全体学生）跪揖，感谢讲官的教授。监丞、博士、助教、学正、学录行礼而退。

2-33 彝伦堂前露台

2-34 雍正讲学全图

会讲的时候，绳愆厅进行点名，凡不到者，向两厢告发，押拨（即推迟毕业时间）一次。

会讲时如果讲的是由皇帝名义编撰的御制诸书，那就要受些罪了，讲官要站着讲，各位官员要站着听讲，诸位监生可要跪着听课。

其他的讲授内容则坐讲，诸官员坐听，诸生立听。

诸生听讲后习读讲章，有不清楚或不明白的地方，马上向本堂助教等官请教问询（各堂官会讲的内容），或者向祭酒、司业问询（祭酒、司业会讲的内容）。要求教官不能怕麻烦，监生不能留存疑问。

对于以前所讲过的内容，肄业诸生应该反复背诵。十日应该全部背诵下来，每个月教学程序如此循环三次。历史上著名的孔尚任曾被康熙皇帝破格授予国子监博士一职，他曾经写过一篇《出山异数记》的文章，就记述了他担任国子监博士时会讲的场面。

彝伦堂在修建辟雍之前还是皇帝讲学宣谕的地方。雍正二年（1724），雍正皇帝亲临国子监视学，图2-34为雍正在彝伦堂讲学时的场面。

彝伦堂的东南角曾经有一个暖阁，暖阁的门面向西开。那是为皇帝来讲学时休息和换衣服的场所，现已不存，图2-35就是当时这个暖阁的情形。

古老的彝伦堂经过2007年的复原工程后，现在已经成为孔庙和国子监博物馆开展普及国学知识、进行学术交流的"国学大讲堂"专题场所。"汉语桥"、"中国历史文化名街高峰论坛"、

2-35 彝伦堂东暖阁旧照

"两岸汉字艺术节"、"中国文化之旅论坛"等国内外一系列重要的国学交流活动也在这里频繁展开。

第七节 辛未重荣"复苏槐"

彝伦堂西讲堂之南有一株古槐,现在称它为"复苏槐"。这棵古槐老态龙钟,树冠却枝繁叶茂,郁郁葱葱。树身被一方形矮墙护围,矮墙的顶部与众不同地加上了一圈黄色琉璃瓦,以示其地位的不同寻常。黄色琉璃瓦在唐武德年以后的封建社会里,一直被规制于帝王宫殿之专用,为什么这棵槐树的围墙却享有加贴黄色琉璃瓦的待遇呢?有关这棵古槐的故事确实有着令人很感兴趣的内容。

乾隆十六年(1751),适逢他的母亲慈宁皇太后六十寿辰,就在这一年,国子监里的这棵古老槐树久枯而复荣,不仅异乎寻常的枝繁叶茂,还生长出一枝新发的枝干。这一反常的景象,引起当时国子监师生极大的兴趣,议论纷纷,吟诗作赋,引为祥瑞之事。

据当朝的兵部侍郎兼国子监祭酒观

2-36 彝伦堂古槐

保从《帝京景物略》中考证,这棵古老的槐树是元代的著名学者、国子祭酒许衡亲手所植。①由于"年湮代远,节断心空",太后六旬万寿时(注:一说七十大寿,经考当为误记)却"阅岁五百,枯而复荣"。说来也是有意思,当时清政府的太常寺在孔庙栽树、工部在国子监栽树,大小共259棵,那么多的槐、柏、椿、藤都没有反应,唯有传说许衡栽种的这棵古槐届时枯木逢春,萌芽骤出,继而枝叶交舒,涵濡郁葱,令人叫绝。事情过去了8年,受乾隆皇帝的遣派,当朝的大学士蒋溥参加孔庙的"丁祭"代为释奠,斋宿在国子监的讲堂。他详细考察了当年古槐复荣的状况,构于心境之中,"察复荣之日月,摩古干于风云",绘成画卷呈献给皇帝阅览。乾隆皇帝见此欣然,题五言六韵诗一首:"黉宫嘉荫树,遗迹缅前贤。初植至元岁,重荣辛未年。奇同曲阜桧,灵纪易林乾。徵瑞作人化,符祥介寿筵。乔柯应芹藻,翠叶润觚编。右相非夸绘,由来事可传。"

皇帝题诗于画卷,这可是一件非同小可的事情,于是乎,由当年目睹了事情现场的观保牵头,向皇帝奏《请刻石疏》,同时还请吏部左侍郎董邦达将题有乾隆诗句的画卷绘成一幅长五尺、横八尺的巨幅,恳请皇宫御书处挑选最好的石工照此刻碑。乾隆二十四年(1759)十一月石碑刻成,立石于西讲堂之内。②

现在这块石碑保存依然完好,藏置于"十三经"碑林大堂内东侧。

第八节 两厅六堂奋镞砺

辟雍东西两侧各有檐廊周房33间,每11间为一堂,共设置了东、西六堂。东为"率性"、"诚信"、"崇志"三堂,西为"修道"、"正义"、"广业"三堂,两两相对,是国子监分班肄业的场所。但元代时不叫作"六堂",而是划分为"六斋",即"游艺"、"依仁"、"据德"、"志道"、"时习"、"日新"六斋。六斋的划分源于元仁宗皇庆二年(1313),由集贤学士赵孟頫和礼部尚书元明善拟定了"升斋等第"的考试标准和办法,根据学习内容深浅的程度进行考试,考试成绩合格

---

①据《日下旧闻考》:"虞文靖谓许文正殁后国子监始立(注:至元二十四年设国子监),官府刻印章。盖文正为祭酒时尚在旧学所,谓三宜府宅也,今国学彝伦堂前树传为文正所植,殆未必然。"这就是说,许衡在至元十八年去世之前,并未在国子监这个地方从事教育活动,手栽此树的传说有些牵强。
②上述援引均据《钦定国子监志》卷五十四,四库本。

了，就可以"升斋"，也就是我们说的升级。六斋中学习初级课程的为"游艺"、"依仁"两斋，最高级的是"志道"、"日新"两斋。

六堂的命名起于明代，朱元璋在南京鸡鸣山下修建的国子监中，设置了六堂，划分成初级班、中级班、高级班三种，将其分别命名为率性、诚心、崇志、修道、正义、广业六个堂号，作为监生上课的教室。堂号都取自儒家经典，分堂的作用相当于现代学校的班级。

清朝入关之后，在太学中仍沿袭明代旧制，堂名无改。清代国子监的六堂仍为每堂11间，共有66间，对分东、西两廊。每堂之中设一名助教和一名学正或学录负责教学和管理。中间的一间是助教、学正或学录的办公场所，监生们南北相向，分坐在两边。显然，这几间房子是满足不了全体监生日常学习生活需要的，所以，从明代国子监开始，就在周边修建了若干"学舍"，如内号、大东号、登俊号、外东号、集英号、新南号、小北号、西号、交趾号等，总计有房800多间，此外还有食堂、澡堂、病房等。清军入京后，国子监周边的学舍长期被八旗就学者霸占享用，监内学生宿舍和生活设施不足，雍正九年（1731），工部左侍郎兼理监事额尔奇和国子监祭酒孙嘉淦向雍正皇帝奏请说，各地州府岁试和科试中选拔的"拔贡生"必须在国子监居住的已经有三百余人，六堂不是宿舍，无法解决这些拔贡生的居住问题。国子监对面只有几步远的方家胡同内有旧官房142间，恳请调拨给国子监作为监生居住和学习场所，这个请求得到了雍正皇帝的批准。① 这些官房划拨给国子监以后被统称为"南学"。国子监将学生分成六堂学习，又将每堂分成内、外两班，内班住校，外班走读；内班25人，外班20人。其中只有内班生住宿"南学"，并享有

2-37 六堂（西三堂）全景

① 《钦定国子监志》卷二十七。

2-38 国子监六堂夜景

相应的生活津贴待遇。嘉庆二年（1797），令八旗及大兴、宛平二县贡、监生一律在家修业，不许补内班，也不许考南学。这样，凡是家住北京的监生就全是走读生了。

清代立国伊始，很重视国子监的教学，尤其是乾隆朝祭酒孙嘉淦在当朝皇帝的支持下大胆运用"胡瑗教学法"实施"分斋教学"，一时带来"师徒济济，皆奋自镞砺，研求实学"的新气象。国子监六堂是监生们学习的场所，平日里"书声喧两庑，无复辩朗朗"。晚上还要上晚自习，"传柝三更静，挑灯六馆明"，是对太学生们埋头苦读的真实描绘。

当我们徜徉在六堂之前，畅想历史上监生刻苦读书的场景时，不由自主地就会对六堂的建筑形制和色彩发生兴趣。细细观察，六堂的房屋建筑设计非常和谐地体现着与自然相通的思想。在国子监和孔庙的主体建筑的院落中，周边的建筑是用檐廊相绕的，檐廊的一边靠着六堂建筑本身，一边开敞着向着庭院，它实际上就是室内建筑空间和室外自然空间之间的一个过渡，起着挡雨遮阳但又与自然相通的功能，且增加了人的活动空间，与自然保持着和谐的统一。应当指出的是，这种建筑形式有着深远的历史渊源。

《论语》说："譬之宫墙，赐之墙也及肩，窥见室家之好。夫子之墙数仞，不得其门而入，不见宗庙之美，百官之富"，《墨子》说："宫墙之高足以别男女之礼"。隐

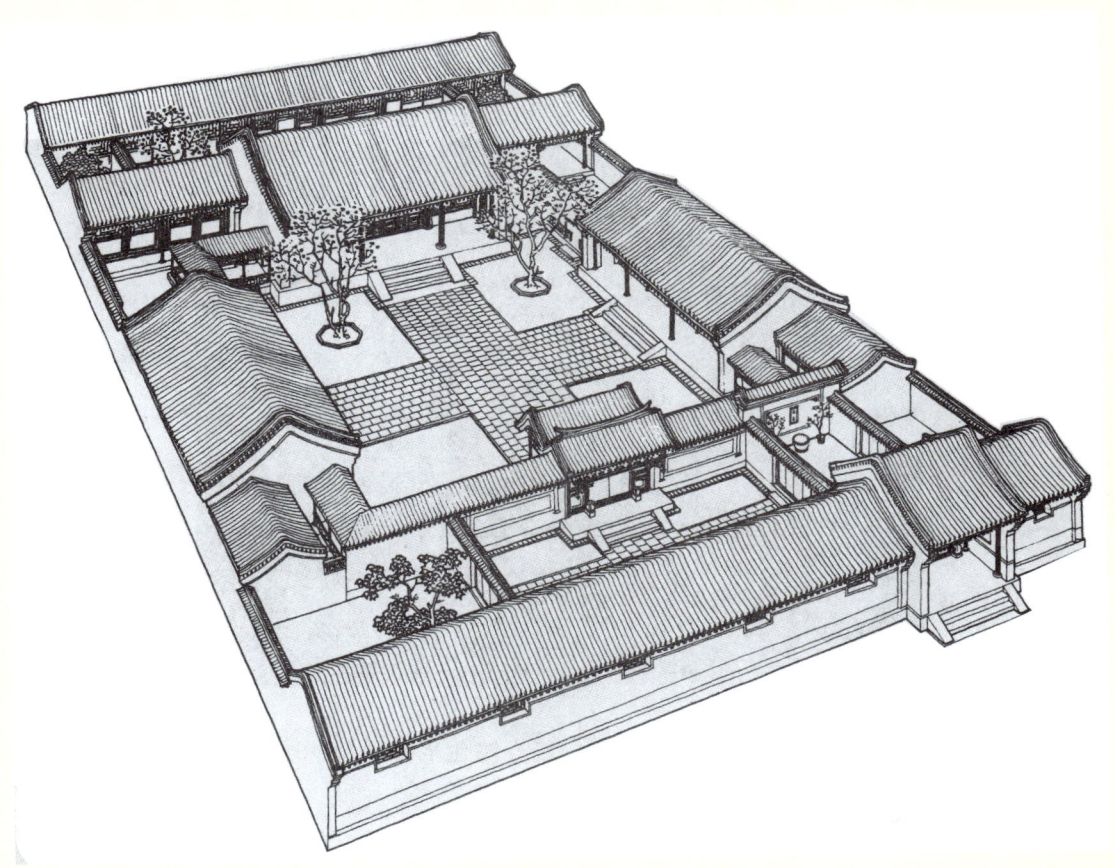

2-39 北京四合院图 摘自《中国古代建筑史》

私需要保护,财富需要守护,这就要求在住宅外边有围墙环绕。这一围,就是几千年。当围墙里边住宅的房屋不够用的时候,便将两侧的围墙依墙改建为"庑房",于是便逐渐演化为一座四合院。四合院的建筑布局就是这样由庑房和厢房"围"出来的(如图2-39),这样做的好处是既减少工程量又少占土地。需要扩展的时候,就再将四合院的平面重复一遍,便成了又一进院。到了汉代,这种布局已经发展得十分完善了。

　　由于历史上长期动荡不安的局势,在四合院房屋建筑过程中,防卫的意义是丝毫马虎不得的。庑廊或者是厢房的外墙被看作是一种防卫的需要,门窗是不可以随意在外墙上开启的,只能向内开启,于是担任采光和通风任务的庭院就成了必不可少的要件。为加强室内与来自庭院空气、阳光的自然联系,还要避免风雨对建筑和人的侵袭,尽可能空透的过渡型建筑——檐廊也就顺势而生了,一直沿用至今。无论是孔庙还是太学,这种四合院的建筑格局以及与庭院内相应的自然协调关系,都显示出实用、和谐、规整、景致净化、自成一体的特质,这是中国建筑史上的一种艺术杰作,

~59~

而国子监的"六堂"就是这种杰作的大规模显示。雍正四年丙午科的贡生王云廷，写了十首诗歌赞颂国子监的环境，这就是著名的《太学十咏》，即：周宣石鼓、元代老槐、柏庭翠荫、石井甘泉、两序书声、六堂灯火、长廊步雨、射圃归鸦、辇道月明、桥门雪霁。其中有三首诗描述东西六堂的，可见这长廊建筑特质所给予人的美感（如图2-40）。"郁郁复葱葱，参天黛色同。染袍分柳翠，照案映藜红。画静常疑雨，庭闲自啸风。斜阳衔殿角，金碧耸层空。"

从作于清末年间的《清国子监全图》上仔细观看，就会发现国子监四周的六堂梁架都饰以黑色。为何饰以黑色？传统建筑上的用色不是随意为之，如何着色则有着极其深刻的等级和文化象征意义。在谈到国子监大门的时候，揭示了颜色的等级意义，下面再说说颜色的文化意义。这个话题稍微远一些。周代以前的商朝定都"殷"就与红色象征有关。"殷"意红黑色，血流出时间长久，就变成了黑色。商朝盘庚之所以迁都河南安阳的"殷"，就是认为"殷"具有生命力，这种意念对以后的文化影响很深。周代则崇拜炎帝和祝融，把他们当作太阳和火神崇拜，信奉"火"的拜物教。每年逢夏举行迎夏仪式皆披红服，周官殿亦主红色，故崇尚红色，此种习俗一直沿袭到汉。黑色则是周代诸侯房屋的柱子用色，仅次于皇宫的红色，位列第二等。《尚书通考》卷九记载："诸侯之黝垩（意涂饰）斫砻，大夫有不得为矣。"大意是说，作为诸侯的王室建筑要涂饰黑色。由于古代崇拜的关系，

2-40 六堂之美

先秦时期黑色贵为第二，青色为三等，黄色此时列为第四等，只有士的房屋柱子才是黄色。秦时为水德，故取黑为第一等色，取代红色，以致兵服、旗帜一律黑色。汉以后颜色的位列是黄、红、黑；五行说流行以后，星象五官（如图2-41）中官配以黄色，自此黄色象征统领四方的中心，"唐高祖武德初（618年以后），用隋制，天子常服黄袍，遂禁士庶不得服，而服黄有禁自此始"。[①] 从此以后，黄色就成了皇帝的专属色了。

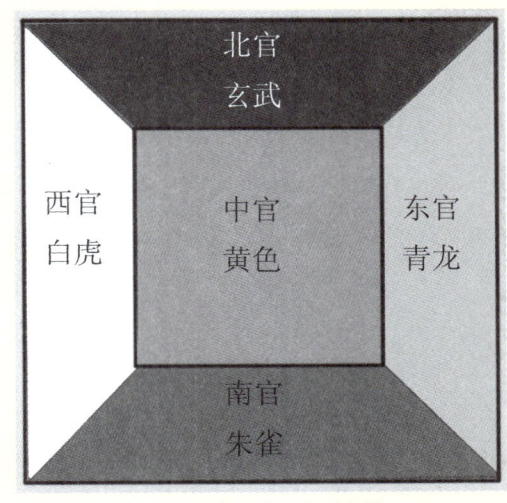

2-41 星象五官配色示意图

在国子监里，处处贯穿着周礼的文化影响，六堂许多牌匾、彝伦、辟雍冠名均取自《易经》，辟雍的建筑规制更可以看出对周文化显而易见的效仿，除了皇帝天子的专属黄色不能改变以外，所有建筑的着色沿袭周之古制就是题中应有之义了。

六堂以及集贤、太学门着为黑色，另外还有一层含义，那就是对防火的考虑。这也与古代的崇拜有关。传说夏的祖先契的六世孙叫作"玄冥"，他当水官时不幸以身殉职，因而被祀为水神。"玄冥"有黑色的意思，故而黑色对应主水。不管是大门、二门，还是东、西六堂，都是一色的木构架，六堂中书橱里放置的大量书籍，晚间读书用的火烛，都是易燃物，稍不小心就会带来灭顶之灾。在生产力相当落后的那个年代里，借助神的力量来防止火灾，是一件很自然的事情。传统建筑本身蕴含着文化的深层意义，不认真地分析和观察，是得不到正确结论的。

在东西六堂的北端各有一座形制相同的单体建筑，均为单檐歇山顶，面阔三间，在平面上呈现凹字形，明间凹进，形成两侧稍间拱卫明间之势。东边的是绳愆厅（图2-42），西边的是博士厅（图2-44），它们是职能完全不同的两座办公用房。

"绳愆厅"，顾名思义，就是纠正过失的地方。它是国子监负责行政管理的重要部门，由监丞负责。国子监博士以下所有的教职员工和学生，凡是违反规章制度的，都归绳愆厅处罚。监丞为六品官员，他执行监规，负责考勤，惩罚或体罚师生，权力很大。据《皇明太学志》记载，绳愆厅内除公案、公椅之外，竹板、篦板、黑红板一应俱全，还特备行扑红凳二条，是专为违规师生趴在上边挨打用的（图2-43）。当年

[①] 宋《野客丛书》卷八，四库本。

监生中流传一句话："监丞一声吼，板落知多少。"

博士厅是在国子监担任博士职官的办公处所。中国古代的"博士"不同于现代的博士学位，它是一种文官的官职。"博士"一职源于战国时期齐、鲁各国，秦统一后设博士官，职责是"议政事，备咨询，掌故籍"。汉代建立太学，正式设定教授经义学说的"五经博士"，确立了博士的教职名称。从元代建成国子监的时候，就设置了正七品的"博士"一职，共有两人。从清代顺治元年开始，将博士官职设为正八品，乾隆元年升格为从七品，博士教职有了民族成分的变化，成为满、汉各一人。博士厅就是国子监博士办公的地方。主要工作的内容在于每月一、五之日讲授"五经"以及教学管理，是祭酒、司业之下主导教学的官员。（图2-45）中的那张椅子就是博士讲经时坐的，旁立的伞盖实为一种仪仗，又可用于遮阳。

2-42 绳愆厅外景

2-43 绳愆厅复原后的内景

2-44 博士厅外景

2-45 博士厅内景

第三章　华亭碑影国子监

第一节　国子监的碑与亭

3-1 东鼓亭

3-2 西钟亭

国子监的西钟东鼓

"钟鼓必于辟雍",①辟雍作为礼制建筑一定要配有钟、鼓,这样才能"太元乐首,钟鼓喈喈"②,显示出行礼乐的欢乐气氛来。因而在辟雍之前,必须要有两个装饰华丽、高等级规制的钟鼓亭。现在辟雍之南所的这两个钟鼓亭,西边的是钟亭,东边的是鼓亭。站在钟鼓亭之间细细端详,这两个古老的方亭的形制均为单檐卷棚歇山顶,一斗三升交麻叶单昂斗拱,尽管它的开间很小,但仍属面阔三间的建筑。原来的钟、鼓分设在西边博士厅南侧(钟房)、东边绳愆厅南侧(鼓房)的各一间屋内。修建辟雍殿及其他建筑的时候,将钟鼓搬到了新建的钟亭、鼓亭内。站在辟雍之前的院内静思遐想,晨钟暮鼓的亘古声音仿佛还回荡在古老的国子监里,每天辰时鸣钟,酉时鸣鼓,辰集酉散。古老的钟鼓亭,见证了历史上监生们攻读的辛苦,见证了刻板森严的升监拜堂;更见证了皇帝临雍的威风八面。传说当时的刘墉、德保等人,包括乾隆皇帝在内都认为,早晨太阳东升,傍晚太阳西落,晨钟暮鼓自然是东钟西鼓。但在建造辟雍时,却遵循了"东置鼓,西悬钟"的格式。聪明的工匠们告诉他们,早晨第一缕阳光照到钟上方才敲钟,当然要把钟房摆在西边的位置;傍晚的阳光照到鼓上时,才要敲鼓,理应把鼓房放在东边。自此扭转了历朝历代"东钟西鼓"的布局,成就了从明朝起西钟东鼓的道理。

3-3 御碑亭之东碑亭

国子监的石碑

就在钟鼓亭之北,还有两座里边伫立着高大石碑的亭子,那就是御碑亭。东边石碑面南(碑阳)镌刻着乾隆皇帝为建成辟雍而御制的《御制国学新建辟雍圜水工成碑》碑文,西边一块面北(碑阴)是乾隆皇帝关于"三老五更"的御笔碑文《御制三老五更说》。这两块石碑碑阳和碑阴镌刻的内容是相同的,分别用满、汉文字镌刻。这就是说,两块御碑的两种文字朝向相反。立石刻碑的起因自然是修建辟雍的理由,《御制国学新建辟雍圜水工成碑》的碑文中对此进行了一番议论。乾隆皇帝认为,

---

① 《诗经·大雅》。
② 《尚书·大传》。

兴学之本最重要的是兴办国学，国学乃天子之学，天子之学才能称作"辟雍"。北京的国学从元至明一直到本朝，已经有五百多年了，却有国学而无辟雍，实在是名实不符。以前虽有修建辟雍的建议，却被以无水之由所阻拦。所以癸卯年（1783）谕旨修建辟雍，乙巳年（1785）春举"释奠临雍"大典。因为"北京为天下都会，教化所先也，大典缺如，非所以崇儒重道，古与稽而今与居也"。①没有水可以通过打井来解决，用绠绳把水汲上来用，从暗道注入到白石砌就的圜池里，于是池中潋滟波光，澄明如镜。看来都是在于人为呀。

在国子监修建辟雍殿，也是效法古代帝王行"三老五更"之礼的需要。乾隆皇

3-4 御碑亭之西碑亭

3-5 西碑亭内的"三老五更说"碑文照

帝命书法家、大臣董诰在东边那座四面碑上西面书写张廷玉的《三老五更议》（图3-5），并在另一侧东面御笔《题张廷玉〈三老五更议〉》。乾隆认为，"三老五更"这个提法，《左传》《左传孔疏》《汉书·礼仪志》《白虎通》众说纷纭，解释最为独断、荒谬的是蔡邕，"腐儒执虚文而谬大义，真不值一噱耳"。他认为，三老不过是"天、地、人"而已，能以敬诚、恺悌的极致修养来待人处事，才能达到天下谐调适度，各守其分，天下达道。腐儒那些牵强的议论，不值一提。乾隆皇帝为什么在辟雍落成之后御制这个碑文呢？首要的原因在《礼制辟雍朔源探秘》一节中已

---

① 《清代御制文集》二集，国学新建辟雍圜水工成碑记。

经讲到了，辟雍古代礼制的重要内容之一是尊养贤老，另一个内容则是广施教化。乾隆皇帝在五十年举行"千叟宴"大典和"临雍大典"两个大典来庆祝辟雍的建成，就是重现这个礼制要求。辟雍前的这两块御制石碑也完整地映衬了这些礼制内容。还有一个不为人知的小插曲则是勾起了乾隆皇帝久久不能忘的一件心事，那就是乾隆三年（1738）他来国子监视学时发生的事情。

事情的缘由是这样的：乾隆三年（1738），年方二十八岁的乾隆皇帝想在国子监视学之时欲行"三老五更"之礼。临行之前就这个"礼"的具体内容咨询大学士鄂尔泰、张廷玉。张断以为不可，勉强行之必"资后人之议者矣"。① 其实，咨询后的乾隆皇帝对什么是"三老五更"仍是糊里糊涂。孟子关于"老而无妻、老而无夫、老而无子"的阐释，乾隆皇帝直到四十年后方明白："夫予三老五更之说，成于戊戌。"又过了六年，才悟到"耆艾而长于乡者即可称三老，而非定三人也"；② "三老五更之说予以为括于养老休俗之仪，而非天子临雍所必应并行而不遗者"。③ 乾隆皇帝以自己四十年对"三老五更"之说的认识经历告诉诸臣："戊戌去戊午，历四十年，其事早已忘之。盖戊午朕方廿八岁，而戊戌则六十有八，此亦足验四十年间学问识见之效，而年少时犹未免有好名泥古之意，至今则洒然矣。"六十八岁的洒然心态，面对建辟雍的议论，感慨"夫是举岂非复古兴学之懿，有何惧！而予惧之者，恐后之人执予复古之说，于一切衣冠典礼，皆欲效汉人之制，则予为得罪祖宗之人"，"徒慕复古之虚名，而致有忘祖宗之实失，非下愚而何？予不为也。予敬以是告子孙。以保我皇清万年之基也"。④

品读辟雍旁的两座御碑碑文，所论皆为议古论今，古为今用，都是在为修建辟雍做辩护，可见乾隆皇帝当初的这个政绩工程还是有不小阻力的。其中最大的阻力在于一些大臣认为修建辟雍是"皆欲效汉人之制"，这些虽不见史籍所载，但通过碑文可以清晰地察觉到其中的史迹。

为了长久保存乾隆皇帝的御制碑文，流传后世，所以才修建了两座高等级的重檐歇山式黄琉璃瓦顶的亭子，以保护这两座石碑。起着保护御制石碑作用的亭子就叫作"御碑亭"。国子监和孔庙内其他的御碑亭一般都是四周通透，以便于人们观看，只有"敬一亭"例外，它是一种殿堂式的碑亭。

---

① 《清实录·高宗纯皇帝实录》卷一千二百二十四《御制题张廷玉三老五更议》。
② 同上卷《御制三老记》。
③ 同上卷《御制国学新建辟雍圜水工成碑记》。
④ 同上。

说到了石碑，国子监里石碑非常多，三进院门堂几乎处处立石曾是国子监独到的风景。除了孔庙院内的进士题名碑和其他石碑以外，还应该有下列石碑曾经在国子监的相关位置伫立过：

（明）洪武学制碑，立石于太学门左，面向西，洪武二年（1369）立石于北平府学；

（明）申明学制碑，立石于太学门左，洪武十五年（1382）立石；

（明）洪武十六年并三十年钦定庙学图碑，立石于太学门左，正统十二年十一月（1447）；

（明）申明学规碑，立石于太学门左，永乐三年（1405）；

（明）五朝上谕碑，立石于太学门左，面向南，成化三年（1467）；

（明）世宗御制敬一箴碑，立石于敬一亭正中，嘉靖五年（1526）六月；

（明）世宗御制心箴碑，视箴、听箴、言箴、动箴四箴碑各一，颁发五箴圣谕碑（注：后重刻石），嘉靖七年（1528）集中立石置放于修建完工的国子监敬一亭正中。

（清）世祖章皇帝"晓示生员"满汉文卧碑各一，在国子监太学门门左，面向南，顺治元年（1644）二月；

（清）康熙皇帝御制"训饬士子文"碑，立石在敬一亭正中，面向南。康熙四十一年（1702）正月；

（清）康熙御书"万几馀暇"碑，立石在彝伦堂正中两柱之间，面向南。康熙三十三年（1694）；

（清）康熙三十三年仲夏御书"大学"圣经碑，立石于彝伦堂正中；

（清）康熙牓书四碑："崇高峻极"、"灵渎安澜"、"功存河洛"、"昌明仁义"，立石于敬一亭中一间的两旁，面向南；

（清）乾隆御书"训饬士子文"，立石于南学率性堂正中柱间，乾隆五年（1740）十一月；

（清）敕修御书楼碑，立石于御书楼下，面向东，乾隆二十四年（1759）四月；

（清）御制古槐诗石刻（有图），立石于西讲堂，乾隆二十四年（1759）十一月；

（清）诏修国子监碑，立石于太学门右，乾隆二十五年（1760）八月；

（清）《乾隆御定石经之碑》189通，乾隆五十九年（1794）刻成，曾立石于国子监东西六堂檐廊之中，除每侧檐廊两头设堵头碑之外，所有经碑列成两排，前后排错开一个碑的位置，成"品"字形摆放，以便于观看。

此外，在彝伦堂的后穿堂（后抱厦）内，还存立有如下石刻：

（明）王同祖《兰亭记·乐毅论》；

（清）谢履忠《丁香花诗》；

（清）祭酒、司业题名碑四通；

（清）老彭观井石刻（画）；

（清）古文《孝经》碑两通；

（清）《崇实振雅二轩记》祭酒李周望撰，康熙五十七年（1718）立。

上面提到的许多石碑，或因时间久远而蚀残不能读，或因保管不善而毁坏遗失，如乾隆二十四年（1759）所镌刻的《敕修御书楼碑》（下部文字残）就是《北京青年报》记者首先发现，由孔庙和国子监博物馆的高彦和其他工作人员从远离国子监的将台路的拆迁瓦砾中运送回来的。还应该一提的是，在2003年大规模整修复原孔庙和国子监工程中，工人在清理国子监东厢的地基时，又发掘出了一块崇祯三年（1630）的《太学奉旨积分碑》。立石的缘由很可能是因明代崇祯二年（1629），国子监的司业倪嘉善向崇祯皇帝建言重新恢复实行"积分法"得到皇帝的批准一事。① 为歌功颂德，也为了传史纪事，故立此碑。石碑的质料为砂岩，极易风化，碑体做工粗糙，从一个侧面反映出明朝末年国子监的衰落。碑上诸多文字已模糊不清，唯碑额、落款尚可辨认。这是一个难得的国子监发展历史物证。

这里还要说说康熙皇帝牓书"嵩高峻极"、"灵渎安澜"、"功存河洛"、"昌明仁义"四块卧碑来历。其实，这四块卧碑最初的内容并不是康熙皇帝自己撰写的，而是应河南巡抚阎兴邦中丞所请，由九卿、翰林院、詹事府等衙署的堂上官为嵩山"中岳庙"、"淮渎神祠"、"孟子游梁祠"、"二程子祠"匾额而书写出来的，经过康熙的恩准后，这几幅文字内容就变成了皇帝的"御书"。于是，康熙皇帝于三十三年、三十七年将这几幅"御书"颁至河南，刻石于学宫。"功存河洛"匾悬于开封禹王台，"灵渎安澜"匾悬于桐柏淮渎庙，"嵩高峻极"匾悬于登封中岳庙等。可能是康熙皇帝很喜欢这几幅牓书的缘故，特在康熙四十一年为国子监制《训饬士子文》刻碑于彝伦堂的同时，他又亲笔"正书"这四幅牓书，并刻石卧碑与此碑同立。② 王士祯的《居易

---

① 见《明史·选举志》。
② 见《钦定日下旧文考》。

录》记载了这四个榜书的经过:"康熙三十年辛未元旦,二十七日。内阁传谕九卿及翰、詹、卿、寺各衙门堂上官,书:嵩山中岳庙、淮渎神祠、孟子游梁祠、二程子祠扁额各四字进呈,曰'嵩高峻极',曰'灵渎安澜',曰'昌明仁义',曰'功存河洛'。先是,河南巡抚阎中丞兴邦恭请御书也。"

镌刻一通石碑,从下料、整形、雕刻到最后立石,要耗费不同于一般工程的劳作和智慧才能完成,尤其那些巨大的石碑,更是如此。石碑受到历史上这样的重视,并不是偶然的。最具价值的是它可以真实地长久地记载历史,比起竹简、龟甲、纸张来,

3-6 改建前简陋的碑林保护大棚

古人认为立碑是最为经久和保险的。国子监里至今完好保留的那些石碑,真实地记载了从元代到清代北京国子监发展的轨迹和重大史实。从国子监的修葺和扩建,学规学制的确立,到对太学监生不断强化的儒家思想教育,都可以从这些石碑上找到真实的历史依据,为研究国子监的发展历史提供了重要而又珍贵的资料。

2012年6月24日,国子监"孔庙十三经碑林保护棚修缮工程"正式启动。为了保护这些珍贵的石刻文物,提升博物馆的展示水平,经过有关文物专家科学论证和领导决策,在吴志友馆长直接组织和指挥下,拆除了原十三经碑林简陋的大棚石棉瓦棚顶(图3-6),仿照传统建筑的形式重新予以翻建(图3-7)。对三块进士题名碑适当调整了位置;清洗了进士题名碑的污染;为全部进士题名碑重新加盖棚顶以遮阳防雨;将康熙手书《大学》碑搬进新的保护大棚;对239通十三经石碑和198通进士题名碑一一进行了加固。高规格、高品位、高质量地完成了这些具有历史意义的文保工程。

3-7 翻建的新碑林大棚

第二节 珍贵完整的"乾隆石经"

国子监石刻文献的史料价值很高,很多纪事刻石可证经补史。为取得石刻的复本而发明的"捶拓"技术更是古老印刷术的先驱;儒家经典刻石又是图书版本的源头,在很多领域内石刻文献都是不可或缺的资料。最负盛名的《乾隆御定石经之碑》即"十三经碑刻"的儒家石经,是我国历史上从东汉末季开始的、第七次大规模地镌刻的儒家石经。

第一次是《熹平石经》。东汉末年,作为学校教材的儒家经典多有谬误,这是因为当时纸张还没有得到广泛的应用,用作记载经义的书籍大都仍用竹简编摘而成的,既重又烦琐,而且一般人不容易买到,难以普及;还由于学者们在传授知识时,都是口耳相传,难免以讹传讹,时间长了,这些经书上的错误就会错上加错,最终改变了原有的内容。为了统一教材,便于学习,当时通古今学的大儒、博士卢植向汉灵帝建议重新订正各种经书的内容和文字。这个请求得到了汉灵帝的支持。汉灵帝熹平四年至光和六年立(175—183),内容包括《易》《书》《诗》《仪礼》《春秋》《公羊》和《论语》七经刻于46块石碑上,总字数20多万字。汉代大儒蔡邕用当时通行的隶书字体书写上石,故又称《一字石经》《一体石经》。由于它立于洛阳太学门前,目的在于要正定经典文字,公布标准文本,并且供人们阅读、传抄和校正,故引起极大反响,石经碑刚立起的时候,前来观摩和摹写的人乘坐的车子每天有一千多辆,把大小街道都堵满了。[①]这样大规模地整理和校订典籍,在校勘学、版本学上极具深远意义。《熹平石经》刻成后不久,在董卓之乱中就开始散佚,现存残石不足1万字。

第二次是《正始石经》。三国魏正始年间(240—249)刻成《尚书》《春秋》二经,经文每字用古文、篆、隶三体,又称《三体石经》或《三字石经》。今有残石留存,并有残石拓本流传。

第三次是《开成石经》。唐大和七年至开成二年(833—837)立,又称《唐石经》。有《易》《书》《诗》《周礼》《仪礼》《礼记》《春秋左传》《公羊传》

---

① 《后汉书》卷九十下:及碑始立,其观视及摹写者,车乘日千余辆,填塞街陌。

《穀梁传》《论语》《孝经》《尔雅》等十二经。此次刻石目的也是订正经籍，校勘精审。五代时雕版印刷的第一部监本《九经》即以该石经为底本，今存于西安碑林。

第四次是《广政石经》。五代后蜀广政七年（944）于成都开始镌刻，先刻《易》《书》《诗》《三礼》《春秋左传》《论语》《孝经》《尔雅》等十经，宋代又补刻《公羊》《穀梁》二传、《孟子》及《古文尚书》。该石经与前后所刻各石经的不同之点是经文下镌有注文，小字双行。故全经共有千余石，历时百余年方才完成。因开始于五代后蜀，又称《蜀石经》。南宋时因《开成石经》在金朝统治区内，《广政石经》就成为当时的标准文本，原石约毁于南宋末年，宋拓残本尚有流传。

第五次是《嘉祐石经》，宋庆历元年至嘉祐六年（1041~1061）用篆、楷二体刻成《易》《书》《诗》《周礼》《礼记》《春秋》《论语》《孝经》《孟子》等九经。又称《二体石经》《汴学石经》。今仅存残石数枚，有宋、元、明、清各朝的拓片残本。

第六次是《绍兴石经》，又称《南宋石经》，宋绍兴十三年（1143）在临安开始镌刻，成《易》《书》《诗》《春秋左传》《论语》《孟子》《礼记》（仅5篇）等七经。除《论语》《孟子》为行书外，其余均为楷书。因是宋高宗御书，又称《绍兴御书石经》。今杭州尚存44枚残石。有残拓本流传。

第七次就是《乾隆御定石经之碑》。清代雍正年间，江苏金坛贡生蒋衡，字湘帆，自号"拙老人"，游历西安时见唐代《开成石经》，因由多人书写，风格极不统一，故引以为憾，便发愤自写经书。自雍正四年（1726）至乾隆二年（1737），历时12年，完成了《周易》《尚书》《诗经》《周礼》《仪礼》《礼记》《春秋左传》《春秋公羊传》《春秋穀梁传》《论语》《孝经》《孟子》《尔雅》13部经书共63万余字的缮写工作。后由江南河道总督高斌于乾隆五年（1740）转献朝廷，收藏于故宫大成懋勤殿。乾隆五十六年（1791）之后，钦命和珅、王杰为总裁，彭元瑞、刘墉为副总裁，负责考订蒋书石经，动工刻石。乾隆五十九年（1794）刻成并立于太学东西六堂檐廊之中。经文为楷书，碑首篆书《乾隆御定石经之碑》。这是目前我国仅有的最完整的一部十三经刻石，共计189通。这十三经中的《周易》（6通石碑）是占卜之书，蕴含着深刻的哲理；《尚书》（8通）是上古文献的汇编；《诗经》（13通）是西周初至春秋中期的诗歌汇集；《周礼》（15通）主要记载周代官制；《仪礼》（17通）主要记载春秋战国时代的礼制；《礼记》（28通）主要是战国秦汉之际的儒家学者的礼学著作汇编；《春秋》"三传"即左丘明作的《左传》（60通）、公羊寿和胡毋子所作《公羊传》（12通）、毂梁子所作《毂梁传》（11通），是解释、评论《春秋》的著作；《论语》（5通）主要记载的是孔子的思想言论；《孝经》（1通）是阐述孝道的著作；《孟子》（10通）主要记载的是孟子的思想言论；《尔雅》（3通）是汉代增补润色、杂采多家的训诂资料编辑而成的关于训诂的著作，多用以解释上述经典著作。碑制均为圆首方座，高3.05米，宽1.06米，厚0.315米。与这些碑刻相关的还有：乾隆《刊石经谕旨碑》1通，形制同经文碑；乾隆《石刻蒋衡书十三经碑序》碑2通（满、汉文各1通）；乾隆帝《说经文碑》13通，高4.05米，宽1.36米，厚0.45米，方首方座，额篆书"乾隆御制说经之文"；石刻《蒋衡写经图》，高110厘米，宽41厘米，线刻人物画，标题为冯敏昌隶书《蒋湘帆先生写经图》，图后有蒋衡行书七绝2首，署名"拙老人"。

这十三部儒学文献从诸子百家的一家之说提升到"经"的地位，是随着儒家学说在历史上的地位不断得到强化而升级的。上述七次大规模石经镌刻内容不断升级扩大的过程，我们可以很容易地看到这一点。

1956年修缮国子监时，将石经移至孔庙与国子监之间的夹道内（即国子监祭酒去东厢的过道）专存。1981年在夹道加盖屋顶成为"碑林大棚"，遮挡风雨，妥为保护。2011年北京市政府又出资重新修建了外观仿古、内设现代灯光、装备的大型展厅。改善了过去那种光线暗淡、潮湿漏雨的简陋环境，使得这些珍贵的石碑得以被妥善地保管，并以崭新的面貌展示给五湖四海的宾客。

《大学》为四书之一，出自《礼记》。传为曾子所作，是儒家政治哲学的经典论著。讲述了从"修身"、"齐家"开始，以达到治国平天下的道理。此碑为清朝皇帝

3-8 彝伦堂中所立康熙《大学》刻碑旧照

3-9 移动到新碑林大棚中的《大学》碑

康熙手书，笔力深厚，气势磅礴，可称是历代帝王书法中的珍品。该碑原立于国子监彝伦堂中央，是为整顿学校、告诫学生而立的。后移于碑林入口外的北墙下。碑文由康熙皇帝御笔亲书。康熙擅长董（其昌）书，功力深厚，章法严谨，自成一家。

现在，国子监里相继搬离了原来立石位置的众多石碑，和十三经刻石一起存放于翻建的国子监碑林崭新的展览大厅之中。这些珍贵的石碑记载了历史最真实的信息，因而体现了它们的价值所在。

第三节　石碑的造型和规制

国子监的石碑式样和大小并不一致，难道其中也有规制依据？原来，石碑从最初的简单石块石板到后来的各种各样的形制，有一个不断完善的过程。宋朝李诫所著的《营造法式》卷三中有"赑屃鳌坐碑"、"笏头碣"两节专门阐述了石碑形制的各部分比例关系，著名的古建大师梁思成先生又对《营造法式》进行了注释。下面我们把有关的内容做一个简略的介绍，并藉此了解石碑的艺术价值。

碑　身

额篆天宫

鳌　座

3-10 石碑的三个组成部分

一般的石碑分为三个部分：碑首、碑身、碑座（图3-10）。宋代以来这三个部分都形成了特定的形式。碑首也叫作碑头，根据《营造法式》的规定，"其首为赑屃盘龙"，意思是说碑首由名为"赑屃"的盘龙组成。盘龙有6条，头部均在碑的侧面，龙头向下，龙身向上拱起。但这不是硬性规定，根据碑身的薄厚，也有少于6条龙或者是多于6条龙的，也有龙头向上的。碑首的正面是由左右两条龙身和龙爪交叉组成的图案，拱卫着正中的那一块"篆额天宫"。篆额天宫是专门用做书刻碑名的地方，比如"乾隆御定石经"这几个字就是书刻在篆额天宫的地方。正面碑首的下部还有一层云盘与碑身相接。碑首的龙身、龙爪、云盘一般都是采用高雕的手法雕刻而成，栩栩如生，呼之欲动。

碑身之下是碑座，我们经常看到的那个背负碑身、昂头向上的大乌龟就是"鳌座"，也就是碑座。《营造法式》中讲"下施鳌坐（座），于土衬之外，自坐（鳌座）至首（碑首），共高一丈八尺"，土衬是鳌座之下的板状厚石，之上是鳌座，同时也规定了石碑的总高度。宋、元时期的尺寸与现在相差不多，一丈等于十尺，一尺约合31.2厘米。这个碑身总高度是法式规定。"其名件广厚，皆以碑身每尺之长积而为法。"意思是说，石碑各部分大小都以碑身的尺寸为依据来进行推算。以鳌座为例，那个大乌龟应该多大呢？"长倍碑身之广，其高四寸五分。"大乌龟的长是碑身宽度的两倍，鳌座的高是碑身高度（不包括碑首高度）的百分之四十五，若碑身高为一丈，碑座的高度就是四尺五寸。[①]

还有一种石碑既没有六条盘龙的碑头，也没有大乌龟的碑座，只有一个简单的方石座或是须弥座和碑身，这样的石碑被称为"笏头碣"，碑身总高度一般为九尺六寸，碑的其他物件尺寸也是以碑身的高低为基础计算出来的。

最后说说碑身。碑身是刻写碑文的地方，是石碑的主体部分。它的前后两个面平整光洁，很少雕饰。为了求得华丽的效果，也有用浅雕或是高雕的艺术手法在文字的外围做出花纹或龙纹边框的，以加强装饰的效果。

从现实存在的各类石碑尺寸来看，《营造法式》对石碑的法式规定，实际上是高等级规制石碑的基本尺寸，更为准确地讲是石碑各部分之间的比例关系。

有一个传说，是说作为碑座的鳌是龙生九子之一，叫作"赑屃"。赑屃生性好负重，所以用来驮石碑。其实，龟与龙子不同，它本身就是一种海生动物，有明确的种

---

① 上述援引皆出自宋·李诫《营造法式》。

科，和龙族的关系实在不大。从明朝开始，明代文渊阁大学士李东阳为回答皇帝的问题（龙生九子都叫什么名），在他的《怀麓堂集》卷七十二中概括整理了民间"龙生九子不成龙"且各有其形、各有所好的说法，其中就谈到了赑屃。但他所说的赑屃（这个名字不是他的发明）还不是驮石碑的，而是趴在碑身两边侧的龙，以示其好文生性。把大乌龟硬塞在龙族之中，把乌龟的脑袋雕成了像龙一样的头，改名为"赑屃"，这是明代中期以后的事情了，确实有些不伦不类。龟就是乌龟，或叫水龟，海中的大龟则为鳌。就其自然属性来讲，它寿命长，耐饥渴，又是爬行动物，腹背的硬甲可以有效地防备外力的袭击。龟具有这种既坚硬又长寿的特征，自古就被当作一种灵兽，与龙、凤、麒麟齐名称为"四灵物"，又与龙、凤、虎合称"四神兽"。所以自古以来人们赋予它很多的神话般的传说。最熟悉的莫过于共工氏怒触不周山，天柱断，女娲断鳌的四条腿以立地之四极的神话故事。既然鳌的四足可以支撑天地，那么以鳌撑天之力来背负这区区石碑又何足挂齿。

第四章 源自国子监后院的佳话

第一节 敬一亭和东西厢

4-1 敬一亭（中间）和东厢、西厢

进入国子监的第三进院，就进入了国子监的管理区域。院内正中的主要建筑是敬一亭，周边以红墙环绕，形成一个独立院落（图4-1）。院南正中是敬一门，门内建有敬一亭,是明嘉靖七年(1528)所建,歇山式屋顶,单翘单昂五踩斗拱,乍一看是一座殿堂式的建筑,实则这也是一座御碑亭。《明实录》中记载了明朝嘉靖皇帝修建敬一亭的心路。这个嘉靖(朱厚熜)在明朝皇帝中的身份比较特殊。他本来是明武宗的堂弟,封地在湖北安陆(今钟祥市)。武宗死后没有儿子继承皇位,在此情况下,慈寿皇太后与重臣杨廷和等定策,决定由朱厚熜以藩王身份入继大统。于是朱厚熜在太监谷大用等护送下日夜兼程赶往京师,深恐这天降之喜中生变故。他刚刚登上皇位不久,就大刀阔斧地革弊图新,裁汰特务机关,广行宽恤之政,颇有明君气象。正如御史杨爵所形容的:"陛下即位之初,励精图治,尝以《敬一箴》颁示天下矣。"① 嘉靖五年(1526)十月,这位年轻的皇帝亲自书写了《敬一箴》和《注范浚心箴》《注程颐视听言动四箴》诸篇文章,颁赐给大学士费宏等人。这些大学士当然不敢怠慢,赶忙上书要求将这几篇御制文章刻石立碑于翰林院,"以垂永久存之"。根据明代北京地图,翰林院就在紫禁城玉河北桥之南(该桥现已不存),临河西岸,离皇史宬不远,一河之隔。嘉靖七年(1528)翰林院"敬一亭"竣工,将嘉靖皇帝的"六箴"碑立石于内。同年,嘉靖皇帝又令在北京、南京两京国子监修建敬一亭,将《敬一箴》(图4-3)《注范浚心箴》《注程颐视听言动四箴》都刻石立碑于内,并要求"天下学校准为定制"②。自此顺天府学、全国庙学都纷纷以此为标准,修建敬一亭。这就是今天在全国许多地方也能见到敬一亭的史由。

4-2 敬一亭

"敬一亭"的名字是什么意思呢?嘉靖皇帝解释说:"敬者,存其心而不忽,一者,纯乎理而无杂。"意思是说,对孔子的儒家学说要始终牢记在心不能忽略;就像玉一样的纯洁,不能存有错乱的杂念。明世宗嘉靖皇帝以"敬一箴"颁行天下,要求自己和臣民,起初还是很勤政的。但好景不长,

4-3 嘉靖皇帝的敬一箴

① 《御选明臣奏议》卷八。
② 《俨山集》卷八十。

嘉靖皇帝很快就把原来治理国家的一番壮志丢在了一边，开始玩弄权术，炼丹修道，耽于享乐，以致政治日益腐败，荒废朝政，残暴不仁，还发生了二十多名宫女反抗暴虐，差点把嘉靖皇帝勒死的案件。毛泽东曾对嘉靖一生的行事评判说："坐了四十几年天下，就是不办事。"鉴此，秦金、杨爵、海瑞等明朝重臣前赴后继，轮番进谏，希望嘉靖振作如初，但都被这个昏庸的皇帝论罪下狱。毛泽东在读《明史·杨爵传》时旁批了四个字："靡不有初。"这句话源于《诗经》"靡不有初，鲜克有终"，意思是当政者制定的法令，虽然开始多是好的，但不断地变来变去，大多有始无终。所办的事情，往往都是有一个良好的开端，却很少有能够坚持到底、善始善终的。

《明史》在评价嘉靖皇帝时就鲜明地指出："若其时纷纭多故，将疲于边，贼讧于内，而崇尚斋醮，营建繁兴，百余年富庶治平之业因之渐替矣，然且倚任权奸，果戮直臣以快其志，亦独何哉！①"明朝就是从嘉靖开始，走向了下坡路。如此的评价，对这位皇帝"敬一"的初衷真是一种莫大的讽刺，而敬一亭的建筑遗存也见证了明王朝"靡不有初，鲜克有终"的历史进程，给我们以警醒。

4-4 敬一之门

当我们走近敬一亭的时候，眼光很容易聚焦到院内的敬一亭，而精致独特的"敬一之门"（图4-4）却容易被人忽视。仔细观察"敬一之门"的形制很是特别，与国子监内所有的门的形制都不一样。从敬一门整体上观察，其中间一门额枋上架有明楼，规制很高，是为单翘双昂七踩斗拱。这样高级别的斗拱设置，只有辟雍、大成殿这样大体量的宫殿上才有，不注意绝不会想到这个门的规制如此之高，这在国子监里是极为独特的。敬一门的大小额枋之间装嵌以照壁版，上边镌刻着"敬一之门"四个大字，何人书写，已是无从考证了。中门的左右是照壁，照壁中央为砖材圆雕团龙的"盒子"，四角饰以砖雕的缠枝莲角花，雕刻手法细腻，许多地方几近透雕，令人惊叹不已。两边照壁之上都架有砖制的悬山檐楼，与正中的敬一门木制高悬明楼，互相照应，浑然一体。这种形如牌楼、神似棂星门的坊门实在是一项不多见的建筑艺术杰作，值得我们很好地玩味欣赏。

①《明史》卷十八。

4-5 复原后的东厢后五轩

在敬一亭院落外的东、西两旁，是祭酒、司业的办公区域，也就是我们常说的东、西厢。东厢是祭酒的办公区域，四周以墙围挡，前有院门，自成一院。根据《国子监志》记载，东厢院内有中厅三间，上悬康熙三十四年国子监祭酒孙岳颁题的匾额"进德修业"，表达了主人对自己所从事的事业和个人修养的志向。在中厅之后为五间后轩，小院内自成两进院落。现在看到的五间后轩是根据原建筑地下基础的遗存复原的（图4-5）。在后轩与中厅之间原来还有冠名"崇实轩"的东房、冠名"振雅轩"西房各两间，都是祭酒李周望在康熙五十七年（1718）重建并为此撰《崇实振雅二轩记》且勒石命名的。这块刻石至今完好清晰地保存在原十三经碑林的南首，很值得认真地阅读一下，体味那时一个大学者做学问的心态。

在敬一亭院落之西也有一个和东厢建筑布局基本相同的院落，称为西厢，是司业的办公居所，司业作为祭酒的副职在此办公。这里值得一提的是，这个院落还是用于琉球官生来国子监学习的专用场所"琉球学馆"，每当琉球国的学生来中国留学，司业便与祭酒合署办公，这个西厢便成了琉球学

4-6 琉球学馆传经图

生的专用学馆——中外闻名的"琉球学馆"（图4-6）了。

古代琉球国即是现在的冲绳。琉球国本来是一个独立的古王国，后被日本霸占。古琉球国从元代开始就与中央政府有联系了。远在隋炀帝大业年间，每到春秋天清风静的时候，站在泉州海边向东望去，可以隐隐约约地看到有一海岛且有烟雾之气，于是大家就议论猜测，估计这个岛屿可能远在数千里之外。大业三年（607）隋炀帝命令羽骑尉朱宽和何蛮一同渡海访求这个异国风情。他们两个到了琉球国以后，由于言语不通，听不懂人家说的话。为了了解这个岛国，他们干了一件相当生猛的事情，那就是把琉球国里的一个人连同他的衣服和铠甲都给抢回来，以便研究。这以后隋炀帝又派遣武贲郎将陈棱和大夫张镇洲率兵从义安渡海去征服琉球。别看陈棱是个武将，却也有些办法。他在征集所需要的兵员时，大都用了南方人，其中有一对哥俩熟悉琉球语言，自然是得到了重用。于是陈棱来个先礼后兵，先是派人前去安抚，安定人心，但琉球人不听那一套，抗拒不从。陈棱于是武力解决，一直打进琉球的国都，俘虏了几千人。从那以后，一直到唐、宋都再没有与琉球来往。从元世祖至元二十八年（1291）开始，到元成宗元贞三年（1297），都曾派遣专使以皇帝的名义前去招抚，但都未果。经过多年断断续续的交往，对琉球的情况多少有些了解，也知道了最初的国王叫作欢斯克剌兜，到了元代末期，琉球国则一分为三，有三个国王，就是中山王、山南王、山北王，都姓尚。

4-7 琉球人

明洪武五年（1372）正月，明太祖朱元璋再度派遣朝廷的使者杨载前去琉球，要求中山王即国王位并建立新的年号，"行人杨载以即位建元诏告其国"。中山王察度应召，第一次派遣使臣赴明进贡，琉球从此成为中国的藩属。洪武以来，琉球王国的官方文书、外交条约、正史等，都用汉文书写。其国都首里城的宫殿，都不是坐北朝南，而是面向西方，以充分表示归慕中国之意。明朝衰败之后，琉球国仍朝贡不绝。《明史》翔实地记载了中琉交往的情况，赞扬琉球国是对明朝最恭敬的国家，"虔事天朝，为外藩最"。①

洪武二十五年（1392），琉球的中山王向朱元璋皇帝请求，让自己的侄子和陪臣

---

① 《明史》卷三百二十三。

4-8 封舟图

子弟来南京国子监学习，希望能得到批准。对此，朱元璋自然是喜出望外，不但批准他们来国子监学习，而且给予这些外国留学生以优厚的待遇，从开始的赐衣服、鞋袜，建造"王子书屋"专舍，到后来对所有的留学生都赐给衣、巾、靴、袜、夏衣、银锭、丝罗衣服和被褥。为了加强与琉球国的联系，洪武二十五年（1392），鉴于琉球来华使节海上航行困难，朱元璋还将能熟练掌握渡海技术的一部分福建人移居琉球，并赐姓36个，专职操舟往来琉球，成了具有外交属性的"运输专业户"。此后不久，琉球中山王将山南、山北合并，并向明王朝实行朝贡，成为中国的附属国。明朝中央政府则对琉球国王实行册封制度，也就是琉球国王的封号和王位的继承都由明朝的皇帝授予和决定，并派官员到琉球驻守。

由于国子监是唯一可以接纳外国留学生的大学，所以，从明朝洪武初年开始，还有琉球的山南国和高丽、暹罗、交阯、俄罗斯国，都提出派遣官员子弟来国子监学习。其中派员最多的就是琉球国。根据《钦定国子监志》记载，现把在北京国子监的琉球学生情况摘录部分如下：

明嘉靖五年(1526)：蔡廷美等4人入学，6年后归国。

明嘉靖十七年(1538)：梁炫等4人入学，6年后归国。

明嘉靖二十九年(1550)：陪臣子弟5人入学。

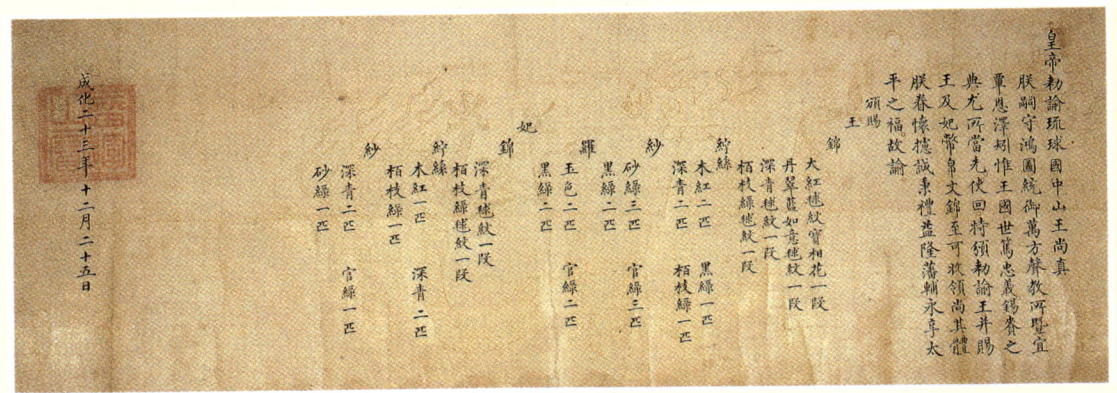

4-9 明成化二十三年皇帝敕谕琉球国中山王尚真旨

明王朝到万历八年（1580）为止，共接受琉球学生16批来华学习。

清康熙二十三年（1684）：琉球中山王的陪臣子弟4人入学，得旨允行。二十五年（1686），琉球生梁成楫、郑秉均、阮维新、蔡文溥4人来中国国子监的途中，海上遇险，乘船桅杆断折，船体受伤。他们漂流到太平山修理完船体后，继续前往中国，二十七年方才入京。留学7年后归国。

清雍正二年（1724）：郑秉哲、郑谦、蔡宏训（当年病逝）入学，前2人4年后归国。

清乾隆二十五年（1760）：陪臣子弟郑孝德、梁允治（后病逝）、蔡世昌、金型（后病逝）入学，3年后归国。

清嘉庆十年（1805）：毛邦俊、向邦正、梁文冀、杨德昌4人入学，4年后归国。

清嘉庆十六年（1811）：陈善继、马执宏、毛世辉、梁元枢入学，4年后归国。

此后一直到同治年间，依然有琉球学生赴国子监肄业的往来。

这些琉球学生来到中国以后，他们的学习和生活费用都由国子监负责。学习的内容也以传统的经史为主，也可以根据自己的爱好提出学习的要求。国子监则选派文行兼优的监生担任语言教习，指定博士、助教为指导老师。明代国子监琉球学生的学制是6年。

清代顺治朝期间，由于刚刚建立政权，天下未定，周边国家也在观望。所以康熙二十三年以前几乎没有接受什么留学生来华留学。康熙二十三年（1684）时应琉球中山国王的请求，下旨允行接受琉球的留学生，开始了清朝的琉球学，学制一般为3年，学成后礼送回国。这个过程一直延续到同治六年（1867），琉球至少向清政府派遣了8批共30多名留

4-10 中心小院即是琉球学馆

学生,来北京国子监学习。国子监不仅把琉球学生当作留学生,而且视之为文化使者,从康熙二十七年(1688)开始,将琉球学生待遇提高到和通事(翻译)相同的水平,给予了极为优厚的待遇,远远高于一般监生。待遇详列如下:

每日1只鸡,肉2斤,茶5钱,豆腐1斤,椒、酱、油、菜具备;乾隆年间,又给每位留学生增加了黄酒1瓶、菜1斤、盐1两、油2两。

春秋发锦缎袍褂,纺丝绸、靴袜、凉帽各一;

夏天赐纱袍褂、罗衫裤各一;

冬季赐给缎面细羊皮袍、棉袄棉裤各一、貂皮帽、鹿皮鞋、绒袜、被褥、席枕俱全;

文房用品每月给银1两5钱,人人有份。这个规定一直延续到雍正年间。

归国时送给琉球生每人大彩缎、裹绸各1匹、毛青布4匹,随从每人毛蓝布4匹;

4-11 流球贡使墓碑

由礼部设宴欢送,并给予途中驻驿站的便利。

对不能按时归国的留学生,其回国之前一切银、米、衣物照样领取。

上面我们已经谈到,琉球学生在国子监学习期间,也有不幸病逝的。对此,清政府都给予特别优抚,每人赐银300两,其中200两由贡使代送给其家人作为赡养费用,另100两用于安葬修墓。据国子监志记载,这些病逝的琉球留学生都葬于北京通州张家湾"利禅庵"公用墓地中。这样的政府支持,使得在中国的琉球生可以安心地学习,成就了不少的汉学人才。

第五章 官本位下的国子监

明、清以后，国子监是监学合一的官署，决定了国子监必然以官本位为基本原则，其中最明显的是，无论国子监的管理者还是教师、辅导教师或是其他行政管理人员，都是有品级的官员，均由朝廷统一任命和调动；平时的管理程序也沿用着官本位的制式规定。在经过乾隆皇帝亲自阅读审批的《钦定国子监志》中，将国子监的兼管国子监监事大臣、祭酒、司业、博士、助教、监丞、典籍、典簿、学正、学录、八旗官学助教、算学助教、笔帖式[①]等等，都按设官的原则归为"官师"，就是"当老师的官员"。除此以外，国子监还为东厢（祭酒）、西厢（司业）、四厅（绳愆厅、博士厅、典籍厅、典簿厅）配置了相当数量的书吏、堂书等文案人员，为六堂配置了皂役、堂皂等一般工勤人员，俨然一个庞大的衙署机关架构。除去上述官员和办事人员以外，剩下在国子监学习的贡生和监生，则被称作"贡监官学生"。下表为清代国子监职位可参考。

清代国子监职官表

名称	职务	品级	人数	职责	办公地点	选用办法	备注
兼管监事大臣	王公、大学士、尚书、侍郎	1~2品	1	总管国子监重大事务，直接对皇帝负责	中央各部和国子监	由皇帝特命，即从亲王、大学士、尚书等重要贵戚和高级官员中挑选	清雍正三年始设
祭酒	国子监主官	从四品（清初为正三品）	满汉各1	主管国子监一切事务	国子监后院东厢	由吏部从科甲出身的詹事府、翰林院及国子监司业等人员中开列名单，由皇帝选定	清朝设满汉各1人，并以满人为主

[①] 清代各衙署中掌理翻译满、汉奏章文书而设的低级文官。

续表

司业	国子监副主官	正六品	满汉各1	辅佐兼管大臣和祭酒管理	国子监后院西厢,接待琉球学生时与祭酒在东厢共同办公	司业的任用与祭酒大致相同	同上
监丞	督察监管	正七品	满汉各1	主管学规督察、财务核查等,惩办违规师生	绳愆厅	由吏部在进士、举人中选用,即"铨选"	同上
博士	教学主导官员	从七品	满汉各1	主管儒家经典教学,包括八旗官学和留学生事宜。缮写御制诗文	博士厅	满博士从满蒙文进士、举人中选任。汉博士由京府教授、外府教授升任。后主要从国子监助教、学正、学录、顺天府学教授中选任	
助教	班级教官	从七品	6	管理六堂教学、授业、解惑;负责贡监生相关事务如考勤、学习进度、请假、销假诸多登记造册	东西六堂	采用考选与升任相结合;乾隆以后由学正、学录升任为主	
学正	教学辅导监督课业	正八品	4	分管四堂学生学业、纪律生活等	率性、修道、诚心、正义四堂	主要从新考取的进士举人中挑选,但必须经过专门考试,按名次候补	
学录	教学辅导监督课业	正八品	2	分管两堂学生学业、纪律生活等	崇志、广业二堂		
典簿	主管行政人事等	从八品	满汉各1	掌管国子监印鉴、奏章、公文、礼器等行政事务	国子监后院东墙外典簿厅	一般依照选官制度,实行量才选拔和从下级提升的办法	有时也与监丞一起在绳愆厅办公
典籍	主管书籍、版刻等	从九品	1	管理文物、图书、国子监和一部分武英殿的刻版等	同上	同上	

注:引自高彦《国子监复原展览》文稿,摘引时作了核对、修改。

第一节 兼管监事大臣

国子监在明代由皇帝本人直管,在清代初期隶属于礼部管理,是礼部领导下的二级行政机构。但到清代顺治中期,国子监管理体制发生了重大变化,顺治十五年(1658)将国子监独立出来,不再隶属于礼部管理,康熙登基的第二年(1663),曾将国子监重新划归礼部管理,但8年后又将国子监独立了出来。

清代时,国子监的最高负责人是管理监事大臣。管理监事大臣的设置始于雍正三年(1725),皇帝"特命康亲王、果郡王领监事",从此国子监一直由皇帝特派的大学士、尚书、侍郎等高官兼任国子监管理监事大臣。管理监事大臣总理本监事务,直接对皇帝负责。但管理监事大臣主要负责重要决策和对上奏请、汇报等有关事务,国子监的日常具体事物仍然由祭酒负责。在所有的官员之中,"兼管监事大臣"是清廷为提高国子监的地位而设立的官职,由满、汉大学士、各部尚书、侍郎兼任,相当于现代的部长和副部长来兼任,非同一般。尤其是乾隆元年(1736)以后,更强调上述各重臣"兼摄以重其任"。[①]设立管理监事大臣的好处是,减少了决策的中间环节,直接对皇帝负责。虽然国子监的许多事情还是由礼部来处理,但如果礼部的决定不符合国子监实际情况的话,国子监的管理监事大臣或祭酒就可以直接奏请皇帝改变礼部的决策。

5-1 多罗果郡王允礼

雍正时期,为了进一步加强对国子监的管理,开始设置管学大臣。第一批担当管学大臣的官员是和硕康亲王崇安和多罗果郡王允礼,这在很大程度上体现了雍正帝对国子监教育的重视。

刘墉(1719—1804)出身于山东诸城刘氏名门望族。刘墉的曾祖父刘必显为顺治年间进士,祖父刘棨(音启)是康熙朝有名的清官,父亲刘统勋更是一代名臣,官至东阁大学士兼军机大臣。乾隆十六年(1751),33岁的刘墉以恩荫举人身份参加了当年的会试和殿试,并获进士出身,随任翰林院庶吉

5-2 刘墉(清 叶衍兰绘)

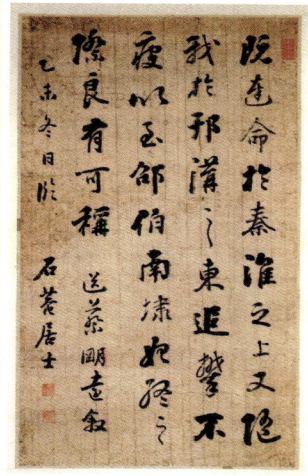
刘墉《送蔡明远敍》
5-3 刘墉书法

① 《皇朝通典》卷二十三。

士。清代科举仕进者尤重翰林出身，因此，刘墉在仕途上开局良好。从乾隆二十一年（1756）开始，刘墉被外放做地方官，此后20余年的绝大部分时间里，他主要做地方官，由提督安徽学政和提督江苏、山西太原府知府、江宁知府，直至巡抚湖南等处地方提督军务，节制各镇，兼理粮饷，驻长沙，兼理军民事务，成为名副其实的封疆大吏。在做地方官期间，刘墉基本上秉承了刘统勋的正直干练、雷厉风行的行事风格。对科场积弊、官场恶习进行了力所能及的整顿。同时，他也不遗余力地贯彻乾隆皇帝的意旨，查禁书，兴文字狱，捉拿会党，积极推行文化高压政策。

乾隆四十七年（1782），刘墉奉调入京出任左都御史，命在南书房行走。后做到协办大学士、吏部尚书、上书房总师傅，其间处理了山东巡抚国泰搜刮钱财的棘手案子。之所以棘手，是因为当事人国泰的父亲四川总督文绶曾是刘墉的老上级，而且国泰的后台就是乾隆皇帝的红人和珅。国泰案结后，刘墉被命署吏部尚书，兼管国子监事务。不久授工部尚书，仍兼署吏部，并充任上书房总师傅。乾隆四十八年（1783）六月，命署直隶总督。七月，又调吏部尚书。乾隆五十三年（1788）夏天，刘墉再次兼理国子监。由于发生了乡试预选考试中诸生行贿堂官的事，被御史祝德麟告发弹劾，结果刘墉受到处分被降职为侍郎。不久，又被授内阁学士，提督顺天学政。乾隆五十六年（1791）初，任都察院左都御史，随后被提拔为礼部尚书，并再次兼管国子监事务。五月，又署吏部尚书。嘉庆二年（1797）四月，刘墉授为体仁阁大学士。

刘墉是清代的书法家。书法浑厚雄劲，得钟太傅、颜鲁公神髓。在乾隆朝，他与翁方纲、梁同书、王文治并享书法声誉，为当时"四大家"。乾隆四十八年（1783），时任工部尚书的刘墉，与礼部尚书德保、户部左侍郎金简、侍郎德成一道负责设计和建造辟雍大殿，是负责设计和建造辟雍的大臣之一。嘉庆九年（1804）十二月二十五日，刘墉于北京驴市胡同家中逝世，享年86岁。去世的当天，他还到南书房当值，晚上还开宴会招待客人，"至晚端坐而逝"①。

纪昀（1724—1805）：字晓岚，河北献县人。嘉庆十年（1805）以协办大学士尚书职兼管国子监事务。乾隆曾以土尔扈特归还为题"考"他，命他为《四库全书》总纂官，耗时十年，于乾隆四十六年（1781）完成此书。他性格诙谐，学识渊博，堪称

5-4 纪晓岚

---

① 《啸亭杂录》。

"天下第一才子",名垂青史。死后谥"文达"。著有《阅微草堂笔记》,其后人整理有《文达公遗集》。

虽然兼管监事大臣在管理国子监的事务中位高权重,但最重要的还是常设管理官员——国子监祭酒,有点像今天所说的"校长"一职。祭酒是国子监衙署的主官,是一个政府部门正职的官职名称,司业则是祭酒的副职。

第二节 祭酒与司业

"祭酒"的名称源远流长,古时候,逢有祭祀、典礼、宴会等礼仪活动,由长者首先执爵醑酒祭神和先祖,于是有"祭酒"之说,以后泛指年长或位尊者。战国时,著名学者荀子曾在拥有稷下学士上千人、待遇极高的"稷下学宫"备受尊崇。《史记》中记载荀子三次被推荐为祭酒。虽"三为祭酒",但这还不是官职,只是一种尊称。汉平帝的时候开始设置"六经祭酒",排官位为最高贵的上卿。而后又设置"博士祭酒",为"五经博士"之首。但这些都还是召集人或主持人的意思,不是由皇帝任命的长官。只是到了隋代建立了政府部门"国子监"以后,祭酒才成为国子监的行政主官,成为一个政府部门职官的职名。从此,国子监祭酒的职名和职能一直沿用到清末。

担任国子监祭酒的工作清淡而不轻松,其实是很繁杂的。根据史料记载,祭酒要率领属下的各级教官有效地组织教学活动,而且还要经常稽核贡、监生的学业表现和学习质量;接收考核来国子监学

5-5 东讲堂祭酒、司业的办公复原场景

习的学生，并根据其学习程度分拨六堂；每个月的初一和十五要亲自登台讲解"四书"或者是性理之学，每个季度检查贡、监生的学业质量。此外，体恤伤亡事件人员；年终对那些学业期满的贡、监生进行甄别，对其中品学兼优的学生或者报送中央政府各部备选，或者挑选参加顺天府的科举考试，对国子监南学中品学兼优的贡、监生提出延期留监深造的奏折呈皇上审批，都是祭酒不可懈怠的工作内容。三年之际，祭酒还有一个工作内容，那就是为应付三年一次的朝廷考评（京察），给各位下属官员写鉴定，评出优劣。如果六堂的助教官职有缺，则需要从六堂中表现优秀的学正、学录中保送给上级，请予升职。

除了上面所说的工作之外，祭酒还有三个工作内容也是不能马虎的：

其一，每月初一、十五讲书之前要带领全体师生员工前去孔庙拜庙叩头行礼，这叫"释菜礼"（实际上就是简化的释奠礼）；

其二，每年十月初一，率领下属各官到午门领取第二年的黄历；

其三，每逢日食、月食，祭酒要到礼部和太常寺去参加"救护"。这个仪式也很繁复，古乐声中，香烟缭绕，随着日食（或月食）初亏、食甚、复圆过程要屡屡上香，三行三跪九叩之礼才算作罢。

如果遇上皇帝临雍讲学、每年开春由皇帝本人亲自参加的孔子丁祭大典，我们完全可以想象到祭酒和他的下属官员人前马后的忙碌。虽然，祭酒贵为京城中唯一的四品掌印官员，但他们的待遇却不优厚。查清朝旧例，祭酒的俸银（年工资）为105两，皇上发的奖金（恩俸）105两，办公费36两，加上禄米525斗，实在是不多。祭酒的工作责任这样繁重，待遇却不高，尤其没有什么"外快"可捞，自然是兴趣不浓的差事了。好在朝廷也知道祭酒们的心思，所以除了特殊的人选之外，祭酒的任期都很短。我们做了一个小统计，从顺治元年（1644）的国子监祭酒固尔嘉浑、李若琳开始，到乾隆四十五年（1780）时觉罗吉善、邹奕孝祭酒截止，前后共136年，但更换祭酒就达到了95人，这95人平均任职时间还不到一年半，当然这其中也有任职时间比较长的，如孙嘉淦、陆宗楷、王士祯等人。举个清朝初期的例子可知一二：高珩（1612—1697）在顺治初年，由翰林院检讨升任国子监祭酒，一干就是3年，后因受到洪承畴的赏识，被提拔为秘书院侍读学士。王士祯在《池北偶谈·谈异五六丁》中道出事情原委，他说：原来的祭酒用不了一两年就迁职离开国子监了，还没有任期超过四年的。高珩任祭酒的时候，时间很长了都没有调动。有一天高去内阁碰见了洪承畴。洪对高开玩笑说，高先生应做祭酒任期五年的开山鼻祖才好。高珩话中有话地笑答曰,那到不了第六年任期就会调动。果然,第三个年头高珩就调职离开了国子监。① 王士禛(1634—1711)也是这样。清康熙十九年(1680)十二月迁任国子监祭酒,康熙二十三年(1684)十月离任,升任詹事府少詹事兼翰林院侍讲学士,时间长达四年。为此王士禛心生埋怨:我在国子监到现在已经四年,才将我调到詹事府,"予在成均,迄四载始迁少詹"。他还就高珩与洪承畴关于祭酒升迁之言谈,戏作了一首诗,诗曰:"嘉话曾闻役六丁,任教人笑钝司成。六丁今日还加二,始信前贤畏后生。"② 诗的大意是发牢骚:如果六年的祭酒任期再加两年,那我就对先哲先贤们也无所畏惧了。由此看来,祭酒们对这份工作确实不太喜欢,经济原因自然是首要之因素。祭酒的待遇之外,还有其他官员的俸禄一并列表如下:

清代国子监主要官员俸禄由年俸、恩俸(乾隆元年始加,以正俸数计)、禄米和公费银构成:

职务	品级	正俸(每年银两)	禄米(以年斗计)	恩俸(以年计)	公费银(以年银计)	合计
祭酒	从四品	105两	525斗	105两	36两	俸、公银246两,禄米525斗
司业	正六品	60两	300斗	60两	24两	俸、公银144两,禄米300斗
监丞	正七品	45两	225斗	45两	18两	俸、公银108两,禄米225斗
博士	从七品	45两	225斗	45两	18两	同上
助教	从七品	45两	225斗	45两	18两	同上
学正	正八品	40两	200斗	40两	12两	俸、公银92两,禄米200斗
学录	正八品	40两	200斗	40两	12两	同上
典簿	从八品	40两	200斗	40两	12两	同上
典籍	从九品	31两5钱2分	157.6斗	31两5钱2分	12两	俸、公银75.04两,禄米157.6斗

清中期以前,每两银合制钱(俗称的"铜钱")900枚。几枚铜钱就可以买到1斤大米。

注:援引自高彦《国子监复原展览》文稿,引用时作了修改和补充。

下面简单介绍几位元、明、清三代著名的国子监祭酒和司业。

---

① 王士禛:《池北偶谈·谈异五六丁》:祭酒,旧不一二年辄迁去,春秋丁祭无过四者。顺治中,淄川高念东侍郎(珩)为祭酒,久不迁。一日至阁,洪文襄(承畴)戏谓曰:高先生可谓五丁开山矣。高笑对曰:无妨六丁六甲。果三年始迁去。
② 同上。

一、元代

1.许衡,1209—1281,现河南省焦作市李封村人。他是中国13世纪杰出的"思想家、教育家和天文历法学家"。许衡在思想、教育、历法、哲学、政治、文学、医学、历史、经济、数学、民俗等方面皆有颇深的造诣和卓越的建树,是我国元代百科全书式的通儒和学术大师,官至集贤大学士兼国子监祭酒。他是元代初期的名臣,也是一位著名的学者。许衡长期担任国子监祭酒,主持教育工作。他以"乐育英才,面教胄子"为宗旨,门下不仅有大

5-6 许衡

批汉族学生,还有不少蒙族、中亚弟子。他施教的原则是循循善诱,潜移默化,"因觉以明善,因明以开蔽"。至元八年(1271),许衡奉元世祖之命,负责培养一批蒙古贵族子弟,在他的辛勤教育下,这些不懂汉文的青年也都成为"尊师敬业"的优秀儒生,其中有不少人后来成为元朝的重臣。许衡对待学生"爱之如子",从生活到学习无不关怀备至。对待自己则从严要求。在许衡的熏陶教育下,"数十年间彬彬然,号称名卿士大夫者,皆出其门下矣"。通过传道授业,许衡对于汉、蒙文化的融合和交流作出了卓越的贡献。许衡精通天文、历算。至元十三年(1276),元世祖决定摒弃沿用已久错误甚多的金代"大明历",遂命许衡"领太史院事"创制新历,全面负责这一工作,并以王恂、郭守敬为副,共同研订。经过他们的积极努力,至元十七年(1280),终于完成了这一艰巨复杂的任务。在此期间,许衡以年届七旬的高龄,辛劳擘划,艰苦备尝,创制了简仪、仰仪、圭表、景符等天文仪器,在全国各地修建27所观测台,进行实地观测,最终制定成功《授时历》,并推算出了365.2425日为一年,这个结论,比地球围绕太阳公转一周的实际数字只差26秒,比欧洲著名的《格列高利历》还要早300年。《授时历》使用的时间,前后达363年(1281—1644)之久,是我国历史上使用时间最长的一部历法,是我国历法史上的第四次重大改革。许衡在程朱理学上的造诣很深,对程朱理学的研究有其独到之处,精研程朱理学而不拘泥,提出了著名的"治生论"。他说:"言为学者,治生最为要务。"许衡是元代儒学的主要继承人和传播人。"圣朝道学一脉,乃自先生发之,至今学术正人心一,不为邪论曲学所胜,先生力也。"[①]到了许衡的晚年,被人尊为"四方闻之知敬,望之知畏,亲之知爱,远之知慕,盖其胸中

---

① 援引均自《元名臣事略》卷八。

北京孔庙·国子监史话

| 5-7 彝伦堂古槐 | 5-8 大成殿前触奸柏 |

浩大，无一毫人欲之私"的儒之大家。①元代国子进士、太常寺卿苏天爵著书赞扬许衡"继往圣，开来学，功不在文公下"。明代大儒薛瑄称为之"朱之后一人"。许衡的著述《鲁斋遗书》《读易私言》均被收进《四库全书》。

图中的"复苏槐"（图5-7）和"触奸柏"（图5-8）传为许衡所植。②

2. 虞集，字伯生，元代著名的学者。生于南宋咸淳八年（1272），元顺帝至正八年（1348）因病去世，享年76岁。他是宋代丞相虞允文的第五世孙，祖籍四川仁寿，宋亡之后，迁居江西崇仁县。

虞集三岁开始读书。由于当时南宋垂亡，虞集全家流离于兵荒马乱之中，无法携带书籍，其母杨氏（南宋国子监祭酒杨文仲之女）对儿子口授《论语》《孟子》《左传》及欧阳修、苏氏父子诗文。虞集从小聪慧，闻辄成诵。流落到长沙后，拜师学习，方得到各经刻本。此时，虞集已经尽读经书，通晓其义。良好的家庭教育使虞集奠定了学识基础。虞集在外求学时

5-10 虞集

---

① 援引均自《元名臣事略》卷八。
② 据《日下旧闻考》："虞文靖谓许文正殁后国子监始立，官府刻印章。盖文正为祭酒时尚在旧学所，谓王宣府宅也。"所以传为许衡所植槐树有些牵强。

则以世交之子的身份师从著名学者吴澄。

大德初虞集进京,被荐为大都路儒学教授。大德十一年(1307),虞集慧眼识宝,在王宣府宅后大兴府学附近的草丛之中发现了被金兵掠走丢弃的先秦石鼓。他将这尚存386个字、每个重达一吨的十枚石鼓洗净,却无法挪动。五年后的皇庆元年(1312)任为国子助教后,才求助于兵部用十辆大车将石鼓拉回到孔庙大成门。为了保护好这极为珍贵的国宝,虞集以砖砌成平台,将石鼓置放于上,左右壁下各五枚,并且用木栅栏围挡,以铁环锁住。自此,这十枚珍贵的石鼓在北京孔庙的大成门内存放了三代王朝,成为"太学十咏"之一景。虞集担任助教时,他的学生每每等他离开官署后,带着书本到虞家修习课业,其他馆的学生也相继到虞集处请教。他以师道为己任,兢兢业业,诲人不倦,学术上也愈加充实。元仁宗即位以后,严格要求监学,任命吴澄为国子学司业。吴、虞师生二人力主国学更张革新,却遭朝廷内守旧势力百般阻挠未成,随后辞官归里,告病免官。不久又授虞集为太常博士,深得丞相拜住的信任,常常求教于虞集历史上先王治理国家成功之法,古今因革治乱的原由。虞集任集贤院修撰时,上书极力主张选用深明经学和德行正派者为学官,以培养管理人才。他认为当时的学官,都是些论资排辈,强加于诸生之上,有名无实的庸人,对学校有害无益。应该"使守令求经明行修成德者,身师尊之。至诚恳恻以求之,庶乎有所观感矣"①。他的这些主张,很被仁宗所器重。仁宗病逝前曾叹道:"儒者都被任用了,只有虞伯生还没有被任为要官啊!"泰定之初,虞集任翰林直学士兼国子司业,主持礼部科举考试时,他主张:"经典著作意旨深远,不是一人之见所能详尽。考试之文,推选其高深者录取,不必先有成见。"②他每任科考都坚持此说,所录皆为人才。虞集担任国子司业之后不久,又升任秘书少监,每年要带着经书陪皇帝出行上都,为皇帝讲经。所讲内容都是从经史之中选取的切合于养心育德以及有关治国之道的篇章。最难之事是用蒙古语和汉语两种文本进呈阅读。虞集在润色翻译之际,要将那些儒学之中的精深要旨用粗浅的蒙语(此前所讲的藏僧八思巴所创造的蒙古文字并没有得到广泛的推广)表达明白,还有那些对时事要务有所指导的经学内容,更需要极尽情实,文辞通达,真正做到准确无误地用蒙语表达出来。没有广博的学识,没有对汉、蒙语言精到深邃的理解,绝然胜任不了这样的重任。

元文宗即位前就已知道虞集的名声,做了皇帝之后,命虞集任奎章阁侍书学士。借此将祖宗的明训、古昔治乱的得失经验,每日在皇帝面前陈说,用以辅助成就元文宗的

---

① 《元史》卷一百八十一,列传第八十八。
② 引文同上。

志向，不准虞集再提辞职之事。其间，文宗有旨采辑本朝典故，仿效"唐、宋会要"，纂修《经世大典》，命虞集与中书平章政事赵世延同任总裁。过了一段时间，由于索取官廷资料受阻，赵世延愤而挂职归家，由虞集独自专领。虞集呕心沥血，披阅两载，全书编纂成功，共八百卷。因为虞集宏才博识，所经手的事情又做得恰到好处，甚为皇帝所珍重。元文宗曾痛斥一位中伤虞集的官员："一个虞伯生，你们就容不下吗？"

虞集为人孝友，学问博洽，并能究极本源，研精探微，心解神契。平生著作万篇，稿存仅十之二三。所作散文颂扬皇室，推崇儒术，并要求进一步倡导理学。虞集能文善诗，诗文在当时号为大家，著有《道园学古录》等。晚年虞集告病回江西，于至正八年（1348）五月病卒。官自将仕郎起步，经过十二次升调为通奉大夫。被赠官江西行中书省参知政事、护军，封仁寿郡公，谥"文靖"。虞集生长于乱世，显赫于盛世。在教学、理学和治世等各方面的不少见解，为我们留下难得的史鉴。

3. 宋本，字诚夫，大都（今北京）人。至元十七年（1280）出生，元统二年（1334）去世，享年54岁。宋本泰定元年（1324）调任国子监丞，元统二年（1334）夏改任集贤直学士，兼国子祭酒，并兼经筵官。

宋本自幼聪颖，十五岁后便开始逐字逐句地研读经史书籍，必通贯其意方止。曾随从其父任官到江陵，师从江陵学者王奎文习性理之学，造诣日深，其文章俊洁刻厉，多有隐微的深意。元英宗至治元年（1321），宋本殿试考取第一名，赐进士及第，授翰林修撰。泰定元年（1324）任监察御史时，敢于对失职的朝廷官员追究罪责，罢免官职。任国子监丞时，他又敢于抨击朝政，痛言申冤不成，刑政失度，民愤天怨是造成灾害的缘由。宋本的词气激愤，使众官员都感到惊恐。天历二年（1329），宋本改任礼部侍郎，这一年又升任奎章阁艺文监，负责检校书籍。至顺元年（1330），进官奎章阁学士院供奉学士，至顺二年（1331）又被提升为礼部尚书，元统元年（1333）兼任经筵官，直到改任集贤直学士、国子祭酒。

宋本高亢不屈，持论严正，任职清白，他任高官20年，还是借房子居住，去世时如果没有朝廷和朋友馈赠的助葬钱款，几乎都无法置办棺殓。宋本去世后，为他送葬的人有将近2000人，都是缙绅大夫、门生故吏和国子诸生。宋本生前著有《至治集》40卷流行于世。谥号"正献"。

4. 吕思诚（1293—1357），山西平定人，元代名臣。泰定元年（1324）中进士。性情刚直倔强，政绩卓著。历任县尹、侍御史、集贤院侍讲学士兼国子祭酒、湖广参政、中书参知政事、左丞转御史中丞、礼部、刑部尚书等职。吕思诚在担任翰林国史院检阅官及编修时，性情刚直，有时连皇帝也敢顶撞。一次，元文宗要取阅国史，翰林院的长官唯唯诺诺，不敢违旨，吕思诚虽位卑言轻，却直言进谏说："国史记当代人君善恶，自古天子没有观看的。"皇帝只好作罢。出任广西廉访司事时，吕思诚在郡县巡行，能够体察民情，不为权势所屈。在浙西巡访时，有位南台御史，因与江浙一带的省臣有私仇，怂恿吕思诚借故弹劾，吕思诚严词拒绝。巡访中了解到行省平章左吉祸害百姓，立即告发，致其革职流放，江南人心大快。吕思诚秉公办事，不能不得罪一批有权势的大臣，因此，他不断受到恶意诽谤。有人向皇帝诬告参政孔思立受贿，想借机嫁祸吕思诚。御史大夫纳麟说："吕左丞廉洁，人所皆知，恐怕不会有人相信。"那些反对者只好作罢。后来，吕思诚任集贤学士兼国子祭酒时，与吏部尚书、左司都等人为货币政策，据理争论。也先帖木儿有机可乘，指责吕思诚不该在庙堂大声厉色地说话。监察御史看风使舵，连忙附和，妄说吕思诚"为人狂妄"。吕思诚在种种诬告之下，被夺其诰命和所赐玉带，降为湖广行省左丞。朝廷还派人到吕思诚家逼其离开京都。吕思诚在百般屈辱中坚贞不屈，从容上路。吕思诚被贬，引起朝野不满。随后又被召回朝廷，官复原职，不久病逝。赠齐国公，谥"忠肃"，葬于平定城北三岔口。在任翰林院期间，曾总裁宋、辽、金三史。有《介轩集》《两汉通纪》《正典举要》《岭南集》等著作传世。

二、明代

到了明代，祭酒被授予了相当高的荣誉与责任，《明太学志》开卷有评："国朝于太学之官极为优重，非前代比。若宋讷、胡俨，秘廷密勿之臣也，而为祭酒；萧镃祭酒也，辄登辅弼；李敬之为祭酒，则前刑部尚书也；乐韶凤、刘崧起为司业，则前兵部尚书、礼部侍郎也……"都是朝廷近臣或重要高级官员来担当此任。

1.宋讷（1311—1390），河南滑县宋林村（今属牛屯镇）人。元至正二十三年（1363）举进士。洪武十三年（1380），宋讷被召入京，任国子监助教。

5-10 宋讷

十五年（1382）初夏，破格授翰林学士。十一月，又被授予文渊阁大学士。十六年正月，任国子监祭酒。当时，太学中多公侯官宦子弟，且生徒众多，颇难管理教授，宋讷立学规，厘正前弊，身言并教，师道大立。他终日端坐太学，循循善诱，讲解不倦，且很少回家，夜晚总是睡在学舍。宋讷高洁的品德和渊博的学识很快赢得了国子监官员和监生的敬仰。洪武十八年（1385）和二十一年（1388）两次会试，考中者大都是太学的学生，占三分之二，而且名列前茅，宋讷因而得到太祖朱元璋的赏识和褒奖。

宋讷认为，学校不能仅仅让学生学会做文章就算达到目的了，重要的是为国家培养造就人才，学以致用，重在实践，认为："要必即书以穷理，一心体之，一身践之，勿视为空言，则道远乎哉？"①

宋讷虽为一文人学者，却颇受朱元璋的器重。当时，国子监助教金文征忌妒宋讷，串通吏部尚书余熂，迫使宋讷辞职。为此宋讷向朱元璋提出辞职，朱元璋很是惊讶，问其原因，宋讷如实告知。这一下可把朱元璋气坏了，将金文征和余熂抓来全给杀了，照样和以前一样地信任宋讷。太祖念宋讷年事已高，特意将宋讷在望江（今安徽省）担任主簿之职的长子宋麟调回京城，侍养其父。宋讷依然守在太学，从不回家住宿。虽然如此，生性多疑的朱元璋仍然有些放心不下。《明史·宋讷传》记载了这样一件事情：朱元璋派一个画家到宋讷的住所窥视画像。那天正好宋讷在家穿着公服，危坐不语。画家就画了一张"其像危坐有怒色"的模样呈给朱元璋。第二天退朝后，朱元璋把宋讷叫住，问他昨天为何生气。宋讷照实说了，是因为诸生追赶打闹摔倒，砸碎了太学的茶具，自己自觉失教有愧，故自责不已。宋讷惶恐地问陛下如何知道。朱元璋拿出画像"装潢赐之"道出实情，宋讷看后赶忙惶恐谢恩。②

洪武二十三年（1390）初，宋讷病重，朱元璋派御医前去诊治。其子宋麟劝说父亲搬出太学，回家调养，却遭到宋讷的训斥。当时正值祭祀孔子的"丁祭"之时，宋讷说："时当丁祭，敢不敬耶！"直到祭祀完毕，他才被抬回家中，但"绝口不言家"。当晚逝世，享年80岁。

宋讷的病逝，使朱元璋甚感痛惜，亲自为文祭之，派遣礼部官员护其灵柩运回家乡安葬，并谕告灵柩所过之地，沿途官吏均须致祭。明正德年间，追谥"文恪"。宋讷著有《西隐集》10卷行世。

2. 胡俨（1360—1443），南昌人。永乐二年（1404）九月任南京国子监祭酒，

---

① 宋讷《西隐集》卷七。
② 引文均摘自《明史·宋讷传》。

5-11 胡俨

5-12 永乐大典

明成祖迁都北京的永乐十九年（1421），胡俨又改任北京国子监祭酒，在任20余年，事事以身率教，严以律己，堪称师表。他从小好学，天文、地理、乐律、历法、医学、占卜等方面的书广泛涉读，博学能文，尤对天文纬候学有较深造诣。琴、诗、书、画皆有传授。精于草书，行书矫健而苍，楷书精熟而整。工竹石兰蕙，极有意致。以水墨秃笔写羊、鹿，甚为生动。洪武年间，他考取举人，被授华亭"教谕"（县学教官）。建文元年（1399），胡俨被委任为桐城知县。建文年他上任后兴建水利工程，引来桐陂水以灌溉农田，为民谋利。建文四年，副都御史练子宁向朝廷举荐道："胡俨饱学明理，可以通达仙人。他足智多谋，可以运筹帷幄。"当朝廷将胡俨召进京城时，燕王朱棣的军队已打过了长江。明成祖即位后，下旨命钦天监以天文考胡俨，胡俨从容对答，自然不在话下。不久，又由解缙的举荐，胡俨被授以翰林检讨，与解缙等人一起在文渊阁任职，编纂《永乐大典》《天下图志》等书时，又任总裁官。后又任侍讲，晋升为左庶子，接受皇帝的垂询，提供咨询，但他常常不抢先发表意见，显得忠厚诚朴。做了国子监祭酒以后，国子监有一些旧规矩很不合理，如将借故退学的监生发往边疆服役就是其中之一。胡俨上任后，奏经皇帝批准把这类规定予以废除。永乐八年，明成祖北征作战，命胡俨以祭酒兼侍讲的身份，执掌翰林院，同时辅佐皇太孙（注：即后来的明宣宗朱瞻基）留守北京，显示出对胡俨的莫大信赖。洪熙元年(1425)，称疾辞官，仁宗"赐敕劳进太子宾客仍兼祭酒致仕"。①明宣宗即位，召见胡俨，任他为礼部侍郎。胡俨"家居二十年，方岳重臣咸待以师礼。俨与言未尝及私，自处淡泊，时衣食给"。②正统八年（1443）八月，胡俨逝世，享年83岁。

3. 李时勉（1374—1450），江西安福县枫田镇新屋场人。正统六年（1441），受任北京国子监祭酒。李时勉任国子监祭

5-13 李时勉

① 《明史》卷一百四十七。
② 《明史》卷一百四十七。

酒六年，治学严谨，刚正清廉，赢得了学生称赞，"以直节众望为士类所依归者，莫如时勉"。①他曾培养像商辂、姚夔、岳正、彭时这样的状元和宰相。由于他曾顶撞明仁宗，又不阿谀当朝的大太监王振，前后三次险被处死。尤为屡次奏本请修国子监而得罪于当朝奸佞王振一事为甚。国子监院内正堂旁（后冠名于"彝伦堂"）古槐下垂的树枝，妨碍学生出操，被李时勉砍去12枝。此事被宦官王振知晓，以"擅伐官树"的罪名，罚他戴枷于国子监前。时值酷热暑天，三日戴枷不解。千余学生跪伏皇宫前鸣不平，通过皇太后给皇帝说情，这才释放了李时勉。李时勉"在国学以道义砥砺诸生，人才蔚起，与南京祭酒陈敬宗称'南陈北李'，尤为人望所归。明以来司成均者莫能先也"。②

4. 丘濬（1421—1495），海南琼山人，成化十二年（1476）任北京国子监祭酒。明朝阁臣，思想家，经济学家，史称海南"四大才子"之一。明景泰五年（1454）举进士。廷试当为一甲及第，因在廷试抽题作答中触及社会时弊，遂以"貌寝"（其貌不扬）为由改二甲第一，选为翰林院庶吉士。明天顺年间兵乱，因向大学士李贤献用兵之策，被英宗皇帝嘉奖，成化初年（1465）任侍讲，参加编纂《英宗皇帝实

5-14 丘濬

录》，后升侍讲学士，又任翰林院学士、国子监祭酒、礼部侍郎、礼部尚书。弘治四年（1491），《明宪宗实录》编成，时年71岁，请求致仕（退休）不允，加封"太子太保"，以礼部尚书兼任文渊阁大学士，参与国家机要。弘治七年（1494），皇帝加封丘濬为"少保"，改任户部尚书、武英殿大学士。

丘濬为官清廉介直，历官四十年，唯置一园。所居东城私第，面积狭窄，地势低下潮湿，丘濬虽官内阁，居之不易。弘治八年（1495），卒于任上，年76岁。朝廷派官员护丧南归。

丘濬自幼好学，7岁能诗，学识渊博。丘濬在国子监祭酒任上，专意撰写《大学衍义补》（图5-15），阅十年而书成。此外还有《丘文庄集》《投笔记》等，所著《世史正纲》33卷、《朱子学》2卷，重编《琼台会稿》24卷，全收于《四库全

5-15 《大学衍义补》

① 《明史》卷一百六十三。
② 明《古廉文集·提要》。

书》。他的著述无论在经济、史学、文学方面，在当时都非常杰出，政治思想、哲学思想也有很多超越前人的地方，且著作数量十分可观。在他卷秩浩繁的著述中，《大学衍义补》历来最受推崇。在这部著作中，他以相当明确的形式提出了劳动决定价值的论点，据史可查，他是迄今知道的世界上最早提出劳动价值理论的人。比英国古典经济学派创始人威廉·配第17世纪60年代提出的"劳动价值论"还要早170多年，被现代经济理论界称为"15世纪卓越的经济思想家"。

5-16 严嵩

5. 严嵩（1480—1566），分宜(今江西分宜)人，嘉靖三年国子监祭酒。明弘治十八年（1505）进士，由庶吉士授编修。久之进为南京翰林院侍读、祭酒，受到世宗嘉靖皇帝朱厚熜的宠信，在内阁20年，专擅国事，贪鄙奸横，是明代有名的奸臣。

6. 沈坤（1507—1560），楚州河下镇人。嘉靖二十年中状元，三十五年升任南京国子监祭酒。到任不久，母亲病故，按当时的封建习俗回乡守孝三年。此时，家乡遭到数千倭寇疯狂骚扰抢掠。沈坤变卖自己大部分家产，招募乡勇，百姓称之"状元兵"，抗击倭匪，"亲当矢石力战败之"。①山阳东乡的姚家荡一战，消灭倭寇八百多人，将倭尸堆葬于毛儿墩(后改名为"埋倭山")。给事中胡应嘉等嫉贤妒能，以沈坤"谋反"的罪名上奏皇上。不久沈坤冤死狱中。百姓为纪念沈坤，将其当年为抗倭而修筑的屯阁，改建成纪念他的场所，取名"状元楼"。

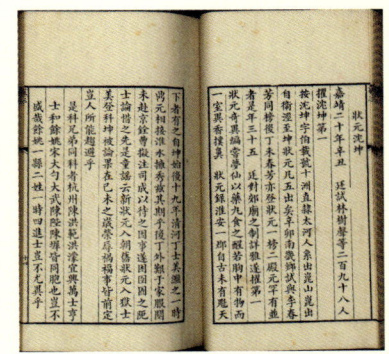
5-17《状元图考》中对沈坤的记载

5-18 张居正

7. 张居正（1525—1582），湖广江陵（今湖北沙市郊区）人，是明代最杰出的改革家。嘉靖三十九年任国子监司业。万历帝即位后，出任内阁首辅（相

---
① 《江南通志》卷一百四十三。

当于丞相）。张居正从政以来，就倡言治国理政不外乎谋求富强大事，在改革推向高潮时，特许府、州、县的考生越级报考京师的国子监，把各地人才收罗到中央，很快组成精干的班底，形成改革的中坚力量，为建树新政作出贡献。万历十年（1582）病逝。在万历皇帝多年不理朝政的情况下，张居正入阁担任首辅期间，发挥文官内阁的管理职能，从军事、政治、经济诸方面进行了一系列的改革，改革后的国家储粮可支10年，国库积银400万两。《明通鉴》赞誉："是时，帑藏充盈，国最完备。"这丰硕的成果已经载入史册，在中国历史上熠熠生辉。

8. 萧良有，汉阳人。自幼聪颖异常，有"神童"之誉。明万历八年会试榜眼，进修撰（从六品）。万历二十三年任国子监祭酒，在当时声望极高。撰写儿童启蒙读物《蒙养故事》，后经安徽人杨臣诤加以增订，改名《龙文鞭影》。

9. 董其昌（1555—1636），天启二年任国子监司业。明代著名书画家。松江华亭（今上海松江）人。死后谥"文敏"，因称董文敏。他的字、画以及书画鉴赏，在明末和清代名声极大，清康熙尤爱董字。董其昌善画山水，画风笔意安闲温和，清新秀丽。他提倡用摹古代替创作。又以禅宗的南北派比附绘画，称"南北宗"。其作品留传至今的有《山水》《夏木垂阴图》等。著有《画禅室随笔》《容台集》《画旨》《画眼》等，这些都是价值连城的国宝文物。

 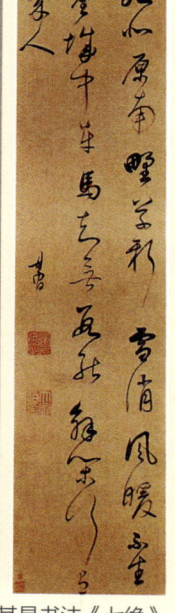

5-19 董其昌　　5-20 董其昌书法《七绝》

三、清代

1. 固尔嘉浑和李若琳

清代是我国封建社会的最后一个王朝，由于清朝的统治者是满洲人，为了保持满洲民族特性和文字的独立，这个朝代的国子监祭酒一直设为满人和汉人各一。顺治帝在北京登基后，立刻任命了满人固尔嘉浑和汉人李若琳为国子监祭酒。

固尔嘉浑在顺治十五年（1658）的时候改革了国子监监生的积学分方法，此方法实施了一年。"积分法"以一年计算，每月一次考试，按考试成绩分出等次，一等记一分，二等记半分，三等不记分，一年期满得八分者为及格，可送吏部考职。顺治十七年（1660）的时候他自己给皇上上书，废除了该积分法。

5-21 簪花图

顺治二年（1645），国子监开始承担释褐簪花的仪式。"新进士释褐于国子监，祭酒、司业皆坐彝伦堂，行拜谒簪花礼。"在每科的进士到孔庙行完释菜礼之后，进士们就可以脱去褐服（老百姓的服装）更换补服（带品级的官服），意味着他们已经不再是普通百姓了。然后所有的进士来到彝伦堂，等祭酒和司业朝服升堂之后开始下拜。在祭酒和司业的主持下，执事者开始为状元、榜眼和探花头上所戴的帽冠上簪花（插花）。

2. 吴伟业，字梅村，顺治十三年（1656）国子监祭酒。中国明末清初诗人、画家。任职三年后奔母丧南归，从此隐居故里。吴伟业的诗今存1000多首。他与钱谦益、龚鼎孳并称"江左三大家"。他的诗多写哀时伤事的题材，富有时代感。他的七言歌行更为出色，音节极佳，情韵悠然，其中如《圆圆曲》讽刺吴三桂降清；《临江参军行》颂扬抗清将领；《松山哀》讽刺洪承畴降清，内容深婉，有"诗圣"之称。

5-22 吴伟业

3. 徐元文（1634—1691），江苏昆山人。康熙九年（1670）任国子监祭酒，在任4年。此间，他条规整肃，监生勤奋好学，士风端正，讲究礼仪，敬重师长，他严格考试制度，审慎咨进，使国子监"学政大饬"。由于徐元文举止娴雅，学识广博，讲授课业词达而声宏，学生都敬服他，颇受康熙帝称誉。徐元文曾为康熙讲解《通鉴》，时常得到康熙帝的赞许。每次讲解完之后，徐元文都将讲义呈送给康熙皇帝，希望时时浏览，益睿智，振厉精神，以有助决理万机，对康熙帝毕

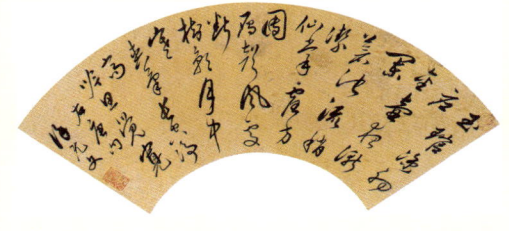

5-23 徐元文行书唐诗

生的事业有一定影响。二十八年以文华殿大学士的身份兼任兼管翰林院掌院学士。在徐元文离任后,康熙曾对大臣们说:"徐某为祭酒,条规严肃,满洲子弟不率教者,必加挞责,至今犹畏之,后来哪得如此人。"①康熙十五年(1676),举行武科考试,康熙离京前封旨留给内阁,对阁臣们说:"朕自与一好主考。"开封后,主考官就是徐元文。康熙二十九年(1690)受明珠余党的迫害和其兄的连累,被修致(退休)还乡,途经山东临清时,守关的官吏欲构其罪,登船搜索,唯有图史数卷和光禄馈金300两。所著有《含有经堂集》30卷、《含经堂书目》别集2卷等。

5-24 王士祯

4. 王士祯(1634—1711),山东新城人。康熙十九年(1680)迁调国子监祭酒,上疏言修补了国子监所贮的十三经注疏、二十一史。王士祯官至刑部尚书,政绩斐然。王士祯的诗清新蕴藉,刻画工整,散文、词也很出色。其诗能认古今之奇变,卓然称一代宗师,被称为康熙时主持诗坛的人物。王士祯诗力矫学宋之弊,倡导神韵,反对艳丽。辑有《唐贤三昧集》。他提出的神韵诗论,渊源于唐司空图"自然"、"含蓄"和宋严羽"妙语"、"兴趣"之说,以"不著一字,尽得风流"为作诗要诀,一时海内翕然从之,与朱彝尊并称"朱王"。有著作《渔洋山人》存世。

5. 孙岳颁(1639—1708),吴县(今江苏苏州)人,康熙三十四年(1695)任国子监祭酒。孙岳颁为康熙二十一年(1682)进士,并被选为进士中文学优秀及善书的庶吉士,二十四年为编修历官,官至礼部侍郎。在国子监祭酒任职期间,孙岳颁为给其母医治病患,不惜从自己大腿上忍痛割肉用以和药,足见其孝心。孙岳颁能诗会画,深得康熙皇帝的喜爱,经常把孙岳颁召到内殿赐座,和孙一起讨论古今书法。每有御制碑刻、版刻之事一定首先由由孙岳颁书写。孙岳颁为官廉洁清正,康熙帝对他的评价是"室无滕妾,家绝管弦,政事之暇,唯焚香读书及临池选韵,笔歌墨舞而已"。他位居朝廷四品官员,家乡竟无一椽之居。康熙皇帝特于四十年(1701)三月划拨苏州织造衙门无用之地一块,秘密地给孙岳颁兴工修造门房、厅堂、厢房、后楼,共五进三十七间,特别叮嘱承办此事的官员李煦:"千万不可露出行迹方好。"不让孙岳颁事先知道。并特赏银1000两给孙岳颁,作为买田之钱。康熙四十四年(1705)至康熙四十七年(1708),孙岳颁作为总裁官,与王原祁、宋骏业等一起奉旨编纂《佩文斋书画

---

① 清《张文贞集》卷九。

谱》。"佩文斋"是康熙帝的书斋,因以书名。《佩文斋书画谱》体例完善,引据详略得当,义例精密,分类科学,为自有书画谱以来最完善完备之作,是我国一部书学、画学的类书巨著,对后世书画研究者有重要参考价值。

清康熙帝喜爱书法,他曾以擅长书法、专学董其昌的沈荃为师,极其推崇董其昌的风格,从而使董其昌书风和习董之势在整个康熙一朝兴盛不衰。沈荃以后,孙岳颁很快以炉火纯青的学董功夫获得康熙帝的信任和器重,代替了沈荃在康熙帝心目中的地位,使董其昌书法进一步风靡天下。孙岳颁的书法多为行草,他的书法有很浓的书卷气,结体优雅匀称,风格秀美精致,笔致率性自然,轻盈飘逸,寓秀润于雄强之中。

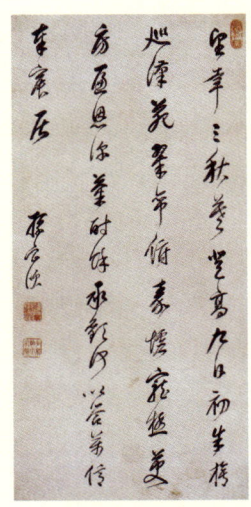

5-25 康熙钤印孙岳颁书法

孙岳颁70岁时奉旨校勘二十一史,不幸卒于任上。

(图5-27)为康熙四十一年(1702)为孙岳颁书法御题其堂曰"墨云堂",足见康熙帝对孙岳颁的赏识。

【插图识文】望幸三秋暮,登高九日初。朱旗巡汉苑,翠俯秦墟。宠极黄房遍,恩深菊酎余。承欢何以答,万亿奉宸居。

6.孙嘉淦(1683—1753),山西兴县人。雍正四年任祭酒。雍正九年(1731)任祭酒期间,上书请雍正皇帝调拨并修建了国子监的南学。

5-26 孙嘉淦

在国子监教育的制度建设上,课程设置的改革上,八旗官学的教育和管理上,在算学专科教学的完善上,孙嘉淦都作出了不可磨灭的重大贡献。孙嘉淦以汉族出身独能历仕康熙、雍正、乾隆三朝长达40年之久不衰,官位从普

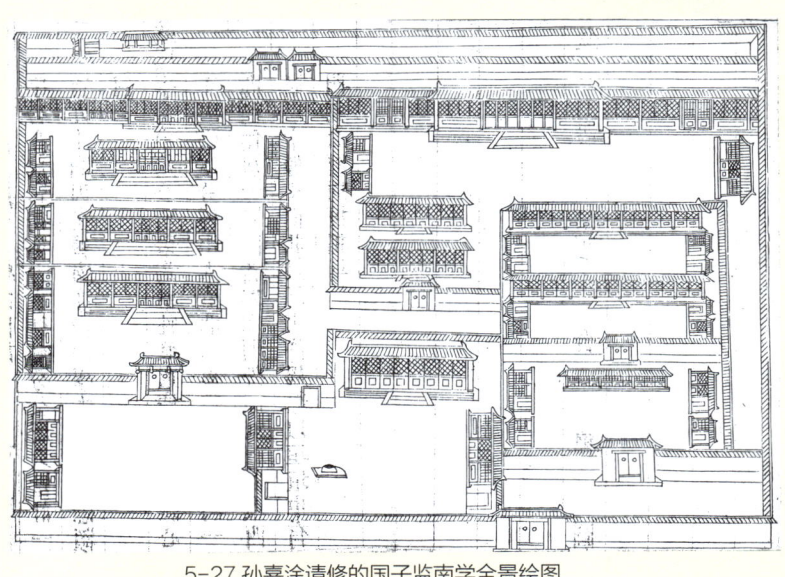

5-27 孙嘉淦请修的国子监南学全景绘图

通官吏直至吏部尚书协办大学士（相当于实权地位最高的宰相），其间并几度任过封疆大吏，在中央六部的五部任过要职，所受最高统治者的信任和恩宠集一时之盛，可谓创造了清初汉人仕途荣显的奇迹。他异乎寻常的胆识德才，以"直臣"著称，在当时已震动朝野上下，身后也一直引起文学家们的极大关注。他平生以"八约"自戒。其八约为："事君笃而不显，与人恭而不骄，势避其所争，功藏于无名，事止于能去，言删其无用，以守独避人，以清费廉举。"①孙嘉淦精通理学，曾著《春秋义》，自以为不足取而毁之。另著有《周易述义》《诗经补注》《近思录辑要》《南华通》《南游记》诸书。后人辑有《孙定文公奏疏》。

7. 法式善（1752—1813），察哈尔正黄旗（今察右前旗人），清代文学家。乾隆五十九年（1794）任国子监祭酒。法式善是我国蒙古族中唯一参加编纂《四库全书》的作者。他除负责提调翰林院所藏书籍之事外，还参加了大量的编校工作，法式善还撰写了不少有关历史方面的著作，有《清秘述闻》16卷、《槐厅载笔》20卷和《陶庐杂录》6卷、《存素堂诗集》等，有着极高的史料价值和学术价值。

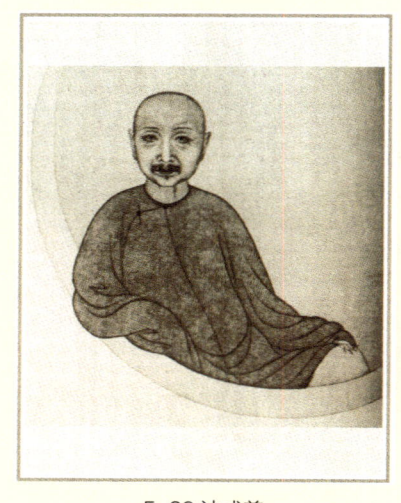 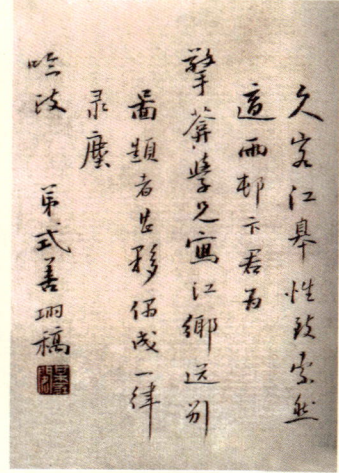 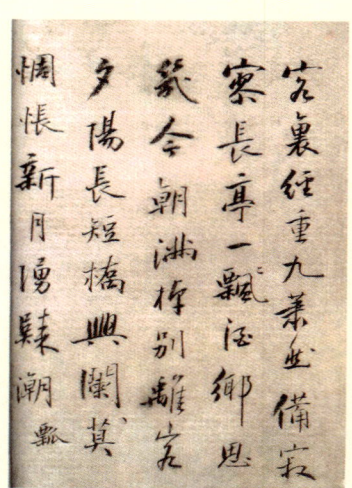

5-28 法式善　　　5-29 法式善书法作品　　　5-30 法式善书法作品

8. 翁同龢（1830—1904），同治四年（1865）任国子监祭酒，我国近代史上颇有影响的政治家。先后为同治、光绪两代帝师。中法战争中，主张抗战，并支持刘永福黑旗军保卫疆土。中日甲午战争时，又力主抵御外侮，反对李鸿章求和。1895年，康有为、梁启超等得悉签订《马关条约》，于是联络在京会试的1100多名举人联名上书，提出拒和、迁都、变法等主张。翁同龢见到此书后，大为赞赏，为了识拔奇才，他以朝考官的

---

① 清孙嘉淦：《居官八约》。

职权，准备引进康有为。他还不惜以一品大臣的身份屈尊私访康有为。当两人会见时，足足谈了两个多时辰。后举荐康有为，支持变法维新，光绪二十四年（1898），变法后第五天，慈禧就迫使光绪下诏贬黜翁同龢开缺回籍。这对维新派和光绪来说是个沉重打击。第二天他入宫谢恩，遇见光绪御驾，光绪回顾无言，翁同龢则黯然神伤，师生作了最后的告别。怀着沉痛的心情离开京都，回到阔别数十载的家乡——常熟，隐居虞山鹁鸪峰祖茔旁筑"瓶庐山庄"，过着半隐居的庐墓生活。归里后，庐墓前开凿了一口能容纳他肥大身躯的井，随时准备自杀之用。1904年7月3日，困顿七载后病故，卒于常熟故居。临终前，他还口授遗疏，希望光绪皇帝励精图治，使中国逐渐富强。并口占绝笔诗一首："六十年中事，伤心到盖棺；不将两行泪，轻向汝曹弹。"

5-32 翁同龢

生前著有《翁文恭公日记》《瓶庐文钞》《瓶庐诗稿》。翁同龢在书法上深谙"外密内疏"，再通以"平画宽结"的汉隶、北碑，从而成"南北一家"。融诸家之长，冶古今碑帖于一炉，终于开创了苍老道劲、刚健浑穆、含蓄朴茂、雅拙雍容的翁体。其书法纵横跌宕，力透纸背，为世所重。

9.王懿荣（1845—1900），山东福山人。光绪六年（1880）进士，甲午战争时期入值南书房，以翰林擢侍读，曾三任国子监祭酒，两度出任团练大臣，抵御外侮。对于王懿荣，后人大多记住了发生在他生命最后一年中的两件事：一是他最先发现了甲骨文，1899年在中药"龙骨"中首先发现甲骨刻辞，并断为是古代文字，是我国第一代甲骨学家；二是他在八国联军入侵中国的国难之际，面对侵略者的野兽暴行后，极为愤慨而自杀殉国。

青年时代的王懿荣就"笃好古彝器、碑版、图画"等，沉耽于搜求鉴赏文物，尤潜心于金石文字之学。他重视收购收藏，善于拜师求教，对文物古籍有很高的鉴赏能力，是当时京师有名的金石文字专家，"凡书籍字画、三代以来之铜器印章、泉货残石片瓦，无不珍藏而秘玩之"。历时19载，撰写成《汉石存目》

5-32 王懿荣

《南北朝存石目》等书,成为当时著名的金石文字专家。他酷爱文物,一生为搜求散失在民间的古物几乎花尽了俸禄。"平日不问家人生产,至购买书画古器,则典衣质物亦所不计。"因为买文物,他经常典当衣服首饰,有时甚至把妻子的嫁妆都拿去典卖得钱以购文物。他在诗中表达了自己坚定的信念:"廿年冷臣意萧然,好古成魔力最坚。隆福寺归夸客夜,海王村暖典衣天。从来养志方为孝,自古倾家不在钱。墨癖书淫是吾病,旁人休笑余癫癫。"

王懿荣生前著有《汉石存目》二卷、《南北朝存石目》八卷、《天壤阁杂记》一卷、《翠墨园语》等著作。据罗振玉《俑庐日札》称,王氏殁后,他搜集的上千片甲骨由其子卖给刘鹗。所藏钱币亦为刘鹗所得。其钱币学方面著述,已刊行的有神州国光社版《古泉精选》。

10.张百熙(1847—1907),湖南长沙人,光绪二十二年(1896)时任国子监祭酒。1874年(同治十三年)进士,仕途一帆风顺,曾先后担任过侍读、侍讲、日讲起居注官、国子监祭酒、都察院左都御史、顺天府尹和工部、礼部、刑部、吏部、户部、邮传部尚书,还担任过赴英国头等专使大臣、政务大臣、编纂官制大臣等重要官职,被清廷赐予赏黄马褂、赐紫禁城和西苑门内骑马等殊荣。

5-33 张百熙　　5-34 张百熙着清官服像

张百熙在清廷为官三十余年,但张百熙最为突出的是对近代教育的卓越贡献,是近代教育改革的先驱者。

1894年甲午战争后,以康有为、梁启超为代表的维新派认为,维新变法首先要从废科举、办学堂开始。就连慈禧太后也不得不声称"兴学育才实为当今急务",并宣布逐步废除八股取士的科举制度。1901年12月,清廷派时任吏部尚书的张百熙兼任管学大臣,专门负责京师大学堂的恢复和筹建事宜。正如《清史稿》所记载:"张百熙以人望被斯任,于是海内欣然望兴学矣!"

张百熙于1898年戊戌变法前就以经济特科荐康有为,认为康有为有非凡卓越的政治才干,必须予以重用。张百熙积极支持康有为、梁启超的"废科举、办学堂"的思想,担任管学大臣后,就大刀阔斧地改革旧的教育制度——科举取士体制,最突出的是恢复和改革京师大学堂(即北京大学前身)。

5-35 京师大学堂旧照　　　　　　　　5-36 京师大学堂牌匾

张百熙认为，原来的京师大学堂"一切因陋就简，外人往观之，重轻之，等于豢养学堂"，实质上仍是一所封建书院。因此，张百熙废寝忘食，呕心沥血，开创基业，物色人才，改革教育制度。1902年8月，张百熙吸取西方先进办学经验，结合我国实际情况，亲自主持拟定了一套学堂章程上奏，经清廷批准颁布执行，这本章程被称为《钦定学堂章程》，也是我国第一个以政府名义规定的完整学制。

章程包括从蒙学（幼儿园）、小学、中学到大学的各级学堂章程，统一了全国各地各级学堂的教育体制。其宗旨是："京师大学堂之设立，所以激发忠爱，开通智慧，振兴实业"以及"端正趋向，造就通才，为办学之纲领"。章程规定：大学堂分大学预科、大学专门分科和大学院三级。大学预科分为二科，一曰政科，设经史、政治、法律、通商、理财等目；二曰艺科，设声、电、化、农、工、医、算等目。预科3年毕业，本科3年毕业考试合格相当于现代本科。大学专门分设的"科"，相当于现代大学下面的学院；科下又分目，要当于现代大学的系；大学院相当于现代大学的研究生院。当时的分科大学共设7科35目。

为了办好大学，张百熙十分注意延揽人才，他选定直属知州"桐城派"著名领袖吴汝纶为大学堂总教习。开始吴汝纶不愿出任，张百熙便穿着大礼服跪下不起，并说："吾为全国求人师，当为全国生徒拜请也。先生不出，如中国何！"吴汝纶才应允。当时海内一些著名的专家学者云集门下。如阳湖古文家张筱浦任副总教习；于式枚为大学堂总办，李家驹、赵从蕃为副总办；李希圣为编书局总纂；著名翻译家严复任译书局总办，林纾任副总办；知名人士杨仁山、屠敬山、王瑶舟担任国学老师，孙诒让、蔡元培担任史学教习，网罗名流，荟萃高等学府。经过招生，大学堂共录取学生182名，1902

年12月17日,大学堂举行入学典礼,宣布正式开学(解放前,北京大学即以12月17日作为校庆日)。

同时,张百熙设立了速成科,分为二馆:一是仕学馆、二是师范馆,还办了医学馆、译学馆、实业馆、报馆和书局等。以后的北京师范大学、北京医科大学即由师范馆、医学馆与京师大堂中的医学科演化而来。我国各省派官费留学生留学东、西洋也是从此开始的。

5-37 1872年第一批官派赴美留学的幼童

由于张百熙在筹办京师大学堂的过程中,重用了一些比较开明和进步的知识分子,引起了以慈禧太后为首的顽固守旧势力的反对和仇恨,对京师大学堂进行了恶意攻击和造谣诽谤,张百熙则首当其冲。顽固守旧势力的多方掣肘,使得张百熙的兴学抱负未能全部实现。

经过张百熙的苦心经营,尽管当时的京师大学堂与现代大学相比,尚有较大差距,但毕竟在我国办起了第一所有诸多现代因素的大学堂,开了现代大学的先河。张百熙于光绪三十三年(1907)2月18日在北京逝世,享年60岁。清廷诏谕沿途各地方官在张百熙灵柩回籍时,"妥为照料,用示篆念荩臣之意"。谥"文达"。灵柩由北京长途跋涉运回长沙家乡后,1908年8月葬于长沙县春华镇。

第三节 国子监的博士和助教

这里所说的"博士",是国子监里专门从事教学的从七品官员,不是现代意义的学位名称。"博士"一职本来是对博学之士的通称。战国后期,齐、魏、秦三国将博士设为官职,以充当君主的参谋或顾问,参议政事。秦建成大一统王朝之后继续沿用这种设置,同时兼有礼官性质,并典守图籍。汉武帝时,封建帝国空前强盛和稳定。统一的封建国家需要统一思想,于是儒家代表人物董仲舒提出了"独尊儒术"的建议,并且和丞相公孙弘等一起提议"兴太学,置名师,以养天下之士"。①这个建议的提出,也有当时的历史背景原因。那就是刚刚经过秦始皇的"焚书坑儒"时代,被列为"禁书"的儒家经典被焚之一炬,但很多熟通儒家经典的知识分子(秦博士官)还存在,西汉王朝的建立,使得他们有机会向社会宣传儒家的思想主张,但却是处在秘密状态,都是在家里私下接收弟子"私相传授"。汉武帝之所以接受了董仲舒和公孙弘的意见,也有他作为一个政治家的考虑。公元前124年,汉武帝在长安为汉博士置"博士弟子"50名,意味着"太学"的创立。需要说明的是,以往的博士也收弟子,如贾谊、董仲舒等人,但那都是私人行为。汉武帝为博士配置固定的名额招收弟子,则是官方行为。太学生的来源,一是由太常寺的官员直接挑选京都或京郊内年龄在18岁以下、相貌举止端正者入学;二是由地方当局选送,则有学习态度、品德表现等具体标准的要求。东汉以后,还允许参加明经科考试落第者补为太学学生,这一做法为后代所效法。凡被录取的学生,都被免服徭役,这是保证他们专心学习的必要条件。太学不

5-38 汉武帝刻像

5-39 董仲舒

收学费,提供住宿,但日常生活还是要自理的。太学生中也有不少是贫困生,往往还要靠做工来维持生计。例如,后来成为东汉太学博士的倪宽由于贫困,靠的是给其他太学生做饭而维持学业;很受东汉光武帝青睐的博士桓荣,在太学学习时则是靠给别人打零工来筹集学习生活所需钱财的。

从汉武帝开始,太学成为国家最高学府的名称,标志着中国古代中央最高学府的诞生。在这样的大学里面,教师被称作"五经博士",是汉武帝采纳公孙弘的建议而设的教职。这些博士各专一经,主授一经。有了这样的"正名",五经博士们自然可以名

① 《五礼通考》卷一百七十一。

正言顺地讲习、传授儒家经典了，形成了"天下斐然向风，公相授受，以为世业"的学术局面。此后，博士专掌儒家经学的传授，执教于太学，乃成为传播儒家学说的国家学术官员。其职权范围有：议政、制礼、藏书、教授、试策、出使等。此外，汉代太学博士还提供咨询，参与议政，或被派遣巡访地方。博士的首席，西汉时称"仆射（音叶）"，东汉时称"祭酒"，首席博士由太常寺推举博士中德高望重者担任。对此，明朝景泰年间的文渊阁大学士丘濬曾感叹道，汉武帝这样做固然有功，但儒家学说更有着不可以小看的力量。

5-40 太学讲经图画像砖

到了东汉以后，五经博士中先一人为祭酒，统领纲纪。汉代对太学博士要求很高，选拔也很严格，如汉文帝时，把博士分为儒家"专经博士"与"诸子博士"；汉成帝时要求博士要"明于古今，温故知新，通达国体"。所以，当时的博士均为精通儒家典籍的权威学派的名家。

"五经博士"都是各专一经的儒学大师。"弟子"来自全国各地。图（5-40）中刻画了汉代太学博士坐堂讲经，弟子手捧竹简认真听讲时的情景。汉代博士讲的"五经"是什么内容呢？这是《易》《书》《诗》《礼》《春秋》五部儒家经书著作。"经"的称谓不是自古有之，而是孔子后才出现的。"孔子曰：入其国，其教可知也，驻观其风俗，则知其所以教其为人也：其为人也，温柔敦厚，《诗》教也；疏通知远，《书》教也；广博易良，《乐》教也；洁静精微，《易》教也；恭俭庄敬，《礼》教也；属辞比事，《春秋》教也。"[1]孔子把自己之前的重要典籍《诗》《书》《礼》《乐》《易》《春秋》作为经典来阐扬儒家思想，但孔子并没有以"经"命名这些典籍。只是到了汉代，才把《易》《诗》《书》《礼》《春秋》五部经典奉为"五经"，（注：《乐》的典籍毁于秦时的战火而失传，故未列入。）至于为什么把这些儒家典籍称为"经"，古往今来，众说纷纭，这个很有深度的话题还是留给感兴趣的读者探究吧。

国子监的教官称作博士和助教。博士作为教官的设立如前所述，明代设立五经博士主持教学，每经设定一员，官从八品，是按人数确定编制的。清代仍由博士主持五经传

---

[1]《礼记注疏·经解》。

授,设立满、汉各一人,官居从七品。这是按民族确定的编制。

助教是协助博士教学的教官,清初为从八品,乾隆元年(1736)升为从七品。清代助教是按照六堂配置的。此外,如八旗官学、算法馆、俄罗斯馆等官学也配置助教一职。

元、明、清三朝北京国子监的博士都负责教学。清代国子监的祭酒、司业及六堂助教、学正、学录讲授"四书"内容,每月上旬助教讲书一次;下半月学正、学录讲书一次,兼及《性理精义》《资治通鉴》等内容;而博士专门讲"五经"的内容,于每月初一(或月初)、十五召集全体监生于彝伦堂上举办"会讲"(上大课主讲),会讲时,博士须先拟定讲题,严格遵循《御制经传》《钦定义疏》之义,不敢越雷池半步,务求宣明经义要旨。会讲结束后,由监生习读所讲内容,不明之处可以到教师那里去求教,或者互相辩问求解。每逢初一、十五,博士厅要将学生每天的读书札记和写字的情况汇总登记,呈送祭酒、司业查验。另外,对八旗官学、算学和留学生的管理、给这些学校派遣老师、抽查学生作业,都是博士的分内之事。国子监"南学"设立之后,博士还负有管理责任,经常要到南学巡查。

入国子监做教官,要求德才兼备。因为这里的博士、助教有师儒之责,不可忽视。所以,从元代开始就规定,不能按一般官员迁调之制,应选德高望重、能文辞且阅历资格相应者充任。清代规定,国子监汉员祭酒、司业须进士出身;满洲祭酒、司业以及监丞、博士、助教须进士或举人出身。汉员博士多是由府学教授升任。雍正元年,准许恩贡、拔贡、副贡出身之州学学正、县学教谕补考国子监监丞、博士、助教。

国子监博士大都按部就班选拔升任,但也有特殊情况,例如历史名剧《桃花扇》的作者孔尚任就是一例。孔尚任(1648—1718)是山东曲阜人,孔子六十四代孙。虽然博学多才,却在科举考试中屡屡受挫。37岁前,一直在家过着养亲、读书的生活。为了进入仕途,他不得不变卖自家的房屋和耕地,买了一个监生资格,成为国子监的一名例监生。

康熙二十三年(1684)年十一月二十一日清晨,康熙南巡北归,特至曲阜祭孔,至大成殿行三跪九叩之礼。礼后,康熙皇帝进入"诗礼堂",衍圣公(孔子的嫡孙)孔毓圻举荐三十七岁的孔尚任御前讲《大学》首节,精彩的讲解,博得了皇上的赏识,

5-41 孔尚任

"不拘定例，额外议用"，破格提拔他为"国子监博士"①。二十四年（1685）正月赴京就职，入国子监博士厅讲经，其间，孔尚任随衍圣公孔毓圻上朝谢恩，再次晋见了皇上。他在《出山异数记》中叙述了第一次在国子监彝伦堂露台上讲课的情景。文中谈到：国子监祭酒翁叔元刚刚到任，得知孔尚任不久前曾给康熙皇帝讲过经书，所以特为孔尚任"设高坛于彝伦堂西阶，考钟伐鼓，集八旗十五省满汉弟子数百人，绕座三拜，任乃黄盖乌，开经敷讲。月期三集。讲毕，即将所讲经义，散给诸生。一时啧啧称为盛事云"。②国子监博士工作繁重，生活却很清苦，孔尚任在其所作《燕台杂兴四十首》序中和诗文里都有生动的描写，如诗咏其住处："朝朝吟啸此堂阶，一架藤萝惬旅怀。青草官田邻马苑，海波萧寺接天街。更翻题句无闲壁，缓急供茶少积柴。弹指十年官尚冷，踏穿门巷是芒鞋。"

39岁时，孔尚任奉命赴江南治水，历时四载。康熙二十五年（1686）七月，他奉命随工部侍郎孙在丰赴淮扬治河救灾。动身前又蒙皇上召见，"陛辞于乾清宫，天语劝劳"。康熙二十九年（1690），奉调回京，历任国子监博士、户部主事、广东司外郎。

孔尚任在国子监当了十年博士，中途参与黄河疏浚四年，他到淮阴，往来南京、扬州，结交江南士人。了解明末"复社"斗争的情况，实地收集了很多真实的素材，为他创作奠定了厚重的生活基础，康熙三十八年（1699），52岁的孔尚任，几经辛苦，三易其稿，终于完成了《桃花扇》的写作。《桃花扇》以复社文人侯方域与秦淮名妓李香君的爱情为主线，展示明末清初时民族矛盾与阶级矛盾的图画，孔尚任在剧中塑造了反抗权贵的妇女李香君，颂扬抗清的史可法，痛斥阉党马士英、阮大铖的罪恶，也鞭挞了望风降清的文人。

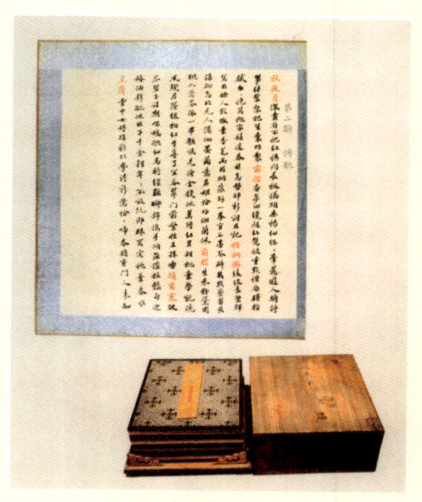

5-42 《桃花扇》书影

《桃花扇》被编成戏剧上演以后，初演就轰动了京城，连康熙皇帝也派人索要剧本。一时"王公士绅莫不传抄，时有纸贵"之誉。不仅北京频繁演出"岁无虚日"，而且传播到偏远的地方，连"万山中，阻绝入境"的楚地容美（今湖北鹤峰县），也有上

---

① 《幸鲁盛典》卷六。
② 孔尚任：《出山异数记》。

演《桃花扇本末》。次年即康熙三十九年三月，孔尚任被无缘无故罢了官。"命薄忍遭文字憎，缄口金人受诋毁"。①从这些诗句看，他这次罢官很可能就是因创作《桃花扇》得祸。原因很简单，《桃花扇》中所写的南明遗事题材，带有明显的政治性，亡国哀思，触动了满清政府的神经，其结果可想而知。但《桃花扇》以其结构严密，人物形象生动，语言优美，具有很高的艺术技巧，以及富于现实意义的历史内容而流传下来，成为不朽之作。与《西厢记》《牡丹亭》《长生殿》并为中国古典四大名剧，孔尚任也因此而名垂青史。

5-43 孔尚任墓

康熙五十七年（1718），这位享有盛誉的一代戏曲家，就在曲阜石门家中与世长辞了，年70岁。

历代国子监博士出了一些名人和名著，除上边讲到的孔尚任以外，还有明代思想先进、一生充满战斗精神的思想家、教育家李贽；清初被推举为"一生真御史"，敢说敢为，不怕坐牢、杀头的李森先等等。但是，作为大学里的教官，国子监博士大多数是老成持重、具有丰富教学经验的老教师，做到高官或在其他方面成名成家的很少。

第四节　国子监的学正、学录

在国子监里，讲授大课内容主要是由博士、助教完成的，贡、监生回到六堂以后，平时的学习就需要有一些官员专事教学辅导，监督学生完成课业，这些官员就是始于宋代的学正和学录教职。元、明两个朝代，学正与学录一直是正、副职的关系。

元代的学正为正八品，学录为正九品，主要从国子监学习成绩优秀的监生中选拔录用。

明代学正为正九品，学录为从九品。明初对这一类官员不太讲求资历而重才德，但从成化年间开始则改为从举人、贡生中选拔，如遇特别优秀的则不受此规定约束。

清代则有所不同，在率性、修道、诚信、正义四堂设学正；崇志、广业两堂设学录。清初学正和学录的品级与明代相同，乾隆元年（1736），学正、学录并升从八品。

---

① 《容美土司田舜年遣使投诗赞予〈桃花扇〉传奇，依韵却寄》。

学正、学录的选录必须有进士或举人出身，应选之人在新科进士中各按名次间接录取。

国子监助教是博士教学的助手，而学正、学录是主管六堂监生的班级辅导官员。他们上班的主要办公地点就是每堂的中一间位置。不仅主管教学，还要管理学生生活。每天上课画到（考勤），课程安排，解答疑问，检查学生背书，平时考试；下课后轮流巡查监内及学生号舍，等等，一样都不能少。优秀的学正、学录可以升任助教，还有直接升入博士的。助教可以调任六部官员或到州、县担任"正印官"（正七品）。

第五节　国子监的行政官员

在国子监的日常事务中，由于学校内外规模很大，贡、监生、八旗官生、留学官生来源和出身比较复杂；且还有集中住宿的在校生和分散在各地的校外生之分；大量的文献资料和印刷监本的版片需要妥为保管；用于师生的生活物资和银两需要管理和分发。要保证国子监能按照皇帝和朝廷的意志统一、有效地运行，这就必须要配置相关品级的专职官员实行严格的管理。所以，在国子监里大大小小的所有官员中，除了上边讲述的担任教学的官员以外，还配置了一部分官员专事行政工作，这就是国子监的监丞、典籍、典簿和相关的办事人员。

监丞

"绳愆厅"，名称取自《易经》"绳愆纠谬"，是国子监负责行政管理的重要部门，意思就是纠正过失的职权部门。绳愆厅的主官是"监丞"。秦、汉时期从中央到地方的官署大都设置"丞"，为重要的辅佐官员。"监丞"一职的由来也有相当长的历史年代了，那是在隋炀帝即位以后，将隋文帝手里改制的国子寺改名为国子监，并重新沿用了旧的官职名称，除了设立主官祭酒以外，他还决定增设司业、监丞等官职。从那时起，国子监里就有了监丞的官员编制了。①

根据《钦定国子监志》的记载，国子监监丞的责任是："掌学规，以督教课，查勤惰，核支销。"具体的主要工作还有以下内容：

---

① 《钦定历代职官表》卷三十四。

1. 每逢有新的贡、监生来国子监报到，由监丞先行查验新生的相关文书，月初国子监内"朝参"时呈给祭酒、司业主官审核批准，把新补充的贡、监生情况张榜公布，并按国子监对其"考到"和"考验"的成绩分拨到六堂接受教育。

2. 在班内满员无法补充新生的时候，就让新生每月望日（农历小月十五，大月十六）到国子监来听会讲，跟上监内的学习进度。一旦有了空缺名额，将根据听课次数的多少和个人的意愿，补充到六堂内、外班继续学业。

3. 批评责罚旷课、旷职者；纠正有失礼仪的行为；发现散漫懈怠的现象给予惩戒，且记入《集愆册》。对于屡教不改者，则向国子监最高官员告发，一旦批准，便交监丞惩办。《明史》记载国子监的惩罚时说："有不率者，扑以夏、楚。""夏"是一种体罚刑具；"楚"则是用荆条主干做成的刑杖。"扑"的意思除了是击打以外，还是一个象声词。文字中就充满着血腥之气，可见惩罚之惨烈！

4. 对请假的人，实行登记制度，返回后实行销假制度。

5. 贡、监生在国子监肄业期满，与相关的官署（主要是礼部和吏部）询问商议铨选事宜，经批准后，组织贡、监生的会考。

6. 八旗官学的教习如有缺员，经过相关的衙署批准，可以从这些肄业期满的贡、监生中递补。但事先要把他们的课业成绩排出名次，呈送祭酒或太常寺批准后方可进行。

7. 孔庙每年一次的丁祭典礼和每月的朔、望日拜庙活动都是由监丞事先统计数，到太常寺组织演练，熟悉礼仪细节。

8. 每月由绳愆厅核对六堂内外班贡、监生人数，内班的贡、监生发给膏火银（生活津贴），外班的贡、监生发给衣服银。

绳愆厅也是执掌监规、督察师生行为的专门行政机构，监丞掌握着相当的权力。

明代太学各项簿籍名录表

分类	簿籍名称	功能	掌管者
一般行政事务	公坐簿	检查国子监职员每日在监状况，每月一本	东厢（祭酒）
	堂稿簿	登记监内各项事务的具体缘由	东厢（祭酒）
	号簿	需用印章的各项事务记录	东厢（祭酒）
	印簿	每日用印章的数量、事由记录	东厢（祭酒）
	访官簿	春秋丁祭，查访各官寓所记录	绳愆厅
	集禧簿	祭祀结束后，应颁胙的官员名录	绳愆厅
	序任簿	属官任职、升迁记录	绳愆厅
	供事簿	拨礼生数量、姓名及堂友长名录	绳愆厅

续表

在监学生人数等情况	实力簿（南监称"精微簿"）	检查监生入监、出监情况。分三簿：官生、举人为一簿，岁贡生为一簿，授例生为一簿	两厢（祭酒、司业）绳愆厅
	班簿	点名簿，检查32班学生在监情况	两厢（祭酒、司业）绳愆厅
	文簿（假簿）	登记监生请假事宜	两厢（祭酒、司业）绳愆厅
	流水簿	每日入监监生名录	绳愆厅
	习礼公侯伯卯簿	到监习读公侯伯的名单，兼作点名簿	绳愆厅
	各堂勘合文簿	监生每日在监情况记录	六堂官
	六堂通知簿	监生每日坐堂情况记录，供拨历时参考	六堂官
	六堂卯簿	监生每日坐堂情况记录	六堂官
	拨历簿	拨出历事监生人数及名单记录	东厢（祭酒）
	拨差簿	拨出办事监生人数及名单、事项记录	东厢（祭酒）
纪检簿	监规簿	检查监生背诵监规情况	两厢（祭酒、司业）绳愆厅、博士厅
	集愆册	登记学生所犯错误及处罚情况	两厢（祭酒、司业）绳愆厅、博士厅
	举善簿	登记学生善行	两厢（祭酒、司业）绳愆厅、博士厅
后勤情况	文庙礼器乐器簿	登记文庙礼器、乐器	东厢（祭酒）
	各项器用簿	监内各项器物记录	东厢（祭酒）典簿厅
	官廨簿	国子监官房数量、面积、存卖状况记录	东厢（祭酒）
	内外号舍簿	学生宿舍情况记录	东厢（祭酒）
	经籍书版簿	经籍书版存毁状况记录	东厢（祭酒）
	徒役簿	杂役人员记录	东厢（祭酒）
	钱粮出入簿	国子监收支钱粮情况记录	东厢（祭酒）
	巡风簿	巡守内号舍、巡守仓库的轮班名录	绳愆厅
教学情况	背书簿	学生背书情况记录	博士厅
	讲书簿	会讲日六堂官讲题记录	博士厅
	查课簿	监生作课情况记录	博士厅
	查仿簿	监生写仿（书法练习）情况记录	博士厅
	讲诵簿	监生每日讲诵情况记录	六堂官
其他	生员改监红单	生员转监证明	东厢（祭酒）
	生员拨历序单	生员拨历的资格证明	绳愆厅
	粮票	生员支取馔米、月粮的票据	绳愆厅
	膳银钱钞票	生员支取膳银、钱钞的票据	绳愆厅
	粮单	监生支取廪粮的详细清单	六堂官

注：援引自高彦《国子监复原展览》文稿。

国子监各种登记册很多，其中由绳愆厅掌管的有16种。一般师生违反规章制度，初犯登记在册，再犯打手板5下，三犯"补责"，就是要打屁股了。如果所犯错比较严重，直接依

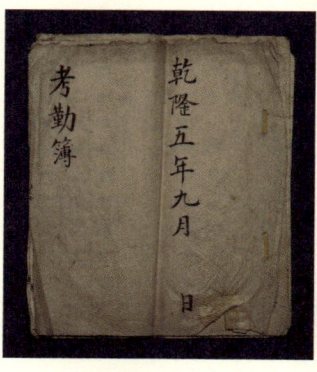

5-44 国子监考勤簿

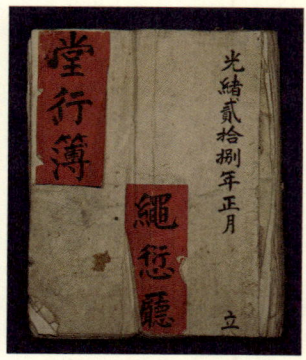

5-45 国子监堂行簿

规"痛决",被打得皮开肉绽,以儆效尤。

监规中还有"罚旷"、"压拨"等行政和经济手段,平时没按时完成作业或马虎交差,一经发现,"罚旷"1~3个月,不给计课时不说,还要扣除口粮。上大课("会讲")后绳愆厅点名,没到者"压拨"一次,就是推迟毕业实习的时间,所以学生情愿忍受皮肉之苦,也不愿意被扣口粮和推迟毕业。然而一旦犯错误就由不得自己了,甚至辩解也是不允许的。

明初,宋讷任国子监祭酒。学规森严,有的学生受不了体罚而自杀。监生赵麟就悄悄写了一个没署名的"小字报"贴在学校,表示指责和抗议。结果被查出,一直捅到了皇上那里,朱元璋下令杀一儆百,并将赵麟的头颅挂在国子监外的高杆上示众达半年之久。

典簿与典籍

典籍一职始于元代,清时为从九品官阶;典簿职务则是明代所设,清代为从八品官阶。典簿厅和典籍厅是国子监中的办事部门,分别设在国子监后院东墙外。

典簿主管人事和财务。

典簿厅主管国子监的公文传递、人事及财务收支等一应事务。比如官员复职,学生的复班查到,监生探亲、养病;监生"拨差"、"拨历"、每月发放钱粮都归典簿办理,类似现代综合办公室的职权。

典籍是国子监图书馆的馆长。

典籍厅可以说是大学图书馆的办公室,典籍一职作为从九品小官,就是图书馆馆长了,而真正的图书馆实际是他所管辖的"御书楼"。御书楼里收藏着历朝皇帝"钦赐"、"钦定"的各类书籍和用于印刷书籍的大量雕版(包括武英殿部分雕版),皇帝临雍时的宣谕文书,还有国子监历代收藏的珍贵书籍文献和碑刻。主要工作是图书、雕版的收集、保管和借阅。

典籍厅不仅负责管理书籍,国子监里的珍贵文物也归其保管。北宋复刻的《兰亭序》刻石,就是珍

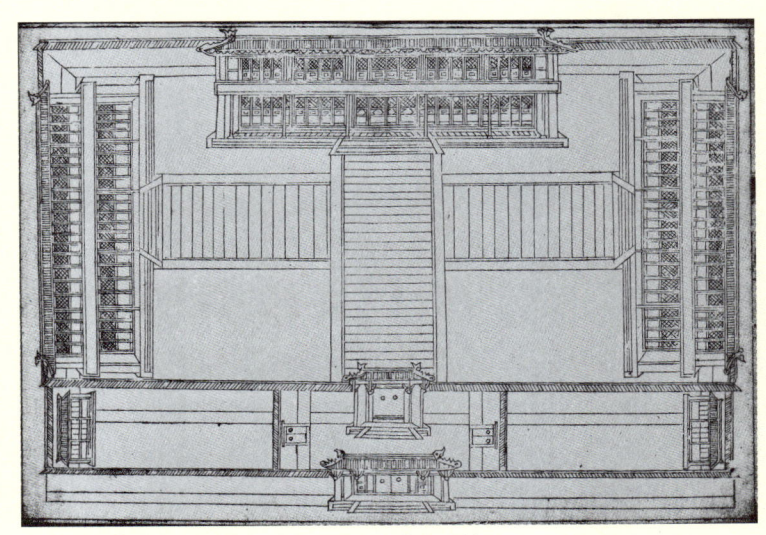

5-48 国子监御书楼

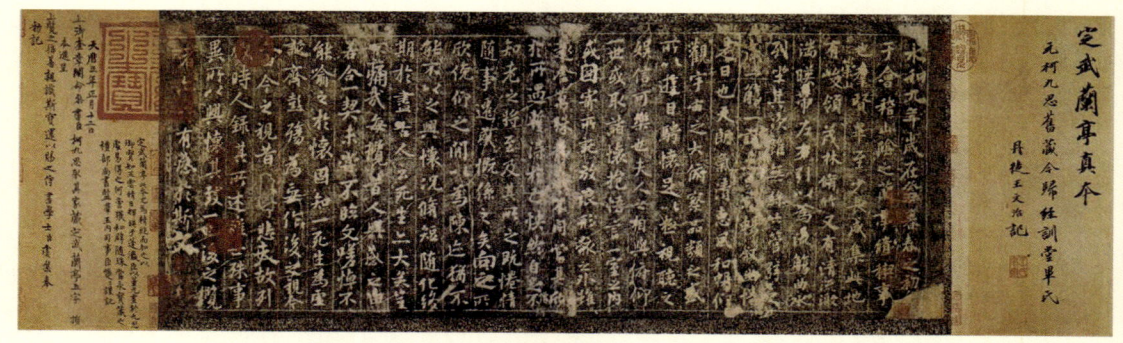

5-47 定武《兰亭序》照（背面为元代赵孟𫖯所书《乐毅论》）

品之一。传说唐太宗命擅书之臣临写《兰亭序》，而欧阳询所临写的最为逼真，故刻之于石。宋庆历年间（1041—1048），被李学究发现于定武（今河北正定），故称欧阳询临写的《兰亭序》为"定武本"。李学究临摹勒于石上交御府，后不知去向。原石后归薛向、薛绍彭父子所有，薛绍彭又摹刻勒石时，缺损"湍、带、右、流、天"五字。宋徽宗大观年间（1107—1110），"定武本"兰亭石刻收藏在北宋皇宫宣和殿后，"靖康之变"时被金朝所得，用毛毡包裹运至燕京，元代由赵孟𫖯书写的《乐毅论》刻于其背（此本最为珍贵）。刻石几经沧桑，落户国子监，是存世最早的"定武本"兰亭石刻，其文物价值非常之高。

上面简单介绍了国子监的教学和管理官员，还有一个需要特别说明的，那就是由朝廷对这些官员的年度考评——京察。这同样是一种对教育实施管理的国家行为。

京察是明、清两代考察京官的制度，始于洪武朝，清初沿用明制。

关外官员考核始于皇太极设立六部3年后的天聪八年(1634)。这一年考核六部官员。内三院、都察院官员也纳入考核对象。八旗驻防官员任职3年后也要考核。他们第一次考核是崇德元年(1636)，经过考核，根据表现评定是否称职，然后决定升降去留。

入关后清朝对官吏的考核承袭明制，采取京察、大计两法。顺治二年开始考核外官，称作"大计"，3年一次。考核京官叫作"京察"，顺治九年（1652）五月首次进行，以后6年一次。康熙朝曾两度停止京察，雍正元年（1723）恢复京察，定为3年一次，子、卯、午、酉年为京察之年。

实际开始以京察考核京官是顺治十年（1653）四月。京察、大计都是考核才（才干）、守（操守）、政（政务）和年（年龄、健康）四个方面。每个方面有3项考核标准："才"有长、平、短；"守"有廉、平、贪；"政"有勤、平、怠；"年"有青、中、老。考察结果分称职、勤职、供职三等留用。劣者分为六类：不谨、疲软、浮躁、才力不及、年老、有疾。处分有三等：革职、降调、致仕。注考咨送吏部。吏部会同都察院、吏科、河南道共同阅看议处。贪官酷吏者尤要严办。

根据《清仁宗实录》十七年记载，嘉庆十六年大计，下面是浙江和云南大计结果：浙江卓异官11员，年老官7员，有病官员1名，才力不及2员，浮躁官1名；云南卓异官10员，不谨官2员，年老官4员，有病官2员，才力不及官2员，浮躁官2员。

大计的考核有两种。县、府、州、道、司考核下属，造册报督抚，督抚复核，写出考评语，送吏部复核。布政使、按察使则由督抚出具考评语送吏部。吏部复核后上报皇帝。大计有"卓异"与"供职"两等。京察，根据其官居的等级有三种情况：三品以上的大臣，首先自陈，吏部填写履历列题，报告皇帝。督抚也作为京察对象。他们与尚书、侍郎、左都御史、副都御史被放在不同的册子里上报；三品以下的官员，如京堂、内阁侍读学士、翰林院侍读学士、侍讲学士、左右春坊与庶子等与皇帝比较亲近的官员，由吏部填写履历报皇帝，由皇帝引见；最后是四品以下的官员，如翰詹、科道、司官、小京官等，由各衙门考核，吏部与大学士、都察院、京畿道对他们进行复核，评出等第，上报皇帝。《清会典事例》卷七九中规定：清朝国子监教官，按在京官员的统一规定，也要实行"京察"。京察有三等：一等称职，二等勤职，三等为供职。凡京察评为一等的有定额限制，一般是京官总数的七分之一。

官员根据京察结果升级、保留职务或降职，国子监的官师们也不例外。

第六章 皇帝们亲自给国子监立规矩

元代官学体制自元世祖忽必烈在位时已基本建立起来，前边我们已经讲过，这种中央官学主要有两类：一是以汉文进行教学的儒学教育机构——国子学；二是以少数民族文字进行教学的教育机构——蒙古国子学、回回国子学。众多的官学建立以后都亟须规范，使之走上制度的轨道。为此，尚书左丞相劝忽必烈说：实行善政不能像走路那样慢慢地来，人才的获得不可能骤然之间一下子得到，一定要以德义教诲，以诗书磨炼，使他们知晓古人圣贤的行事方略，这样才可以人才辈出，使百姓感到帝王的恩惠。因此他建议"凡庙学规制条具以闻"。[①]意思是说，所有的国子学都应该设置完备的学规条款，让学生们知晓并遵守。忽必烈采用了这个意见，并颁布了相应的学规，对在官学中所有的蒙、汉国子监学官以及生员都提出了制度性的规定，是为"学规"。这部学规大体上可分为三部分。一是对国子监的蒙、汉学官升迁的标准，这就是看培养了多少合格生员的数量，对于其中的不称职者不仅要罢免除名，而且还要连累到推举的官员。二是对在国子学中生员的要求，这是学规的主要内容。其中列举了属于"责罚"的如下表现：悖慢师长、行礼失仪、言行不谨、讲颂不熟、功课不办、无故废学、有故不告辄出、告假违限、执事失误、忿戾斗争等诸多不良行为。三是属于罚分、累犯除名出学等惩罚措施的：越级升斋的行为；不认真学习的行为；一年累计坐斋学习不到半年的行为；累计三年年终考试连一经都通不过的汉人生员。

学规中规定，对于上述违背学规行为的纠治一般都由学正、学录施行，严重违规的交由"监察御史廉访司"查办。从这部学规所涉及的职官名称来看，应该是元文宗时再次修订的。虽然从元世祖忽必烈开始订立学规到现在已经经历八任皇帝、68年的时间

[①]《元史》卷一百三。

了，但纵观学规的全部内容，仍显得比较粗糙和笼统，规范的目的指向也不十分明确。

明代国子监的学规与元代则大不相同，曾先后更定了5次。洪武十五年（1382）五月，明太祖朱元璋在南京鸡鸣山麓新建成国子监以后，立即着手制定国子监的监规。在这一年里曾经两次更定监规；为了使国子监监规更为严格，洪武十六年（1383）更定一次；二十年（1387）更定一次，均载于《明会典》。洪武三十年（1397）再次更定，又订立8条监规（图6-2）。①

6-1 元文宗图帖睦尔

十五年（1382）的监规比较简单，共九条，针对监内不同职官及监生分别作了一些规定，对于监生的规定只有一条，也只是要求监生们明体适用，遵守学规。此外便是对于课程的具体安排：

每月背讲书日期：初一日假，初二日、初三日会讲，初四日背书，初五日、初六日复讲，初七日背书，初八日会讲，初九日、初十日背书，十一日复讲，十二日、十三日背书，十四日会讲，十五日假，十六日、十七日背书，十八日复讲，十九日、二十日背书，二十一日会讲，二十二日、二十三日背书，二十四日复讲，二十五日会讲，二十六日背书，二十七日、二十八日复讲，二十九日背书，三十日复讲。②

除去背书，就是复讲、会讲，月月复始，这种学习生活实在是令人乏味的。但是在这样的情况下，监生们在监读书一般至少4年时间，如果升到"率性堂"后一年，积分达不到要求的八分，就还要继续在监读书，最长的竟有长达十余年情形的。

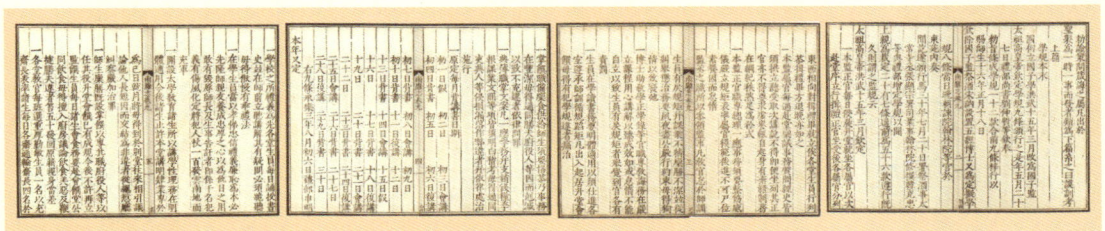

6-2 朱元璋所定国子监学规八条

同年再定的监规共12条，其中主要条款便都是针对监生了。例如其中第一条规定："学校之所，礼义为先，各堂生员，每日诵授书史，并在师前立听讲解，其有疑问，必须跪听，毋得傲慢，有乖礼法。"第二条规定："在学生员……敢有毁辱师长及生事

① 《钦定国子监志》卷三十。
② 《明会典》卷一百七三，《国子监·监规》。

告讦者,即系干名犯义,有伤风化,定将犯人杖一百,发云南地面充军。"再如第三条规定:"今后诸生,止许本堂讲明肄业,专于为己,日就月将,毋得到于别堂,往来相引,议论他人长短,因而交结为非。违者从绳愆厅究察,严加治罪。"①

十六年的监规主要是一些具体的学习制度,如率性堂积分之法等等。这三次监规的更定,对于国子监师生有了比较全面的要求,但其中亦有重复,又分为三规,不够统一,于是二十年再重定监规27条,白话表述,内容具体而详明,成为明代国子监遵承的规范。抄录如下:

一、各堂教官,所以表仪诸生,必当躬修礼节,正其衣冠,率先勤谨,使其有所观瞻,庶几模范后学。今后故妆阛茸怠惰,有失威仪者,许监丞纠举,以凭区处。

二、诸生衣巾,务要遵依朝廷制度,不许穿戴常人巾服,与众混淆,违者痛决(痛打。狠狠地处以杖刑)。

三、三日一次背书,每次须读《大诰》一百字,本经一百字,《四书》一百字,不但熟记文词,务要通晓义理,若背诵讲解全不通者,痛决十下。

四、每月务要作课六道,本经义二道,《四书》义二道,诏诰表章策论判语内科二道,不许不及道数,仍要逐月作完送改,以凭类进,违者痛决。

五、每日写仿一幅,每幅务要十六行,行十六字,不拘家格或羲、献、智永、欧、虞、颜、柳,点、画、撇、捺,必须端楷有体,合于书法。本日写完,就于本班先生处呈改,以圈改字少为最,逐月通考,违者痛决。

六、朔望行释菜礼,各班生员,务要一名赴庙随班行礼,敢有怠惰失仪,及点闸不到者,痛决。

七、生员凡遇师长出入,必当端拱立俟其过,有问即答,毋得倨然轻慢,有乖礼体,违者,痛决。

八、生员讲解,如有疑难,即当再三从容请问,毋得轻慢师长,置之不问,蓄疑于心,违者痛决。

九、各班生员,凡有一应事务,先于本堂教官处禀知,令堂长率领赴堂禀覆,毋得径行烦紊,违者痛决。

十、每班给与出恭入静牌一面,责令各班值日生员掌管,凡遇出入,务要有牌,若无牌擅离本班,及敢有藏匿牌面者,痛决。

6-3 出恭牌(即上厕所)
入静牌(即上厕所返回)

---

① 《明会典》卷一百七三,《国子监·监规》。

十一、生员果有病患,无家小者,许于养病房安养,不许号房内四散宿歇。有家小者,只就本家,若无病而称病,出外游荡者,验闸得实,痛决,即令到班。

十二、生员于各衙门办事者,每晚必须回监,不许于外宿歇,因而生事。若画酉不到及点闸不在者,痛决。

十三、凡会食,务要礼仪整肃,敬恭饮食,不许喧哗起坐,仍不许私自逼令膳夫打饭出外,冒费廪膳,违者痛决。

十四、凡早晚升堂,务要各人亲自放牌点闸,及要衣冠严肃,步趋中节,不许搀越班次,喧哗失礼,违者及点闸不到者,痛决。

十五、凡坐堂生员,务要礼貌端严,恭勤诵读,隆师亲友,讲明道义,互相劝勉为善,不许燕安怠惰,脱巾解衣,喧哗嬉笑,往来别班,谈论是非,违者痛决。

十六、凡赴堂背书,务要各照班次序立,以恁抽笺背诵,若前后搀越,喧哄杂乱者,痛决。

十七、生员每夜务要在号宿歇,不许酣歌夜饮,因而乘醉高声喧哄,违者及点闸不在者,各加决责(注:杖责)。

十八、朔望假日,毋得在外醉饮,倒卧街巷,及因而生事互相斗殴,有伤风化,违者痛决。

十九、内外号房,务要常川洁净,如是点闸各生号房前,但有作秽者,痛决。

二十、内外号房各生,毋得将引家人,在内宿歇,因而生事,引惹是非,违者痛决。

二十一、生员拨住号房,俱已编定号数,不许私下挪借他人住坐,违者痛决。

二十二、凡选人除授,及差使办事等项,敢有畏避躲闪,不行赴堂听选者,奏闻区处。

二十三、凡生员于各衙门办事完结,务要随即回监肄业,不许在外,因而生事,违者痛决。

二十四、凡生员省亲搬取已有定例,敢有不行遵守,辄自奏取者治罪。

二十五、丁忧成婚,人伦大节,假托诈冒,非惟明有定律,其人不堪教养可知。今后生员,如有丁忧成婚等事,许于本监告知,具呈礼部。除丁忧已有定制外,其成婚者,定立限期,给引回还,随即移文照勘,如有诈冒,就便依律施行。

二十六、生员所有一切事务,合先于本监告知,本监具呈礼部定夺,奏闻区处。所告是实,本监不准,方许赴礼部陈告,毋得隔越。

二十七、生员但有违犯前项学规，决毕，即送绳愆厅记过。若累犯不悛者，奏闻区处。①

这是一套相当完整的学校校规，从这一最终确定的校规中可以看到，这时候的国子监管理基本上都是针对生员而制定，其他如像洪武十五年（1382）初规中所定的那些学校礼仪等项，都已经约定成制，无须再行申明。这是明代学校管理趋于成熟的表现。

洪武、永乐两朝是国子监的极盛时期，在校人数经常可达数千人，永乐中最多时几近万人（南、北两雍）。洪武、永乐以后便逐渐衰替下来。

清代的太学和地方官学基本上承袭明代旧制，顺治元年（1644）在京师置国子监。其间，有一段清初君臣对话很有意思，这段话可以有助于理解为什么在学校的制度建设上清沿明制的主要原因。摘录如下：

顺治十年癸巳正月丙申，上幸内院阅《通鉴》，谕大学士范文程、额色黑、宁完我、陈名夏等曰："上古帝王圣如尧、舜，固难与比伦。其自汉高以下、明代以前，何帝为优？"文程等奏曰："汉高祖、文帝、光武、唐太宗、宋太祖、明太祖俱属贤君。"上曰："此数君又孰优？"名夏奏曰："唐太宗似过之。"上曰："朕以为历代贤君莫如明太祖，即唐太宗并数君德政皆有善者，有未尽善者，至明太祖所定制度章程，规画周详，历代之君实皆不及也。"文程等对曰："诚如上谕。"②

顺治皇帝按照重视制度建设的思路，仿照明朝给国子监制定监规的做法，于顺治九年（1652）颁行了新的国子监监规，并刻于横石，故为"卧碑"，立于北京国子监太学门之左。这是清朝国子监和其他所有官学的"戒律"。全文共8条：

朝廷建立学校，选取生员，免其丁粮，厚以廪膳，设学院、学道、学官以教之，各衙门官以礼相待，全要养成贤才以供朝廷之用。诸生皆当上报国恩，下立人品。所有条教开列于后：

一、生员之家，父母贤智者，子当受教；父母愚鲁或有为非者，子既读书明理，当再三警告，使父母不陷于危亡。

二、生员当立志学为忠臣清官。书史所载忠清事迹，务须互相讲究，凡利国爱民之事，更宜留心。

三、生员居心忠厚正直，读书方有实用，出士必作良吏。若心术邪刻，读书必无成就，为官必取祸患。行害人之事者，往往自杀其身，常宜思省。

---

① 《明会典》卷一百七十三，《国子监·监规》。序号为作者所编，下同，特注。
② 《世祖章皇帝圣训》卷一。

四、生员不可干求官长，交结势要，希图进身。若果心善德全，上天知之，必加以福。

五、生员当爱身忍性。凡有司官衙门不可轻入。即有切己之事，止许家人代告；不许干与他人词讼，他人亦不许牵连生员作证。

六、为学当尊敬先生。若讲说皆须诚心听受，如有未明，从容待问，毋忘形辩难。为师亦当尽心教训，勿致怠惰。

七、军民一切利病，不许生员上书陈言。如有一言建白，以违制论，黜革治罪。

八、生员不许纠党多人，立盟结社，把持官府，武断乡曲。所作文字，不许妄行刊刻，违者听提调官治罪。①

这些由皇帝钦定的规矩，除了个别条款是鼓励接受教育之外，贯穿于其中的重要规范，就是禁止思想言论、出版和结社的自由，不许知识分子干涉和插手政治。

康熙二十五年时又作《训饬士子文》，刻碑立石于敬一亭之中，并要求国子监的学官"并傅集诸生，多方董劝，以副朕怀。否则职业弗修，咎以难逭，勿谓朕言之不豫也"。②召集监生予以宣传，按照训饬的要求多方督察劝导，以符合康熙皇帝的愿望和要求。意思是否则职业或学业都别想再干了，罪责难以逃脱，到那个时候可别说我事先没告诉你。

雍正时又演为《圣谕广训》。其精神与卧碑大致相同，但规制的范围更为广泛。不仅科举考试要默写，府、州、县学各级生员必需达到人手一册。《圣谕广训》还要求每月初一、十五两日"令儒学教官传集该学生员宣读，令遵守，违者责令教官并地方官详革治罪"。③

清代学校制度在清末举办"新学"之前大体梗概如此，其具体措施也有繁多的变更。从顺治时颁行的《训示生员》卧碑文，康熙时颁行的《训饬士子文》，雍正的《圣谕广训》、乾隆的《训饬士子文》等，都有一个不变的宗旨，那就是箝制思想，为封建皇权政治培养奴才。诚如顺治所言："养成贤才，供朝廷之用。"纵观元、明、清三代国子监的监规内容，我们可以清晰地看到这些监规所发挥的历史作用。

6-4 康熙《训饬士子文》拓片

① 《皇朝文献通考》卷六十九，条规序号为笔者所列。
② 《圣祖仁皇帝圣训》卷十二。
③ 《畿辅通志》卷二十八。

第一节　国子监监规是强化儒家思想教育的制度保证

汉初时的"文景之治"虽然在一定程度上给了人民休养生息的机会，社会得到了一定程度的发展，但在发展之中也蕴藏着各种尖锐的矛盾。而"以史为鉴"是古代所有统治者制定基本国策的基本参照系。到了汉武帝时期，作为具有雄才大略的君主，首先希望有凝聚全体社会成员的精神力量，其中包括了共同的社会理想和道德规范。正是在这种情形下，董仲舒作为一代大儒，迎合了汉武帝的这一需求，提出了"罢黜百家，独尊儒术"的主张。"《春秋》大一统者，天地之常经，古今之通谊也。今师异道，人异论，百家殊方，指意不同，是以上亡以持一统，法制数变，下不知所守。臣愚以为诸不在六艺之科、孔子之术者，皆绝其道，勿使并进，邪僻之说灭息，然后统纪可一，而法度可明、民知所从矣。"①他认为，《春秋》里所说的"大一统"者，是天地之间的规律，古今道义所在。现在为师的传播各种政治主张，人们都议论纷纷，百家治国方略各有不同，指责和怀疑也是纷纷扬扬。这是因为皇帝没有坚持统一的纲纪法式，法纪多变，百姓也就无从遵守了。因此，凡是不属于教育弟子的礼、乐、射、御、书、数的六艺和孔子思想的，一律断绝其传播渠道，不能任其发展。只有杜绝了邪僻之说，才可一统天下，彰显法纪，百姓才知道有所遵从。汉武帝毅然采纳了他的建议，把儒家学说之外的其他各派学说，全部"绝其道"，"罢黜百家，独尊儒术"将儒家学说提到了空前的地位。

作为诸子百家的一个学派，汉朝以前的儒家学说与其他学派一样，并没有取得高于其他学派的地位，也并不为统治者所看中。在先秦，尽管孔子和他的弟子们极力向各国的君主们宣传儒家的思想和主张，但那些好大喜功、各自怀着极大野心的君主们，竟没有一个采纳的。孔子和他的学生们所到之处，"惶惶不可终日，累累若丧家之犬"，可见其窘迫的情景。只是在上述的历史背景下，儒家学说才在汉武帝手上取得了国家意识形态的地位，成为了名副其实的"国教"。远的暂且不谈，就北京国子监自元代立监以来，元、明、清三朝诸多的皇帝亲自为国子监制定监规，一个共同的指导思想，都是要保证孔子的儒家学说得以灌输和传播，用儒家的思想学说教育后人，以维系共同的社会理想和共同规范，凝聚人心，笼络士子。

---

① 《前汉书》卷五十六。

以师生关系为例，在儒家思想中，孔子早就提出了"仁"的主张，"仁者，爱人"。但孔子心目中的"人"，是强调等级关系的"君君、臣臣、父父、子子"式的人，除了强调各自名分的含义之外，还有一个更重要的内容，那就是规制礼制秩序中人与人之间的关系，而不是塑造西方那种具有独立人格和自由意志的人。这种人际关系，体现在国子监中的师生之间，实际上是官本位的尊卑等级关系。在官师面前，学生必须绝对的服从，绝对的听从。上述明代洪武十五年颁布的国子监学规中，就规定：学生"各宜遵承师训，循规蹈矩，凡出入起居，升堂会馔，毋得有犯学规，违者痛决"；"各生员每日诵授书史，并在师前立听讲解，其有疑问，必须跪听，毋得傲慢，有乖礼法"，"敢有毁辱师长，及生事告讦者，即系干名犯义，有伤风化，定将犯人杖一百，发云南充军"。官师在学生面前具有绝对的权威，是个高高在上的指挥者，容不得生员在他们面前生动活泼地、主动地进行学习活动。礼制所要求的这种师生关系上下有别、尊卑分明，贯穿其中的就是已经固化的等级观念，几千年来神圣不可侵犯。

6-5 监生跪听场景

第二节　国子监监规是培训封建官吏的制度规范

历史上，太学生学的是儒家经典，走的是"学而优则仕"的道路，所以大都很关心社会政治。他们不仅以发表言论、褒贬人物的形式来影响政治，有时还直接干预朝政。如西汉哀帝时，司隶鲍宣被诬下狱，太学生王咸为营救鲍宣，在太学聚集千余人向政府请愿，终致鲍宣获救。"下廷尉狱。博士弟子济南王咸举幡太学下，曰：'欲救鲍司隶者会此下。'诸生会者千余人……又守阙上书。上遂抵宣罪减死一等，髡钳。"[1]东汉桓帝年间，朱穆因得罪宦官而下狱，太学生刘陶等几千人上书请愿，皇帝迫于压力，

[1]《汉书·鲍宣传》。

最终将朱穆赦免。这样的历史事件发生在西汉和东汉时期各有着它特殊的历史原因，这里不再赘述。但到了朱元璋手里可就绝对不行了。明朝建国初期，由于管理官员十分缺乏，朱元璋对于监生的选用极为重视。《明史·选举志》中披露了这样的史实：在和元朝军队作战的年代中，人们还不太了解国子学时，朱元璋就派遣了国子生林伯云等366人到各郡去进行教学，以后推及到其他省份，将那些年轻力壮且能文者委以"教谕"等官，大力普及教育。国子学在当时不仅是全国的最高学府，而且还是明太祖选才任官的重要机构。派到各地为官的人里"太学生最盛"。当时监生出身而授官要职者甚多。洪武二十六年(1393)，提拔监生刘政、龙镡等64人为行省布政、按察两使，及参政、参议、副使、佥事等官，并一律予以重用。这还没算太学出身的四方封疆大吏。大批的太学生出任官吏，相当程度上解决了明初官员缺乏的局面。太学生既然是日后即用的后备官员，因此对于在太学读书的学生，朝廷也便给予极优厚的待遇，优厚的待遇是为了将来的为官，为了提醒监生们不要忘记这一点，《监规》中规定："诸生衣巾，务要遵依朝廷制度，不许穿戴常人巾服，与众混淆，违者痛决"；"凡早晚升堂，务要各人亲自放牌点闸，及要衣冠严肃，步趋中节，不许搀越班次，喧哗失礼，违者及点闸不到者，痛决。"清朝的国子监监规更是直言不讳："朝廷建立学校，选取生员，免除丁粮，厚以禀糈。设祭酒、司业及厅、堂各官以教之，各衙门官以礼相待，全要养成贤才，供朝廷之用。"①

正因为国子监是培训官吏的基地，所以像西汉、东汉那样的太学生事件是绝对不可以发生的。尤其是在洪武十五年（1382）新落成的南京国子监，实际上是一所管理制度严明、"养其德器至老成（注：老成，意为丰富阅历而练达世事）"②的新官吏培训基地。明洪武三十年（1397）有一篇对国子监生的训辞："恁学生每听着：……敢有抗拒不服、撒泼皮违犯学规的，若祭酒来奏着恁呵，都不饶，全家发向烟瘴地面去，或充军，或充吏，或做首领官。今后学规严紧，若无籍之徒敢有似前贴没头帖子、诽谤师长的，许诸人出首或绑缚将来，赏大银两个。若先前贴了帖子，有知道的，或出首或绑缚将来呵，也一般赏他大银两个。将那犯人凌迟了，枭令在监前，全家抄没，人口迁发烟瘴地面！钦此！"③这里面有一个血淋淋的故事：由于朱元璋制定的监规异常苛刻，加上祭酒宋讷的残酷管理，学生曾有饿死吊死的。学生受不了这样的迫害和饥饿，曾经闹过两次学潮。第二次学潮起事的是学生赵麟，出了一张壁报（"没头帖子"）。太祖

---

① 见此前引文。
② 《南雍志·事纪一》。
③ 《南雍志·卷十·谟训考》。

闻之大怒，把赵麟杀了，并在国子监立一长竿，把他的脑袋挂在上面示众（照明太祖的语言，是"枭令"）。这个故事我们在前边就已经讲过了。十年之后，朱元璋在召集国子监学官和监生训话时，又一次地提到了这件事情。执行时说是"枭首（砍头）"，训话时就顺口扯成"凌迟"了。凌迟可是有严格规定的，一共3357刀，每10刀一歇一吆喝。这事儿光想想就能把监生们吓晕的，谁还敢当刺头！

现在太学门左边的那块复制的《五朝圣谕碑》上，就刻有这次训话的原文。这篇白话训词比历朝皇帝的"崇儒重道"之类的话都要真实得多，严厉得多！

6-6 《五朝圣谕碑》局部拓片

6-7 五朝圣谕碑复原

第三节　国子监的学规是为科举选官服务的制度

肇始于隋，成型于唐的科举制度，对我国一千多年来学校教育的影响，是深刻而长远的。严格来说，科举制并不是一种教育制度，而是选官制度，作为一项官员选拔制度，它在世界上首次确立了"考试面前人人平等"的理念，为许许多多出身寒门的读书人提供了进身官阶的台阶，激发了读书人发奋读书、努力求学的上进之心。读书为什么？宋真宗（998—1003）的《劝学篇》说的再明白不过了：

当家不用买良田，书中自有千钟粟。

安居不用架高梁，书中自有黄金屋。

娶妻莫恨无良媒，书中自有颜如玉。

出门莫恨无人随，书中车马多如簇。

男儿欲遂平生志，六经勤向窗前读。

科举考试，一直是学校教育的最大的和唯一的目标。金榜题名，也成为所有读书人一生所梦寐以求的事情。为此，他们可以忍受任何困难，"孤村到晓犹灯火，知有人家夜读书"，① "十年窗下无人问，一举成名天下知"，②都是对那些在漫漫求学路上攀登者的鼓励与描述。为了能"金榜题名"，他们宁愿忍受许许多多学习中的痛苦。正如监规中所规定的那样："三日一次背书，每次须读《大诰》一百字，本经一百字，《四书》一百字，不但熟记文词，务要通晓义理，若背诵讲解全不通者，痛决十下。""每月务要作课六道，本经义二道，《四书》义二道，诏诰表章策论判语内科二道，不许不及道数，仍要逐月作完送改，以恁类进，违者痛决。""每日写仿一幅，每幅务要十六行，行十六字，不拘家格或羲、献、智永、欧、虞、颜、柳，点、画、撇、捺，必须端楷有体，合于书法。本日写完，就于本班先生处呈改，以圈改字少为最，逐月通考，违者痛决。"监生在监学习的时间里，日复一日地背书、复讲、会讲，月月复始，十足的枯燥乏味。但是在这样的情况下，明朝的监生们在监读书还必须至少四年时间，实行"积分制"以后，考试不合格还要更长的时间（在监十余年是很普遍的现象）。从这些规定所描述的学习要求来看，不论是课程内容，还是课程形式，甚或是教学方式方法乃至学习的方式方法，都无不体现着科举考试的影子。钦定的教材，铁定的内容，逼得天下所有的求学者都不得不把所有的精力放在记与背之中；也逼得教师不得不以单向的传授方式进行教学。在国子监里，教和学的内容，记和背的内容，都是儒家的经义学说。为了培养封建社会的"文武之材"，"俾能出入将相，安定社稷"，历代统治者规定"五经"或"四书"为国子监的主要教材。唐代生徒修"大经"（《礼记》《春秋左传》）、"中经"（《诗经》《周礼》和《仪礼》）、"小经"（《易》《尚书》《春秋公羊传》和《春秋穀梁传》）。兼习时务策、《论语》和《孝经》。宋代习"四书"、"五经"。明太祖圣谕定"以孔子所定经书诲诸生"，下令删除孟子一书中有关"民贵君轻"等思想的论述85条，规定所删条文在考试的时候不能以此命题，科举也

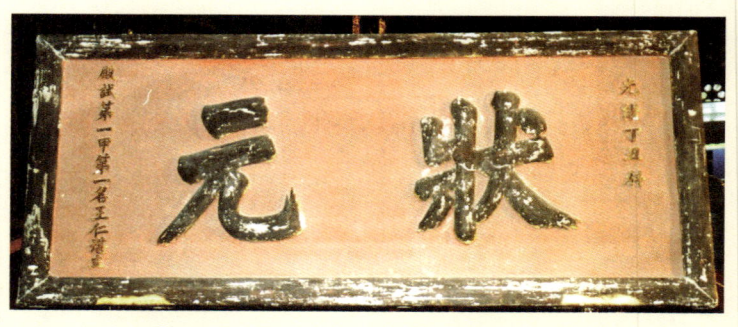

6-8 状元匾

---

① 晁冲之：《夜行》。
② 关汉卿：《陈母教子》头折。

不能以此为取士标准（课试不以命题，科举不以取士[①]）。另钦定170多条的孟子节文刻版颁行国子监等学校。清代监生每日功课仍是"四书五经"、性理通鉴。乾隆二年（1737），曾命"仿宋儒胡瑗经义斋、治事斋法，严课诸生"[②]，也没有脱离旧的经学轨道。最高统治者的"圣谕"当然要通过严苛的监规予以贯彻执行，这就必然导致思想层面上的儒家学说经学化，把儒学从诸子百家之一的学说强化为教育圣典；制度层面上，儒家学说作为科举考试的国家规定内容，直接强化了儒家意识形态的霸权地位。思想与制度两个层面的国家强制作用，使得儒家学说演化为中国传统社会文化的主体。政治制度与儒家教育紧密结合的过程，衍生了中国文明的重要特征——政教合一的统一体。

[①]《经义考》卷二百三十五。
[②]《皇朝文献通考》卷六十七。

第七章 来自五湖四海的国子监生

《明史》中总结关于人才的培养途径时说："学校以教育之，科目以登进之……学校者，储才以应科目者也。"①这里所说的"科目"，就是我们所熟悉的科举制度。科举选拔人才，在国家来说，是为求得理想的官吏；而对个人来说，是为了取得为官之途，即"学而优则仕"。无论是求得官吏还是为了个人为官，都必须经过教育。所以明朝初始国家养士与取士并重，而养士的责任就落在了中央和地方两级学校的肩上。明太祖时国子监最为兴盛，当朝的高官多为国子监生出身。"太祖虽间行科举，而监生与荐举人才参用者居多，故其时布列中外者，太学生最盛。"②虽然后来进士日益受到重用，"众情所趋向，专在甲科"，监生失去了恩宠，但国子监的贡生还能成为府一级的副职及州、县正官，且多为中下级官员，花钱买来的例监则只能成为州县的副官。正所谓"诸生入国学者乃可得官，不入者不能得也"。③国子监作为明、清两代皇帝直接管理的国家最高学府，都有哪些人可以到这里接受教育呢？

谈到这个问题，有必要先了解一下地方学校教育的简单情况。地方学校包括府、州、县等学校，这些学校统称为"地方儒学"，学与学之间没有隶属关系。由于地方学校教育中有许多名称容易与科举考试的一些名称相混，所以需要先了解一下地方儒学的考试情况。

取得参加科举考试的基本前提，是所有具备条件的人必先参加地方儒学的考试，这些人被称作"童生"。这样的考试共有县试、府试和院试三种。县试每年二月举行，由知县主持。考前要报名，填写姓名、籍贯、年龄和三代履历。倡优、皂隶的子孙与居丧守孝者不能参加考试，考生由5人联保，另有本县一名廪生做保人。童生入学先要通过

---
① 《明史》卷六十九·选举。
② 《明史》选举志一。
③ 引文同上。

本县知县主持的"县试"和管辖本县的知府主持的"府试",最后经过由中央派遣"钦命提督某某省学政"(前边我们所提到的刘墉就担任过这样的职务)主持的"院试"(亦称"道试")。学政根据童生考试成绩的优劣,按规定名额录取,被录取的童生才可以入地方儒学读书。童生进入地方儒学读书,称"入泮"、"进学"。取得了入学资格的童生就称为"生员",也就是我们所熟悉的"秀才"。当了秀才就有了一些特权,享受"免其丁粮,厚以廪膳","各衙门官以礼相待"的待遇。生员如有过犯,地方官不许斥责;犯了重大罪过,要先经过学政同意,革去生员学籍以后才能惩办,更不许摊派充当杂色差役。嘉庆十六年(1811)就谕旨重申这个制度:"文武生员,不准充赝官役杂差,载在《学政全书》,定例綦严。原以生员为齐民之秀,国家培养人才,各宜洁修自爱,岂可承充官役,自取侮辱?"①

7-1 晚清举人进京赶考

生员(秀才)一般隶属于本府、州、县学,是"地方粮票",还不属于国家性质。各地生员可以参加定期或不定期的考选,入京师国子监读书。一旦入监,就不再是本府、州、县学的生员了,而称为"贡生",意思是把人才贡献给朝廷。明、清两代选入国子监读书的贡生有不同名目。明有"四贡",即岁贡、选贡、恩贡和纳贡,且明中后期国子监中以贡生居多。这其中的原因还要从永乐朝的一个招生政策开始的(洪武年间也有此种情况,是偶然为之,不是政策)。据《明史》记载,永乐朝曾挑选优秀的落第举人(副榜)入监学习,于是这些人便成了国子监的"贡生"。目的是为了参加下一次科举考试,学习期间还给予教谕待遇的俸禄,翰林院每3个月对这些人考试一次。后经考试发现这些副榜生的文化水准很是不错,与那些考取进士后任庶吉士的水平相当。因此,索性把以后的考试取消,把在25岁以上的副榜生直接委以教职,吃俸禄,岁数不足25岁的则留监继续学习。这个很优惠的政策到了正统年间就不行了,因为这些副榜生都嫌教职地位低下,无人追捧,以致入监学习者少,愿任教职者更是稀缺,请也请不来。"天下教官多缺,而举人厌其卑冷,多不愿就。十三年,御史万节请敕礼部多取副榜,

① 《钦定大清会典事例》卷三九二,嘉庆本。

以就教职。部臣以举人愿依亲入监者十之七,愿就教职者仅十之三,但宜各随所欲,却其请不行。"①明嘉靖中期,南、北国子监都严重缺员。为了挽回颓势,补充国子监的学生数量,除了原有的选送"岁贡生"之外,朝廷也曾经讨论过让参加科举考试的落第举人到国子监里来学习,然而很多落第举人并不买账,只好频频地从府、州、县学中选拔贡生以充国学。这就是明代国子监为什么贡生多的原因。

清朝则有"六贡",即恩贡、拔贡、副贡、岁贡、优贡和例贡。这些对贡生的不同分类和称呼后边会讲到。

属于国家性质的科举考试要经过三级,第一级的是"乡试",主要在各省举行,考中者取得"举人"的资格。乡试后的第二年三月举行"会试"(亦称"春闱"),这是科举考试的第二级。参加考试的考生必须是举人,是不是官都可以,只要具备举人的资格就可以参加。考试的地点在北京贡院,由礼部主持。举人参加会试及格后获得的资格叫"贡士"(注:不是贡生)。每科的贡士从全国赴京应考的七八千新旧举人中间考取,而录取的名额也只有数百名,最多时400名(顺治三年、九年),乾隆朝末期时最低,只有90多名。据《大清会典事例》中历科中额和《续清文献通考》殿试人数统计,清朝会试一共举行了112科,共录取进士26391人,平均每科录取236人。②可见竞争之惨烈!这几百名考取了贡士的最后一关就是参加由皇帝亲自主持的考试,这是最高一级的考试,叫作殿试。一般若没什么意外事故,所有的贡士都会取做进士,关键是由皇帝钦点一甲前三名,分别是状元、榜眼、探花。

这就是一个读书并取得功名的简单过程:地方童试选"秀才";秀才到省城参加乡试选"举人",中举者第一名,叫"解元";举人到礼部参加会试选"贡士",贡士第一名叫"会元";贡士参加殿试,由皇帝来选三甲进士,一甲第一名为"状元",乡、会、殿三级考试都获得第一名就是所谓的"连中三元"。这样的科举考试每隔三年一次。

7-2 夸官图

① 《明史》卷六十九。
② 商衍鎏:《清代科举考试述录》。

第一节 国子监贡监生的来源

下边来说说明、清两代国子监的贡生（当然也包括监生）为什么会有不同的称呼？

这是因为他们的出身不同，来源不同，选取的方法不同。要了解贡、监生的生源，还要从与秀才关系密切的等级说起。上边说到了考入地方儒学的生员（秀才），这些生员在校学习时，照样有考试在等着他们，除了平时的小考之外，还必须参加由学政主持的，每3年两次的"岁试"和"科试"。以"岁试"成绩的先后，根据规定的名额评定出等级，成绩居于前三等的，一等为廪膳生员，简称"廪生"，他们可以享受"国家助学金"，每年能领取白银（即"廪饩银"）四两；二等为增广生员，简称"增生"，他们不享受廪饩银，但可补廪生缺额；三等及以下为附学生员，简称"附生"，自费。如果岁试成绩居第五等的话，这些秀才们就惨了，那就失去了参加"科试"的资格考试了（即通过"科试"确定参加乡试的资格）。明白了这些背景知识，就容易了解国子监不同身份的贡、监生了。

清沿明制，清朝的国子监里也有贡生、监生。贡生身份的学生一共六种：岁贡、恩贡、拔贡、副贡、优贡和例贡，共同的一点是他们都是秀才出身，但选送进入国子监的途径却不一样。下面通俗地来简述他们之间的区别：

"岁贡"是论资排辈选送的廪膳生员，多为资格深但也年龄偏大者，当然也不乏身强力壮的廪膳生员。蒲松龄就是到71岁才成为贡生（岁贡）的。那一年是康熙四十九年（1710）。

"恩贡"是皇帝遇到喜事（登基、大寿、大婚、临雍等等）加恩选送的生员，始于顺治五年（1648），皇帝临雍时陪同的圣贤后裔生员也在其列。

"拔贡"是由皇帝钦派的教育官员学政把关、由各地选拔推荐的生员。一般是每12年进行一次。

"副贡"是限于名额而不能录取为举人的副榜优秀生员，由廪生或监生中副榜者选送。

"优贡"是由学政推荐并选送那些孝顺父母、敬爱兄长、品德高尚的生员。

7-3 清国子监生服装复原

"例贡"是由生员捐钱交银144两而得的贡生身份。

除了上面讲的"六贡",还有四种来源不同的监生,他们的共同点是大都没有生员(秀才)的身份,简称之"四监":

"恩监",始于乾隆二年(1737),可分为两种:其一,由八旗官学中的汉文学生中考取,每3年一次。由于这是皇帝对八旗官学的特殊照顾,所以列为"恩监"录取;其二,皇帝临雍时,陪同的圣贤后裔中没有生员资格的,准作恩监(有生员资格的,准作"恩贡")。

"优监"的选取标准和遴选与优贡相同,但选取的对象不是廪生、增生,而是第三等级的附生。

"荫监",在京文官四品、在外文官三品、武官二品以上;效劳多年的大臣;州县副职以上官员因公死难者均可送一子入国子监。

"例监"系原本无生员资格、但捐钱交银108两可获得"监生"资格的人。

这些来源不同的学生统称为"贡、监生",或"国子监生"(简单概括就是"六贡四监")。下面把有关简单的说明制表于下,借此可以比较清楚地了解贡、监生的区别。

国子监贡监生的来源

朝代	称谓	入学条件	选拔办法	名额限制	说明
明朝	举监生	科举会试中落榜的各地举人,一般年龄在25岁以下	一般采取半强制性质	无固定名额限制	一般每次科考后入国子监继续读书,此类生源水平较高
	贡监生	全国各府、州、县学生员(廪膳)选拔贡送,一般为20岁以上	各地经过考选送到京城,由翰林院考试,到国子监后还要经考试,按成绩分配各堂	府学每年1人,州学3年2人,县学2年1人	明代岁贡几经变动,表中所列为基准数,是国子监学生的主要成分
	荫监生	在京四品以上,京外三品以上,武职二品以上官员子弟或勋臣国戚子弟	保送	无明确限制	此类高官贵族子弟在监学习,没有多大成效,但却是监生的重要成分
	例监生	全国各地平民捐资纳粮,政府特准许其子弟入监学习的,25岁以上	按规定金额和粮食缴纳给政府,经初步考试合格	捐纳办法时断时续,要按当时朝廷规定的数额录取,各地名额有差别	明后期占监生比例较大(约50%),一般学识水平较差
	明代贡、监生中还采取"选贡"、"考贡"、"例贡"、"恩贡"等不定期方法输送生员,以解决国子监生源不足和老龄化问题				

续表

清朝	岁贡生（也称常贡）	由各省的府、州、县学及八旗官学，将资格最老的廪生，按享受廪饩银的年数为顺序依次选送	顺治二年（1645），令各省推荐廪生入国子监深造，由学政确定。为保证岁贡生质量，实行一正二陪制度。正贡即正式贡生；陪贡即候补贡生。两名陪贡则分一陪、二陪。如正贡不行，依次下选	京师八旗3人；盛京八旗满蒙3年1人，汉军5年1人，直省府学1人，州学3年2人，县学2年1人	因每年定额选送，故称岁贡
	恩贡生	同上	顺治元年（1644）始。凡遇国家庆典吉事，如天子登基、临雍，由皇帝下诏以本年岁贡为恩贡，一陪为岁贡	同上（数量增加一倍）	无固定时间，属于临时措施
	拔贡生	不限于地方官学的廪膳生，凡是岁试科试的一、二等的都可以入选。由学政会同地方官员会考复核	顺治元年（1644）诏谕，各地推荐拔贡，考核文行兼备，真才实学，录取后送到京城参加廷试，成绩一、二等的直接授官，三等的入监学习	顺天府学6人，直省府学2人，各州县1人。雍正期又定，满蒙每旗选2人，汉军每旗1人	拔贡每12年1次，因不限于各学公费生，故称。拔贡生的质量最高。雍正五年改为6年1次，后又改回
	优贡生	孝顺父母、敬爱兄长、品德高尚的廪生、增生准作贡生，即优贡，学证核定，礼部会国子监复核	始于雍正元年（1723），乾隆四年（1739）礼部议准，各省学政三年任满后，应举报优生，并限制人数	全国大省5~6人，中省3~4人，小省1~2人	优贡生每3年1次。同治二年（1863）始定标准，依其等第高下授官
	副贡生	顺天府及各省乡试考中副榜的生员（也称副榜举人）	始于顺治二年（1645），顺天府乡试副榜55名；增生、附生准作贡生、监生；廪生及恩、拔、岁贡生、监生，俱免其坐监，即与廷试，试后授予官职	届时规定名额	副榜，是各省乡试每正榜五名，设副榜一名。正榜即正式录取的举人名次록。此外限于名额不能录取为举人的优秀者，也写成一榜，叫作副榜
	例贡生	由廪、增、附生员或俊秀监生交银144两取得贡生资格	始于顺治五年（1648），由原籍官学、地方官府证明或同乡京官保送	按当时规定额度	一般在原籍学校就读，科举时以监生资格参加乡试
	恩监生	八旗官学、算学中满汉学生、圣贤后裔无生员身份的		无明确限制	3年一次考试选拔或特殊情况（如皇帝临雍讲学）恩准
	荫监生	京文官四品以上子弟，在外文官三品以上子弟，武官二品以上子弟，在外死难官员子弟	恩荫，始于顺治初年。大臣效劳多年，皇帝特令其一子入国子监，称特荫，始于乾隆三年（1738）	无限额	荫监根据情况，有恩荫、特荫、难荫
	优监生	各级学校自费生（附生）、武生	各地教官申报，学政核定，吏部和国子监会考录取	府学2人，县学1人。	手续与优贡基本相同
	例监生	由未取得生员资格的平民俊秀子弟报捐108两白银取得	由各地方官学、官府证明或同乡保荐	按规定名额，一般是府学2名，县学1名	不得报捐例贡

注：援引自高彦《国子监复原展览》文稿，引用时作了补充和修改。

从明代中期开始，国子监有了"纳粟之例"，就是用一定数量的钱、粮甚至马匹来买监生的资格。"景泰始以狄人内犯，边境多虞，开生员纳粟纳马入监之例。"①以后，由于战争、天灾、国库空虚等原由，"纳粟纳马"的做法在明代成化、弘治、正德、嘉靖年间数次开禁又数次严止，从最初的八九百人发展到了几万人的规模。其中一些没有任何出身的平民因此而获得了监生的资格。这些买来资格的监生在明代被称为"民生"，也叫作"俊秀"。清代也有"俊秀"的称呼，那是指无出身背景的汉族平民。"八旗子弟"无背景的则被称为"闲散"，以示区别。《清史稿》记录了这个规定："凡满、汉入仕，有科甲、贡生、监生、荫生、议叙、杂流、捐纳、官学生、俊秀。定制由科甲及恩、拔、副、岁、优贡生、荫生出身者为正途，余为异途。"②康熙初年，规定所有"异途出身"者，汉人必须经过保举，八旗的"闲散"也须经考试，才能授京官及正印官，以此严加限制"异途"出身者充任官吏。这就是说，所有岁、恩、拔、优、副贡生、荫监生出身以及由廪、增、附生员、监生报捐贡生资格的，都是正途。但从康熙二十六年（1687）之后，随着"捐免保举"、"一例升转"政令的实施，"正途"、"异途"之别也因此而废止。"乾（隆）、嘉（庆）以后，纳赀之例大开"，"洎咸（丰）、同（治）而冗滥始甚"。③

上面这个表格，只能就各种贡、监生的来源给大家一个简单的说明，并不是全部。因为历朝皇帝随着世事变更，政策多有改变，国子监生源的相应构成亦此废彼兴。比如，顺治朝最初十年（1644—1653），就是国子监贡、监生的"黄金时代"。清朝天下初定，统治的疆土面积广大，但八旗满洲尚未培养出具有较高文化水平的管理人员，中低级官员严重匮乏。此时具有一定文化水平的生员（秀才）们不仅得官快，无需在国子监苦读期满，就能得到正职。参加完每年四月十五日的廷试后，即按等授官，考的最好的用为知州，稍差一点的用为府的副职或知县，成绩中等的用为州的副职、县丞或教官。顺治十年（1653）以前，各地选送的岁贡生的仕途不亚于进士。

顺治十一年（1654）之后，因仕途壅滞，避免刚选送上来的贡生们一窝蜂似的都去参加廷试，官员孙柏龄上疏请求恢复贡生坐监（即入国子监读书）之制，这样就使得选送入监的贡生先要老老实实地入监学习，待到坐监期满以后再参加廷试考官。这个坐监期限初定时对各种来源的贡、监生是不一致的，从恩贡的6个月到例监的36个

---

① 《明太学志》卷一。
② 《清史稿》卷一百十·志八十五。
③ 同上。

月不等。其中对恩监最为优厚。大有"朝廷有人好做官"、"近水楼台先得月"的味道。到了雍正五年（1727），就全部改为以36个月为坐监期满了，这是关于坐监时间变化的例子。

国子监生招生来源也有过变化。顺治十三年（1656），官员王命岳又奏准暂停选送恩贡、拔贡、岁贡生，对副榜贡生仍按旧制。康熙元年（1662），甚至停止了副榜贡生的选送（引文同上）。这是由于康熙初年，皇帝年幼，由鳌拜等四大臣辅政使然。康熙帝于八年（1669）亲政后视察国子监，并于十年（1671）恢复了八旗岁贡生、直省拔贡生和副贡生，二十四年（1685），为笼络汉族士人，又令选取优秀生员（优贡）入监，每府学2名，每州、县学1名。这样的变动还有许多，这里就不一一赘述了。

第二节　国子监生的肄业与生活

一　考到与考验

经过繁复的诸多考试，各州、府选送上来一大批符合条件的贡生和监生给国子监。但是，还不到这些人高兴的时候。乾隆四年（1739），国子监的入学名额"规定一百八十名，而选拔之年，贡入者不下千余人"。这些到了国子监而不能入学的人数大大超过了限额，乾隆十一年（1746），经国子监上奏，乾隆皇帝规定："肄业贡监，向有缺额，若准贡之人一概留监，不免人浮于额，请一体考到、考验，录取肄业。"[1]这就是说，虽然经过了各地的选拔、选送，但到了国子监仍然需要再经考试、补班，才能留在国子监学习。看来，要想真正成为国子监在校的贡、监生还真不是一件容易的事情呢！

原来，清代北京国子监实行内、外班制度且各有名额限制。内班是住校（住监）生，外班生不住校（不住监），但每月必须按规定的时间赴国子监应课。

各地选送上来的备选贡、监生要经过怎样的挑选考试呢？首先由国子监的副职领导司业先行考试，这个考试称为"考到"，分出一、二等。列入一、二等者再由国子监最高领导兼管监事大臣和满、汉祭酒再行考试，这个考试称为"考验"。凡是属于

---

[1] 以上引文见《清会典事例》卷一〇九八，嘉庆本。

岁、恩、拔、优、例五贡生和会试未中的举人"考验"成绩在一、二等的、例贡与监生列入一等的，方准予入监学习。凡是参加考试三次都没有被录取的，即使是被各州、府选送上来，也要卷铺盖回家。

经过了上述"考到"、"考验"挑选程序后，这些人还要经过一次考试（四书文、诗各一）才能补入各班。补班时有内、外班之分，根据本人意愿先后次序排定注册。愿入南学者，还需另行考取。这些都是对外省的贡、监生来安排的。嘉庆初年决定，对于京师八旗以及大兴、宛平两县的贡、监生一律不准补内班，原因很简单：离家近。①看来，生活居住在京师的国子监贡、监生一律为走读生。

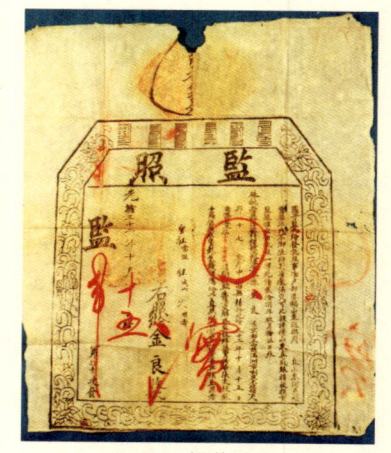

7-4 捐监照

从上边所叙述的过程来看，各地选送的贡、监生，未必都能进国子监学习，而进入国子监学习的，又未必能即时补班。经过重重的考试，才能获得国子监监生资格的内外班监生都发给"监照"（图7-4），这是资格和身份的证明，具有一定的"含金量"。凭借这一纸"监照"还可以取得很多特权。"正途"监生的监照在毕业时要求注销。捐监照和户部发的执照一般由个人保存，并凭此照参加学业考核和科举考试，因此如今保存下来的监照大多是捐监照。

二 东西六堂的内外班和南学编制

明、清两代的国子监贡、监生都编入"六堂"学习，关于六堂在前面已经讲过了，这里不再赘述。主要说一说关于六堂的编制情况。

国子监太学门内，是最高学府的主要教学区，东西两侧长长的廊房就是国子监监生们学习的"六堂"教室。分堂的作用有点像现代学校的年级区别。明代国子监教学沿袭元代，实行"升堂积分制"。六堂中正义堂、崇志堂、广业堂为初级班；学习期限为一年半，学习期满，经考核文理条畅者，可升入中级的修道堂、诚心堂学习，修业一年半以上，文理具优、经史皆通者，则可升入高级的率性堂就读。

考核有"坐堂"、"考课"、"积分"三种：

"坐堂"：坐监读书，一般坐堂约700天为限。

---

① 《清史稿》志八十一。

"考课"：定期对监生的学习进行考核，以成绩高低作为监生升等的标准。坐堂与考课都合格了，方可升入"率性堂"。

"积分法"：进入"率性堂"以后采取通过考试累计学分的方式来决定是否可以毕业。明代国子监规定：监生在率性堂学习期限一年，这一年之中考试十二次，每次考试成绩分为三等：文理具优为上等，得一分；理优文劣为中等，得半分；文理不通为下等，不得分。一年之内累计获得八分即为及格，由朝廷发给资格证书，监生凭此可以充任相当的官职，不及格者依然留监学习。那些屡屡积分不够的贡、监生，有的甚至留监学习达10年之久的。清代国子监考核虽比明代有所区别，但基本沿袭明制。顺治十七年（1660）开始，也按"积分法"进行教学管理，但只实行了一年便被废止。在监肄业的国子监生通过各种各样的考核，每过一定时间就会有由于"中式出学"（注：得官授职而离开国子监）和其他各种原因流动离监的缺额。国子监的学生离监不外乎这样几个原因：直接从国子监选拔入仕为官、通过科举中试而入仕、差遣历事（实习）离监在外、寄住亲戚处、服侍父母、双亲丧事、病假回乡休养、病故等等，因此需要对这些缺额进行补班。清代将六堂贡、监生分为内、外班并即时补充缺额可不是祭酒、司业们随便就能解决的问题，这需要有皇帝批准的六堂内、外班编制限额，因为这关乎到由朝廷支付内、外班生的膏火银两（津贴）数量。

六堂的编制有过许多变化：

乾隆二年（1737），国子监奏准，每堂肄业的贡、监生，内班30名，外班20名，共50名。六堂合计300名。

乾隆三年（1738），裁去外班120名，只留内班180名。

乾隆六年（1741），恢复外班120名。从内班拨出24人，以这24人的膏火银两拨给外班的120人使用。①

乾隆六年后至光绪三十一年（1905），内班每堂25名，共150名；外班每堂20名，共120名。合计为270名。②

每月六堂内、外班的缺额以历次"考验"录取应入监学习的贡、监生，按复核考试名次先后，分别充补。③

在乾隆期之前，还有一个"南学"需要说明。在前边的章节里讲过由国子监祭酒孙

---

① 《钦定大清会典则例》卷一百五十七。
② 《钦定大清会典》卷七十六。
③ 《钦定大清会典则例》卷一百五十七。

嘉淦上奏,雍正九年(1731)批准设立的南学,那是令助教等教官和内班肄业生居住的,这些肄业生居住人数的多少,取决于内班名额所确定的比例,这就是说,不是所有的内班生都是可以去南学居住的。

根据《清会典》记载,国子监内、外班的缺额数字统计截止时间是每月的二十六日(旧历),但要等到下一个月方行补充。对南学来说则是随时缺额随时补充。补充的名额算在内班缺额数量。那时,谁都愿意住校学习,享受高额津贴,所以南学生一经传补,即迁入学舍,一时人才称盛。道光二十九年(1849),经过几次整顿,住学者还保持了一百多人的数量。但道光皇帝是一个所谓"节俭"出了名的皇帝,自己穿的衣服不经过三次水洗都不能扔掉,何况对于国子监每年必须花费的巨额银两呢!故几次修改章程,为的是逐步减少付给国子监的膏火银,尤其是要减少付给住南学内班生的银两。最不可思议的是咸丰四年(1854)因战乱所致,居然将6000两的膏火银骤减到1200两。

这种窘境一直延续到同治九年(1870),皇帝才恢复了原有的经费数额6000两白银,但对居住南学的贡、监生数量却进行了限制,只能居住"肄业生中考选文行稍优者"40名,仅占内班生人数的26.6%,要求对这些人"严立课程,优加廪饩"。直到光绪二年(1876),才准奏增加南学居住名额20名,共计60名,占内班生人数的40%。这些变化,从一个方面反映了清王朝走向衰落的迹象。国子监此时的境况更好不到哪里去,正如《清史稿》中所描述的:"……监规颓废已久,迄难振作。咸丰军兴,岁费折发,章程亦屡更。"

7-5 道光皇帝

三 监生的生活待遇和膏火银

国子监按正途入监的贡、监生,衣、食、住、学用品等都由朝廷负责,待遇相当优厚,目的无非是让太学生们一心向学,成为朝廷人才。

衣:监生着装有专用服饰,以区别于普通百姓子

7-6 破败的彝伦堂

7-7 清末民初国子监外的破旧牌楼

弟。洪武二十四年（1391），工部按朱元璋"必求典雅"的要求，通过他三易确定，制出服装式样："巾用漆布为之，后高六寸，剡其前；巾后垂带二。衫用玉者绢布，宽袖皂缘，系皂绦。""赐监生衫绦各一为天下式。"①甚至监生的父母也赐布帛。如果不发"校服"，就发做衣服的钱，每人2~5锭银。清代监生按冬、夏季节发给服装鞋帽。统一服装是身穿黑边蓝色长袍，头戴银雀顶帽子，俗称"雀顶蓝衫"。

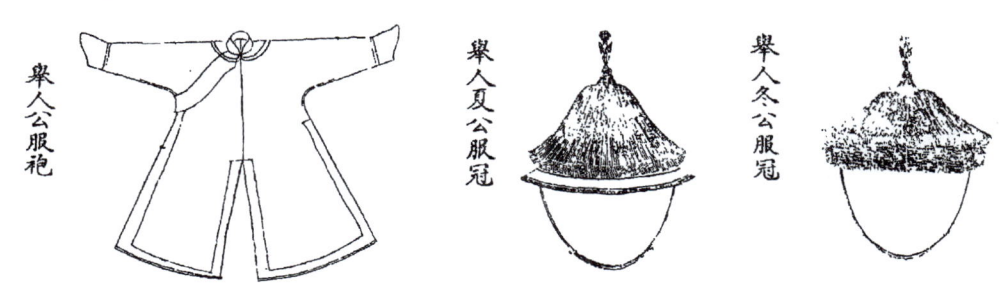

7-8 清代国子监监生服装和雀顶帽子

食：监生在校期间，一般主粮是每天给米1升，蔬菜、豆腐、油、盐、酱、醋也都有详细定量。明初，不仅贡、监生连同家属可以免除徭役，监内还实行"会馔"，即会餐制度，伙食标准相当高。不会馔者则发给相应的钱物，家属也有一份。对家境贫寒贡、监生的家小还发给"家小月粮"。

住：对于外省的内班生，国子监提供号舍以宿，清雍正期设立了南学之后，一部分内班生住在了条件良好的南学。冬天每月另加白银五钱煤火费。

学：监生的基本学习用品和用具，由学校定时、统一发放，并且有明确数量。

其他：监生享有探亲、婚丧等事假，每逢传统节日如春节、"十五"（灯节）、清明、中秋等也给节日假5~10天不等。监生患病，可以到"药房"即国子监中院西北角的三间转角房取药，这是贡、监生看病抓药的"卫生所"。前院西侧"退省门"外，有"保安堂"五间是患病养病的病房，专门收治病重需要"住院"的贡、监生。治病往往请太医院的太医诊治。需要长期休养的允许回原籍休养，病好后返校继续学习。

所有这些，都离不开由朝廷支付给国子监的费用。接下来，以清朝为例，了解一下国子监贡、监生享受的"膏火银（即津贴）"的变化。

从雍正八年（1730）始定，国子监"凡于讲课之期，每年赏银六千两，以为饮食之费，所余银以备诸生遇有事故，实力不足者，量加赒助"。②《大清会典》

---

① 《皇明太学志》卷一。
② 《清朝文献通考》卷六十六。

并依此明确列入规条:"凡成均膏火岁支户部库帑六千两,月给内外肄业生。廪饩有差。"

乾隆二年(1737),始定内班每名贡、监生每年支付膏火银24两,平均每月2两;外班每名每年支付6两膏火银,每月平均5钱。

乾隆三年(1738),裁去外班,节减下来的经费增给内班生每名每年6两,平均每人每月2两5钱。

乾隆六年(1741),恢复外班120名,加上从内班拨过来的内班生24名,仍各给膏火银每人每年6两。

嘉庆二年(1797),将国子监的荫监生的膏火银取消,但大课、堂课奖赏与其他诸生相同。

同治二年(1863),酌定内班膏火每名每月给银1两(注:减少了1两5钱),外班给银每人每月2钱(注:减少了3钱),大课从优酌奖。

同治九年(1870),国子监上奏并得到批准的奏本中讲道:"向例每年恩赏肄业生银六千两,咸丰四年折发实银一千二百两,同治二年增发实银三千两,现在……仍复旧额,每年发给实银六千两。"

同治九年(1870),定南学肄业生每月增添4两膏火银,连同内班每名每月已发给的1两膏火银,共有5两。

光绪十二年(1886),又给居住于南学规定名额(60名)内的诸生每名每月增加到8两。另用于录取、内、外班奖赏、恤等款每月300两,不足部分,再每月增加膏火银200两。①这里还有一个疑点,国子监虽有内班生住校的规定,但据《清史稿》记载,在国子监祭酒鄂尔奇、孙嘉淦奏请雍正皇帝设立南学时,住监人数已是徒有虚名了,就是说,设立南学之前,实际上已经没有内班生住宿在国子监的旧号房了。"先是太学生名为坐监肄业,率假馆散处,遇释奠、堂期、季考、月课,暂一齐集。监内旧有号房五百余间,修圮不时,且斧资不给,无以宿诸生。"②这就是说,原来令国子监内班生居住的号舍因不能及时修葺,已经没人居住了。南学设立起来后,长期住监的南学肄业生也只是一部分内班生而已。按照名义上住监的内班生总数要大于居住在南学实际名额的情况计算,加之内班生膏火银数量多于外班监生膏火银数量的规定,这就必定产生一个膏火银数量差。如是,多出来的膏火银就这样去向不明地销声匿迹了。

① 引据均自《清史稿》志八十一。
② 《清史稿》卷一〇六,孙嘉淦奏请设立南学奏本。

看来在国子监膏火银的问题上，也有一个古老的命题：上有政策，下有对策！

四 监生的课程学习

六堂肄业生在国子监是怎样学习的呢？如同现在的课程表安排一样，也有关于课程学习的安排，但没有现在这样详细，学科的内容也根本无法同现代相比。在前边的章节里已经讲到过明朝朱元璋在他所制定的"国子监十二条监规"中对课程学习的安排。有清一朝国子监生的课程学习内容有所变化，因而课程的学习安排也有所不同。为了了解国子监的"校园生活"，这里给大家做一个简单的介绍。

具体来说，课程以月为时间单位进行安排。

1. 每月初一和十五，由国子监祭酒带领全体教官和贡、监生到旁边的孔庙举行释奠礼，以祭祀孔子。回到太学以后，博士厅将全体国子监生集中在彝伦堂的露台之上，朔日（初一）由祭酒或司业讲四书，望日（十五）博士讲五经一次，这叫作"会讲"。

2. 每月上旬，由助教讲书义（注：《钦定孝经衍义》《御制性理精义》《大学衍义》《钦定四书义》等）。

3. 每月十五过后（望后），由学正、学录各讲书义一次。

上述3种讲书都是由教学官员完成的。讲毕，再由肄业监生对各个官员分别进行复讲、上书、复背的课程，约需10天。如此会讲——复讲——上书——复背，周而复始，每月需循环3次。

上述之外，每3天之内，肄业生还需写"读制义"（有如读后感）一篇，每日临摹晋、唐名帖楷书600字以上。所有这些学习活动和内容都必须记载在"日课册"上，每10天交本堂助教批阅，每半个月博士厅汇总交由祭酒、司业查验。

祭酒（与两名司业轮换进行）每月十五对全体内外班肄业监生"大课"一次，也就是进行考试（祭酒每三个月轮课一次，故为季考，司业则是月考）。考试的内容是"四书文"一篇，五言八韵诗一首，时而还要加考诏、诰、表、判、策论。考试的前两天，由绳愆厅对试卷弥封编号。考试时间要进行一天。"大昕齐集，薄暮交卷"；外班生领课题后3日内交卷。

每月初一，博士要对肄业监生进行考试，考试的内容为经文、经解、策论。

每月初三，助教进行考试。

每月十八日由学正、学录进行考试，每次各考四书文、五言八韵诗、经文、策论其中的一种。

肄业内班监生每月休息3天。

为了更具体地感受一下昔日的"校园生活",我们给大家比较详细地描述一下这些不同的学习日程:分为释菜礼仪、会讲、复讲、背书、大课、堂课、读经笔记和纠仪。

(1)释菜礼仪

每月初一(朔日)的清晨,祭祀主献祭酒率同国子监各官员到"致斋所"(持敬门内南侧房间)外集中,更换朝服,肄业诸生在持敬门签到集中。司仪引导由孔庙大成殿的东掖门进入,各类官员以及肄业贡、监生都在阶墀下站立。

司仪:"排班,整齐队伍。"共分3班站队:

一班为祭酒、司业、监丞、博士等分献官,随行礼官,站立在正中位置;另外两班为八旗教习、六堂肄业诸生、琉球生,左右分站。

站好位置以后,司仪:"跪——叩——兴。"众官、生行三跪九叩之礼。

礼毕,由司仪引导司樽者(11名)到盥洗所,洗手,用绢绸盖住手。再到酒樽所斟酒。斟酒完毕之后,执爵者由中道而上,主献祭酒由台墀左边拾级而上,由殿左门而入。

司仪:"诣至圣先师神位前。"主献祭酒到孔子位前一跪一叩,兴。

献酒三爵,一跪三叩,兴。其余在阶下俱随班行礼。

司仪又道:"诣复圣颜子、宗圣曾子、述圣子思子、亚圣孟子位前。"

祭酒再对四配神位各行三献礼,如同正位(孔子位)前那样。此时,司仪引导诸分献官两庑诣十二哲神位前行礼,如四配仪礼。

行礼完毕之后,祭酒等人由殿右门出,下西阶复位。司仪叫道:"跪——叩——兴。"祭酒和各官生行三跪九叩之礼。礼毕。

由司仪导引从西掖门出(大成门西侧)。

崇圣祠主献、分献礼仪如上述。

每月望日(十五日为"上香礼")由司业代替祭酒进行礼仪活动,仪如朔日,不献爵。

(2)会讲(朔、望日进行)

每月初一或月初(朔日),祭酒、司业轮换会讲,讲授内容主要是"四书"和《性理通鉴》;博士讲"五经";上旬助教讲义。十五之后,由学正、学录讲书各一次。学正、学录的讲书由自己定讲题，撰写讲章，但要送西厢（满、汉司业）审定。如此算下来，每个月会讲要进行5次，上半个月3次，下半个月2次。

"是日，设讲座于露台西南，堂中礼生（仪礼服务生）跪禀本次会讲。"监丞坐于彝伦堂东柱外，博士、助教、学正、学录坐于彝伦堂西柱外，"鸣讲鼓三，供讲案于堂门外阶上"。礼生2人引讲官登座。礼生取案上事先准备好的讲章折，送给讲官。习礼公、侯、驸马、伯另为一班，序立台上，随大班诸生一起揖礼听讲。讲完之后，由礼生引导回到讲官的讲座上，再引导另一位讲官登座讲经。讲完之后，堂中礼生跪禀：会讲完毕。肄业诸生（入国子监学习的所有内外班监生）跪揖谢教，厅堂各官揖礼而退。①

凡是会讲，先以大诰律令及"为善阴骘"（个人的品德行为）、孝顺事实、五伦书与"四书五经"兼讲；次性理、通鉴纲目诸书。

如果讲书的是由皇帝编纂的御制诸书，讲官则立讲（不设讲座位），属官立听；厅堂内外礼生都到墀下同诸生跪听；其他的则教官坐讲，诸生立听。

诸生听讲后习读讲章，有不清楚或不明白的地方，马上向本堂助教等官请教问询（各堂官会讲的内容），或者向祭酒、司业质询（祭酒、司业会讲的内容）。不能怕麻烦和留存疑问。

对于以前所讲过的内容，肄业诸生应该反复背诵。十日下来应该全部背诵下来，每个月这样的背诵有三次。

（3）复讲（接会讲）

由监生根据上次会讲的内容，讲述自己的理解并加以论述。

鸣讲鼓，供讲案，仪如会讲。

侍值、友长（东西厢的小吏）捧签筒到主持复讲的官员公座前，按照一：率性、修道，二：诚心、正义，三：崇志、广业次序，掣签选择某堂某班，接着掣签某班某生。每掣签点到的诸生，先讲书，后讲经。

友长执签传唤诸生升堂，行跪揖礼，站立讲书、经。讲完之后行跪揖礼。礼生跪禀主持官员：复讲完毕。

（4）背书

背书之日。侍值、友长执签筒到公座，六堂各掣一签，当各班生朝参穿堂时，持签者友长将签交给各堂长。然后将掣签的诸班生引导西讲堂。逐个地点名试背。对于不熟

---

① 《钦定国子监志》卷四十三。

悉背书内容和点名未到者,送到西厢进行下一步的摘背(选取若干章节背诵)。仍然不熟悉背书内容的和点名未到的是要被批评责备的。

(5)大课

"课"就是考试,"大课"就是由祭酒、司业主持的考试,每月2次。

每月(六月和十二月除外)农历十五日,由祭酒、司业主持大课(祭酒季考、司业月课)。在进行大课的前两天,由绳愆厅对考试卷进行弥封编号,"弥封",就是要把试卷卷首的考生姓名、籍贯都要封住或者裁去,以防评卷官徇私作弊。

大课之日,肄业内外班诸生清晨必须集合完毕,参加考试。考试的内容有:四书文章一篇兼考诏(皇帝颁发的命令或文告)、诰(帝王对臣子的命令、告诫、勉励)、表(给皇帝上的表章)、策论(议论当前政治问题、向朝廷献策的文章)、判(裁决诉讼的文书)。月初,博士还要考经文、经解及策论、五言八韵诗一首。

考试之前,国子监祭酒率领属下的各官到孔庙行释菜礼。礼毕,升彝伦堂面南就位,各属官及教习,肄业诸生,按照排次进入,行拱手礼,朝参堂上官。

各个学堂的监生进入所在堂号以后,向坐在堂内正中一间公座之上的助教、学正(或学录)行拱手礼,礼毕入座。东三堂的考题试卷由绳愆厅的文员发;西三堂的由博士厅的文员发。

由各堂官等官员负责巡场、监试、供给、收卷等各项事务。傍晚交卷。

交卷之后,四厅六堂官员坐在堂上阅卷,用蓝色笔批阅,每个监生的考试名次由祭酒、司业最后裁定;祭酒、司业用墨笔复阅。课后三日诸生领卷详阅,阅后收缴存储。

考试结果分为如下几等:

一等:课试优通者,按差别分别予以奖励银两:

一等一名奖励银1两,

二、三名8钱,

四、五名6钱,

六至十名5钱,

十一名至二等一名3钱。

二等:只奖励第一名,奖励银3钱。

三等:都不给予奖励。

附三等:为劣者。给予扣除当月入监时间的惩罚(等于延长了坐监时间),也不发给当月膏火银,三次考试都是附三等者,予以退回原籍。按考试成绩劣差等级排列,由绳愆厅予以榜示姓名,传喻诸生知晓。并将他们的试卷发在堂上诸生传阅,堂上官当面训示,然后将他们的试卷存储于博士厅。

考为一等至二等第一名的试卷本人看完之后,一律各堂收回,转付博士厅,以备选刻。

【注】汉监生除常课之外,每月还要加试一次。所考内容为经书义、策论各1道。所考的经书义题必须做到通达义理;策论必须通古论今,符合程式者,被评为一等。在一年内考试12次每次都达到一等者,方为优等,直送参加廷试。

(6) 堂课

"堂课"是由助教、学正、学录主持的考试,每月两次。

每月三日,由助教考试;十八日由学正、学录考试。助教、学正、学录的考试内容以四书文、诗、经文或策一。堂课发试题卷和大课一样,但考试以后没有白银的奖励。内班诸生清晨集合,当日交卷。外班生十五日当面领取课题,三日内交卷。

除了上述的考试之外,还有一种是按考试对待的功课,这就是计入《日课册》的"日摹晋、唐名帖数百字"。助教每10天等批阅一次,初一、十五交堂查验。书写必须端正、有体,不得潦草,不到或请人代写,违反者照例斥责。

考试的纪律很严格,凡是3个月不参加大课、堂课的监生是要被除名的。

(7) 读经笔记

国子监诸生以明经最为重要。发给内班肄业诸生每人一部《御纂钦定经书》,按日研习。研习时,要注明将来的考试内容,做笔记的时候,要注明自己的心得和疑难之处。每3天呈给本堂官(助教、学正或学录)批阅并记录,逢初一、十五呈给兼管监事大臣、祭酒、司业、博士诸位堂上官,评定优劣,并随时准备回答师长的质问。

外班生每朔、望日交本堂官批阅,下一个朔、望日交堂上官批阅(隔月批阅)。

7-9 监生学习在率性堂考试

诸生所领经书,逢告假、事故、回乡时,要将此书交回本堂。

（8）纠仪

等到肄业诸生当天所从事的学业活动完成以后,向两厢禀告"授业完成",侍值、友长仍然执"整齐"、"严肃"牌,禀告"下监纠仪"。号长领诸生到太学门内,背对墙壁立于太学门内,接受纠仪。

对于诸生大声喧哗、不按次序排列的,纠仪则摘掉其所带的佩牌,呈送两厢追究惩治；绳愆厅点名不到的（晚点名）,绳愆厅礼生先禀西厢,查明真假,然后将此事告知两厢,追究惩治。

以上就是每一种学习活动的过程。

除了上述讲书、考试之外,国子监还曾经实行过"历事"、"拨历"制度。制度源于明洪武五年（1372）,为满足当时官吏不足的需要,创立监生历事之制。历事即"历练政事",是实习官吏的制度。凡在国子监肄业期满者,均派到中央政府六部诸司实习吏事,并考察其勤惰。清顺治初将这种实习制度改称"拨历",监生坐监期满,即拨历各部院衙门实习吏事,每三个月考核1次,一年期满,送朝廷考察授官。

乾隆二年（1737）,根据刑部尚书兼管国子监大臣孙嘉淦的建议,进一步扩大了国子监的教学内容。令国子监生在学习科举考试的相关内容外,又仿照宋代胡瑗的分斋教学法,明一经,治一事。"明经"的意思是要求在国子监肄业的贡、监生钻研掌握一经或兼学数经,这些经义学说必须从由皇帝亲自编纂的"折中""御制诗、书、春秋三经传说类纂"等书中学来,探求其中的原本意义,讲明人之伦理的日常道理。"明经者,或治一经,或兼他经,务取御纂折中、传说诸书,探其原本,讲明人伦日用之理。"这里所谓的"事"指历代典礼、赋税、律令、边防、水利、天文、河渠、算法等实用知识。"治事者,如历代典礼、赋役、律令、边防、水利、天官、河渠、算法之类。"由于这样的变化,乾隆皇帝给予国子监以特别的关注,还将《钦定四书文》分给太学诸生。这是乾隆命侍郎方苞选集明、清科举八股文的范文,作为"举业指南"之作。祭酒孙嘉淦更是严格经、事课程,奖励与诱导相结合,鼓励贡、监生们努力学习；并同时高标准地挑选六堂讲师（助教、学正、学录）。由此国子监呈现出"师徒济济,皆奋自镞砺,研求实学"的新景象。①由孙嘉淦所奏定的"明经治事"课程办法,虽然中间有过反对意见,但在形式上却一直奉行到清末。清光绪二十五年（1899）《清会

---

① 引据详见《钦定国子监志》卷三十六、《清史稿》志八十一。

典》仍有"仿宋儒胡瑗经义、治事两斋遗义，设立课程"之规定，以作为国子监六堂的教法。但据陈康祺所著《郎潜纪闻》中描述，下至晚清，国子监六堂对贡、监生的考试，"仍课时文外，无所事事"。国子监的六堂监生们除了抱着八股文（亦称"制艺"、"时文"）不放之外，其他课程都早已不加理会了。实际上此时的"明经、治事"教法已经名存实亡。其中的深刻原因正如上书所言："天下之习，不惟其教，而为其所取。"这是说，学习活动可不是教什么才学什么，而是为达到某种目的的索取过程。正是科举考试的政治制度需要绑架了国子监的教育，"八股文"才受到监生的热捧。

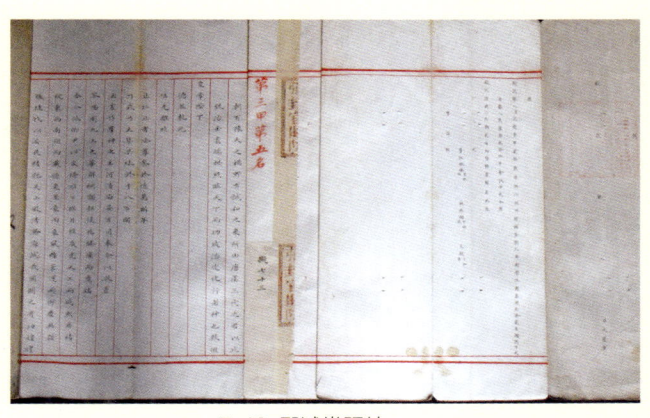

7-10 殿试卷照片

说到这里，一定会有读者问，具体的"八股文"和"五言八韵诗"究竟是怎样的文章体裁？下面我们给对此感兴趣的读者摘录一篇八股文，一首五言八韵诗，供参考。

先简单介绍一下八股文。八股文为科举考试必用文体，它是明成化年间形成的一种考试文体。格式死板，由破题、承题、起讲、入手、起股、出题、中股、后股、束股、收结等部分组成。破题要说明题意，承题进一步说明题意和文章主旨，起讲是议论开始，入手是引入正题的话，起股是总论，出题是点出题目的散句，中股与后股发挥题意，至文章重心，束股说完意犹未尽的话，收结收束全文。起股、中股、后股、束股都各有两股对偶句，因而称八股文，也称为"时文"、"制义"。有些文章只有六股，也算是八股文。八股文多取"四书"语命题。

附录一：八股文范文

题目："生财有大道，生之者众，食之者寡，为之者疾，用之者舒，则财恒足矣。"（此题出《大学》第十章）

作者：严虞惇（1650—1713），常熟人，康熙三十六年殿试一甲第二名（榜眼）。授编修。官至太仆寺少卿，著名散文家。

正文（【】内为结构简释）。

王者平天下之财，以道生之而已。【破题】夫财不可聚而可生，而生之自有大道也，可徒曰"外本内末"乎？【承题】且平天下者，而权夫多寡有无之数，宜非王事之本务也。不知生民有托命之处,无以给其欲则争。两间有不尽之藏,无以乘其机则敝。惟不私一己而以矩之意行其间,所为导利而布之上下者,诚非智取术驭者之所能几也。【起讲】吾为平天下者言生财:【入手】财本无不生也,财一日而不生,则万物之气立耗,而生人即无以自全,知其本无不生,而长养收藏,可以观阴阳之聚。财亦非自生也,财一日而不生,则万物之精易散,而大君于是乎无权。知其不可不生,而盈虚衰旺,可以调人事之平。【起股】生财固有大道焉。【出题】求珠于渊,取璧于山,开天地之未有以夸珍奇者,非生也。夫民有衣食之利,而金玉夺之,贫与富相耀,私而不能公矣。大道以正其经,而不通难得之货,不作无益之器,饮食以为质,与天下相适于荡平焉。关市有征,国服有息,竭闾阎之力以称富强者,非生也。夫国有维正之式,而商贾算之,子与母相权,暂而不能久矣。大道以定其规,而不损下以益上,不夺彼以与此,制节而不过,与天下相安于中正焉。【中股】大道而精言之,则与性命相孚。以不贪为富,以不蓄为宝,清心寡欲,既以清生财之原而由是,措之则正,施之则行,百官万民,群拱手以观圣天子之发育。道之所为,无欲而通也。大道而广言之,则与天地相参。裁成其有余,辅相其不足,仰观俯察,既以博生财之途而自是,天不爱富,地不爱宝,人官物曲,咸奋发以赴圣天子之精神。道之所为,大亨而正也。【后股】于财之未者而生之,生于天,生天地,生于人,而实生于君。《周礼》、《周官》,具见圣人之学问。于财之既生者而益生之,益而生,畜而生,节而生,即涣而益生。官山府海,只为霸国之权谋。【束股】生财之道,即矩以平天下之大道也。【收结】

7-11 严虞惇

　　作八股文,考生要用儒家口气论述,"代圣贤立言"。以经书中一句话命题叫小题,例如"子曰:学而时习之,不亦说乎?"如果以整篇为题就是大题,如上文。八股文用字有一定限制。顺治二年规定每篇不得超过550字,康熙二十年限650字,乾隆四十三年(1778)限700字。

　　试帖诗是乾隆二十二年(1757)后乡试、会试规定为必考的内容。它是五言八韵诗。内容是歌功颂德、粉饰太平。

附录二：路慎庄的试帖诗：
东西深不辨，空外但闻声。
共捣三更月，谁知万户情。
寒衣新浣出，密线旧缝成。
远近惊秋早，光阴入夜争。
力微拼用尽，辛苦说分阴。
凉意生双杵，繁音满一城。
深闺今日寄，绝塞几人征。
露布频闻捷，铙歌报太平。

第三节　做官诱惑下的监生百态

国子监为国家观瞻所系，体尊位崇。在雍正和乾隆年间，孙嘉淦奏准设立南学和改革国子监课程以后，曾经有过一段气象更新的景象。道光末年与同治初年又有过几次整顿，但效果就大不如以前了，正如上面已经说过的那样，"监规颓废已久，迄难振作"。这种现象的存在有其必然的原因，除了国家制度层面上的问题，也有教育制度本身存在的弊端。

首先是贡、监生的多数不愿意以入国子监学习为自己的职业志向。以岁贡生来说，顺治二年（1645）开始，论资排辈地选送且不用坐监就可以直接参加廷试考官，那真是一个岁贡的"黄金时代"。但好景不长，从顺治十三年（1656）就开始挑选岁贡中的"年力强壮者，乃许送监"了，资深的年老体弱者开始受到排斥。一直到康熙二十六年（1687）坚持不让岁贡参加廷试考官，但对他们可以选授本省训导（地方儒学教官的副职，从八品），这种就近当官的办法，对于那些年老体衰的资深岁贡生来说，算是一个不错的结果了。"直省岁贡盖免来京廷试，著各学政挨序考准，咨礼部补授训导。"对于这个群体来说，到不到国子监里学习，已经没有任何吸引力了。但对于年轻力壮、上进心强的岁贡生，愿意入监肄业的，由学政开出证明，到礼部履行手续后也可入国子监肄业。至于例贡，则与上述人员同样对待。①

再以拔贡为例。拔贡本来就不常选，12年才有一次（雍正皇帝曾经改为六年一次，后又改回）。乾隆元年又定朝考之制，将其中的一、二等的拔贡生予以录用官职，考列三等的拔贡生送国子监肄业，所以拔贡生也无需以入监为取仕之途；对优贡来说，朝廷虽则规定实行朝考，但只是送监学习，并不录用为官。所以很多被选送的优贡生索性不来京报考了，对入监学习毫无兴趣。同治年间，虽然也定了一些录用优、拔贡为官之条，但为时已晚；副贡倒是允许"免其坐监，即与廷试"之规定，但那是针对廪饩生员（公费秀才）来说的，对增、附生员来讲只是送监学习，也没有什么诱惑力；剩下来的就是那些没有生员身份的监生了。恩监生与荫监生绝大部分是满洲、蒙古和汉军八旗子弟，本来就是仗着老子的身份来的，不愁将来没官做，学习兴趣可想而知。随同优贡选送的优监生三年一选，一省不过寥寥数名，各省合计到一起，"不过六七十人"，以至于乾隆四年（1739），国子监生肄业期满者只有20多人，乾隆无奈只好下令"将保荐引见之例暂停"。上述所云，绝不是偶然现象，早在康熙二十四年（1685），批复给礼部的朝旨中就已经指出"监生只有输纳一途，贫窭之士无由观光"的现象存在。②雍正元年（1723），礼部尚书陈元龙上书请求严格国子监的学习规制。说礼部中都在议论，太学监生皆由捐纳，能文之士稀少，还是让有关教育官员按照过去的规定来选拔贡、监生。③其实，那些以捐银而获得身份的例监生或是为了虚衔，或是为了将来获得参加乡试的应试资格，绝大多数人终身都没到过国子监。

即使是参加朝廷考试（廷试），国子监生中舞弊现象也是十分严重，最突出的是请人代考。雍正六年（1728）七月，刑部尚书励廷仪上奏，请求雍正皇帝下决心清除监生请人代考的弊端。雍正因此下旨整饬，下面将这个谕旨引全文如下，以窥其中之弊重：

各省监生，每于考职之时，或惮于跋涉，或不谙文理，常托在京之亲戚朋友，代为应考，而本人安坐原籍，滥窃职衔。此等陋习，相沿已久。是以数年来，朕特遣大臣等司考试之事及后访察。知考试之臣，亦只能校阅文艺，不能除假冒之弊。故于上年考试之后，朕令将一千一百余人，通行引见。彼时伊等自知顶冒情亏，不敢报名引见者九百余人，俱经降旨革退。其引见之二百余人，朕以为皆系正身。又见其中有人材可用者，因拣选七十余人，交部即用，或令外省督抚试用。且有加恩用至知县知州等官者。近闻

---

① 《钦定国子监志》卷三十五。
② 同上。
③ 《清史稿》志八十一。

此即用人员之内，竟尚有顶冒之人。似此敢于欺罔，可谓愍不畏死者矣。今朕开恩，准其自行出首。若代考得官之人遵旨出首，朕酌量宽减其罪；其托人代考者，情罪较轻。若遵旨出首，但革去监生，不治其罪。倘仍前隐匿不首，一经察出，将与者受者，即行正法。其从前历来考职监生、有代考得官者，俱照此例行。①

看来，对考试中舞弊的情形，雍正早已是心知肚明。就连自己亲自挑选出来那七十余人的所谓"人材可用者"，其中竟也有冒名顶替的！民国初年重要政治人物胡汉民，便是历史上著名的代考"枪手"，他为了参与孙中山先生的革命，拟留学日本，但苦于囊中羞涩。于是他在光绪二十七年（1901）代人应考乡试，中为举人，得金六千，才得以成行。②乾隆二十一年（1756）为了严防文化发达的南方人冒充北皿（国子监的北方监生）、北贡（国子监的北方贡生）应试（顺天府乡试中特设"南、北、中皿字号"为监生考场舍号并分别录取），就连乾隆皇帝本人也不得不承认"顺天府试，南人北皿中式者固多，而冒北贝（注：参试的北方贡生）中式者，更不可计数"。③

对监生中这样的舞弊现实，可以采取强硬的行政手段予以惩罚，而对于制度本身的腐败，皇帝本人却难有回天之力。除了请人代考之外，国子监生也与地方考生一样，有许多营私舞弊的手段，再举二例：

夹带。就是将有关考试内容的材料带入试场。举子把有关材料用蝇头小楷抄在衣服里层，或抄在纸上，或印成袖珍小书，放在竹篮、酒罐或靴里。有的买通差役，公然带进考场。这种情况在同治之后尤多。

合谋。考官与考生合谋。考生向考官行贿，在考卷中做记号。某科诗题为《所宝惟贤》，考官与考生商定以"水烟袋"三个字散见诗中作为关节。考生在卷子里写道："烟水潇湘地，人才夹袋储。"考官轻易地认出试卷，判为佳作。

尽管清王朝对作弊行为严肃查处，但

7-12 夹带袖珍书，夹带服

---
① 《清世宗实录》卷七十一。
② 《中华民国名人传》，第一册。
③ 《钦定大清会典事例》卷三四〇。

舞弊行为在整个清朝科举考试中不断出现。到了同治朝就更不严格了。《异辞录·考试公然犯规》讲道，同治四年（1865）会试，有举人把携带入场的书掉在地上，有人捡起来交给检搜大臣。这位大臣把书放进袖里，竟说："为什么带账本进场？"光绪年间，考生把满装书籍的藤箱拉进试场，这样公然的犯规都没有人禁止。

尽管国子监在重重的限制之下，和其他官学、地方儒学一样，一直继续着教育的功能，严守着严格的课程规制与形式，但其实质上却早已成为了科举考试制度的附庸，这种禁锢人的聪明、束缚人的思想、扼塞其知识途径的教育制度，已经不可避免地走向了腐败。正如清人所言："国家设立学校，而以科举道之，故教化不成；教化不成，故人不事学业。……故曰，科举之法兴，而学校之业废矣。"其结果必然是"科举既不能造就人才，而人才的登进又出自科举，则人才消乏乃必至之势"。①

---

① 《经世文续编》卷六五。

第八章 与国子监密切联系的中央官学

中国封建朝廷直接举办和管辖的、旨在培养各种统治人才的学校系统叫作中央官学。根据中央官学各自所定的文化程度、教育对象和教学内容的不同，可将中央官学主要分为最高学府、专科学校和贵族学校。在这三大类众多官学的系统中，国子监则居于中央官学系统的核心。从元代开始，又经历明、清两代，在北京国子监的周围，这个官学系统愈加规范和完善。为了表述清楚，以清朝为例制表如下：

清代官学系统一览表

	名 称	始设时间	教育对象	教育内容特点
国子监			略	
八旗满洲官学	八旗官学	顺治元年（1644）	清皇室以外的八旗贵族子弟	满、蒙、汉语文、经书、弓箭、骑射
	宗 学	顺治十年（1653）	努尔哈赤后裔宗室子弟10岁以上未封爵者	教习满洲文字，射箭，欲学汉文者自聘教师
	觉罗学	雍正七年（1729）	努尔哈赤兄弟子侄后裔8~18岁子弟	读书、射箭，满汉兼习
	世职官学	乾隆十八年（1753）	具有世袭爵位的10~18岁八旗子弟	满语、骑马、射箭
	景山官学	康熙二十四年（1685）	承担皇宫侍卫前三旗的10~18岁子弟	满文翻译、汉语、"四书"、作诗
	咸安宫官学	雍正七年（1729）	同上，还有从满八旗贡、监生员择优录取	满、汉文，射箭，翻译
	蒙古官学	乾隆十二年（1747）	另招生24名	学习蒙古经书，书写乌木克蒙古翻译文字
	回缅官学	乾隆二十一年（1756）	另招生20名	学习回族文字和缅语文字
	圆明园护军营官学	雍正十年（1732）	八旗生员内选取，圆明园护军营官兵子弟都可以入学	专门学习满文
	健锐营官学	乾隆十四年（1749）	由吏部从八旗翻译生员中录取	从事健锐营内幼童的满文教育，另学习马术和射术
	火器营官学	乾隆三十八年（1773）	按照健锐营官学的办法	同上
	八旗义学	康熙三十年（1691）	专为家境贫寒的八旗子弟开办	满语、蒙古语、骑马、射箭
	长房官学	康熙三十五年（1696）	太监	汉语

续表

专科学校	钦天监	顺治年间		天文
	太医院			中医
	算学馆	康熙五十二年（1713）	八旗的世家子弟	数学
	武学校	保留明代京卫武学	雍正三年（1725）改为顺天府武学	骑射、《武经七书》、《百将传》、《孝经》、"四书"
	京师同文馆（东所）	同治年间	挑选13~14岁以下八旗子弟30名	英文、俄文、法文各10名学生
	琉球学馆	康熙二十三年（1684）	琉球国派遣的生员和陪臣子弟	与国子监开设课程类同
	俄罗斯馆	康熙二十八年（1689）	俄国每10年派6个学生	学习满汉语言

从表格中我们可以很容易地看到，清朝时期的官学系统中有相当的一部分为满族官学，其中规模最大、规制最完整、与国子监联系最为密切的当属"八旗官学"。下面我们就先来说说八旗官学的由来和发展。

第一节 独特的民族教育体系"八旗官学"

讲到八旗官学，首先要了解一点关于"八旗"的知识。早先女真人打猎的时候，最原始的基层组织叫作"塔坦"，每个塔坦有三四个人，后来扩大为十人左右。由于狩猎范围和规模的扩大，就需要有一个人来指挥几个塔坦的成员统一行动。凡是采集、渔狩，特别是狩猎和战争，都由这个人来指挥，指定方位，分工合作。几个塔坦统一行动的组织即是"牛录"。总领指挥牛录的称为"牛录额真"。额真是主人、头人的意思，清入关后称为"佐领"。牛录额真是这个临时性的狩猎组织指挥者、组织者和管理者，又由于防御和抢掳的需要，这些由塔坦组成的牛录也要进行战争，那么牛录就成为一个武装单位，牛录额真则成为战争的指挥者。万历二十九年（1601），经过长期的努力，努尔哈赤正式整编牛录，建立四旗：每300人设一个牛录，每5个牛录设一个甲喇，每5个甲喇设一个固山（旗）。这三级组织的首领就是固山额真、甲喇额真、牛录额真，这是满语，翻译成汉语名字，就是都统、参领、佐领。一个牛录的300人编制，乘以5，就形成了一个甲喇，1500人；一个甲喇再乘以5，大约7500人，就是一个固山。固山是满语，用汉语讲就是"旗"，于是，这三万左右的满族人就编制为正黄旗、正蓝旗、正白旗和正红旗。万历四十三年（1615）努尔哈赤正式整编八旗，建立了正黄旗、镶黄旗、正蓝旗、镶蓝旗、正白旗、镶白旗、正红旗、镶红旗八个旗。并以8种不同色彩的旗帜为标志。万历四十四年（1616），努尔哈赤即汗位时，约有牛录240个，其中包括蒙古人牛录、朝鲜人牛录。清入关以前，这样的军事组织达到了400个，不仅原来的满、蒙牛录组织扩大了，还增加了汉人牛录16个。清太宗皇太极为加强对旗人的束缚，强化了八旗制的军事职能。为了扩大军事实力和汇集人心，皇太极又把降服的蒙古族和汉族人编为八旗蒙古和八旗汉军，简称蒙八旗、汉八旗，构成了以八旗满洲为主体的民族共同体，从而使八旗制度成为清统治的重要基础。

8-1 八旗旗帜

阎崇年先生对八旗的作用曾做过简要的概括：努尔哈赤创建的八旗制度，将国家的中枢机构与基层的牛录组织有机地联系起来，从而把星散于深山密林间的满洲臣民组成一个社会军事化、军事社会化的新型社会结构，"出则为兵，入则为民"。一声令下，集合起来就去打仗，打完仗回来就是老百姓了，该种地种地，该打猎打猎。出征的时候军马是自己的，武器是自己的，干粮是自己的，掳掠了胜利品大伙分。"行师出猎"，对原来处于原始部落的女真人来说是一件大事，获得财富是他们最重要的生活目的。抢掠比狩猎更容易获得大量财富，更有诱惑力，战争就成为经常性的行业了。这对将走向文明门槛的狩猎或游牧民族来说，是不能逾越的历史阶段。所以，女真人每要出征的时候，家里头老婆孩子是喜出望外，他们希望到前线去。这种社会结构把生产力低下、文化落后的女真人高度有效地组织起来，按固山牛录制度编制，平时生产，战时从征。

由于在这样的组织中间"设官分职，以养以教，而兵寓其中"，[①]部落氏族制度实际上就变成了行政组织、军事组织，凌驾于社会之上。各旗的旗主或旗王（"和硕贝勒"）统治各固山的氏族成员，固山牛录制度（即八旗制度）使得建州女真从原始部落迅速迈入了国家社会。这是满洲社会崛起的一个关键因素。

完善后的八旗制度中，各旗有护军营、前锋营、骁骑营、健锐营和步军营等常规兵伍组织。清初诸帝很重视枪炮武功等实战本领，还设立了相礼营、虎枪营、火器营和神机营等特殊营伍。八旗军在平定三藩、收台湾和抵御沙俄侵略等战斗中骁勇善战，取得了辉煌战绩。当时征服有数千万人口的明王朝，靠的就是这支只有三十余万人的八旗劲旅，其中满族八旗队伍仅五六万人。夺取天下以后，八旗自然成为统治者依靠的社会基

---
① 《钦定大清会典》卷九十五。

础和骨干了，但摆在清朝统治者面前的一个大问题就是：作为人口少、经济文化水准低的满洲如何来统治幅员辽阔、人口众多、经济文化发达的汉族及其他各个少数民族？清入关后，八旗人才奇缺，"仅敷京员之用"①，地方府、州、县都没有满族官员。治理天下需要文化知识和管理才干，能否培养出大批的本民族人才，关系到清政府统治的稳固。对此，清统治者没有其他捷径可走，唯有加强本民族的教育，提高民族素质，高度重视且倾全力发展八旗教育。1631年，皇太极下令15岁以下、8岁以上的子弟都要读书。为此，清王朝入京伊始就立即着手从上到下实施八旗教育，逐步建立起独特而又庞大的满洲教育体系，八旗官学则是这个体系中最重要的组成部分。

8-2 正黄旗官学遗址（院内）

8-3 原镶红旗官学遗址大门外景照

八旗官学是为教育清皇室宗亲以外的八旗子弟而建的学校，这些官学的所在地为：

镶黄旗官学：安定门大街圆恩寺胡同，有房37间；

正黄旗官学：西直门内祖家街，有房37间；

正白旗官学：朝阳门内南小街新鲜胡同，有房28间；

正红旗官学：阜成门内巡捕厅胡同，有房47间；

镶白旗官学：东单观音寺胡同象鼻子坑，有房35间；

镶红旗官学：宣武门内头发胡同，有房48间；

正蓝旗官学：东单牌楼之北新开胡同，有房35间；

镶蓝旗官学：西单北东斜街，有房40间，光绪九年移建于西斜街。②

光绪二十九年（1903）三月，八旗官学按八旗之序改为八旗第一至第八高等小学堂，均包括初等小学部。其中的第八高等小学堂改建于宣武门内绒线胡同。

---

① 《清史稿》。
② 《钦定八旗通志》卷九十五。

清定都北京以后，八旗兵分为"京营"和"驻防"两类。京营是守卫京师的八旗军的总称，由朗卫和兵卫组成，总兵员约10万。侍卫皇室的人称朗卫，且必须是出身镶黄、正黄和正白"上三旗"的旗人。紫禁城内午门、东西华门、神武门等就由上三旗守卫。在北京的京营八旗有固定的位置，两黄旗住在北城，两白旗住在东城，两红旗住在西城，两蓝旗住在崇文门和宣武门以里。驻防是指驻防全国各要地的八旗，驻防兵员也在10万左右。

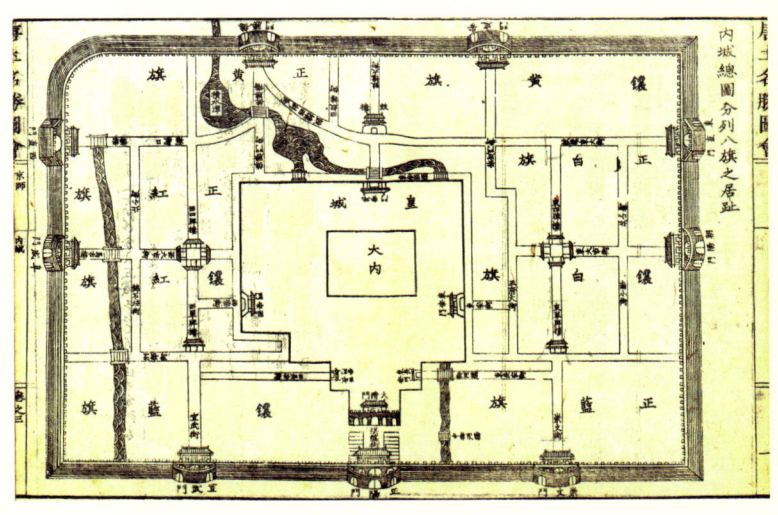

8-4 清代北京八旗驻防图

《清实录》记载，清国子监建立之初的1644年，即顺治元年旧历十一月初一，清时詹事府少詹事兼国子监首任祭酒李若琳在给顺治皇帝的奏言中建议："今满洲勋臣子弟、有志向学者，宜令奏送国学读书一体讲习。"得上谕曰："满洲官员子弟有愿读清书或愿读汉书及汉官子孙有愿读清汉书者，俱送入。国子监仍设满洲司业一员，助教二员，教习清书。"①这就是将愿意学习的八旗子弟都入国子监读书，学习满文（东讲堂一度曾为镶黄旗子弟的教室）。但由于国子监地处城东北角，建立之初还很简陋，原有的监生号房已经毁坏，没地方可以住宿，使得分散在北京内城的八旗子弟往返很是不方便。这样的窘境维持了一个月，为了改变现状，李若琳再次奏准："月底又设八旗官学，每十日赴国子监考课一次。春秋演射五日一次。"②官学的校址选择设在北京内城各旗驻地防区内（今前三门以北，二环路以内的东城、西城两区，也是旗人居住区），各寻觅官房一处设立学校，作为八旗子弟读书之处。以国子监二厅六堂的教官分头上门施教。各旗官学设学长4人，居住在官学之内，和八旗子弟朝夕相处，并帮助他们学习。而国子监的祭酒和司业不定期地亲临各旗官学，检查学生们学习的情况。每月逢六各旗官学师长率弟子到国子监，由教官当堂考试，这就是八旗官学的开始。

可能是由于八旗官学建立初始，国子监在管理上一下子还难以适应铺这样大的摊

① 《清实录》清世祖卷之十一。
② 引文同上。

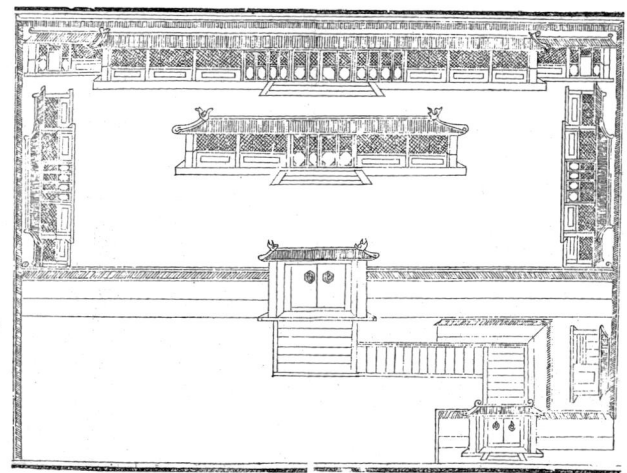

8-5 镶黄旗官学古籍绘图

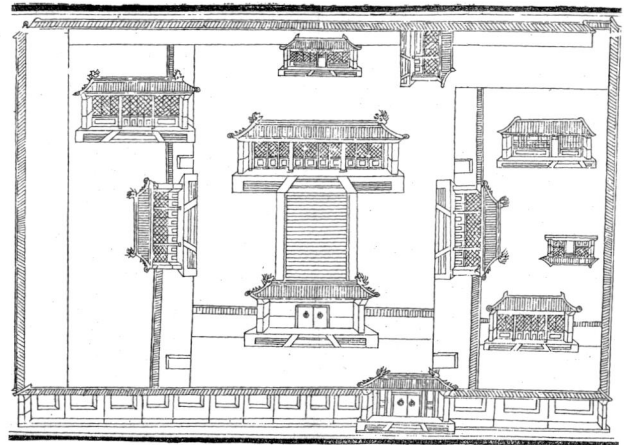

8-6 镶红旗官学古籍绘图

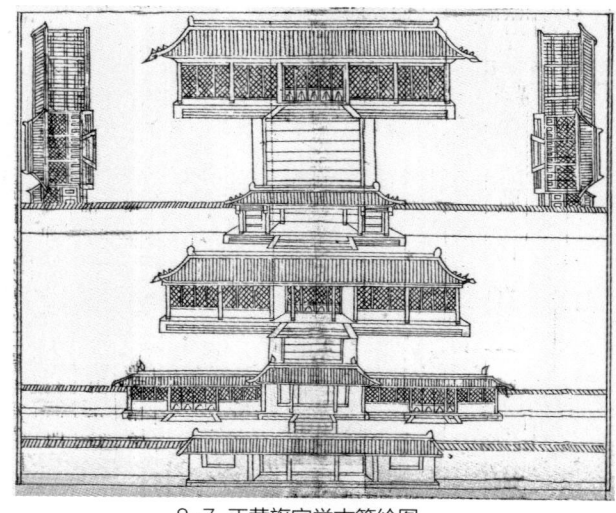

8-7 正黄旗官学古籍绘图

子，第二年（1645）五月，应国子监祭酒薛同蕴所请，将8处的八旗官学压缩为4处，但同时给每处八旗官学生增加了10名伴读生的数量，以帮助这些八旗子弟比较快地掌握所学习的内容。这样"少而精"的设置应该可以适应国子监初建时期学习、管理上的需要。

时间过去了82年以后，雍正六年（1728），听从国子监祭酒孙嘉淦建议，恢复每旗一学，共设定八处。每旗官学定额100名（满60人，蒙、汉各20人），拨官房一处。统一由国子监管理，由国子监六堂二厅派员教授，并由各官学的助教带领上堂，考录各旗选送的10岁以上、18岁以下的聪俊子弟，查验挑取，咨送国子监进一步提高。八旗官学之所以能办到这样的规模，一个重大的支持就是财政补贴政策的施行。原来，清政府此时对八旗实行"教养兵"特殊补贴，每月对京师中满、蒙不同民族的旗人每人给予3两到2两白银学习骑射的财政补助，长幼均享。此时，国子监祭酒孙嘉淦建议雍正帝将这些平分的财政补助每旗拿出50名的定额由拨到各旗人头改为拨到各旗官学，专门用以资助在校的各旗长幼官学生，以保证他们生活和学习的费用支出。这样一来可以继续保证八旗官学生的生活水平，又可以把钱用在学习上。用现在的话来讲就是"好钢用在刀刃上"。对清政府来说，中央财政既没有增加支出，八旗官学的财政窘境也有了财政支持。孙嘉淦这个聪慧的建议，实在是个一举两得的好事。

与国子监相比，八旗官学更注重激励学生学习，制定了一些有竞争性的管理措施。各个官学有选拔优等生的权利。根据乾隆五十四年（1789）的批示，官学每100名学生中淘汰10名，将这10名学生的钱粮分成20份，给挑选出来的"多读经书文理明顺者"20名优秀学生享用。以后又规定，根据本官学教习呈报、助教核实报送国子监，于季考面试后"定夺拨补"。满洲、蒙古优等生每月加给白银7钱5分，汉军优等生加给白银5分，以资鼓励。对优等生的资格实行动态管理，如果一两年内"学业不进，文理荒疏，字迹草率，考列三等"的，即将加给的银两裁去，另选优秀者予以补充。这就使得官学生的学习有了一定的竞争性。

八旗官学的教学程度比国子监低，两者本来没有衔接关系。乾隆三年（1738），国子监祭酒

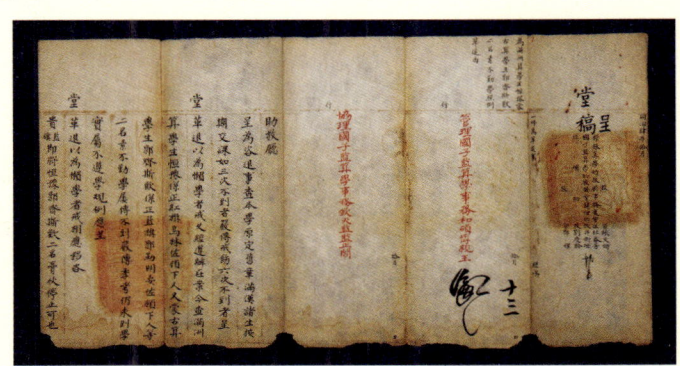

8-8 国子监算学革退算学生的呈堂稿

孙嘉淦奏请并得到批准，对八旗官学生中学习汉文的官学生增学经、史，扩充学识。三年时奏请皇帝派钦差大臣主持考试，将应考优秀者选拔为国子监恩监生，与国子监的汉贡生（具有秀才身份的国子监汉族学生）一起学习；对那些通晓经义学说，且各科治事之学特别优异的也一同予以保荐。八旗官学（也包括算学专科生）有了这样的由皇帝恩准的、三年一次的考试恩监之制，就可以通过考试作为恩监生到国子监学习了。八旗官学与国子监教育之间通过考试建立的这种衔接关系，对八旗官学生起到了很强的激励作用。

截止到鸦片战争前，八旗官学和其他的八旗学校仅在京师之中就有40余所，在校学生人数超过3000人；历经顺、康、雍、乾四朝百余年间，就出现了"人才辈出，文章之盛，实辟一代宗风"的局面。这种风气的形成，也是与清皇室一开始就极为重视自身的文化学习分不开的。为了给皇室宗室的下一代创造优良的学习条件和环境，雍正皇帝在乾清门左侧设立了"上书房"3间（康熙皇帝自幼在乾清门右侧的南书房学习），专教皇子、皇孙们的学习。这些从六岁（虚岁）就开始学习的皇子皇孙相当辛苦，每天早晨寅时（5时以前）就要到上书房读书，虽严寒酷暑不辍，先学习满文、蒙古文等，然后学习汉文。师傅往往在卯时（5~7时）教课，一般要到午时（11~13时）方散，有时要到未正（13~15时）二刻或至申时（15~17时），因为下午往往还有骑射等课程。元旦免上学一天，除夕及前一日到巳时（9~11时）结束。此外，端午节、中秋节等传统节日各放假一日。皇帝还经常光临上书房，进行检查、督促，其辛苦可想而知。由此可知，清朝对皇子的教育之严格，与明代"皇子出阁讲学片刻即归，徒以为饰观者，真不啻霄壤分也"。关于这一点，在清代学者赵翼的《檐曝杂记》中有生动的描述。他说：本朝朝廷内家法十分严厉，就拿皇子读书来说吧，历史上就从来没有过。内廷值班时，正好是早班。五更的鼓声响过，除了一般昏昏沉沉的杂役人员之外，所有官员还都没有到来，四周一片寂静。黑暗之中就远远地看见白纱灯一盏进入隆宗门，那是皇子们进书房开始学习了。我们这一辈凭借着读书来挣得衣食的人尚不能早起，

8-9 上书房

8-10 皇子学习用具

8-11 皇子作业

而这些皇子皇孙们却是日日如此。他们到了书房以后作诗文,读课程,下午未时(13~15时)还要由满洲师傅教授满族语言,练习骑射,傍晚才能结束。这样的学习,文学怎能学得不深?武艺怎能练得不熟?这些皇子不仅懂得书画诗文的奇妙所在,更会掌握上下千古成败的经验教训。"本朝家法之严,即皇子读书一事,已迥绝千古。余内直时,届早班之期,率以五鼓入,时都院百官未有至者,唯内府苏拉(满语,汉译为闲散人员,在内府供役者)往来。黑暗中残睡未醒,时复依柱假寐,然已隐隐望见有白纱灯一点入隆宗门,则皇子进书房也。吾辈穷措大专恃读书为衣食者,尚不能早起,而天家金玉之体乃日日如是。既入书房。作诗文,每日皆有程课,未刻毕,则有满洲师傅教国书、习国语及骑射等等,薄暮始休。然者文学安得不深?!武事安得不娴熟?!宜乎皇子孙不惟诗文书画无不擅其妙,而上下千古成败理乱已了然于胸中。"①所谓"究心风雅,卓然成家者,盖不乏人",正反映出进入中原的少数民族已经开始融入大中华共同文化之中,以适应盛世社会文明发展的需要,成为一代王朝治世干才。他们的文学成就也十分突出,尤其盛产小说家,胡适先生曾评论说:"旗人最会说话,前有《红楼梦》,后有《儿女英雄传》,都是绝好的记录,都是绝好的京语教科书。"嘉庆年间,由旗人铁保编辑的《熙朝雅颂集》,收录八旗著名文人诗文600余篇,有197家之多。其中许多是满族文学世家,如旗人德保、英和及其两子、一孙。清初五大臣之一何和理后裔朱亮和夫人、两子、长子夫人等旗人家庭竟是"满门词赋"。特别震动文坛的纳兰性德意境幽远的"山一程,水一程。身向逾关那畔行,夜深千帐灯。风一更,雪一更,聒碎乡心梦不成,故园无此声。"②对边关风情的描写更有"桦屋鱼衣柳作城,蛟龙鳞动浪花腥,飞扬应逐海东青"③三句对北方少数民族生活情景的展示,其艺术水平已达到了炉火纯青的地步。还有可与宋代女词人李清照相比的顾太清,她的词清新淡雅,如"昨日送春归了,枝上残红渐少。帘外绿荫多,满地落化谁扫?休扫!休扫!一任东风老"。④这些卓越的文坛俊杰堪称一代王朝文化的代表人物。除此之外,据统计,有清一代的八旗子弟考取状元、榜眼、探花和进士的多达400余人。至于书法、绘画、音律、数学、曲艺等各方面的成就,更是不胜枚举。所有这一切都说明,在康、雍、乾盛世时武功文治上,以满族为主体

① 清·赵翼《檐曝杂记》。
② 清·纳兰性德:《长相思》山一程。
③ 清·纳兰性德:《浣溪沙》小兀喇。
④ 清·顾太清:《如梦令》送春。

8-12 纳兰性德

的八旗整体教育程度之高，为历代少数民族中少有的壮观，就是在当时世界各民族之林中也是少有能够达到的。

八旗官学由国子监派老师教授文化课，教育内容有别于一般的学校。这些教学内容包括满文（清文）、汉文、

8-13 八旗习射图

骑射三项。学习汉文是为了便于和汉族人民交往，掌握中原文化。学习满文和骑射是为了保持本民族的传统。八旗官学为此专门设置满语教官，负责民族语言的学习和传承，以期成为培养满族后备官员的基地；同时为了保持和继承满族入关前"以武功定天下"的传统，八旗官学还特别重视练习骑马射箭的功夫，这在中国教育史上是很特别的。国子监"射圃"（今国子监西边的箭厂胡同区域）本来是明代国子监生练习武功的场地，清代时则改为八旗子弟定期学习和提高骑射水平的专用场地。满语和骑射是清廷要求八旗子弟必须具备的能力。虽然八旗子弟从顺治八年才开始参加科举的乡试、会试，但却依然规定旗人报考"必先试以马步射，方准入试，以示不忘本"。

在满汉文化交融的过程中，无论是语言表达，还是教材的使用，撰写创作，使用汉语的人都占绝大多数，构成占绝对优势的语言文化氛围，使得八旗子弟的满语满文逐渐生疏、遗忘，就连极为重视教育的乾隆皇帝也大为感慨："国朝定鼎至今百有余年，八旗满洲蒙古子弟自其祖父生长京城，不但蒙古语不能兼

8-14 国子监射圃

通，即满洲语亦日渐遗忘，又复惮于学习。朕屡经训饬，而率教者无几，固由习俗所移，亦其人之不肯念本向上耳。"①其次，八旗教育享有特权的致命弱点，使得八旗子弟衣食无忧，进取心淡薄。这是因为八旗的贵族子弟可以继承贵族的封爵和世职，父兄有功可以荫及子弟而为官，旗内大量的职位又是专为旗人所设，科举考试不仅旗人可以参加，而且还有专为旗人所设的科举项目（如翻译科举、宗室科举）。种种特权造就了这些贵族子弟骄娇奢华、不思进取的心态。此时，不仅已看不到其骑马射箭的英姿，就连满语也没有几个人会读会写了。就是清末的慈禧太后满文水平也"差不多可以说是完全不识"了。清朝"定鼎燕京，分田授宅"，②顺治时期的八旗贵族到了北京以后马上用掠夺的方法开始圈房、分田，令北京内城原来所有人统统搬走，占了房子，留给旗人住，住有了；圈的地分了，地有了。而八旗子弟却不做工，不务农，不经商，在这样的特权环境下生活和接受教育，必定会产生大批衣食无忧、游手好闲的纨绔子弟。随着统一战争的结束，社会经济的恢复和发展，统治阶级的铺张奢侈风气，官场贪污腐败恶习的兴起，对八旗子弟产生了严重的腐蚀作用。以致军无斗志，作战能力大大削弱。康熙在平定"三藩"时甚至不得不起用汉绿营兵作战。此后，八旗官兵日益腐败，"八旗将佐，居家弹筝击筑，衣文绣，策肥马，日从子弟宾客饮"。③"都统、副都统于会议之时多不到班。其到班者，往往不以正务为意，或彼此相谑，言笑无忌"，④一般兵丁更是游手好闲，"饷银一经入手……辄先市酒肉，以共醉饱，不旋踵而资用业已告竭"。⑤清朝中叶以后许多宗室、贵胄子弟越来越贫穷，甚至无力安家，普通旗人生活更是雪上加霜。鸦片战争后，清廷更是走入了财力枯竭、粮饷不能按时发放的窘境。曾经在历史上辉煌的八旗制度以及凭借着这种社会制度而发达的满洲官学，随着清朝政治制度的腐朽而走向衰亡，朝廷制定的教育目标和实际情形逐步背道而驰也就毫不奇怪了。但无论如何，八旗官学在满族官学体系中，是办得最早、规模最大、影响最广的一种。其制度要比当时一般学校或者是其他满族学校更为详

①《皇朝文献通考》卷五十二。
②《大清会典》卷九十五。
③《旗军志》。
④《东华录》乾隆卷二。
⑤《例案汇编》卷上。

8-15 清代的肥态官员

密，仅在乾隆三十二年（1767）和五十四年（1789）就两次详细制定了八旗官学的条规。前者是《八旗官学则例十二条》，后者是《八旗官学生条例三十条》。八旗官学的教学制度和教习制度也都很有独创性，对其他满族学校产生了广泛的影响。

第二节 国子监数学专科学校——算学

　　清朝时期在京师中的官学体系中，还有一个很重要的专科官学，这就是历史悠久的算学。我国古代把数学称为算术，属于数术的一种，在殷商代就有了十进位制的计数法，最大的数字已经到了三万，成就了比古埃及和古巴比伦"更为先进、更为科学"（李约瑟语）的数学系统。距现在已经两千年的西汉末年编纂的《周髀算经》就是我国数学发展史上的里程碑。我国古代最早的数学专门学校就被称作"算学"。随着科举制度和国子监制度的确立，这门几经波折的数学教育在隋唐时期有了很大的发展，唐高宗显庆元年（656），国子监就设立了算学馆，设有算学博士和助教，而且有了成熟的教材《算经十书》。由于程朱理学和陆九渊、王阳明的心学盛行，元、明两代不再单设专门算学，而是把算学列为官学教学中的一个内容。用现在的话来讲，就是取消了这个算学专业，而变成一门专业课了。这就使得隋唐以来在太学或国子监设立算学的传统中断。明中叶以后，随着商品经济的发展和西方传教士的陆续来华，带来了西方的科技知识和科学技术，引起了清最高统治者对西洋科技的重视，开始设立算学，先由钦天监后由国子监管理。

　　清朝专设算学，始于康熙年间。说起这个事情还有一段插曲呢。当时，清廷内部正进行着激烈的新旧历法之争，由于守旧势力的阻挠，鸡蛋里边挑骨头，使得当时主持钦天监的传教士汤若望遭到谴责，他的下属官员5人因此而掉了脑袋。新"时宪历法"也因此废止。上书给康熙皇帝告状的徽州府新安卫官生杨光先取而代之，主持钦天

8-16 康熙读书坐像

8-17 古观象台（1875）

8-18 古观象台（1875）

监。由于杨光先根本不懂天文数学，"但知推步之理，不知推步之数"，清廷只好另行起用传教士南怀仁治历。康熙七年（1668），南怀仁奏本弹劾钦天监副监吴明烜，奏本中指出，如果按吴的旧历法推算"康熙八年'七政时宪（注：日、月、金、木、水、火、土）'闰十二月应该是康熙九年正月"，而且还出现了"一年两春分、两秋分之误"。八年（1669），康熙帝命令大臣20员赴观象台当场测验，南怀仁逐款符合，吴明烜逐款皆错。其结果是杨光先被遣送原籍，吴明烜被痛打40杖而告结束。① 这场历法新旧之争对于康熙帝重视历算以及后来编纂《数理精蕴》等书有着相当程度的影响。《清史

8-19《唐土名胜图会》中的畅春园

---

① 以上引文均见《皇朝文献通考》卷二百五十六。

稿》中总结这一教训时说："圣祖尝言,当历法争议未已,己所未学不能定是非。乃发愤研讨,卒能深造密微,穷极其阃。"康熙皇帝说的这段话大意是说,当新旧历法争论不休的时候,由于自己没有这方面的知识,所以不能分辨是非,只有深刻理解这些精密的知识以后才能明白其中的道理。康熙皇帝为此开始发奋学习,汲取这一新旧历法之争中自己决策错误的教训,先后请南怀仁、徐日升、白晋等西方传教士讲授西学,并深入学习和钻研,数学水平甚至达到了能亲自为算学的士子们讲课,一位皇帝能做到这种地步,确实是很不简单的。

8-20 康熙皇帝用过的学习用具

8-21《数理精蕴》书影

出于对算学知识的强烈渴望,康熙皇帝于康熙五十一年(1712)下诏开蒙养斋,并赐数学家梅文鼎之孙、清代著名的数学家梅毂成以举人头衔,充任蒙养斋汇编官,会同皇子允祉、允禄等开始编撰《数理精蕴》。康熙五十二年(1713)又在畅春园蒙养斋办了一所算学馆,由皇帝亲命选派懂行的大臣官员具体负责教学,特派皇子、亲王任总管,教育对象则专选八旗贵族子弟入学,这种非同一般的规格充分说明了皇帝的重视,为算学奠定了在教育体系中的强势地位。这一时期重视科技的成果,是康熙皇帝组织科学家历时10年之久告罄、综合中西数学的新知识编成的《数理精蕴》53卷著作。为了使算学知识广泛流传,这部著作以"御制"的名义颁行全国。

雍正十二年(1734)算学变成了八旗官学中的一科,有了兼习的性质。乾隆三年(1738),由尚书和监管监事大臣孙嘉淦上书给乾隆皇帝说,算学本来是一门精密的学科,八旗官学的学生年龄幼小,一下子难以学明白。临时教授算学知识,也很难做到普及。算学专业还是由钦天监专门设立为宜。[1]乾隆皇帝随即停止了在八旗官学中的算学,在钦天监附近专门成立了一所算学馆。编制教习2人,招收满汉学生各12人,蒙古八旗、汉军八旗中各招收6人,以培养天文历法所需要的数学人才。新成立的算学馆规模小,日常事务却很多,管理起来既不经济也不方便,因此乾隆四年(1739),将算学馆划归国子监管理,称国子监算学。这样的管理体制,既保持了算学馆享有的专科教育独立性,又不必负担琐碎的学校事务管理,有利于人才的培养。乾隆十年(1745),又将与算学馆有着十分密切关系的钦天监中的学生分成两部分,留30人分配给钦天监各

---

[1]《钦定国子监志》卷三十七,算学。

部门使用，另一部分有24人交给算学馆，使得算学馆的人数大增，为解决算学师资不足的问题，还从学业有成的算学官学生中挑选3名，协同原来的教习分教，为此又增加了"协同分教"3名教职编制。

算学馆的内部管理体制确定为：算学官学生定额60人，多数还是八旗子弟，后来汉族学生也可以报考，但必须有京官具状担保。学校管理的最高领导"算学管理大臣"是皇帝派出的侍郎、宗室人员；具体负责是助教一人，官从七品，由钦天监博士或算学教习中考选补用，5年期满。期满后应升钦天监"五官正"（钦天监掌历法的官职，从六品）。从事算学馆教学的是教习3名，协同分教3名，同样是5年期满，届时可以升为钦天监"执壶正"（钦天监掌计时的官职，从八品）或者是钦天监博士。

清代算学馆主要是为钦天监培养天文历法方面的基础人才，所以它的教学管理与钦天监有着密切的关系，国子监只负责算学馆的学籍管理和行政管理。教职人员都是由钦天监负责选送的。算学馆的官学生学习期限也是5年。算学生毕业后，大多数报考国家专管天文历法的钦天监的"天文生"，这就相当于现在的研究生，这是一种带有官僚性质的"研究生"。这样的研究生能干什么呢？第一是掌管天文气象，第二是观察漏刻，测定时间，第三是测定星象、阴阳，以卜营建（国子监修建辟雍殿就是由钦天监择定吉日开工的）。这三项业务中测定天象、观察时间还好理解，怎么营建修房建殿一类的事情也要由钦天监的天文生来过问呢？原来，古代建筑的修建讲究要顺从自然，利用自然，具体表现在对房屋基地选择和方位的高度重视。为此古代很早就出现了一种专门的学科，这就是"堪舆风水说"。汉代许慎在其《说文解字》一书中谈到堪舆风水时讲："堪，天道；舆，地道。"实际就是讲的自然。风水阴阳主要的内容就是讲建筑周围的方向、风向和水流、阳光以及周围的地质、地理条件等自然环境，以及附着在这些自然条件上人的意愿，所以营建房屋自然要"测定星象卜阴阳"了。给天文生安排的工作虽然很周到，但限制了算学人才的多方面的使用，不利于算学在天文历法以外的科技发展，这是清朝统治者办学的指导思想局限性造成的。说明传统的教育发展到这样一个阶段，已经越来越不适应社会的发展需要了。

算学教育由于清政府的重视，使得在这个领域出现了一大批人才，如梅文鼎、李善兰、华蘅芳等数学家都是算学中的佼佼者。他们都是使中国的算学走上世界化道路的先驱者。

8-22 数学家李善兰

第三节　国子监的留学生

洪武三年（1370）以后，来国子监学习的外国留学生络绎不绝。前面在介绍琉球学馆时，简单地介绍了琉球留学生的情况。除此之外，还有一些其他国家的留学生，也在中外文化交流上起到了不可低估的作用。

8-23 朝鲜使臣贡道线路图

中国和朝鲜有着悠久的交往历史，明朝时两国还有宗属关系。明洪武三年（1370），高丽国曾派金涛等四人到国子监读书，洪武四年，金涛参加中国科举考试，得中三甲第五名进士，授官山东丘县县丞，但他不愿留下来做官，"后归国为相"。图为朝鲜使臣由水路到北京的路线图。

清初时，俄罗斯已成为清朝的北方强邻，康熙二十八年（1689），在打败了俄国侵略军以后，中俄签订了合约，划定了界线，开始了两国的正常交往。俄国当时申请遣人来北京"学习国书"，年满更换。清政府把来自俄罗斯的学生安排在原明代的"会同馆"内，设立了"俄罗斯馆"，作为培养俄罗斯留学生的专门学校，归属国子监管辖，国子监负责派遣教师教授满、汉文和经史典籍，并由朝廷供给钱粮。雍正五年（1727）中俄签订的《恰克图条约》中又规定每十年俄国派遣六个留学生来中国学习满、汉语言，以应商业和外交之需。时隔315年后的

8-24 会同馆后院大殿今南横街附近

8-25 俄罗斯人

上篇 **北京国子监史话**

8-26 交阯号旧址

2008年北京大学的讲演台上，俄罗斯新任总统梅德韦杰夫在他的精彩讲演中就提到了这一中俄两国最早的文化往来，给予了很高的评价。

越南地处中国南部，与我国一衣带水，紧密相连。从明初开始，越南北部受中国封建政权直接管辖，史书上称为"交阯"。明代很多交阯留学生来到国子监学习并参加科举考试。如黎庸、阮勤多、阮文英、何广、王京、陈儒，"俱交阯人，儒仕至右都御史"。[1]明成祖时，国子监还专门在监外西南盖"交阯"号舍两排28间，安排这些交阯官生单独居住。由那些交阯号舍构成的胡同称为"交阯胡同"，现在改名为"公益巷"。

中国传统文化对越南的影响很大。他们在自己的国家也建有国子监，也实行科举取仕。河内国子监的建设，为越南历代王朝所重视，把它当作一项巨大的文化建设工程，是当时越南历代王朝培养人才的场所，其历朝掌权的高官大吏大部分就学于斯，或经科举进入仕途。越南的国子监里，有藏书库以及供学子居住的宿舍。越南黎朝国王黎思诚（庙号黎圣宗），曾颁布过《五经》的"官板"，令越南国子监印行，越南国子监曾多次刻印过"监本书"，也是世界上最晚停办科举的国家，直至1918年才停止科举。

8-27 越南国子监

8-28 越南国子监

[1]《弇山堂别集》卷十八。

第九章　国子监生肄业期满以后做什么

来自各地的国子监生自到了国子监肄业，就面临着毕业以后去做什么的选择。国子监生一般来讲需要坐监（在校时间）36个月，才算是满期，很像我们今天所说的"毕业"。满期之后的去向，就是这些国子们费尽心机地加以考虑了。

第一节　监生的拨历与考职

雍正朝之前，国子监贡、监生参加考职的前提条件是必须坐满所要求的肄业监期：

恩贡生、享受廪饩的副贡生坐满6个月；

岁贡生、出身增、附之副贡生、优贡生坐满8个月；

拔贡生（廪生出身）及例贡生（廪生出身）坐满14个月；

拔贡生（增、附出身）和例贡生(增、附出身)坐满16个月；

例贡生（监生出身）与长辈是四品官阶的荫监生坐满24个月；

例监生坐满36个月。[①]

到了雍正五年，计算国子监贡、监生的肄业坐监期就没有这么复杂了，一律改为三年期满，包括闰年。

顺治十一年（1654），由给事中孙柏龄奏请，顺治皇帝决定在国子监贡、监生期满拨历合格之后，由吏部、礼部共同考试，以定职衔。[②]这是清代对国子监生进行考职授

[①]《清史稿》志八十一。
[②]《钦定国子监志》卷十三。

衔的开始。

根据《清史稿》卷一百六记载,清顺治三年(1646),在国子监中开始执行"积分"和"历事"的方法,不过这个时候的"积分法"仅对国子监中汉监生而言。顺治十五年(1658),由祭酒固尔嘉浑奏请顺治皇帝批准,在所有监生中实行积分法。参加朝廷考职的时候,凡是积分满分的优先录用。评为"上上卷"的可录用为通判,"上卷"的可录为知县。每百名考生中录取正印官(府州县官,这里主要的是县官,正七品)8名,其他的用为州、县副职官员。国子监生一年中积分达到满分的很少,只有十来个人,但考职录取人数的比例却很高,这与积分高低没有多大关系。所以,效果不明显的积分法只实行了一年就停止了。康熙元年(1662),"拨历"的措施也被废止。国子监生坐监期满后参加相关部考职,在州同、州判、县丞、主簿、吏目等诸多个职衔内选用。

考职的地点最初设在午门内,雍正七年(1729)后改在贡院。乾隆三十四年(1769)后恢复在午门内的考点,当参考人数多于50人的,换在贡院聚奎堂考试。乾隆五十年(1785)又以百人为限变换这两个考场。

9-1 午门旧照

顺治十一年(1654)以前,国子监的岁贡生主要通过廷试考取教职。各级地方儒学的正教职为府学教授(正七品)、州学学正,县学为教谕(均为正八品)、训导(府州县副教职)、顺天府的大兴、宛平两县学满训导(正七品)。从顺治十三年开始,根据朝廷的需要,考职的范围开始扩大到内阁撰文中书、内阁办事中书、办事中书舍人、八旗景山、觉罗等官学教习(有使用期)、誊录。

雍正朝开始增录内务府笔帖士(有使用期)、理藩院笔帖士、顺天府训导(满)、八旗官学的满汉助教。

乾隆朝增录太常寺的陵寝读祝官、赞礼郎、鸿胪寺名赞、武英殿录书(有使用期)、盐场藩库大使、直隶州州判、内阁贴写中书舍人、翰林院孔目。乾隆三十八年,应刘统勋（刘墉之父）之请，前后共录选了664名（其中4名为绘图）国子监贡、监生和在京举人参与《四库全书》和《四库全书荟要》的誊录（有使用期）。

乾隆五十六年（1791），"停止贡、监生考职。如将来不敷录用，再行酌奏"。

嘉庆四年（1799），曾进行过一次"特恩"的贡、监生考职。"考定职衔，送部注册。"之后，嘉庆一朝再没有进行过国子监贡、监生规模性的考职，只是增加了一些方略、国史两馆的誊录和各官学的教习补缺。

以上各种职务（正七品到从九品）的考取，均由国子监咨送，乾隆元年（1736）决定，逢乡试之年五月考试，与乡试考试时间错开。其中不在监学习的例监、例贡生需要在当年三月将个人籍贯所在地书面证明送到国子监，还要有同乡的六品以上京官具结（证明身份的文书）二份，一份交到国子监，一份交部。国子监肄业的恩、拔、副、岁、优贡生以及例贡（在监的例贡生）只取同乡六品京官具结即可，交绳愆厅查验执照与文结相符即可呈祭酒、司业注册参选，扣满肄业期限，吏部方准收考。

国子监生考职的政策一直延续了137年，乾隆五十六年（1791）曾经停止，嘉庆四年（1799）虽又复用，仅考了一次没有再继续下去。但就考职授官政策来说，它却一直延续到清朝灭亡为止。光绪三十一年（1905），直隶总督袁世凯等奏停科举折中谈到了设法拓宽举、贡、生员（秀才）出路问题。建议："每十年中的三科（注：这里是府一级的岁试）中要多录取优贡生，每隔三年照此录取，经过朝考后用做京官、知县。各省督、抚、学政在这十年三科内考选那些学习并掌握算学、地理、财政、军事、外交、铁路、矿务、警察、外国政治法律之一者向朝廷贡送，三年一次，保送若干名，人数上仿照过去会试定额的两三倍选送。凡来京考试录取者，用主事、中书、知县。"光绪皇帝批准了这个意见。当年政务处经过研究又决定：每隔三年考选拔贡，要按照以往的数量加倍，本年（光绪三十一年，1905）、丙午年（光绪三十二年，1906）考优贡生。以后三年一考，参加考职人员数额要达到以往的四倍。部、院考试可按举人、五贡（恩、拔、副、岁、优）、生员（秀才）三类人员选用"誊录"职务，试用二年期满奖励进级。举人、优、拔贡生中选择表现突出的改用七品小京官。五贡中的其他人以直隶州州判、按察、盐运经历、各州州

9-2 袁世凯像

判、经历、县丞,分别选用或试用。①

没承想这些建议和决定只是空话一箩筐,第二年(光绪三十二年,1906)府一级的岁试和科试就废止了,没过多久,各省掌管教育的钦派大臣学政一职被废止,各个学校的教官选送"文理畅达、事理明晰者"的业务也因此而停止。按照科举制度设计的整个教育制度的各个链节被滚滚向前的历史潮流冲得七零八落,溃如决堤。

第二节　极佳的荫监生仕途

上边讲的仕途渠道,细心的读者一定会发现,里边谈到最多的是岁、恩、副、优、拔、例几种贡、监生,很少说到荫监生。这是因为荫监生的仕途有着其他贡、监生无法比拟的官场优势,这就是"朝廷有人好做官"的规则,其他贡、监生难以望其项背。据《钦定大清会典》卷五记载:

凡长辈为蒙古官一品的荫监生,以员外郎用(六部所属各司的副长官,从五品);八旗汉军官居一品的荫监生以大理寺寺正兼用(从六品)。

凡长辈为二品侍郎、巡抚的荫监生以各部院主事用(各司的属官,正六品)、都察院经历(监察机关——都察院的属官,正七品)、大理寺寺正(复审案件的机关——大理寺的属官,从六品)、光禄寺署丞(从七品)、京府通判(正六品)用。

凡长辈为尚书、左都御史、总督官居二品的荫监生以员外郎用(从五品)。

凡长辈为从二品的荫监生以光禄寺的署正(从六品)、大理寺寺丞(正六品)用。

凡长辈为三品的荫监生以中书科中书舍人(从七品)、大理寺评事(正七品)、太常寺主簿(正七品)、博士(正七品)、通政使司经历(正七品)用。

凡长辈为从三品的荫监生以光禄寺典簿(从八品)、銮仪卫经历(正七品)、詹事府主簿(从七品)、京府经历(从七品)、部、院笔帖士(因其出身不同而有差别,七品至九品)用。

凡长辈为四品的荫监生以鸿胪寺主簿(从八品)、部院笔帖士(因其出身不同而有差别,七品至九品)用,本人也可以做"荫监生",与一般贡、监生一起考取官职。

上述荫监生以各种官职身份为六部所用之后还不是正式官员,具有"试用期"的性

---
① 引文引据详见《清史稿》志八十一。

质,两年期满,届时予以鉴定,表现优秀者奏请皇帝留部补用。这与康熙朝前国子监的"拨历"制度是有区别的。"拨历"是国子监生以监生身份到六部实习,届时取得学业的合格证明;而这里所说的国子监荫监生肄业期满是先取得官职身份,经过两年试用后再取得正式职务。这个过程与"拨历"制度是有明显区别的。

这是荫监生用为"京官"的规定。

乾隆元年(1736)奏准,鼓励荫监生到地方上做官,即用为"外官",若长辈为正一品官,则该荫生可以做同知(各府的副职,正五品);若长辈为从一品官,则该荫生可以做知州(从五品);若长辈为二品官,则该荫生可以做通判(各府的属官,正六品);若长辈为三品官,则该荫生可以做知县(正七品)。看起来,荫生得官的品级全在于长辈的官衔大小。那些在科举考试费尽千辛万苦才脱颖而出的状元也不过授个翰林院修撰(从六品),榜眼、探花授翰林院编修(正七品,修撰和编修均为翰林院的属官),其余多授知县(正七品)等。由此可见,非但其他贡生不如荫监生仕途发达,进士、举人也不能与其平分秋色。对荫监生如此优遇,反映了满洲贵族对高级官员的笼络政策。皇帝以此来换取高级官员对满洲贵族的衷心拥护,使得高级官员们感恩戴德,勤恳地为其服务,同时也对政局的稳定起到一定的作用。高级官僚多来自读书人,即"士"这个阶层。清初名臣范文程在给顺治皇帝的上书中明确指出:"治天下在得民心,士为秀民,士心得,则民心得矣。"①笼络了汉族中的"士心",也就笼络了汉族各阶层中的绝大多数人,从而得以巩固清廷对广大汉人的统治。

除了上面讲的荫监生以外,有一种贡生做官极快,这就是乾隆五十五年(1790)时的拔贡生。这一年乾隆给内阁发布谕旨说,拔贡生参加朝考考职,到京师聚齐以后,礼部马上奏请,定期在贡院考试。以前经过朝考以后,一向是派诸王和大臣挑选,免不了在下面互相请托,瞻顾徇情"走后门"。乾隆皇帝本人心里很清楚,这样朝考选官的好处实在是太明显了。"较之进士归班,举人截取铨选更速。是拔贡一途,尤为士子捷

9-3 乾清宫正大光明殿

① 《钦定八旗通志》卷一百八十九。

径。"为了真正选拔到人才，乾隆皇帝着即停止了由王公大臣挑选朝考优秀拔贡生的权力，改为在"正大光明"殿举行复试，由钦派大臣阅卷，按成绩取定后，按照等第名次带领引见，由皇帝本人亲自挑选录用为小京官、进入六部学习或是七品知县或教职。以此来减少朝廷用人的舞弊现象。①另有一种贡生也曾得到用人政策

9-4 贡院考场旧照

上的优惠，那就是优贡生。前边已经说过，优贡生在朝考后一直没有立即录用为官的规矩，与普通贡、监生一样肄业期满朝考授官。嘉庆十九年（1814），御史黄中杰曾经奏请，将优贡生与拔贡生一起直接予以廷试录用为官，但遭到礼部的反对，说不让优贡生参加朝考授官，是为了体现朝廷对他们的"关心体贴"。皇帝让他们参加朝考录用为国子监贡生，合乎将人才贡献于朝廷的本意，否则就不能算作"贡"于朝廷，黄御史给皇上奏请的意见不能算数。礼部的官员尽可以在那里胡说八道，优贡生可是要讲实惠，所以多不去参加朝考去争做国子监的贡生，有的甚至连国子监也不来，而去直接参加科举考试。由于优贡生素质很高，大略与拔贡生同，不允许优贡生参加朝考，不免引起他们的不满。同治二年（1863）议准，从同治三年（1864）的甲子科开始，允许优贡生参加廷试，为了平衡全国各地优贡生的录取比例，仿照祖上乾隆皇帝将国子监生参加顺天乡试分做南皿、北皿、中皿的做法，将优贡生分南卷、北卷、中卷三类。凡考列一、二等者，由礼部官员带领引见后，以知县、教职选用，三等用训导。"同治二年，议定甲子科始廷试优（贡）生，仿顺天乡试例，分南、北、中卷。八旗、奉天、直隶、山东、山西、河南、陕西、甘肃为北卷，江苏、江西、浙江、安徽、福建、湖北、湖南为南卷，四川、广东、广西、云南、贵州为中卷。考列一、二等用知县、教职，三等用训导。"②政策和策略制定得不错，但就是来得太晚了，此时的清朝统治已经是日薄西山，危机四伏了。

近代朱彭寿著《旧典备征》一书，详细列出了有清一代举人和贡、监生做到一、二品大员者的姓名。据此统计，在这些一、二品大员中，来自举人的有95名，来自国子监生的有87名，其中拔贡生23名，荫监生16名，副贡生5名，岁贡生5名，优贡生3名，恩贡生2名，例贡监和例监生33名。由此可知，国子监生的仕途与举人略同。

---

① 《钦定国子监志（光绪本）》卷十二。
② 《清史稿》卷一百六，志八十一。

第三节　南学优秀生留监深造直接为官

上边的章节中曾谈到的"南学"，那里居住着国子监六堂内班生中的优秀生。对这些南学肄业生中挑选那些3年期满，能"经明事治"、"学问人品可观"者，经过国子监祭酒或者是司业的保荐，经皇帝批准，可以再留监3年以期深造，期满考试，符合要求的将以知县（正七品）直接提拔使用。①

第四节　监生参加科举考试而得官

明太祖朱元璋开国之初虽然也偶尔举行过科举，但政府中的众多官员，还是以国子监监生和荐举参用人员为多。所以当时"布列中外者，太学生最盛"。随着明政府统治的巩固和科举大规模的推行，进士的身份逐渐受到重视和重用，自明英宗天顺二年（1458），严格规定不是进士出身的不能升迁到翰林院，非翰林院官员不能入内阁。明南、北礼部（南京为陪都，北京为京师，故有南、北之分）尚书、侍郎及右侍郎，非翰林不仕。国子监的监生们如果不中科举的金榜成为进士，即使再努力也是枉费无成。从洪武十五年（1382）复设科举，三年一试，定为制度；到十七年（1384）规定科举程序，充分反映了明朝廷对科举选官的重视程度。明代如此，清代亦然。"非科甲正途，不为翰、詹及吏、礼二部官。惟旗员不拘此例。"②国子监的贡、监生们只有考中进士，才有可能任翰林院修撰、编修、检讨、庶吉士、六部主事、内阁中书、鸿胪寺行人、大理寺评事、国子监监丞、博士、助教、太常寺博士等炙手可热的官职。如果仅仅是乡试中为举人的，授予的官职就要低一个品级了，且不能入翰林为官。至于那些仅凭国子监贡、监生的身份通过考职而获得的职衔，更是等而下之。当然，这样的制度规定对八旗子弟是例外的，他们不受这个规定的束缚。试想，在这样的"光明前景"诱惑下，国子监的贡、监生们对待科举该是怎样的一种亢奋心态！

---

① 《钦定国子监志》卷四十。
② 《清史稿》卷一百六。

明朝规定，每隔三年举行一次科举考试，乡试的第二年举行会试。具体的考试年份按地支排序，每逢子、卯、午、酉年八月举行乡试，也称为"秋闱"；丑、辰、未、戌年二月举行会试，由礼部主试，故又称为"春闱"或"礼闱"。科举考试分为

9-5 科举考试中的江南贡院

三个阶段，即乡试、会试及殿试。凡参加乡试的，必须要经过资格考试：各省的秀才们要参加由中央派遣"钦命提督某省学政"在各省主试的"科试"；国子监内外的贡、监生则要参加由国子监主试的"录科"考试。这两种考试的性质都是一个目的，那就是选拔参加当年乡试人员的资格。只有考中前一、二等的才能获此资格。

乡试前的录科考试对国子监来说是一项很繁重的工作。除本监监生的录科考试外，还有相当一部分不是国子监的人员也要参加录科考试，这就是参加顺天府乡试的在京候补、候选的官员、武英殿的校录、誊录、各官学的教习、小京官、笔帖士、天文生、算学生，还要组织文职各京、堂、科、道、翰林院庶吉士以上、詹事府中赞以上、外官藩臬以上、武职京外二品以上官员的子孙、同胞兄弟、同胞兄弟之子进行录科考试。

为了组织"录科"考试，乡试的前一年，国子监就要预先通知各旗和各省总督、巡抚，并转知各府、州、县，通知参加乡试并不在监学习的贡、监生，带着本旗或本籍的身份证明，在乡试年的二月到国子监报到并参加"录科"资格考试。由于国子监内外的贡、监生在南学率性堂进行"录科"的资格考试（从乾隆二十三年在此地考试），考试后取列第一等的对参加乡试最为有利，故被人们赞称为"监元"。①

湖南、贵州、四川、云南、福建、广东等道远省份的监生，参加录科考试可以宽限到四月中旬。考题由国子监诸堂上官（兼管监事大臣、祭酒、司业）轮流出，考试仿照乡试，内容为四子书艺一篇，五言八韵诗一首，策一道。通过录科者才有资格参加八月的乡试考取举人。②

乡试在省举行，清朝国子监的贡、监生是在京师贡院参加顺天府乡试。考试分三场，每场三天：初九为头场，十二为第二场，十五为第三场。举子须于前一天进场，第

---
① 《钦定国子监志》卷六十二，四库本。
② 《钦定国子监志》卷三十九，四库本。

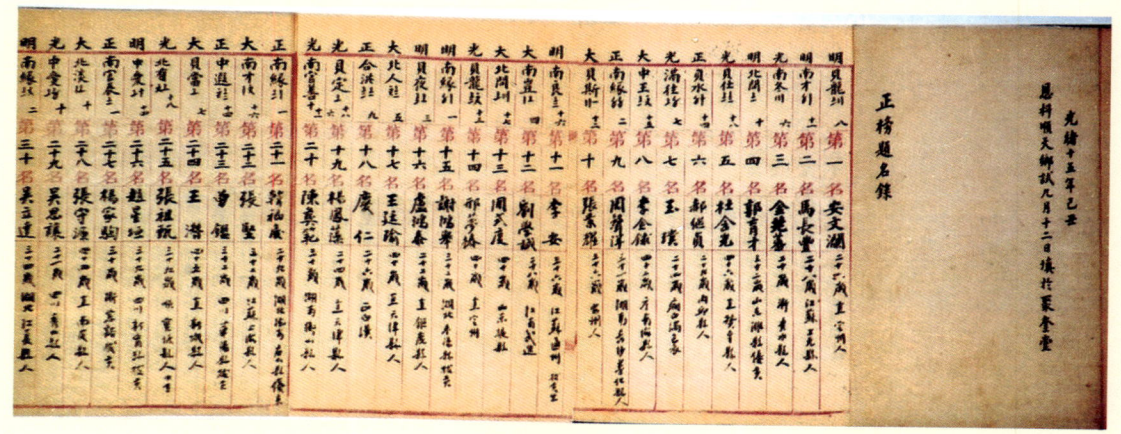

9-6 顺天府乡试榜

三天交卷出场。第一场考八股文7篇；第二场考论1篇，五言八韵诗1首；第三场考经、史、时务、策5道。录取后称"举人"，第一名称"解元"。虽然乡试是科举考试的第一级，但这是最难考中的一级。这是因为乡试各省都有录取名额，而参加考试的各地生员和国子监生人数众多，所以录送应试的人员也有限额。乾隆九年（1744）定为大省中式举人与录送比例为1∶80（参加考试的80人中录取1名，下同）；副榜与录送比例为1∶30；中省录送比例为1∶60；副榜1∶30，小省分别是1∶50和1∶20。台湾省录送比例更是悬殊，每中额1名举人和录送的比例为2∶300，可见乡试中举机会的艰难。

清朝直省乡试额定录取人数增减略表

（摘自《政典类纂》卷一百九十八》）

直省	顺治		康熙		乾隆	嘉庆	同治	
	二年	十七年	三十五年	五十年	九年	二十五年	元年	九年
顺天	168	105	141	192	135	185	185	187
江南*	163	63	83	99	114	144	152	178
浙江	107	54	71	99	94	124	129	133
江西	113	57	75	90	94	124	127	128
湖广	106	53	70	99	93	123	135	137
福建	105	53	70	84	85	115	128	128
河南	94	47	62	74	71	91	96	99
山东	90	46	60	72	69	89	89	89
广东	86	32	57	69	72	92	102	103
四川	84	42	56	67	60	80	92	93
山西	79	40	53	63	60	80	84	88
陕西	79	40	53	63	61	81	81	81
广西	60	30	40	48	45	55	55	59
云南	54	54	57	57	54	64	64	64
贵州	40	20	40	47	36	46	47	48

*江南为江苏、安徽两省合编。

看到这个乡试录取名额的表格，可以想象参加乡试的秀才与监生数量之巨！

梁启超在请变通科举的公车上书中谈到："邑数千数百童生，擢十数人为生员；省聚万数千生员，而拔百数十人为举人；天下聚数千举人，而拔百数人为进士；复于百数进士，而拔数十人入翰林。"然而士子出入场屋，头白而锲而不舍者，无他，因为"科举为利禄之途"，"得之则荣，失之则辱"。①第二年二月举人齐集京城参加会试。参加考试的考生必须是举人。为防止假冒举人参加，顺治十四年（1657）后，举人在会试前要复试。会试有礼部主持，大总裁（主考官）为内阁学士或六部尚书。副总裁为六部侍郎、江南贡院的考棚郎或内阁学士，监考官叫"知贡举"。考试场次、内容、规矩、阅卷方法等与乡试的大体相同。会试取中的叫"贡士"，第一名称"会元"。四月十五日张榜于礼部大堂前，此时正是杏花烂漫的时节，故此榜还有一个挺浪漫的名字叫"杏榜"。会试及格者参加殿试。康熙五十一年（1712），参加顺天府会试的乡试"解元"查为仁因被发现乡试舞弊而逃跑失踪，康熙皇帝怀疑本科新中进士有假，于是亲赴畅春园复试现场，罢黜5人。从这时开始，又有了会试复试的制度规定。②到了咸丰、同治朝，会试复试的规定因战乱参试路阻而停止执行。

9-7 梁启超像

殿试是科举最高级的考试，由皇帝主持，考策问。策问是以政事、经义等设问，举子作答。内阁拟题，皇帝选定，答题要求千字以上，四月二十一日举行。考试3天后读卷官送前10名考卷呈献皇帝，由皇帝确定第一、二、三名名次，并召见这10人，叫"小传胪"。余下的考试名次基本上按照阅卷大臣的意见排列。内阁中书4人填写金榜，二十五日殿试名次揭晓，大金榜张贴在长安街东侧

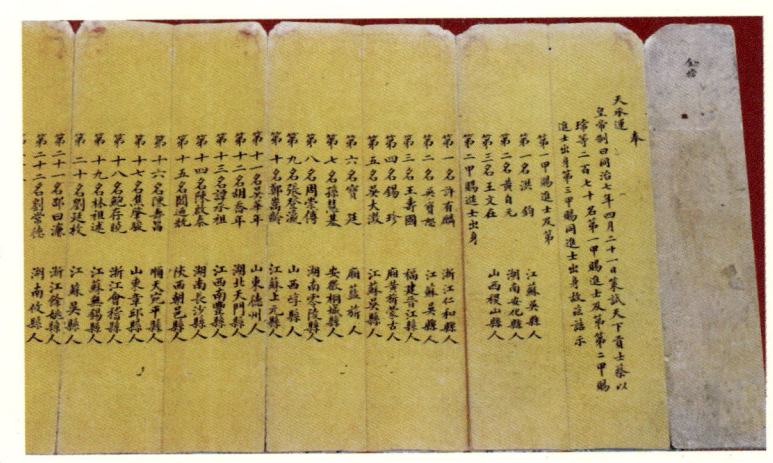

9-8 小金榜（局部）

① 《戊戌变法档案史料》：宋伯鲁请变通科举折。
② 《清史稿》志八十。

9-9 明仇和《观榜图》

官墙上。二十六日在礼部举行"恩荣宴"。考中者为进士，一甲第一名为状元，第二名叫榜眼，第三名叫探花，这三名称"进士及第"；二甲若干人，称"进士出身"；三甲若干人，称"同进士出身"。科举本身以进士考试为最高阶段。

殿试后中选者除前3名外，其余的进士还要在保和殿举行朝考。由皇帝命题，由钦定大臣阅卷，分别等次。明英宗朝的状元、榜眼、探花直接授予翰林院修撰和编修。其他新进士由掌院学士带领引见，由皇帝派遣任官；另外，还要从其他新科进士中选择有潜质者担任"庶吉士"，在翰林院学习（称为"选馆"），三年后再授予官职。清雍正朝以后，"选馆"更为严格，由皇帝主持之朝考决定。庶吉士一般为期三年，期间由翰林内经验丰富者为教习，授以各种知识。三年后，在下次会试前进行考核，称"散馆"。成绩优异者留任翰林，授编修或检讨，正式成为翰林，称"留馆"。其他则被派

9-10 中和殿（左）与保和殿（右）

往六部任主事、御史；亦有派到各地方任官。一般的授予六部主事、国子监博士或县令。有清一朝，从"顺治三年丙戌科"到"光绪二十九年癸卯经济特科"历年录取的进士数统计，进士共有27178名。①

根据《清史稿》志八十五记载：清政府通过科举挑选入官人选，举人与进士同为正途，但举人比起进士来所受到的待遇却相差甚多，顺治朝甚至有举人虽考选为做通判（从七品）的候补资格，但却终生未得官的事情发生；乾隆年间，乡试中举并挑选做知县候补人选的，有的竟然等了30年才授官。正如朝廷大臣屡屡奏言：举人中补授或提升官职的候补人员现在已经严重壅滞。以举人参加会试每科1200余人计算，10年举行四科，当有5000人之众，而其中能选作官员候补资格的不过十分之一。现在应该想办法为这些壅滞的候补官员找出路才是。乾隆十七年（1752）始定"大挑"制，于会试榜后举行，意在使举人出身的士子有较宽的出路。"大挑"六年一举行，三科以上会试不中的举人参加，挑取其中一等的以知县用，二等的以教职用。"钦派王大臣司其事，十取其五。一等二人用知县，二等三人用学正、教谕。"实在没有位置了，就下降一个品级予以授官，如原用为知县候补人选的，可以补为府经历、直隶州州同、州判、县丞、盐库大使。用学正、教谕候补人选的，可以补做训导。"届期吏部堂官先过堂验看，然后请旨派王公大臣于各省举人内公同挑选，重在形貌与应对……所谓人文并选，身言之试也。"②挑选的标准重在形貌与应对，须体貌端正，语言表达能力强，对时事吏治素有研究之人为用。但在实际执行中挑选标准却多看重形貌，相传有"同、田、贯、日、气、甲、由、申"八字诀，合于前四字形貌者为合格。例如长方脸型为"同"，方脸型为"田"，身体高大为"贯"，身体匀称为"日"。等了十年的举子们竟遭此"标准"获职，真是令人哭笑不得。

科举即是"利禄之途"，舍此不能参与政治，做官致富。明朝一代内阁高官大员170余人，由翰林者居十之九。清政府规定，非科甲正途出身，不得授翰林院、詹事府和礼部、吏部二部为官；非科举及没参加科举的国子监恩、拔、副、岁、优贡生、恩监生出身者，不授

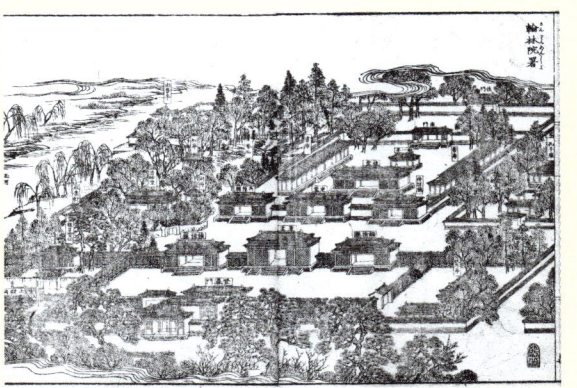

9-11 翰林院绘图

① 朱保炯、谢沛霖：《明清进士题名碑索引》。
② 商衍鎏：《清代科举考试实录》。

京官和正印官。①明、清两朝，举人与进士虽同称"科甲出身"，然而两个朝代的政府皆有部分职位唯进士才能充任；举人与进士的区别使得获得提拔和升迁的机会相差悬殊；两朝皆重翰林，进士之中一甲前三名直授修撰、编修进入翰林与获"馆选"而为庶吉士进入翰

9-12 提着书箱的会士参加试旧照

林学习并"留馆"者，为科举全程中最高的殊荣，因为明、清两朝非进士不入翰林，非翰林不入内阁，宰辅重臣大都由翰林选出，故庶吉士有"储相"之称。但庶吉士也不是官运亨通的"保险箱"。如清雍正时期的江苏昆山人徐骏，他是康熙朝刑部侍郎徐乾学之子，顾炎武的甥孙。雍正八年（1730），翰林院庶吉士徐骏在奏章里，把"陛下"的"陛"字错写成"狴"字，雍正皇帝马上把徐骏革职。这还不算，接着又查抄徐家。在徐骏的诗集里发现了诗句"清风不识字，何必乱翻书"、"明月有情还顾我，清风无意不留人"，雍正认为其存心诽谤，"于诗文稿内造为讥讪悖乱之言"，照"大不敬"律将徐骏"斩立决"，并将其诗文稿"尽行烧毁"。活生生的一个庶吉士生命，就这样毁于文字狱的暴政之下。

清代进士累官至内外高层官吏人数略计

大学士	协办大学士	内阁学士	尚书	侍郎	都御史	大理寺卿	总督	巡抚	布政使	按察使	顺天府尹
正一品	从一品	从二品	正二品	从二品	从一品	正三品	正二品	从二品	从二品	正三品	正三品
87	25	81	178	481	32	17	96	131	133	76	12

　　清朝科举制度最早在皇太极时期就已举行了，但不经常，考试的方式方法也比较简单。入关后，首次科举考试是在顺治三年（1646）丙戌科，从国子监考生中录取举人86名，以后不断增加。到乾隆年间，国子监生参加乡试，八旗中额34名，汉族中额超过72名。政府不仅鼓励贡、监生应科举，而且惩罚不应科举的贡、监生，凡肄业生在乡试之年不录科应试的，就被认为是没有上进心，要受到勒令退学的严厉处分。从乾隆晚年到清末，通过科举考试而做到六部侍郎（从二品）一级官员中，国子监贡生出身的有16人，监生出身的有29人，荫监生出身的有32人。这个统计虽然不够完整，但却反映了国

---

① 《清史稿》卷一百一十。

子监对于清政府的重要性。

综上所述,国子监生通过科举考试是清代士人走上仕途的一个重要途径。明初、清初国子监生的仕途最好,顺治十年(1653)以后因进士、举人日益众多,仕途壅滞,然而贡、监生中有能力做到高官者亦大有人在,成为清代官僚群体的一个重要组成部分,并在历史上起到了不容忽视的作用。

由于科举考试形式上系公开的竞争,所以除了若干可见的限制(如最低经济生活条件的缺如、少数特殊的社会身份关系)外,科举制度确实为社会提供了有效的阶层流动的途径。社会阶层流动性的存在,使得传统社会统治机构的成分不时更新,有利于社会和政治稳定的支持。这是我国科举制度千余年存在的重要原因之一。

科举考试固然为公开的考试竞争选官提供了一条路子,但其优越的地位基础是皇帝的权力,其服官从政也是为皇朝服务,最大的弊端就是摧残知识分子。它把千千万万的知识分子束缚在"四书五经"里面,思想僵化,学非所用,脱离实际。科举制度

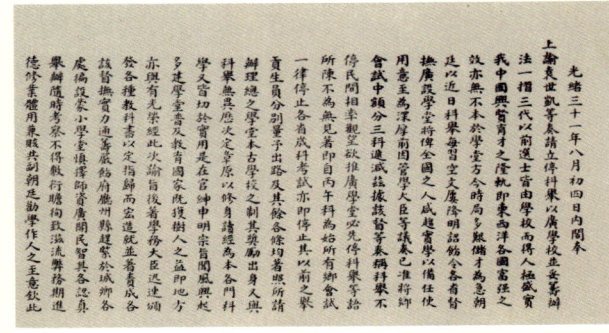

9-13 废除科举制谕旨(局部)

的设计和确立,就是把人限制在"学而优则仕"的唯一道路上,最后造成官宦壅滞、腐败堕落的局面。鉴于科举考试的种种弊病,清末康有为等有识之士纷纷要求废除科举。统治集团中袁世凯、张之洞、刘坤一等要员也强烈建议废除科举考试。光绪三十一年(1905),慈禧太后宣布停止一切乡试、会试。千余年历史的科举考试终于寿终正寝。同年十一月初十这一天,光绪皇帝谕准设立学部。谕旨中说:"……前经降旨停止科举,亟应振兴学务,广育人才,现在各省学堂,已次第兴办,必须有总汇之区,以资董率而专责成,著即设立学部。荣庆著调补学部尚书,学部左侍郎著熙瑛补授,翰林院编修严修著以三品京堂候补,署理学部右侍郎。国子监即古之'成均',本系大学,所有该监事务,著即归并学部。学部其余未尽事宜,著该尚书等具行妥议具奏。"①此时的国子监,教官滥竽充数,学校管理混乱,学风败坏,校舍业已破败不堪,学生只有几十人,完全失去了培养人才的作用,早已名存而实亡。

国子监归并学部以后,设国子丞一人(正四品),总司文庙、辟雍殿一切礼仪事

---

① 《光绪三十一年上谕档》。

务；典簿四人（正七品），分掌关于祀典、临雍、视学、案牍；典籍四人（正八品），分掌庙内祭品宝器及一切乐器品物；奉祀官六人（七、八、九品各二人），分掌预备祭器一切事宜。另有正副通赞官各二人，二、三等书记官各三人等。①到此为止，作为科举制度附庸的古代最高学府国子监终于走到了历史的尽头，终结了它作为最高学府的地位和作用。

国子监并入学部以后，学部改国子监南学为"初级师范学堂"，1906年开学。招生约300人，有教师10人，另聘日本教师2人。学堂设有优级师范科和简易师范科。宣统元年（1909）9月9日，清廷奏准学部张之洞的《筹建京师图书馆折》，任命四品翰林院编修缪荃孙为京师图书馆首任监督(馆长)，徐坊为副监督，杨熊祥为提调，筹建"京师图书馆"，将国子监南学的全部藏书转藏于该馆。1914年，"国家博物馆筹备处"在国子监成立。同年10月，由于京师图书馆初建地什刹海广化寺地处偏僻、潮湿，不宜藏书，经教育部批准，由该地移至国子监。1915年，定以国子监南学旧址为京师图书馆。1917年1月26日，京师图书馆在昔日国子监南学重新开放，国家博物馆筹备处迁至故宫午门端门。

9-14 清末甲辰科题名碑

其间，鲁迅供职于教育部社会教育司第一科任科长兼教育部佥事，曾为京师博物馆、图书馆的建设付出极大精力，因为有鲁迅的积极斡旋与奔走，《四库全书》、国子监南学与内阁大库的旧藏，成为这里珍贵的馆藏基础。届时，鲁迅与教育部同仁还出席了开馆活动并留影纪念。

南京国民政府时期，北京改称北平，1928年，京师图书馆改称"国立北平图书馆"，迁往中南海居仁堂。

---

① 《清代中央国家机关概述》第三章第四节。

第十章 国子监（太学）历史沿革概述

10-1 历史悠久的国子监

在这一章节里，主要就国子监（太学）的历史发展进程做一个简要的回顾。今天的国子监，有着非常深厚的历史底蕴。国子监（太学）的发展历程，涵盖了我们中华民族自周代以来漫长的文明发展史，对我国历史上的教育制度建设、文化建设、思想建设、伦理建设都产生了不可低估的作用和影响。太学起源于西周长安沣水之西的"辟雍"[1]，立身于西汉长安，辗转于河南的洛阳、江苏南京，兴盛于开封，最后又从南京走到北京，历经近3000年的历史。今天的国子监遗存，承载了这个漫长历史进程，见证着太学自诞生以来的风风雨雨。这一章节主要是为了对国子监（太学）的发展历史感兴趣的读者而撰写的，以期加深对我国悠久文明史的敬重和热爱。

对于国子监发展变化的历史，国学大师季羡林先生曾经有过一段非常精彩的总结：在办教育方面，多数朝代都有中央、省、府、县——必须说明一句：这三级随着朝代的不同而名称各异——几个等级的学校。中国历代都有一个"全国最高学府"的概念，它既是教育人才的机构，又是管理教育行政的机构。这个"最高学府"的名称也不一样。统而言之，共有两个：太学和国子监。虽然说，东汉光武帝建武五年（29）始设太学。[2]但是"太学"之名，先秦已有。我在这里不是专门研究太学的历史，详情就先不去讲它

---

[1]《诗集传名物钞》卷七《大雅三》。
[2] 笔者注：应为汉武帝公元前124年，始立太学。

了。晋武帝咸宁二年（276）始设国子学，北齐改为国子寺，隋又改名为国子学。唐代因之，一直到清末，其名未变。物换星移，沧海桑田，在过去将近两千年的历史上，改朝换代之事，多次发生。要说太学和国子监一直办下去，一天也没有间断过，那是根本不能够想象的。在兵荒马乱，皇帝和老百姓都处于涂炭之中的情况下，教育机构焉能不中断呢？但是，最令我们惊异的是，这种中断只是暂时的，新政权一旦建立，他们立即想到太学或国子监。因此，我们可以实事求是地说，在将近两千年悠长的历史上，太学和国子监这个传统——我姑名之曰学统——可以说是基本上没有断过。不管最高统治者是汉人，还是非汉人，头脑里都有教育这个概念，都有太学或国子监这个全国最高学府的概念，连慈禧和光绪皇帝都不例外。中国的学统从太学起，中经国子监，一直到京师大学堂，最后转为北京大学，可以说是一脉相承，没有中断。这在世界教育史上是绝无仅有的，是我们中华民族的骄傲。①

先秦

中国具有悠久的教育历史，是世界上古代最为重视教育和教育最为发达的国家。据古代文献记载，早在原始社会的五帝时期就有了名为"成均"的教育活动场所。成均是传说中五帝时代的中央国学。"五帝名大学曰成均，则虞庠近是也。"②"古无'韵'字，'均'即韵也。"③"均"乃"韵"字之古文，④古代以声韵教民，口耳相传。《尚书全解》中记载："帝曰：'夔，命汝典乐，教胄子直而温，宽而栗，刚而无虐，简而无傲。诗言志，歌永言。'"舜继承了尧的帝位以后，命一个名为夔的人做大司乐。"大司乐"是尧舜时的乐官，掌"成均"之法。因为周以前的中央大学并没有专门的教育行政机构和教育行政人员专责管理，所以这是中央学府的重要官职，它关系到治理天下而担负着教育"国之子弟"的重任。"治国之学政，而合国之子弟。"舜帝命夔掌管乐，不是用文章辞令而是以"乐德"教育、陶冶公卿大夫的子孙们（胄子）刚直而温柔、随

10-2 后夔典乐图

---

① 节选自季羡林先生为郝平教授《北京大学创办史实考源》一书所作的序言。
② 《礼记·文王世子》。
③ 《丹铅余录·总录》卷十三。
④ 《说文解字》卷三上。

和而威严、强壮而不残暴、质朴而不急躁的道德品质,达到能用诗表达自己的志向,用歌一样的节奏和韵律讲述自己的语言("诗言志,歌永言")。由此联想到,现在的人们把讲话富于抑、扬、顿、挫语感的追求,应该就是从这个时候开始发源的。古时认为首先应该提高讲话和语言的表述水平,才能"以成就其德","袭父兄之位"。

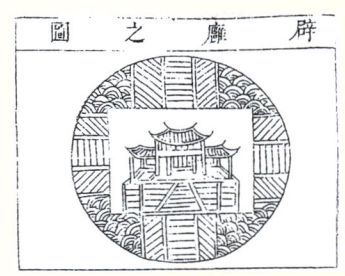

10-3 辟雍图

这个时代,还有叫作"庠"和"序"的教育机构。《礼记·王制》载:"有虞氏养国老于上庠,养庶老于下庠。""耆老皆朝①于庠",《礼记·明堂位》解释:"庠,有虞氏之米廪也。"粮仓建筑较为宽大,便于授教,养老于米仓自然又有吃饭之便利,不过老人也不是白吃闲饭,他们将自己丰富的阅历、经验和技能传授给下一代,教会他们种植、养殖技术。可见学校是从养老场所传授生产知识、生活经验演进而来的,又是进行以孝、悌教育为主的古代地方学校。校、序则是夏代的军事教育学校,是习武和比武的场所,贵族子弟在这里受到严格的军事训练。孟子对此总结说:"夏曰校,殷曰序,周曰庠,学则三代共之,皆所以明人伦也。"

上述几个侧面反映了进入奴隶社会后,教育开始制度化,国家也有了建设最高学府的举措,到西周时已经有了从地方到中央比较完备的教育设施了,"家有塾,党(500家为党)有庠,术(12500家为术)有序,国有学"②。中央有国学,地方有乡学,而中央官学又分为小学和大学(小学在公宫南之左,大学在郊)。"大学"最早出现在甲骨文记载中,那时的大学还是举行祭祀仪式的场所。商、周时国家最高学府称为"大学"。汉以后又杜撰称周代王朝的太学是"辟雍","天子曰辟雍,诸侯曰泮宫",③这实际是一种"指鹿为马"的想象。"东学为东序(天子学干戈羽龠之

10-4 周文王灵台池沼遗址

---
① 意为聚会。
② 《礼记·学记》第十八。
③ 《礼记·王制》的这个结论不过是汉儒的杜撰,辟雍的起源实际上是周代"天子"游猎的园林环境,其间也有演进礼仪的活动,并非什么"大学"。把太学演化为"辟雍",是汉时的事情了。

所），西学为瞽宗（天子演礼之所），北学为上庠（天子学书之所），南学为成均（天子学乐之所），宜学言语者处之。"①中央为太学（西周天子所设的大学，承师问道、天子自学、举行盛典之所）。这在一定程度上反映了先秦兴办学校广泛存在的状态。在诸侯国的国都里，为了显示地位的尊卑，各诸侯国的大学叫作"泮宫"。在这些教育机构里，"师氏"是负责管理太学政治事务、教授公卿子弟以"小舞"的周代礼官；对贵族子弟进行礼乐教育的则被称为"乐师"或"太师"。这些大致的情况已经是距今2800多年以前的事情了。

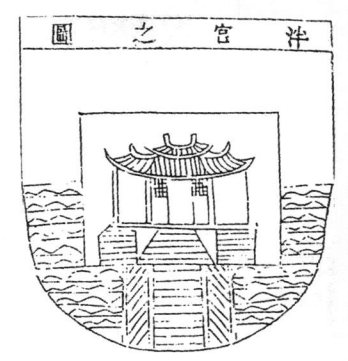
10-5 古籍中绘制的"泮宫"

高等教育的发展必然伴随着经济方面的显著发展，而发展的文化教育要求有可提供高等教育的教学内容、教学设施，以及有作为传授知识和培养官吏的专门教育人员。处在奴隶社会初中期的夏、虞、殷商时期还难以完全具备这样的条件，只有到了西周时期，社会生产力水平的提高，体力劳动与脑力劳动的分工，出现了脱离生产劳动的文化官吏，加之文字的成熟，才为我国古代高等教育发展提供了物质基础和文化基础。《毛诗·李黄诗解》评说，所谓赞美"辟雍"的音乐，是从赞美钟鼓乐的评论而引起的。因为周文王作乐于辟雍的高台之中，群臣与学生们听到钟鼓箫管奏出的音乐喜形于色，奔走相告。音乐在继续，赞美的议论说不完。这就是赞美的评论、美好的乐曲产生的原因。"所谓'於乐辟雍'者，自於论钟鼓而言之。盖文王作乐於灵台之中，而民欢乐之也。想其闻钟鼓管之音欣欣然有喜色而相告，乐之不能已，而言之不能尽，故曰於论於乐。"周文王带领群臣及学生在辟雍灵台作乐起舞，实际上就是一种基本的教育内容和教育形式了，这与当今把音乐作为娱乐活动是有很大区别的。虞、夏、商时期至西周时期可视为中国古代高等教育的萌芽时期。

汉代

汉代出现了设在京师的全国最高教育机构。西汉早期，黄老之学盛行，只有私家教学，没有出现传授学术的学校。汉武帝罢黜百家、定儒一尊之后，元朔五年

10-6 汉武帝刻像

① 《丹铅余录·总录》卷十三。

（前124），汉武帝采纳董仲舒的建议，破天荒地为博士配置弟子，并由管理宗庙礼仪的"太常"负责管理这些事情。虽然以往的博士也收弟子，如贾谊、董仲舒等，但都是私人的教学行为，属于私学。汉武帝为博士配置固定的名额招收弟子，则是官方行为。史家就是以此作为太学建立的开始，同时也意味着以经学为基本内容的中国封建教育制度的正式建立，从此"太学"成为国家最高学府的名称。

10-7 长安太学遗址模型

太学初建时只有博士弟子50人，五经博士分经教授，不需要也没有固定的校舍。后来，太学生不断增加，就需要配备专门的校舍了。我国最早大规模地修建大学校舍是在汉平帝元始四年（4），当时为太学修建了能容万人的校舍群。东汉迁都洛阳，建武五年（29）东汉光武帝刘秀在洛阳城开阳门外离皇宫八里的地方重建太学。古籍记载，当时的一个讲堂就长十丈，宽三丈（汉制，一丈为230厘米），在当时的生产力条件下，这已经是很宏伟的规模了。第二年又新修"三雍"：灵台、明堂、辟雍。校内建有宽敞的讲堂和博士宿舍，还有商业集市和治安机构，俨然构成"小社会"。"太学在洛阳城南七里，有市有狱。"① 后来汉明帝

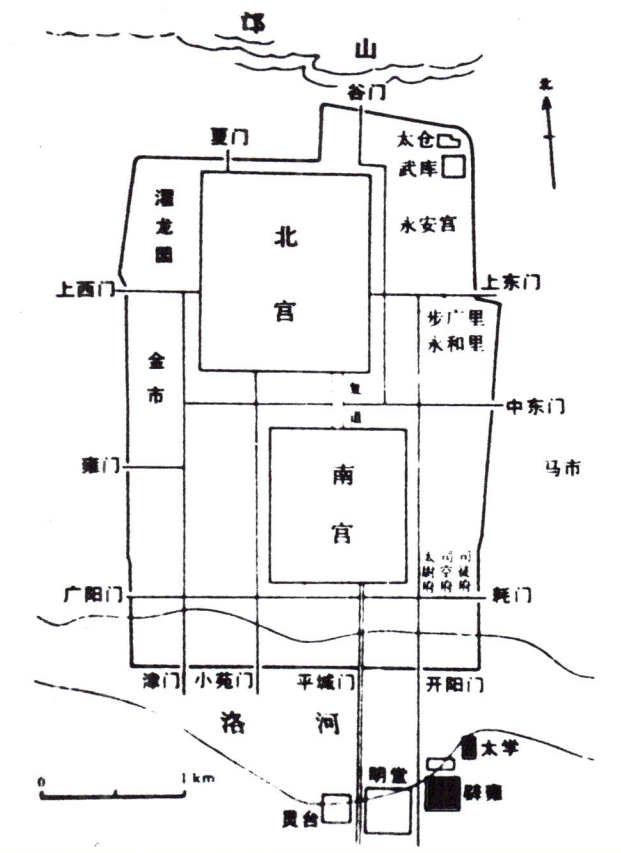

10-8 东汉洛阳城示意图（引自《中国大百科全书·考古学》）

---
① 《三辅黄图》。

刘庄也学着前辈刘秀的做法到太学行礼讲经。汉顺帝永建元年(126)，对太学进行了重修和扩建，花费一年时间，用工徒112000人，建成240房，1850室，所招学生称之为"太学生"。自西汉武帝建立太学以后，规模不断扩大，到东汉时便是盛极一时。汉武帝建太学时只有太学生50人，昭帝时增至100人，宣帝时达200人，元帝时达1000人，成帝时发展到3000人。东汉质帝时，太学生多达3万人。顺便说明一下，因为古代没有近现代意义上的毕业制度，太学生做了官或取得其他前程才算完成了学业，否则可以一直保留学籍（受处分的例外），"结童入学，白首空归"①的不乏其人。所以太学生人数增多，还有滞留学生越来越多的因素，这就不难理解为什么会有3万多人的规模了，但从一个方面也说明了太学生人数的剧增。

从武帝到新莽，太学中开设的科目及就学人数逐渐增多，开设了讲解《易经》《诗经》《尚书》《礼记》《公羊传》《穀梁传》《左传》《周官》《尔雅》等课程。王莽秉政，为了树立自己的声望，笼络广大的儒生，在长安城南兴建辟雍、明堂，又为学者筑舍万区。

汉代太学教学以自学为主，师生经常相互切磋。博士有时也在大讲堂授课，称"大都授"。汉代经学教学讲究师效家法，博士按经学学派设立，东汉时共有十四家，《易》经四家：施、孟、梁丘、京氏；《书》经三家：欧阳、大、小夏侯；《诗》经三家：齐、鲁、韩；《礼》经两家：大、小戴；《春秋》经两家：颜氏公羊、严氏公羊。这些官方经学严格讲究师承关系，传授的经文及解释必须恪守师传家学，不得自行改动或客串到其他学派，门户之见极强。经学各派的博士弟子达一万余人，太学规模之大，实前所未有。武帝到王莽，还岁课（每年的考试）博士弟子，入选的可补官。

两汉时太学是封建统治思想的宣传工具，起着统一思想和统一政治的作用，在培养人才和促进文化发展等方面也发挥了相当的作用。由于教育和政治的密切关系，使得太学中的学生在校学习时即很关心时政，加上和朝中士大夫又有着学术上的承袭关系，政治上也经常持相同立场并互相倚助。因此，学生关心国家大事，议论朝政成为中国古代大学的一个传统。随着当朝政治的腐败，太学生开始参与政治，形成一种不可忽视的政治力量。西汉哀帝时，博士弟子王咸曾聚集太学生千余人，以图解救执法不阿的司隶校尉鲍宣；东汉晚期陈蕃、李膺等人反对宦官的黑暗统治，得到太学生的支持和响应。冀州刺史朱穆打击横行州郡的宦官党羽反遭报复，太学生为此愤愤不平。153年，刘陶率

---

① 《后汉书·献帝纪》。

领数千名太学生为搭救朱穆而掀起了一次学潮。他们向皇帝上书,痛斥宦官为虎狼,表示愿代朱穆受刑。迫于压力,桓帝释放了朱穆。162年,因为宦官诬陷对羌人作战有功的皇甫规,并把他下狱,又激怒了太学生。于是,张凤又率三百多太学生再次闹学潮,迫使桓帝赦免皇甫规。太学生与宦官恶势力的斗争必然遭到宦官的打击,不少人遭到禁锢。熹平元年(172),太学生被宦官逮捕和囚禁的多达一千余人。

三国时期

三国时魏文帝曹丕是一位十分重视教育的政治家,他于黄初(220—226)中恢复了洛阳的太学,有博士19人,太学生几百人。在曹魏四十六年间,太学一直没有停废。元帝景元年间(260—264)太学生增至3000多人。时依汉制设"五经策试"之法(类似今天的抽签考试),通过考试的可补掌故、太子舍人、郎中等官职。考试中懂得的经越多,通过的越多,官就做得越大,这就大大鼓舞了弟子们的学习热情,也算是开了日后科举与学校合流之先河。

10-9 魏文帝曹丕

西晋时期

西晋时期在统治阶级内部形成一个贵族阶层——门阀世族。"门阀"是世代贵显之家,"世族(士族)"是东汉以后形成的各地大姓豪族。为了保证他们受教育的特权,晋武帝咸宁二年(276)在太学之外另立国子学,这是我国古代于太学之外专为高级官员子弟设立贵族学校之始,惠帝(290—306)时规定五品官以上子弟入国子学,六品以下子弟入太学,以体现"贵族士庶皆需教"的原则,形成了贵族与下层士人分途教育,变成了国子学、太学并立的双轨制。西晋国子学的条件和设施都比太学要优越,但

10-10 晋武帝

是教学效果却不如太学,因为这些贵族子弟不愁自己的前程,所以他们的学习缺乏斗志,生活上的养尊处优又使其缺乏刻苦学习的毅力,这是门阀世族特权在教育上的反映。东晋(317—420)学校教育相当衰微,南朝则有所复兴,国子生多为士族高官子弟,称

之"国胄"或"世胄",可以通过明经策试入仕,而太学则往往唱为"空城计",仅存博士而无生员。

南北朝时期

南朝宋文帝元嘉十五年(438),征召名儒雷次宗到京师(今江苏南京市)开"儒学馆"于鸡笼山(注:明代朱元璋后将此山改名为鸡鸣山),聚徒数百人教授。第二年又使丹阳尹何尚之立"玄学馆",太子率更令何承天立"史学馆",司徒参军谢元立"文学馆"。① "四馆"并列,各就其专业招收学生进行教学研究,打破了汉以来经学教育独霸中央官学的局面。元嘉十九年(442),文帝又诏立国子学。然各政权兴废不定,学校也时设时罢。

与南朝对峙的北魏道武帝(386—408),设立学校,则称"国子太学"(一度改称"中书学"),后又另立"太学"。孝文帝(471—499)、宣武帝时(500—515),又增设了四门小学,形成了国子学、太学、四门小学三学并立之制。

与北朝北魏的孝文帝兴"四门小学"的同期,南朝的宋明帝泰始六年(470),下令设立"总明观"(又称东观),置祭酒、访举各1人,分儒、道、文、史、阴阳五科,每科置学士10人。总明观因国学荒废而兴建,但它有别于单科性质的学校,且集藏书、研究、教学三种功能于一身,它从文帝时四个单科性质的大学(四馆)发展为综合性大学(总明观)中实行分科教授的制度。南北朝后期至隋,又逐渐形成了律学(习法令)、书学(习文字)、算学(习计数)三学。

北齐

北齐废帝高殷15岁登基,虽然只当了一年皇帝就被赶下台,第二年又被其叔叔高演所杀,但这位小皇帝当政时却干了一件利在后世的大事,这就是在乾明元年(560)

---

① 《文献通考》学校考二。

10-11 北齐校书图

批准了成立"国子寺"的动议,这是一个专门管理国子学、太学、四门学的教育行政机构,"国子寺可备立,官属依旧"。① 乾明元年(560),高演废掉侄子的帝位而登基,改元"皇建",是为北齐孝昭帝。登基之后,完成设置国子寺,隶属太常。这是第一次由国家政权成立专门管理教育的行政机构。但高演也短命,当了两年的皇帝就病死了(561),时年27岁。国子寺教育行政机构的设立在我国教育史上存在了很长时间,具有重大的里程碑意义,谁能想到它的背后竟有着两位皇帝叔侄之间杀戮的故事呢。

隋代

隋文帝杨坚在大一统的封建国家的重新建立之后,吸取前朝的教训,建置了一套比较完备的国家组织机构,以期皇权更集中强化,且便于设官分职,各负其责,提高国家机器运转效率。国子监的设立就是在这样的前提下演变而来的。隋初开始时,继续北齐之制设国子寺,隶属于太常寺。国子寺的主官为国子祭酒,统领国子学、太学、四门学、书学、算学等几所学府,每学府各置博士、助教等教学及管理人员;各学府学生名额分别为:国子学140人,太学及四门学各360人,书学40人,算学80人。开皇十三年(593),隋文帝将国子寺脱离太常寺的宗庙仪礼形态而成为中央直属的学校主管机关;国子寺和国子学分列,让中央直属的学校管理机关和国家最高学府之一同时并存,这在中国古代教育史上具有划时代的历史意义,也是我国封建社会发展接近鼎盛阶段时的一个重要标志,体现了封建统治者对儒学教育和文化建设的高度重视。

10-12 隋文帝杨坚

仁寿元年(601),隋文帝杨坚觉得教育管理还有提高效率的必要,于是索性停办了国子学,中央直接管理的学校唯立"太学"一所,每期定量招生500人,太学内设"博士"五人,总理学事活动(后又复立国子学,但没有

10-13 隋炀帝杨广

① 《北齐书》卷六。

招生）。过了几年，隋炀帝杨广于大业三年（607）正式将"国子寺"这一教育管理机关更名为"国子监"，恢复了"一把手"祭酒的职位，并增加了副职司业和监丞等学官。从此，国子监作为中央政府的教育行政管理机构，与隋代所创立的科举制度一起，到清光绪三十一年（1905）为止，沿用了将近1300年。

唐代

617年，李渊率兵进入长安以后，奉隋恭帝杨侑为帝，尊隋炀帝为太上皇，第二年（618），李渊受隋恭帝禅位，改元"义宁"。隋文帝晚年崇佛厌儒，隋炀帝又是对内穷奢极欲，对外穷兵黩武，因此除曾经短暂的兴盛之外，大都空有学校之名，而无弘道之实。

10-14 唐代国子监

李渊受禅登基改国号为"唐"之后，义宁元年武德二年（619）五月即恢复中央官学教育："令国子学置生七十二员，取三品以上子孙；太学置生一百四十员，取五品以上子孙；四门学生一百三十员，取七品以上子孙。……"唐承隋制，除上述之外，又于显庆元年（656）增设律学，形成国子学、太学、四门学、书学、算学、律学等"六学"。六学之中，儒学仍是国子学、太学、四门学；书学、律学和算学属于专科学校。唐高祖李渊为了表示自己做了皇帝以后"兴化崇儒，永言先达，情深绍嗣"，于武德二年（619）在国子学立周公和孔子庙各一座，"四时致祭"。①

贞观二年（628），唐太宗的左仆射（音叶，左仆射，唐初首相）房元龄和博士（正五品）朱子奢建言道："周公和孔子都是圣人，但向来释奠于国学的只有孔子。以前的晋、宋、梁、陈诸朝到隋大业年间一直都是将孔子祭为先圣、颜回祭为先师的。"太宗李世民听从了这个意见，停止了把周公祭祀为先圣的做法，开始单立孔子庙堂于国学，并于贞观四年（630）下诏，历史上第一次将"所有州县学皆作孔子庙"定为规制，统一定为孔子为先圣，颜子则祭为先师。贞观二十一年（647），又下诏把左丘

---

① 《旧唐书》卷一百八十九上。

10-15 唐太宗

10-16 北京孔庙大成殿旧照

明、卜子夏等21位前代名儒与颜回一齐"俱配享孔子庙堂",以彰显尊重儒道之愿。

　　唐太宗登基之初,很有兴学大志。他数次视学国子学,令祭酒博士讲论经书,完毕之后奖励以干肉和丝绸。为了扩大和规范国子学的管理,太宗还扩建新的学舍1200多间。由此扩大招生,"博士亦增置生员";扩大办学规模,"书、算合置博士学生,以备艺文",将太学等其他学馆合并,由国子监实行统一管理(贞观二年,628),当时由国子监管理的员工总数达到了3260名。"是时四方儒士多抱负典籍,云会京师。俄而高丽及百济、新罗、高昌、吐蕃(音玻)等诸国酋长亦遣子弟请入于国学之内。鼓箧(注:听讲儒生们所带的小书箱碰击之声)而升讲筵者八千余人,济济洋洋焉。"可见当时的社会讲学也是规模宏大,蔚成一代学风。"儒学之盛,古昔未之有也。"[1]除了招生、扩建这些硬件建设,唐太宗更是重视儒学教材的修订。考虑到当下所用的经书传之久远,文字难免多讹谬。为使这些经书的内容正确无误,下诏贴身的中书侍郎颜师古考订五经,颁布于天下。儒学自东汉以来,门派多立,旧经书中的章句且繁杂晦涩。为让经义的文字内容易于理解,他又亲自组织由国子学祭酒、大儒孔颖达挂帅,其他名儒参加的编写班子,编撰《五经义疏》一百七十卷,最后定名为《五经正义》,供全国的读书人传习。太宗之

10-17 孔颖达

[1] 以上均引自《旧唐书》卷一百八十九上。

后的唐高宗李治,也曾令数学家李淳风与国子监算学博士梁述等人审定并重注《孙子算经》《五曹算经》《九章算术》《海岛算经》《张邱建算经》《夏侯阳算经》《周髀》《五算经》《缀术》《缉古》等十部算经教材,让"国学行用"。这是我国历史上由皇帝自上而下颁行的第一批数学教科书,是为"算经十书"。在1300多年以前,国家"一把手"就这样对历史传承高度负责,亲自组织教材的编撰、考订、审定并颁行,这是很有远见卓识的创举,令人赞叹不已。

唐代国子监管理的学校之间的差别,与学生资荫(即父祖官阶和封爵)身份有关。国子学招收文武三品以上及国公子孙、从二品以上曾孙等,学生数300人。太学招收文武官员五品以上和郡县公子孙、从三品曾孙等,学生数500人。四门学招收文武七品以上官员之子500名,庶人之中的俊异之士800名,合计1300名。三所学校学生身份和待遇不同,而教学内容和程度则是相同的。律学、书学、算学学生则学习专门技术。其中律学50人,书学、算学各30人。入学年龄为14~19岁,律学则为18~25岁。

唐朝国子监在教育管理上显现出来的高度智慧让我们至今感到惊叹。根据《旧唐书》记载,这首先表现在分科和教学内容方面,不仅有选修课,还有公共必修课,选修课的内容是儒家经典,根据难易程度、内容分量以及将来考进士科还是考明经的课业目的,将所习儒家经典分为大、中、小三种,分为大经、中经、小经三类。大经为《礼记》《春秋左传》;中经为《诗经》《周礼》和《仪礼》;小经为《易》《尚书》《春秋公羊传》和《春秋穀梁传》。学生可以按规定的不同组合标准来选择相应的儒经内容来学习。这些标准有:"二经"(学一大经一小经或二中经)、"三经"(学大、中、小各一经)和"五经"(大经全学,其余各选一经)等层次。①《孝经》《论语》则为公共必修科目。这与唐朝科举对进士科(考试内容为时务策五道,加一"大经"。高宗永隆二年加试诗赋二篇)、明经科的考试内容要求基本一致。大、中、小经还分别规定了修业年限:《孝经》《论语》共学1年;《公羊传》《穀梁传》各为1.5年;《易》《诗》《周礼》《仪礼》各为2年;《礼记》《左传》各为3年。②每学馆除其必修选修科目外,生员可于书法、绘画等科目中任意凭兴趣选修2门。各学馆均于每旬前1日考试1次,考试有笔试、论文、试讲(论文)三项,成绩分上、中、下三等,连续3次都在下等者勒令退学。

书学除研究书法以外,每日练习书法。学《三体石经》(三年)《国语》《说文》

---

① 《旧唐书》卷一八九。
② 《唐书》卷四十四。

（二年）《字林》（一年）；算学实行分科学习，课程分两部分，一部分是《孙子算经》《五曹算经》，限一年学完，《九章算术》《海岛算经》共三年学完，《张邱建算经》《夏侯阳算经》各一年学完，《周髀》《五算经》共一年学完，前后共七年；另一部分是《缀术》学四年，《缉古》学三年，也是七年毕业；律学学习律令。《孝经》《论语》也是书学、算学和律学的公共必修课。而且，学生还可以自由选择学馆。对于选修和必修科目的管理制度，很多人以为这是欧洲首创而为中国当今所借鉴的，居然在1400年前就在我国存在，而且是如此完备。这时候的欧洲，尚处在黑暗的中世纪原教旨主义的全民宗教狂热之中。论知识的内容与积累，古人当然不及现代人；若论到创造性，面对1400年前的唐人，我们真应该检讨一下自己。

另外，唐代官学已有考核、毕业及奖惩的明确规定。据《新唐书》记载，这种考试分三种：旬考、岁考、毕业考。旬考、岁考由博士主持。旬考是每十天放假（一天）之前进行的考试，考查学生十日之内所学习的课程。旬考是以读、讲、问的"口试"形式进行的，一共三道试题：读一千字有关经书文字；讲经两千字；回答博士随机指定的经书上一个内容的提问。答对其中的两道试题为合格，不及格者要被处罚。

说到这里，我们联想到现代的考试舞弊，如何杜绝那些不断翻新的手段？也可以从中悟到一些有益的启示。采用口试形式来对学生的学习程度进行检查，可是货真价实的考试：第一，它杜绝了枪手代答代考；二是不讲求八股文等文字形式，没有官话、套话，目的直指对经书典籍的理解；第三，它锻炼学生的思维，必须用清晰的语言表达自己的学习收获；第四，它是"帖试"，考察的内容都在经书之中，具体考哪些内容，临到考时由博士来指定，要求学生回答，祭酒在一旁监考，公开透明；第五，它是环保的"绿色考试"，考试成本极低，不能成为考试收费的理由，腐败自然不能藏身其中了。唐朝的这个口试果真厉害！

岁考是考一年以内所学习的课程，依然采取这种很棒的口试形式。回答关于经义的十条试题。通八条为上等，六条为中等，五条为下等，下等为不及格，三次考试都不合格者，则罚补习9年，律学生则再学6年。那些实在是没什么合格希望的下场就是"罢归"——回老家。对选修课已经通过，欲继续求学者，四门学的学生可升为太学生，太学生可补为国子学生徒。

毕业考试由博士出题，国子祭酒监考。学校每年向礼部荐送参加科举考试者。考试及格即取得应科举省试资格。如学业不佳而多年不堪荐送，或荐送后屡年落第，则往往要被学校解退除名。唐代前期,进士及第而享文名者,大多由两监(国子学、太学)生徒出身。主考官在取舍中,也有意偏重两监生徒。当时的进士如果不是由两监出身,甚至感到深以为耻。唐玄宗李隆基曾下令,天下举人皆补学校。开科举必由学校之先。

国子监隶属各官学还有放假制度,经常性的为"旬假",在每次旬考后放假一天。季节性的为"田假"和"授衣假",田假在阴历五月农忙时,授衣假在阴历九月预备换冬装时,每次各放假一个月,准许学生回家探亲。家距学校路程较远,或家有大事,还允许酌情延长假期。但已予延长而逾期过多,则令其退学。①

官学的学生在学期间一律享受公费,包括衣服、膳食都由朝廷和地方政府支付。学生考试成绩不佳,有"停公膳"的处罚;学业、品行俱佳者则给予奖励。凡六学学生操行过劣不堪教诲的,科考连续落第或九年在学无成的,违反假期规定不返校或作乐杂戏的,都令其退学。②

唐朝长安城是世界历史上第一个达到百万人口的大城市,经对唐长安城遗址实测,它面积约有84平方公里,是现在西安城面积的9.7倍、明清北京城的1.4倍、古代罗马城的7倍。同时还是当时世界上最大的国际大都市,与经济交流一样,西方和东方的文化也在这里交流、汇集。唐代的国子监就是这样一个交流和汇集的平台。

国子监管辖下的国子、太学、四门、律、书、算六馆之中,许多留学生也在其内。多数留学生在前三馆学习经史,少数人在后三馆研习法律、书画和算术等专门技艺。因这些学馆均为官办,所以留学生一经入学,衣、食、住、行等所有费用均由政府提供,只是中国学生的费用由国子监直接供给,外国学生的费用由掌管蕃国事务的鸿胪寺供给。唐朝的外来留学生中,大部分来自新罗(公元前57—935年,存在于朝鲜半岛上南部的一个国家,相当于现在的韩国部分地区。从4世纪末起,新罗先后与中国的前秦、南齐、梁、北齐、陈、隋、唐交往,大力吸收中国文化,其典章制度悉如唐朝,并使用汉字,创造了用汉字标音的民族语言"吏读文")。因为新罗与大唐接壤,受汉文化影响也较早,所以赴唐留学成风。由于新罗留学生人数众多,在唐朝科举考试中,及第人数在各国留学生中也最多。来自其他国家的留学生,由于人数少,及第者也极少,除日本人晁衡外,还有波斯人李珣、大食人(632—1258年的阿拉伯帝国,是阿拉伯半岛上的阿拉伯人于中世纪创建的一系列伊斯兰封建王朝。唐代以来的中国史书,如《经行记》《旧唐书》《新唐书》《宋史》《辽史》等,均称之为大食国)李彦升等。留学

---

① 《新唐书》卷四十四。
② 同上。

生参加唐朝的科举考试，由于文化的差异，会受到一些照顾。唐朝专门为留学生设立了"宾贡科"。在科举考试时，留学生与唐朝举子一起应试，但"每自别试，附名榜尾"。说明宾贡进士与唐朝本土进士是有区别的。

这里说一点日本的遣唐留学生的历史。日本遣唐使始自唐贞观四年（630），二百六十余年间日本（当时叫"倭"国）任命遣唐使二十次，不管成行与否，总给人以文化的、和平的印象。然而，历史的真实是：倭国第一次遣使赴唐三十多年后，即663年（唐龙朔三年），倭军出动战船400余艘，与唐军13万人、战船120艘，借百济国动乱增援与唐水军在韩国白江口展开了激烈海战。水军指挥唐将刘仁轨用计诱敌入阵，将倭军战船全部焚毁，数万倭军被杀或溺亡。这即是中日之间的第一仗"白江口之战"。此后日本遣唐固然是修好之举，但更其要紧的是取经图强。日本真正以学习的目的向唐朝派出留学生，应该是从717年第9次遣唐使开始的。人数多达557人，这群十八九岁的孩子都是日本中层官僚的子弟，而且还要经过严格挑选，必须学识、样貌都需要达到才俊的标准才能入唐，被安排进国子监"六学"学习。其中有一些我们所熟知的日本留学生，如：

"名成太学"的阿倍仲麻吕屡次受到吏部奖掖，授校书郎。担任皇帝侍从官的左补阙，唐玄宗赐名"晁衡"（又称朝衡）。深得玄宗、肃宗的信任，多次升迁，累官至从三品秘书监。阿倍仲麻吕和李白、王维来往密切，彼此经常写诗唱和。73岁在长安逝世后，被追赠为从二品潞州大都督。

10-18 阿倍仲麻吕纪念碑

吉备真备留唐17年，就学于国子监管理下的"四门学"，深通五经三史、历算、刑律、军制等诸艺，回国后受到圣武天皇的器重，官至右大臣。吉备真备最重要的历史功绩之一是根据部分汉字偏旁部首创制了日语片假名。这些汉字共50个，被称为"母字"。吉备真备利用汉字偏旁创造了日本表音文字——片假名。后来，留学僧人空海（弘法）又利用汉字行书体创造日本行书假名——平假名。

还有许多学有所成的日本留学生，得到唐朝政府和日本政府的充分信任，给予重用。如玄入唐后，苦学法相宗，深得其奥妙，被唐玄宗赐紫衣，享受三品待遇；园行在试举经文时，解慧博通，对答如流，被唐文宗赐冬法服，绿绫20匹；出身法律世家的大和长冈，入唐后潜心学习唐律，回国后曾与下道真备共同删定律令24条；膳大丘在唐长安国子监学经史，归国后被任命为日本大学寮助教，他向天皇奏请尊孔获准，推动了日本儒学的发展；许多日本留学生经历了隋朝的灭亡和唐朝的繁荣，看到了唐朝的先进制度对周边的影响。他们回国后就对日本的"部民制"提出了改革要求。645年，日本孝德天皇任用从唐朝归来的留学生高向玄理做国博士，仿照中国唐朝的政治制度，在日本实行了大化革新。

2005年8月24日，唯一一方日本遣唐使墓志在中国出土以后，送到东京国立博物馆展出。日本天皇亲临参观。墓志的主人名叫井成真，年仅36岁而终，学业有成未来得及衣锦还乡，就长眠在中国的土地上。墓志铭称，井真成"问道未终……以开元廿二年正月廿日，乃终于官弟"。被唐朝追封为从五品的"尚衣奉御"，即专职为皇帝管理衣物，官至五品。这是为皇亲国戚或深得皇上宠爱、信赖的人而设的官职。井真成得此厚封，足见中国对日本遣唐使的真挚与友好。

唐朝政府对日本留学生的友善政策，为中日文化交流创造了良好的氛围。804年入唐的菅原清公回国时，曾情深意长地吟诗一首：

我是东蕃客，

怀恩入圣唐。

欲归情未尽，

别泪湿衣裳！

唐国子监作为中外文化传播的载体和平台，对中外文化的交流起了很大的促进作用，成为中国与世界文化交流史上广为传播的佳话。

宋朝

宋朝（960—1279）是中国历史上承五代十国、下启元朝的时代，根据首都及疆域的变迁，可再分为北宋与南宋，合称两宋。宋朝建立后，汲取晚唐五代两个世纪藩镇割据、权臣悍将篡位的教训，采取了一系列政治、经济、军事措施，强化中央集权的君主专制统治，尤其是高度重视文治。从军队开始，宋太祖倡导"朕欲尽令武臣读书，知为治之道"。① 出现了"博览书史，通究古今"的武将

10-19 宋太祖赵匡胤

---

① 《宋史纪事本末》卷一。

狄青,"好贤礼士,览经史,雅歌投壶,恂恂如书生"的岳飞,"日怀二饼,读《汉书》于京师州西酒楼上。饥即食其饼,沽酒一升饮,再读书"的北宋中期名将郭逵等诸多的儒将。以至于造成九朝之后的宋高宗还在忧心忡忡:"数年之后,将无人习武矣!"①可见从宋太祖发端促成有宋一代的文风之盛。

宋代统治者认为,只有尊崇孔子,恢复儒学的至尊地位,才能真正维护封建王朝的长治久安。因而采取了重文轻武的施政方针,文人在宋朝地位得到了空前的提升。有一事可以看出宋太祖的用心良苦。他在准奏太常窦俨的奏章中提到:"三五之典,礼乐不相沿袭。洪惟肇建圣宋,皇极一代之乐宜乎之名?"特要求窦俨专责此事,"改周乐之舞崇德之舞为文德之舞,武舞象成之舞为武功之舞;改乐章十二顺为十二安,盖取治世之音"。②礼乐之名都要体现高祖的崇文治世之志。这就不难理解宋初儒家复兴,社会上弥漫尊师重教之风气,为中国历史上经济、文化、教育最是繁荣的时代之一的根由了。在理学的兴起、宗教势力退潮、言论控制降低、市民文化兴起、商品经济繁荣与科技发展突飞猛进等一系列背景下,宋朝优秀文人辈出,知识分子自觉意识空前觉醒。"宋代文化的发展,在中国封建社会历史时期之内达于顶峰,不但超越了前代,也为其后的元明之所不能及。"③

宋朝建国之初,即致力于恢复被战乱毁坏的各地文宣王庙,加封孔子为"玄圣文宣王"(后改为"至圣文宣王"),封孔子以下十哲为公,七十二弟子为侯,对当时的孔子的嫡传后裔加封"文宣公"的爵号,并予以赐官、赐田、赐出身、免除赋税等优厚待遇。君臣亲往祭祀孔庙,将孔庙释奠礼由上供升为帝王之礼。到至和年(1054—1056),宋仁宗始封孔子后世袭"衍圣公"。

宋建国之后,大力推行科举制度,强调科举取士"须通经义,遵周孔之礼"。为了广泛传播儒学,宋太宗曾诏令国子监刻印唐代孔颖达《五经正义》颁行天下。宋真宗咸平三年到四年(1000—1001),诏令国子监祭酒邢昺等校定《周礼》《仪礼》《公羊传》《穀梁传》正义,加上《礼记》《孝经》《论语》《尔雅》,及孙奭《孟子正义》,合唐人经注,为《十三经正义》,颁行天下,成为官方的法定教材。同年,诏州县学校及聚徒讲诵之所并赐《九经》。经学教育的加强,使得崇儒重教之风更广泛地渗透到了社会生活的各个角落,儒学得到空前的复兴。在此基础上,其与佛、道思想相结合,又诞生了新的儒学思想——理学,其代表人物包括"北宋五子"(周敦颐、邵雍、

---

① 《文献通考》卷三十四。
② 《宋史纪事本末》卷一。
③ 邓广铭:《历史研究》1990年第1期。

张载、朱熹和陆九渊）。

　　理学的集大成者朱熹认为："理"和"气"是并存的，密不可分，但有先后之分。理是万物之源。"天理"与"人欲"是对立的两方，人欲是一切罪恶之根源，所以理学的根本任务就是"去人欲，存天理"。经过"二程（程颢、程颐）"与朱熹的发展，理学发展成为一套完整的哲学体系，成为南宋之后长期的官方哲学——程朱理学。

10-20 朱熹画像

　　宋代仍设国子监，它的主要任务是管理学校日常事务，具体执行国家的教育政策和法令，负责各类官学的行政管理，考察、考试、推荐内外学官，承办国家释奠大礼，考察应举士子的品行，主持武官转为文官的考试，修建校舍、画三礼图、绘圣贤像、建阁藏书皆属其主持筹办，是仅次于礼部的国家教育行政管理机关。值得一提的是，国子监还是宋代官方教材的编辑审定印制中心，负责编校、审定、印发官修图书和教材等。说来话长，国子监刻书原始于五代后唐明宗长兴三年（932），中国大规模官刻儒家经籍的创始人、时任后唐宰相冯道为印行经籍标准文本，经皇帝批准由尚书屯田员外郎田敏等人任详勘官，李鹗、朱延熙等书写，以唐刻《开成石经》为原本，开雕"九经"书版：《易》《书》《诗》《春秋左氏传》《春秋公羊传》《春秋穀梁传》《周礼》《仪礼》和《礼记》，并和经注合刊，书版文字以端楷书写，使能工巧匠雕刻。到了后周广顺三年（953）五月这部鸿篇巨制才雕印完成，历时22年。同时刻成的还有唐代张参撰《五经文字》、玄度撰《九经字样》等书。因刻书事业由国子监主持，故史称《五代监本九经》，创官刻书籍之始。当时流传甚广，影响深远。（国子）监本《九经》是中央官学及各地学校通用的经学教材，也是科举考试用书。宋代国子监刻书规模和刻印范围要比五代时要大得多。建隆四年（963）刻印了《刑统》一书，是北宋官方刻印的第一部书。"端拱元年（988）三月，司业孔维等奉敕校勘孔颖达《五经正义》百八十卷，诏国子监镂板行之。"① 包括《周易》《尚书》《毛诗》《礼记》《春秋左传》等五经正义。其校刻严谨，印刷精美，居全国之冠。宋代建国之初，国子监所藏的印书雕版不过1000余板，到宋真宗景德二年（1005）已达10余万板，45年间增加了25倍，"经传正义皆具"，到北宋中期，日印刷量达一万张。非常可惜的是北宋国子监的书版，在"靖

---

① 《玉海》卷四三《端拱校五经正义》。

康之难"中连人（徽、钦二帝）带物一锅端，尽数为金人掠去。由于雕版印刷术的普及应用，宋代图书印制已十分发达。图书事业的繁荣发展，为教育的普及推广和知识的传播提供了便利的条件。宋

10-21 宋徽宗

10-22 宋钦宗

真宗于景德二年（1005）五月视学国子监，在查看国子监的书库时，问当时的国子监祭酒邢昺，库里有多少印刷雕版时，邢昺回答说："国初不及四千，今十余万，经史正义皆具。臣少时业儒，观学徒能具经疏者无一二，盖传写不给。今版本大备，士庶家皆有之，斯乃儒者逢时之幸也。"①显然，由于一般的士庶之家都能得到图书课本，因而也具备了读书学习的条件，这为宋代教育的普遍发展奠定了基础。令人遗憾的是，宋版本书经漫长岁月和朝代更替，屡遭战乱，现在已所遗无几。片纸金贵，几乎都是国家一级善本书籍。

宋时太学仍为最高学府，隶国子监，宋初学生名额甚少，且只收七品以上官员子弟。宋仁宗时，下诏州、县办学，进一步完善科举制度。仁宗庆历四年（1044），范仲淹推行新政（"庆历新政"），始以东京开封锡庆院兴办大学，招收内舍生200人，采用胡瑗的湖学法制定"太学令"。这是宋朝的第一次兴学之举。

创立"湖学法"的胡瑗生于宋太宗淳化四年（993），祖籍今陕西省子长县。胡瑗为了贯彻"明体达用"的教育思想，在中国教育史上首先创立了"分斋教学"的制度。他设立经义和治事二斋，依据学生的才能、兴趣志向施教。经义主要学习六经；治事又分为治民、讲武、堰水（水利）和历算等科。凡入治事斋的学生每人选一个主科，同时加选一个副科。学生分斋学习，每斋三十人，屋五间、炉亭一间为全斋阅览和会议处，设斋长、斋谕各一人，负责督促和检查学生的行艺。这种大胆尝试，既使学生能领悟圣人经典义理，又能学到实际应用的本领，胜任行政、军事、水利等专门性工作。实践证明，这种教育内容和教学方法的改革是非常有效和成功的，培养了一批学有专长的人才。

除了分斋教学制度的创立以外，胡瑗还实行太学"寄宿制"。宋代起初规定太

---
① 《资治通鉴长编》卷六十。

学学生不能住宿，主要因为太学右侧是御书阁，消防工作特别重要。仁宗嘉祐元年（1056），胡瑗主持太学，为了让学生有较多的时间过集体生活，太学实行"寄宿制"。每晚由师生轮流值班，督促火烛小心。同时规定学生每月放假四次，其余时间皆留校住宿。每日起身、就寝以鸣鼓为号，进出校门必须请假，平时也不准随意会客和离校。这样的制度为以后学校沿袭使用，且日臻完备。由此宋代太学达到了规模空前的地步。

神宗熙宁四年（1071）十月，改革派名臣王安石制定太学"三舍法"（上舍、内舍、外舍），即三舍考选升补之法。立太学三舍法，将太学生分为上舍、内舍、外舍三个等级。这是宋朝第二次兴学重大举措。

元丰二年（1079），神宗又订《学令》，其外舍生，每月考核"行"、"艺"。所谓"行"，主要指遵法守纪的品行；所谓"艺"，主要指每月由学官出题考试（即"私试"）的成绩。各个学生的考试成绩记为学分，连同品行表

10-23 王安石

现按月登记。到季度末进行检查，学分积累较多又没有严重违犯纪律的学生可以获得"季选"（季度评定）。到年终，综合学生的季选，选出积累学分最多的100人，予以"校定"（年度评定）。此外，朝廷每年派官员到太学出题考试外舍生一次，称为"公试"。公试成绩列第一、第二等并获得校定者，可升入内舍。内舍生每月考核行艺，每季进行"季选"，每年给予30名积分最多的内舍生"校定"，分为"优"、"平"两等。如果公试优等、校定亦获优等者，即可升为"上舍上等"，立即释褐授官，称之为"两优释褐"；如果公试成绩与校定一优一平者，即可升为"上舍中等"，继续学习，待科举考试时，免解试及省试，直赴殿试；如果公试成绩和校定均为平等或一优一否者，即可升为"上舍下等"，继续学习，待科举考试时，免解试，直赴省试。元丰初年开始的这些有力措施，是宋朝的第三次兴学重大改革。

哲宗元符二年（1099）后，三舍法逐渐推广于诸州及各类学校。徽宗时，太学三舍法又有新的变化。南宋太学继续实行三舍法，招收新生则采取混补法或待补法，并不断加以完善。

宋代政府在中央设立国子监、太学、四门学和广文馆之外，还有武学与律学。仁宗庆历三年（1043）始建武学，在学三年，根据艺业考试等第名次授官；未及格者，逾

年再试。徽宗时,曾仿太学,亦实行三舍法。武艺绝伦,文又优特者,用如太学的上舍上等法,学业期满释褐授官;中等的仍在学校等待参加殿试。南宋高宗绍兴十六年(1146),重建武学。绍兴二十六年(1156),对武学考试又订立了新的制度。

神宗熙宁六年(1073),始置律学。元丰六年(1083)规定,命官在学,如在公试中律义、断案考中第一人,可按吏部试法授官。

宋代还有附属于中央政府专职部门的学校,如医学、算学、书学、画学。徽宗崇宁二年(1103),医学实行分科教学,选试并执行太学三舍法。经过考试,上舍生成绩优异者,选充尚药医师以担任医职,分别为医学博士、医学正、医学录或州、府医学教授。

徽宗崇宁三年(1104)始置算学,亦仿太学,实行三舍升补之法。上舍上等授官为通仕郎,上舍中等授为登仕郎,上舍下等授为将仕郎。

徽宗崇宁三年(1104),尤善书、画的"艺术家皇帝"宋徽宗又始设书学。考校书法分上、中、下三等,以"方圆肥瘦适中,锋藏画劲,气清韵古,老而不俗"为上等,亦实行三舍法,按照不同等第,授予通仕郎、登仕郎、将仕郎等官阶。

画学是宋代培养绘画人才的专科学校,亦于徽宗崇宁三年(1104)始置,实行三舍考选升补之法。考试以"不仿前人而物之情态形色俱若自然、笔韵高简"为上等。

如此,形成了中央政府主办的太学、四门学、广文馆、武学、律学、宗学、道学、在京小学以及附属于中央各部门的书学、算学、画学、医学的完整格局。

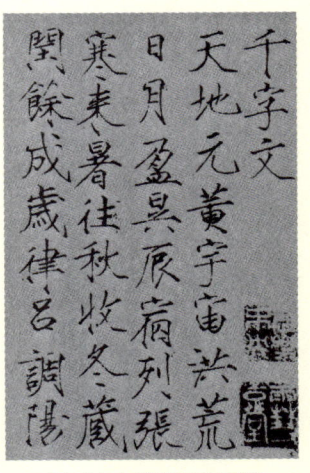

10-24 宋徽宗赵佶手迹

北宋前期,太学的直讲(相当于以后的博士教职)等学官一般由朝廷或国子监的官员推荐,经翰林学士院考试,然后由朝廷任命。至神宗时,正式创立了学官考试制度。神宗元丰七年(1084),则建立起一套统一的中央和地方学官的考试制度。学官考试由国子监组织举行。考试内容为所选一经的经义。合格成绩分两等:上等者任命为太学博士;下等者任命为太学命官学正、命官学录或州学教授。南宋时期,学官考试又有变化。其考试分两场,第一场试经义,第二场试诗、赋,合格者即录用,人数不限。先担任州学教授,再从州学教授中选拔太学学官。宋代学官与唐略同,然无助教,又增学正、学录、监书库(刻印经史书籍,供朝廷索取、赐予以及本监出售之用)、监厨官(管太学钱粮、颁发书籍条册,文、武学生公私试、补试、上舍试、发解试等升补、考选行艺，监学杂务）等。职员称学职或职事人，有前廊学录、学谕、直学等，大多由上舍生或内舍生担任，每月有俸钱。教师先由地方选聘，后改聘进士或太学毕业学生。

宋神宗赵顼时，扩建太学，增加学生名额达2400人，设80斋，并重订太学条制，推行三舍法。宋徽宗赵佶崇宁年间，兴建"辟雍"作为外学（为预科学校性质），太学（包括辟雍）共招生3800人，同时废除科举，人才皆由学校选拔，太学达到极盛时期。这也是宋朝兴学的重大举措。南宋绍兴十二年（1142），高宗赵构在临安府重建太学，至宋末学生达1700多人。

宋代太学在仁宗庆历间（1041—1048），内舍生由太学供给饮食。宋神宗熙宁五年（1072）起规定：太学外舍生每人每月补贴850文，内舍、上舍生每人每月补贴一缗90文。"缗"是古代货币单位。缗本指将铜钱穿起来的绳子，一缗就是一串钱，计1000文。南宋时，外舍生入学，须纳"斋用钱"，方能在官厨就餐；贫者减半纳；内舍生和各斋长、斋谕免纳。

由于宋代的士族门阀经唐末五代之乱而没落，随着科举考试制度的广泛推行和应用，使得大量过去贫寒的读书人一跃成为士大夫阶级，政府与社会有了紧密的联系，也打开了平民入仕为官的渠道。通过科举入仕的知识阶层在宋朝时已在政治、经济、法律、文化各方面取得全面优势地位，在法律上也拥有了许多特权，因而社会大众以中举任官作为读书的首要目标，衍生出"万般皆下品，唯有读书高"的社会风尚。中国自宋代以后也得以构成一个比唐代远为普及的文化社会族群。

宋代改良科举制度也促成教育的发展，新的措施包括殿试的设立，防弊措施的增加，放宽应考条件，并增加了取士数量等等。宋太祖开宝六年（973），创立殿试制度，使科举取士变为解试、省试、殿试三级考试。宋太祖之所以创立殿试制度，一方面是为了取士公平，防止势家垄断科举；更主要的是，在收兵权之后，将取士大权也收到皇帝手中，变"恩归有司"为"恩由主上"，使贡举及第者成为"天子门生"，从而进一步加强专制主义中央集权。这可是比当初"杯酒释兵权"更为深谋远虑的一招。宋代的科考分为三级：解试（州试）、省试（由礼部举行）和殿试。解试由各地方进行，通过的举人可以进京参加省试。省试在贡院内进行，连考三天。通过者在宫内由皇帝主持殿试，在宋代凡于殿试中进士者皆即授官，不需要再经吏部选试。南、北宋320年，总共开科130榜，取进士、明经诸科约11万人，其中取进士2万人以上，正奏名（省试进士合格但廷试未录者）约6万人，特奏名（正奏名中特恩允许参加殿试者）约5万人。平均每年录取进士、明经、诸科等正、特奏名约为360多人,其中正奏名每年也有188人以上。明代277年间共开科88榜,取进士24624人,平均每年89人。清代262年间共开科112榜,取进士26888人,平均每年103人。因此,可以说,宋代取士之多,可以说是空前绝后的。

宋代朝廷于仁宗庆历年、神宗熙宁年至元丰元年、徽宗崇宁年的三次进行"兴学运动",改革了宋代太学的教育制度,大大提高了人文质量,取得了显著的成效,为统治者培养出大批官员和学者。宋代的太学制度给后代以很大影响。

辽金两代

公元916年,契丹部族终于凭借其弓马优势,在我国北方地区建立了由多民族组成的政权——大辽王朝,定都上京(赤峰巴林左旗林东镇)。在科尔沁草原上造就了雄极一时的封建大帝国,与北宋、西夏鼎足而立。这个王朝,历经九帝,统治时间长达209年(916—1125)。辽太祖耶律阿保机喜欢汉族文化,能讲一口流利的汉语,与汉族人密切接触,引进和吸收了大量的中原文化,辽代建国之初,就尊孔礼,建孔庙。史书上记载:一次,辽太祖耶律阿保机问侍臣说:"受命之君当事天敬神,有大功的人我也要祭祀,古今那一个人最当先祭?"大家都以佛对,而太子耶律陪说:"孔子大圣,万世所尊,应先祭孔子。"太祖听了非常高兴,于是建孔庙,诏太子春秋祭之,并开始大兴儒学,得以在辽国迅速传播,儒教得到前所未有的发展。

辽代在上京("皇都",今内蒙古赤峰巴林左旗林东镇)置国子监,设祭酒、司业、丞、主簿、下辖国子学;南京(原幽州,现在的北京)另建国子监设官与上京同。府、州、县设学校,传授儒家学说,并实行科举取士以广招人才。

辽代的科举制度是大致仿照唐代的科举制度设立的。最初每冬只放进士一二人,开泰元年(1012)后逐渐增加取士人数,每科录取50~70人,取士人数最多时,达130余人。基于"藩汉不同治"的原则,使得辽代科举长期主要是为汉人设立,严禁契丹人参加,一则表示政府对中原先进文化的尊重,以笼络汉族知识分子为辽政权服务;再则就是为了防止契丹人汉化。据说在辽兴宗时,精通汉族文学的大臣耶律庶箴因为让儿子参加科举考试而受到"鞭之二百"的处罚,可见辽代初年对契丹贵族参加科举控制之严。只是到了辽末,对契丹人应举的禁规才被解除。大致说来,辽代科举程式以重熙五年(1036)为界,可以分为前后两个时期。重熙五年以前,辽代科举采行的是三级考制,即乡试、府试和省试三级。《契丹国志》云:"有乡、府、省三试之设。乡中曰乡荐,府中曰府解,省中曰及第。"重熙五年(1036)辽兴宗采纳了中书令张俭的奏议,开始施行皇帝"御试"进士之制。自此,御试进士成为辽代科举之定制,科举程式也相应地增加至乡试、府试、省试、御试四级了。

辽代末期由于道宗在位47年中昏聩无能又腐败透顶,天祚帝又承道宗腐败之余绪,不知改弦更张,终于民心失尽,国力衰微,腐朽不堪。盛极一时的大辽国被女真人所建的金王朝所取代。

金灭辽国以后,第二代皇帝金太宗完颜晟即位,以太祖阿骨打"中外一统"的诏令为遗训,南征伐宋,于1127年将北宋灭掉。从此形成了金与南宋对峙的局面。从完颜阿骨打开国到金熙宗时期,这是金朝开国及创立制度的阶段。熙宗为金朝确立了立国制

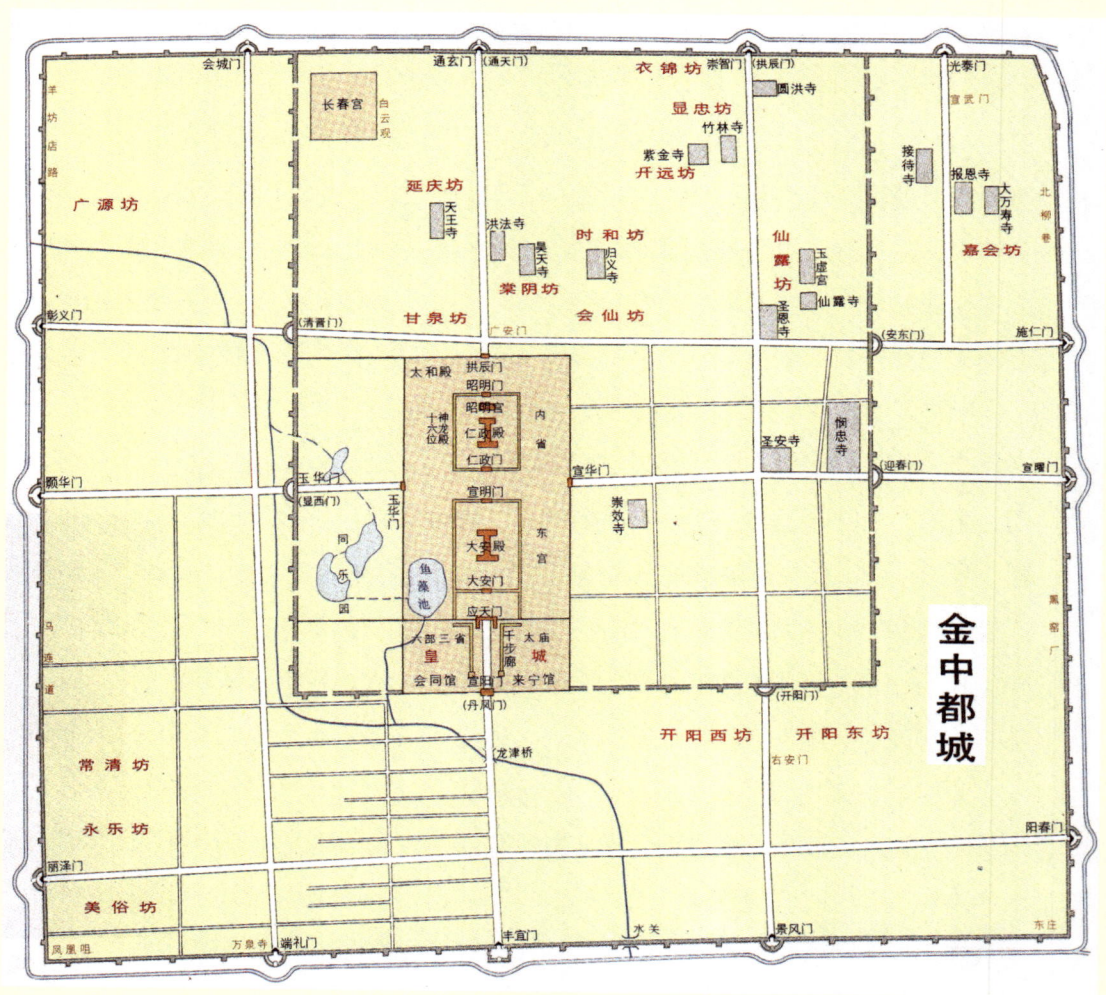

10-25 金中都城地图

度，其创立制度的主要依据是唐、宋制度。在他还没有完成这些工作获得成功的时候，1149年，就被其堂兄弟完颜亮杀害了。

完颜亮夺得了皇位，是为海陵王。并把熙宗未完成的创制、变革之事大大推进了一步。完颜亮对发达、富庶的中原一直充满了神往，1153年，完颜亮把都城从金代上京会宁府（今阿城）迁到燕京（今北京），称"中都"，完成了金国政治中心的向南转移，这是完颜亮最突出的政绩，北京自此开始了建都史，翻开了历史新的篇章。原本海陵王还想下一步把国都迁到汴京，但没有实现这一愿望。贞元元年（1153）迁都南京（今北京），建立"中都国子监"。金朝廷迁入中原后也创办学校，金承唐宋之制，"凡养士之地曰国子监，始置于天德三年（1151）"。①下隶国子学和太学。"国子学、太学隶焉"。②国子监的主官为祭酒，官居正四品。副职为司业，正五品，主管学校事务。另配置丞二员，从六品。金章宗明昌二年（1191）增"女直"（女真）一员，主要负责管理金代的民族学校——女真学。

国子监管理下的国子学设博士二员，正七品，一位负责教授，一位负责生员考试，分工明确。明昌年添女真一员（专门负责女真生员事务），大安二年撤销。助教二员，正八品，女真、汉人各一员。教授四员，正八品，负责诸生教学。国子校勘，从八品，掌校勘文字；国子书写官，从八品，掌书写实录。

太学的设置为博士四员，正七品。金卫绍王大安二年（1210）曾减二员；助教四员，正八品。③

国子学与太学之入学、在校均经严格的考试，由礼部掌管。"大定六年始置太学，初养士（即太学生）百六十人，后定五品以上官兄弟、子孙百五十人，曾得府荐及终场人（指参加过科举考试的人）二百五十人，凡四百人。"这其中只招收"宗室及外戚皇后大功以上亲，诸功臣及三品以上官兄弟子孙"。④

从金世宗大定十六年（1176）开始，府、州、县也都开办学校。学校教育的主要内容为儒家思想学说，学生学习作策论、诗、赋。诸路设女真学府，为金朝政权培养官吏，笼络天下人才。府学一共开办了17处，学生约1000人，这些学生的出身大都是准备参加廷试铨选入官的、皇家宗室中受到特权庇护的、准备荐送参加科举考试的举人这几种。"以尝与廷试及宗室皇家袒免以上亲、并得解举人为之。"随后又增办州学，

---
① 《金史》卷五十一。
② 《古今事文类聚聚新集》卷三十一。
③ 均见《金史》（卷五十六）之《志第三十七·百官二》。
④ 《金史》选举一。

"遂加以五品以上官、曾任随朝六品官之兄弟、子孙，余官之兄弟、子孙经府荐者，同境内举人试补三之一，阙里庙宅子孙年十三以上不限，数经府荐及终场免试者不得过二十人。凡试补学生，太学则礼部主之，州府则以提举学校学官主之，曾得府荐及终场举人，皆免试。"①由此看来，无论是考取国子学、太学，还是考取府、州、县学，或是在这些学校里学习，一般都要经过考试。考试内容也很多，大约有二十多种。所用教材都是由国子监统一刊印的。"凡经，《易》则用王弼、韩康伯注，《书》用孔安国注，《诗》用毛苌注，郑玄笺，《春秋左氏传》用杜预注，《礼记》用孔颖达疏，《周礼》用郑玄注，贾公彦疏，《论语》用何晏集注，邢昺疏，《孟子》用赵岐注，孙奭疏，《孝经》用唐玄宗注，《史记》用裴骃注，《前汉书》用颜师古注。《后汉书》用李贤注，《三国志》用裴松之注，及唐太宗《晋书》、沈约《宋书》，萧子显《齐书》、姚思廉《梁书》《陈书》、魏收《后魏书》、李百药《北齐书》、令狐德棻《周书》、魏征《隋书》、新旧《唐书》、新旧《五代史》，《老子》用唐玄宗注疏，《荀子》用杨倞注，《扬子》用李轨、宋咸、柳宗元、吴秘注，皆自国子监印之，授诸学校。"②

考试由博士主管。地方设府、州、县学，在校有月课、岁考之制（即月考试、年考试制度）。金朝官学的设置与考试制度，大体承袭宋制而略有变通。"凡学生会课，三日作策论一道，又三日作赋及诗各一篇，三月一私试，以季月初先试赋，间一日试策论，中选者以上五名申部。"在校期间的待遇也还算可以，"遇旬休、节辰皆有假，病则给假，省亲远行则给程。"金世宗大定年间，学生每人每月可以得到国家提供的月俸"钱三贯，米五斗"。金章宗在泰和三年（1203）"九月戊申朔，更定赠学养士法：生员，给民佃官田人六十亩，岁支粟三十石；国子生，人百八亩，岁给以所入，官为掌其数"。③官学的纪律很是严格，"犯学规者罚，不率教者黜。遭丧百日后求入学者，不得与释奠礼"。但对有权力背景的国子生则开方便之门，"凡国子学生三年不能充贡，欲就诸局承应者（相关的官员已经允诺的），学官试，能粗通大、小各一经者听（悉听尊便）"。世宗大定二十九年（1189），朝臣有奏章请求学校推行"三舍法"，以振兴各校学。这个建议奏章交由尚书省集百官讨论，户部尚书邓俨等人坚决反对这种权力插手其中的做法，说："'三舍之法'起于宋朝熙宁年间，王安石只崇尚经术，他

---
① 《金史》卷五十一之《志第三十二·选举一》。
② 同上。
③ 《金史》本纪第十一。

定下的太学生开始补外舍是没有定员的，由外升内舍又只限二百人，由内升上舍只限百人。各研究一经，每月考试，或者是特免，或者是保举补官。其法虽行，而多方势力却趋附其中的弊端，所以苏轼评论说'三舍法兴盛起来了，公务中却充满着贿赂'。虽然（宋哲宗）元年废止，以后又恢复，但宣和（宋徽宗）三年最终还是被废掉。臣等认为，立法贵在长久，应该丢弃三舍之法；学官选试以定等级，只能打开侥幸之门，不可定为法条。建议今后每州设学，专授官职以教授，每月考试，最后奖赏那些培养有方、学生屡次中优的学官。月试定为三个等级作为平时成绩，一年中频频在上等者给予优惠待遇。对那些不认真履行教责、行为恶劣的恶者给予罢免或废除资格。这才是庶人所希望看到的目标呀！"简单地说，就是注重平时考试，年底汇总评出等次确定待遇，而不要搞什么"三舍之法"。

　　国子监不仅要学习经义之书，而且要行"释奠"之礼。金世宗大定十四年（1174），国子监作为主管部门，给金世宗提建议说：每年的春秋仲月上丁日，都是释奠文宣王的日子。以前都是用本监的办公费六十贯，做一些茶、食之类的简单食品凑合事。无论是装释奠物品的木盘，还是奏乐的人员以及行礼的礼生、陪位的官员都不合乎古代礼制的要求。现在国家处于和平的现状已很久了，典章一类器物应当完备，何况京师又是首善之地，四方都要来观瞻，还是要详细研究决定一下释奠器物的种类数量、释奠行礼的次序。兖国公、邹国公应当于宣圣像左右列之。孟子现在还是穿着燕国时的旧制式服装，现在也应按照古时的规制，把孟子像移到于宣圣像右，与颜子相对，重新塑造冠冕，以"法服"妆饰才好。

　　"承安二年（1191），春丁，章宗亲祀，以亲王摄亚、终献，皇族陪祀，文武群臣助奠。上亲为赞文，旧封公者升为国公，侯者为国侯，伯以下皆封侯。"[①]

　　金朝统治者为了提高女真族的民族素质和文化水平，金太宗、世宗两朝先后置"女真字学"及"女真国子学"、"女真太学"和女真府、州学。其设置和考试制度，多仿照金朝汉族官学制度。具体的措施是根据地方人口总数来确定女真学生的比例，"计州府户口。增养士之数"。专为女真人开办的上述四种层次的学校规模最后达到了：京府17处，千人之多；节镇、防御州学60处，增养千人；府学24座，学生905人。节镇学39座，共615人。防御州学21处，共235人。总数约接近四千人之多。

　　这里所讲的"女真学校"具体是怎么样的呢？简要地说，这是专为培养女真族人才

---

① 《金史》卷三十五之《志第十六·礼八》。

开设的民族学校。那是源于世宗大定四年（1164）的时候，颁行了以女真文字翻译的经学书籍，后来又择选女真"良家子弟"为学生至3000人。九年（1169），取其尤俊秀者百人至京师，以编修官温蒂罕缔达教之。十三年（1173），以策、诗取士，始设女真国子学，诸路设女真府学，以新进士为教授。这样女真国子学就有了策论生百人左右，女真小学生也达到百人之多。女真府、州学22座，全部按照录取国子学生、府学生之规制招生和学习。凡学内大考，三日作策论一道。季、月私试（学校组织的考试叫私试）与汉生考制相同。①女真国子学、太学和府、州学的设置，开创了我国建立民族学校的先河，并对后来元、清两代都有直接的影响，在中国教育史上具有不可忽视的地位。这一点可以从前边讲过的元代"蒙古字学"、清代的"八旗官学"、觉罗学、宗学等介绍中就能感受到这种影响的存在。

金朝于太宗天会初年始行科举考试，经熙宗、海陵两朝的发展，到世宗、章宗朝达到极盛时期。科举考试科目除女真进士科为金代初创之外，其余词赋、经义、律科、经童以及制举、宏词等，均承唐宋之制；武举亦沿唐宋制度。

金朝于太宗天会初年始行贡举之时，往往一试而放进士，并即授官职。大约天会后期，才形成乡、府、省三级考试，至海陵王时，始设殿试，发展为四级考试制度。科举考试规则大抵承唐宋之旧，且有所发展，较之以前更为严苛。主要的特点表现为：一是创设女真进士科；二是科举取士的名额多，任职范围广，职阶高；三是考场规制严厉。金朝科举也有很多弊端。如取士重词赋而忽视其他，导致许多士人孤陋寡闻，入仕后往往闹出许多笑话；一些真正有才学者不能考取，反映了其局限性；金朝重视出身资历，授官后即使无才干，也可循资升迁；对文风也产生许多负面影响。

金朝科举考试制度的实施，对当时和后世产生了很大的作用和影响：一是为选拔人才、提高官员素质、巩固金朝统治秩序发挥了重要作用；二是促进了学校教育的发展和汉族传统文化的传播；三是推进金代封建化进程；四是在我国科举制度上具有承前启后的作用，特别是女真进士科的设置是一大创举，对元、清两代少数民族的王朝产生了直接影响。

接下来就应该讲元、明、清的故事了。三个朝代国子监的情况，我们在前九章中已经作了较为详细的叙述，这里就不再重复了。

---

① 《金史》卷五十一之《志第三十二·选举一》。

北京孔庙史话

《国子监史话》中,简要地追溯了北京孔庙的建成历史,形象地概括一下,恰如"4+6=10"这样一个算式。"4"是元世祖至元四年(1267)"划定庙学基","6"是大德六年(1302)开工修建,于是就有了大德十年(1306)的竣工。加上明、清两朝对北京孔庙进行了扩建、装饰升级和多次的修葺,使北京孔庙成为北京建都史上最为显著的文化标志之一。历数700多年的风风雨雨,现有必要对北京孔庙了解得更多一些。下面,就从"庙"开始说起吧。

第一章 从庙说起

庙宇的建立在我国具有极为悠久的历史,对于上了一些年纪的人来说,实在是太熟悉不过的建筑了,就我们所熟悉的大大小小的庙,几乎每个人都能说出几种或者几十种来,什么"火神庙"、"土地庙"、"娘娘庙"、"关帝庙"、"武侯祠"、"韩愈祠"等等,很多很多,真是数不胜数。康熙五十年(1711)纂修的《御定佩文韵府》中就"庙"韵单立一卷,详述了在那个时代所存立过的各式各样的庙宇达260多种。

在汉族居住的广大地区,几乎到处都有庙宇,尤其是广大的农村,至

1-1 关帝庙

今还可以看到庙宇的存在，许多庙的香火甚至还很兴盛。我国的庙宇种类繁多，被敬崇的各路神仙也很广泛，概括起来讲都属于"泛神崇拜"，即使列入昔日官方祀典之内的，实际上也是一种泛神崇拜。这种崇拜大致包含两个部分：第一是对自然的崇拜。《礼记·祭法》说："山林川谷丘陵，能出云，为风雨，见怪物，皆曰神。有天下者祭百神。"对于云、风、雨和其他一些怪异现象的自然力、自然现象不能理解，比如说地震、洪水、雷击等等，以及由此而引发的自然灾害、伴随而来的恐怖使得人们将这些不能理解的自然现象归结为神的力量，敬之诸神，就是为了求得保护和平安，于是就有了山神、水神，有了山神庙、龙王庙、三官庙（天、地、水）。对于那些以身殉国的、以自己的辛劳给百姓带来好处的、带领人民抗御自然灾害的、能够捍卫百姓利益不被践踏的传说人物、历史人物更是被崇拜为神灵，比如神农氏、孙思邈、华佗、公输般（鲁班）、屈原、岳飞、李冰、关羽等等，他们都是来自于人间，是由人升格为神的。对他们的崇拜同样是为了表达弱势的底层庶民的诉求和保护的需要，于是庙宇处处，香火不断。这是所谓的"英雄崇拜"，是泛神崇拜的第二种情形。中国汉民族文化的基本精神之一是功利的实用主义，祭祀所表达的是对神的崇敬与迷信。至于神庙的性质与分类，在民间来讲没有太大意义。善男信女逢神必拜，被拜的神灵与神灵之间的区别，也不是祈福者所关心的。这种精神主宰着汉民族的泛神崇拜，有着明确的实用目的。人们求于神灵，无非是避祸求福，保佑平安，祈求在生产和生活上顺顺利利，万事大吉。这就是说，神灵的使用价值可以归结为一句话，那就是"有求必应"。人们建造了乡村和城市，居住生活在这里，当然希望河山永固，不受自然灾害的侵扰。但是，无论朝廷还是民众，谁也不会完全相信，修建几座庙宇祭祀供奉几位神灵，就能保证从此远离灾害和种种威胁。既然如此，为什么人们还乐此不疲呢？实际上，神庙性质的建筑，从来都是凝结情感与情感宣泄的复合物。

这其中的第一个内容，人们愿意通过奉祀神灵来表达自身的各类希望，用神灵的形象常态警示人们的忧患意识，这显然是神庙的一种标识作用；第二个内容是在不可抗拒的灾害面前，尤其是束手无策之际，需要有一个特定的

1-2 19世纪中叶山东某地的圆形寺庙群

静谧场所用以释放自己内心那种驱除灾难、获得解救的心怀，以期在无可奈何的境地中得到神灵的佑护；第三个内容是它的政治作用，历代封建统治者热衷修坛建庙，定期举行祭祀外，同时也借神庙的民间影响力在灾害发生时逃避救助不力的责任，把灾害归结于不可抗拒的"上天惩罚"，以摆脱人们对政府的责难。

在敬奉着数也数不清的各路神灵的庙宇群里，有一种庙宇与众不同，与上边所讲的泛神崇拜的场所有着根本的区别。这里没有其他庙宇整日缭绕的香火，祈祷膜拜的萦萦人声，但却弥漫着一种高贵的文化气息，庙宇中供奉的不是神仙，而是一位为中华民族所尊崇的思想家、教育家，人们在这里祭祀，表达的不是对神灵的膜拜，而是一种怀念和敬仰，是一种文化传承的诉求。这就是在我国延续了两千多年专为孔子修建的庙宇——孔子庙。

孔庙又称仲尼庙、文庙、文宣庙、宣圣庙、先师庙、先圣庙、夫子庙，等等。遍布中国广大地区的孔庙可分为四类：一是曲阜本庙，二是流散在各地的孔子后裔所建的家庙，三是京师孔庙，四是地方孔庙（图1-3、1-4）。前两类都属于家庙，后两类被人称之为官庙。在官庙举行释奠礼的时候，往往又与习礼仪、讲经籍、议文事等一定的学术活动相伴随，这样的孔庙属于所谓的"礼制庙宇"。礼制庙宇与其他庙宇最大的不同

1-3 衢州孔庙

下篇 北京孔庙史话

1-4 台北孔庙全景

之处是，这种建筑必须是由国家的力量予以倡导和推行，建筑模式、体量、色调以及祭祀的内容、等级等，都必须遵循国家认可的规范和准则。各地孔庙无论级别高低，但精神如一、形式各异、风貌不同的孔庙虽然有地域差异和时代差异，但祭祀活动都依循一套共同的原则。

官员在地方举建礼制孔庙，据能查考到的历史文献记载，最早的是南朝的宋孝武帝刘骏（453—464）朝发生的，"孝建元年（454）……冬十月戊寅开建仲尼庙，制同诸侯之礼，详择爽垲，厚给祭秩"①。在距今近1600年前，孔子就得到诸侯地方的高度尊重。因此，在讲述古老的北京孔庙之前，有必要先简单了解一下2500多年前孔子的生平和学行。

① 《通志》卷十一。

第二章 从老师到学圣：孔子的生平与学行

孔子是我国古代伟大的思想家、教育家、哲学家，中国文化最杰出的代表。他开创的儒家学说，对中华民族价值体系的形成及发展有着极其重大、极其深刻的作用和影响。孔子作为世界十大文化名人之一，他与穆罕默德、耶稣和释迦牟尼一起，被称为缔造世界文化的"四圣哲"。孔子既属于中国，又属于世界，他的思想是历史的，又是跨时代的。以他为代表的儒家学说，是中国传统文化的核心，并奠定了二千多年中国封建社会的思想道德基础，作为与西方文明、阿拉伯文明和印度文明相并列的、以孔子为代表的中华文明在世界范围内曾产生过重大影响。进入21世纪，儒学进一步成为国际学术研究的热门。2006年3月，美国《新闻周刊》将孔子作为封面，指出中国正在向世界推崇古代先哲提出的"和合"思想。

2-1 孔子

据澳大利亚《堪培拉时报》1988年1月24日报道，当年在巴黎召开的以"面向21世纪"为主题的第一届诺贝尔奖获得者国际大会上，1970年诺贝尔物理学奖得主、主要致力于空间研究的汉内斯·阿尔文博士（瑞典），在大会的新闻发布会发言时作如此陈述："人类要生存下去，就必须回到25个世纪以前，去汲取孔子的智慧。"他把人类的生存和孔子的智慧联系起来，倒是可以看到西方科学家对孔子哲学思想的敬重和人文情怀。

孔子，名丘，字仲尼，春秋末期鲁国人（山东曲阜），鲁襄公二十二年（前551）生于鲁国陬邑（现山东泗水县东南）。鲁哀公十六年（前479）夏四月乙丑孔子去世，年73岁。去世后归葬于泗水。

2-2 孔母祈于尼丘山

2-3 夫子洞

汉史学家司马迁在他的《史记·孔子世家》中讲到孔子的身世时说："孔子生鲁昌平乡陬邑。其先宋人也，曰孔防叔。防叔生伯夏，伯夏生叔梁纥。纥与颜氏女野合而生孔子，祷于尼丘得孔子。鲁襄公二十二年而孔子生。"据考证，孔子的先世可以追溯到殷朝末年的庶兄微子。"微子开者，殷帝乙之首子而帝纣之庶兄也"。[1] "庶兄"的称谓是因为微子的母亲为妾时生微子，后来其母被扶正，又生了帝纣。微子就成了帝纣的庶兄。武王伐纣之后，封微子于宋（一说河南商丘），数传之后有孔防叔，因避难而来到鲁国，遂以孔为氏，从此孔氏在陬邑定居，变成了鲁国人。孔子的父亲叫叔梁纥（叔梁为字，纥为名），母亲叫颜征在。叔梁纥是当时鲁国有名的武士，他身高力壮，作战勇敢，在攻打偪阳城的时候，双臂托起悬门解救了先头部队，多次立战功，任陬邑大夫。叔梁纥先娶妻施氏，后又娶颜征在。当时叔梁纥已66岁，颜征在还不到20岁。公元前551年（鲁襄公二十二年），孔子出生。因父母曾为生子而祷于尼丘山，故名丘，字仲尼。孔子3岁时，叔梁纥故去，孔母颜征在迫于生活只好携孔子移居曲阜阙里，生计艰难。孔子17岁时，孔母颜征在去世。孔子19岁娶宋人亓官氏之女为妻，一年后亓官氏生子，鲁昭公派人送鲤鱼表示祝贺，孔子感到十分荣幸，给儿子取名为鲤，字伯鱼。为了避讳，一直到现在，当地人都坚守"孔门送鲤不食鲤"的习俗。

孔子总结自己年轻时的生活时说："吾少也贱，故多能鄙事。"[2] 孔子幼时家境贫穷，社会地位低下，曾从事过各种劳动。年轻的孔子从15岁起，就面对社会开始了自己的奋斗生涯。21岁的时候，曾给季氏做过管理仓库的小吏，出纳钱粮算得公平准确；也曾提任过管理牧场的小吏，使牲畜茁壮成长。因此他又升任主管营建工程的司空。"孔子贫且贱，及长，尝为季氏史，料量平；尝为司职吏而畜蕃息。由是为司空。"[3] 但这

---
[1] 《史记·宋微子世家》。
[2] 《论语·子罕》。
[3] 《史记·孔子世家》。

样的生活都不能使他施展宏大的抱负,于是孔子辞掉职务,在童年艰苦学习的基础上,更自觉地在学业和品德上不断提高完善自己。他以"三人行必有我师"的态度,虚心向一切人学习,17岁时,就被鲁大夫孟子称赞为"年少好礼",叮嘱自己的孩子"吾即没,若必师之"。①足见年纪轻轻的孔子已为世人称道。最有名的是29岁的孔

2-4 孔子学琴师襄图

子(注:此年龄从《阙里志》说)向师襄子学习操琴的故事。故事的内容是这样的:孔子向师襄子学习弹琴,一连学了10天,也没增学新曲子。师襄子说:"可以学些新曲了。"孔子说:"我已经熟习乐曲了,但还没有熟练地掌握弹琴的技法。"过了些时候,师襄子又说:"你已熟习弹琴的技法了,可以学些新曲子了。"孔子说:"我还没有领会乐曲的感觉和意蕴。"过了几日师襄子对孔子说:"你已经学到了乐曲的意蕴,可以再学一些新曲目了。"又几天过去了,孔子说:"我还没有体会出作曲者是怎样的一个人。"过了些时候,孔子肃穆沉静,深思着什么,接着又心旷神怡,显出志向远大的样子,说:"我体会出作曲者是个什么样的人了,他的肤色黝黑,身材高大,目光明亮而深邃,好像一个统治四方侯的王者,除了周文王又有谁能够如此呢!"师襄子恭敬地离开位给孔子拜了两拜,说:"我老师原来说过,这就是《文王操》呀。"②孔子学习如此深入刻苦,善于思考,且能从中领会乐曲的意蕴及人物形象,实在是学力不凡。

孔子30岁时自称"三十而立",③即从此开始,他已奠定了治学、做人、为政等坚实的学问德业基础。此时的鲁国,从贵族到庶民以懒散度日,礼崩乐坏,四时不兴;贵族中为私利而彼此争斗,不以发展为己任,更谈不上老百姓教育的问题了。当时的官府掌握着学术,只有贵胄子弟才有资格学习,即所谓"学在官府"。面对现状,孔子决定开始办学招生,把精力用于传道授业上,培养学生为官以实现自己未曾实现的治国理想。他以一己之力开创私学,首次提出"有教无类"的思想,并以自己亲身的教育实践活动,在世界上第一次高高举起"平等教育"的大旗,打破了贵族的文化垄断,把文化知识传播到民间底层,这在我国教育史上,实在是一个伟大的创举。这个史无前例的举措,为中国教育作出了巨大贡献,在中国教育史上留下了万世称颂的篇章。西方首位教育家毕达哥拉斯以及后来的柏拉图、亚里士多德虽然也讲"全民教育",但他们

---

① 《史记·孔子世家》。
② 《孔子家语·辨乐解》。
③ 《论语·为政》。

的"全民",只是自由民阶层,并不包括奴婢阶层。唯有孔子真正做到了"有教无类"的平等教育。中华民族的教育史上曾产生这样一位伟大的教育家,至今为我们所敬仰和自豪!孔子认为,通过对各个阶层的人施教,在处事的时候才能规范化,社会的安定才有保障,有了安定,才有繁荣,控制了心理,才能控制欲望。孔子根据生存的现实,从文(学问)、行(言行)、忠(忠恕)、信(信义)四个方面对弟子进行传授。以不揣测、不武断、不固执、不自以为是的"禁律"训练和培养弟子们的品质修养。"孔子以四教:文,行,忠,信。绝四:毋意,毋必,毋固,毋我。"①讲学时则不分年龄、出身贫贱,都一视同仁。凡带上十条"束修"(干肉)见面礼的,都收为学生。比较知名的颜路(**颜渊的父亲**)、曾点(**曾参的父亲**)、子路、伯牛、冉有、子贡、颜渊等,都曾先后求学于孔子。连鲁大夫孟僖子其子孟懿子和南宫敬叔都来孔子处学礼,可见孔子办学已名闻遐迩。他用《诗》《书》《礼》《乐》作教材教育弟子,要求学生文章、道德兼备,并且贯彻在实际行动之中。教育弟子的时候,也很讲求教育方法,他认为,一定要到弟子真正遇到困难,烦闷发急的时候,才去启发开导他。若讲出一个道理后,弟子不能触类旁通、举一反三地推演出类似的道理,那就不再重复讲述了。即所谓的"不愤不启,举一隅不以三隅反,则弗复也"。②

孔门弟子受到孔子"仁"的思想教化,不管出身贵贱,学生都能以仁相处,文武俱全,影响剧增,孔子的教育创举,推动了思想文化的普及和繁荣。相传他有弟子三千,其中学业优秀、精通礼、乐、射、御、书、数这六种技艺的就有72人,不乏名臣良将。在传道授业中孔子总结的因材施教、学思并重、启发式教学、举一反三等教学原则,为后世的教育教学所称道,影响极其深远。

孔子著名的学生子贡论孔子道:"夫子之文章,可得闻也。夫子言天道与性命,弗可得闻也已。"颜渊喟然叹曰:"仰之弥高,钻之弥坚。瞻之在前,忽焉在后。夫子循循然善诱人,博我以文,约我以礼,欲罢不能。既竭我才,如有所立,卓尔。虽欲从之,蔑由也已。"这段话的意思是说:老师在文献方面的成绩很显著,我们是知道的。老师讲论有关天道与人的命运的深微见解我们都闻所未闻。颜渊感慨地长叹一声说:"我越是仰慕老师的学问,越觉得它无比崇高,越是钻研探讨,越觉得它坚实深厚。认真观察时它在前面,忽然间又在

2-5 颜渊

---

① 《史记·孔子世家》。
② 同上。

后面了,真是难以捉摸。老师善于循序渐进地诱导人,用典籍来丰富我的知识,用礼仪来规范我的言行,使我想停止学习都不可能。已经竭尽了我的才力,现在也有所建树,但老师的学问却依然高立在我的面前。虽然我也想追赶上去,但是不可能追得上。"

2-6 子贡庐墓处

孔子一生坎坷,饱经忧患,一直从事教育事业。他始终"学而不厌,诲人不倦,发愤忘食,乐以忘忧,不知老之将至"。①他收集整理古代文化典籍,先是删《诗》《书》,定《礼》《乐》,晚年钻研《周易》、修《春秋》,以传先圣之道,堪称功垂万世。可惜的是,孔子所修六经中的《乐》被秦朝战火所毁而失传,仅剩"五经",是为中华文化之精华,乃成传世之典。后世把孔子尊为伟大的教育家,实在是名副其实!

孔子54岁的时候,鲁国君臣荒于女色,怠于政事。不满之下孔子离开鲁国,开始了周游诸侯列国,宣传自己政治主张的活动。14年后,68岁的孔子结束了行程1000多里路,游列8个诸侯国的活动,回到了故土。

2-7 孔子修书图

回到鲁国后的孔子觉得自己一生奔波,欲进入仕途,继承古圣先贤的大业,恢复周礼以教化万民,但都无法实现,难以施展自己的政治抱负,便想在有生之年,把经验教训告诉后人。"孔子晚而喜易",读《周易》刻苦勤奋,以致把编穿书简的牛皮绳子也弄断了多次。为了更好教育后人,孔子认为:"我的主张不能实行,我用什么贡献给社会留下好名呢?"于是就根据鲁国的史书写作《春秋》,上起鲁隐公元年(前722),下止鲁哀公十四年(前481),共包括鲁国12个国君,写就一部按照完整时序记载编写的《春秋》。由此,《春秋》成为了中国历史上第一部编年史。

孔子总结自己的一生:"吾十五而志于学,三十而立,四十而不惑,五十而知天命,六十而耳顺,七十而从心所欲,不逾矩。"②我十五岁研究学问,三十岁确立自己的理想,四十岁不为我所做的事情而迷惑,五十岁的时候我懂得自然的规律和法则,

---

① 《史记·孔子世家》。
② 《论语·为政第二》。

六十岁时能听进不同意见,七十岁随自己心意,想怎样就怎样,而不逾越法度规矩。

这段话孔子自述了个人学习和修养的过程。这一过程是一个随着年龄的增长,思想境界逐步提高的过程。就思想境界来讲,整个过程分为三个阶段:十五岁到四十岁是学习领会的阶段;五十、六十岁是安心立命的阶段,也就是不受环境左右的阶段;七十岁是主观意识和做人的规则融合为一的阶段。在这个阶段中,道德修养达到了最高的境界。孔子的道德修养过程有合理因素:第一,他看到了人的道德修养不是一朝一夕的事,不能一下子完成,不能搞突击,要经过长时间的学习和锻炼,要有一个循序渐进的过程。第二,道德的最高境界是思想和言行的融合,自觉地遵守道德规范,而不是勉强去做。这两点对任何人都是适用的。

著名的史学家司马迁曾经感慨地说:《诗》经中有这样的话:"像高山一般令人瞻仰,像大道一般让人遵循。"虽然我不能达到这种境地,但是心里却向往着他。我读孔子的著作,可以想见到他的为人。到了鲁地,参观了孔子的庙堂、车辆、衣服、礼器,目睹了读书的学生们按时到孔子旧宅中演习礼仪的情景。我怀着崇敬的心情徘徊留恋不愿离去。自古以来,天下的君王到贤人也够多的了,当活着的时候都显贵荣耀,可是一死什么也就没有了。孔子是一个平民,他的名声和学说已经传了十几世,读书的人仍然崇他为宗师。从天子王侯一直到全国谈六艺的人,都把孔子的学说来作为判断、衡量的最高准则,可以说孔子是至高无上的圣人了。①

汉末战乱,虽经历代修复,在北魏郦道元《水经注》里记录的孔庙却仍是:"庙屋三间,夫子在西间,东向;颜母在中间,南向;夫人隔东一间东向。夫子床前存石砚一枚……"

庙宇依旧,而西汉司马迁见过的衣、琴、书、车却荡然无存了。

此前,祭孔典礼一直都在曲阜孔庙举行。西汉武帝刘彻(前140—前135)登基,应董仲舒所请,首倡"独尊儒术",罢黜诸子百家。当儒家思想被奉为国家的指导思想后,孔子也就逐渐被推崇为教育始祖,奉祀在国家的各级学校内,一步步地被举上教育的圣坛。

2-8 孔门弟子守丧图

① 据《史记·孔子世家》。

第三章 从家庙到圣庙：孔庙的由来

公元前479年孔子逝世，鲁哀公尊其为"素王"。公元前478年（鲁哀公十七年），即孔子死后第二年，鲁哀公下令在曲阜阙里孔子生前居住的三间房屋立为"岁时祭祀"的孔子家庙，将孔子生前使用的衣、冠、车、琴、书册等保存起来，并且按岁时祭祀。从此，世界上就有了第一座孔庙，也是孔子的后裔及其诸侯祭孔的开始。孔子死时为一介布衣，若按周代的礼制本没有立庙资格，鲁哀公之所以越周礼做出这样的举动，有感于孔子生前曾在鲁国弱小，受尽周围齐、楚、晋、赵等大国欺负的危难时刻，为鲁国救亡图存出力，且做过短时期的大司寇，因此做出为孔子立庙的非常之举。周礼规定的"天子七庙、诸侯五庙、大夫三庙、士一庙"的奉祀规格随着江山易主、权力更替而物换星移，无一复存。恰恰鲁哀公越礼所立的"孔庙"则借助孔子的思想学说两千多年来遍及全国，世代绵延，及至海外。全世界存立的宗教祭所不计其数，但为一个真实的思想家故去而修造殿堂且达到如此规模和数量的却是绝无仅有。

3-1 刘邦祭孔图

从汉代开始，中国历史上共有11位帝王18次到曲阜孔庙祭祀过孔子，开此先河的是汉高祖刘邦。汉高祖十二年（前195）十一月，刘邦从淮南返回京城经过曲阜，以太牢祭祀孔子，开后世帝王祭孔之先河。这是帝王祭孔的开始。

汉元帝（前48—前33），征召孔子第十三代孙孔霸为帝师，封"阙内侯"，号"褒成君"，赐食邑八百户，以岁收按时祭祀孔子。这是封孔子子孙为侯，以奉祀孔子的开始。

汉光武帝建武五年（29），派遣大司空宋宏到曲阜阙里祭祀孔子。这是帝王派遣特使祭孔的开始。

永平二年（59）三月，汉明帝刘庄亲自带领群臣五更时到国家最高学府辟雍行养三老、大射之礼。中央下属的郡、县、道则在各自的学校行乡饮酒礼，皆祀圣师周公、孔子，以犬为祭牲。①从此，中央政府所在地及各地方政府也都在学校中祭孔，祭孔成为全国性的重要活动。

永平十五年（72），汉明帝赴曲阜，祭祀孔子及七十二弟子。祭祀孔子的礼仪称"正献"礼，祭祀配享者的礼仪称"分献"礼。这是祭孔有配享的开始。

三国时期魏齐王正始二年（241）、五年（244）、七年（246）祭祀孔子都是在辟雍进行的，《五礼通考》记载："魏齐王释奠于辟雍，以太牢祠孔子，以颜回配。"魏齐王大概是嫌汉代所用的祭牲太小不够气派，所以更换了东汉明帝周、孔合祭所用的祭牲，将狗换成了大牲畜（太牢）。据丘浚所言，这是在太学里祭祀孔子以颜渊配享的开始。西晋武帝司马炎更是大方，泰始三年（267），诏令太学祭祀孔子时，将祭牲增加到用三太牢（猪、牛、羊）祀用。南朝刘宋文帝时，裴松之建议文帝在祭孔时用"六佾"。"佾"是古时舞队的行和列，以八人为一佾，就是8行8列，六佾就是6行6列。佾的多少依等级而定。只有天子才能用八佾，裴松之建议的用六佾，实际上是将祭孔用为诸侯的等级。此后的孝武帝也是以这样的规格祭祀孔子，孝建元年（454）他诏令修建孔子庙，"制同诸侯礼"。南齐武帝永明三年（485），立国学时再次采用南宋文帝时的释奠礼乐，不仅有轩悬之乐，而且还有六佾之舞。祭孔的规格和内容又大大丰富了很多。到了北齐文宣帝天保元年（550），祭孔的内容和规格不仅沿用了南宋南齐的做法，而且还规定了春秋二仲丁实行释奠之礼；每月朔日，由国子学祭酒带领全体博士升堂祭孔，助教和国子诸学生在堂阶下"拜孔圣，揖颜回，日出行事"，除此之外，还令各郡学立"孔颜庙"，各郡学博士以下每月也要朝圣。到了隋代，规定国子寺的师生每年四个仲月的上丁都要释奠于先圣先师。把原来每岁两次释奠增加到了四次。②这就是所谓的"四大丁祭"。什么是四大丁祭呢？原来，我国农历有春、夏、秋、冬四季，每季三个月，这三个月分别叫作孟月、仲月、季月。古代用干支纪日，每月不超过三十天，所以甲、乙、丙、丁等天干一般会出现三次，祭孔用第一个丁日称为上丁。四大丁祭，就是在四季仲月上丁日举行的祭祀。这一传统一直延续到近代。

我们再把话题转到唐朝：

---

① 《后汉书·礼仪上》。
② 《礼书》卷九十四。

继隋朝之后的唐高祖武德二年（619），李渊令国子学中立周公、孔子庙，"四时致祭"。①贞观二年（628），唐太宗李世民听从左仆射房元龄（注：左、右仆射代领尚书省事，亦职为宰相）和博士朱子奢建言，停止了把周公祭祀为先圣的做法，开始单立孔子庙堂于国学，并于贞观四年（630）下诏，历史上第一次将"所有州县学皆作孔子庙"定为规制，统一定为孔子为先圣，颜渊则祭为先师。贞观二十一年（647），又下诏把左丘明、卜子夏等21位前代名儒与颜回一齐"俱配享孔子庙堂"，以彰显尊重儒道之愿。

赵宋时代对曲阜孔庙曾七次增修，使庙房总数达316间。崇宁初年（1102），宋徽宗还下诏追封孔子之子孔鲤为"泗水侯"，孔子之孙孔伋为"沂水侯"。②七年后偕其子钦宗一道栖栖惶惶拜辞祖庙，被女真贵族军队掳移北方。文化落后的女真民族在亲手毁掉宋真宗精心建设的316间的孔庙之后，在庙宇原址上又重建起一座

3-2 宋代皇帝祭祀孔子图

孔庙，这个建造过程很长，从金熙宗、金世宗开始修建，但都"其制犹素"（样式简单质朴），以后又经过金章宗明昌元年（1190）、三年（1192）、六年（1195）三次增修，算是初具规模了。从金章宗泰和八年（1208）开始，又对曲阜孔庙进行了大规模的修建工程。这些工程包括：修正殿、廊庑、大成门、大中门、郓国夫人殿、大殿屋面边缘镶碧瓦；大殿外柱石刻龙纹，斗拱青绿涂饰，栏杆窗扇朱漆涂扫；齐国公二代三代祖殿、毓圣侯五贤堂、奎文阁"焕然一新"，"厅堂、黉舍、门庑凡四百余楹方之，前古於此为备"。③由此看来，曲阜孔庙经过这一次的工程，装饰华丽程度大大超过了宋代时的孔庙规格。南宋高宗赵构绍兴十年（1140），在京城临安（今杭州）把对孔子的释奠礼由原来的中祀升为大祀，笾豆礼器用十二之数，祭祀规格与社稷祭祀大礼相同。

明朝孝宗皇帝弘治十三年（1500）时，对山东曲阜孔庙进行了一次最大规模的修建（原孔庙火毁），历时四年，耗银十五万二千六百两。此次大修，规模、质量和装饰

---

① 《旧唐书》卷一百八十九上。
② 《宋史》。
③ 《五礼通考》卷一百二十一。

3-3 曲阜孔庙局部俯瞰

可称空前绝后。迄今为止，孔庙占地面积327.5亩（218,115平方米），仿皇宫之制，分九进院落，左右对称排列，整个建筑群共有五殿、一阁、一坛、两庑、两堂、17座碑亭、54座门坊共466间，南北长约1公里。巍峨壮丽的九重庙堂等主体建筑贯穿于一条南北中轴线上，恢宏壮丽，面积之大，历史之久，保存之完整，是世界建筑史上的孤例（图3-3）。弘治十七年（1504），空前规模的工程竣工后，孝宗皇帝将孔子的释奠礼仪由原来的六佾升为八佾，笾豆等礼器摆放的的数目也与天子等同。

从古籍记载中可以看出，北齐之前，祭祀孔子的专用场所或是辟雍或是学校，少有专门的孔庙记载。"追魏齐王晋武帝释奠于学，虽见简册而未有原庙也"。[1] 到了北齐朝，孔子的祭祀场所已经初步形成了。根据《光绪顺天府志》记载："郡之有学也，自后魏天安（注：北魏献文帝466—467）始，州县之有学也，自唐武德始。"北京在辽代以前为郡县之地，如何崇圣立学，为正史与北京相关地方志所不载，或载而不详，但可以断定，作为幽州和燕郡的治所，最早的北京孔庙（或是可以祭祀孔子的学校）要早于北齐100多年，应该出现在北魏时期。作此判断的根据是，此时的北魏孝文帝元宏在其佛塔林立的京都（现河南洛阳）已经首次建立了京师孔庙（注：太和十三年七月，489年）。[2]

辽代时期，辽太祖耶律阿保机喜欢汉族文化，能讲一口流利的汉语，在与汉族人的密切接触中，引进和吸收了大量的中原文化，辽代建国之初，在上京（即"皇都"，今内蒙古赤峰巴林左旗林东镇）就做尊孔礼，建孔庙。史书上记载：一次，辽太祖耶律阿

---

[1]《五礼通考》卷一百十七。
[2]《五礼通考》卷一百二十一。

保机问侍臣说:"受命之君当事天敬神,有大功德的人我也要祭祀,古今哪一个人最当先祭?"大家都说应该首先祭祀佛,辽太祖说:"佛非中国教。"太子耶律陪说:"孔子大圣,万世所尊,应先祭孔子。"太祖听了非常高兴,于是在神册三年(918)五月建孔庙,诏太子春秋祭之,次年孔庙建成,八月辽太祖亲谒孔庙,①并开始大兴儒学,使儒家学说在辽国得到前所未有的发展。辽太宗会同元年(938)将幽州升为南京(幽州即现在的北京),修建了南京太学,北京开始有了太学孔子庙。时隔42年六朝皇帝之后,辽道宗清宁六年(1060)六月依然"命以时祭先圣先师"。②金代的完颜亮杀害了金熙宗之后夺得了皇位。他把熙宗未完成的创制、变革之事大大推进了一步。贞元元年(1153),完颜亮把都城从金代上京会宁府(今阿城)迁到燕京(今北京),称中都,完成了金国政治中心的向南转移,北京自此开始了建都史。迁都之后,完颜亮建立了"中都国子监"。"金世宗大定十四年(1174),更定孔子庙释奠仪数。"③金代之中,对孔子最为恭敬的要算是金章宗完颜璟了。金章宗于明昌元年(1190)三月,明昌三年(1192)四月,明昌四年(1193)八月,承安二年(1197)春丁,先后四次释奠孔子庙,定三献官,率亲王、皇族、文武群臣助奠,亲行释奠礼,北面再拜,亲王、百官、太学生陪位,其礼仪规模一次比一次隆重。④承安四年(1199),章宗又诏令修建太学于京城之南,还在太学内75栋房屋中,将东庑屋中置放春秋释奠孔子所用的祭器、三代鼎彝、敦盘、俎、豆等,很像当今的展览室,以供太学生入学时参观,用心可谓良苦。⑤遗憾的是,辽、金的太学、国子监和孔子庙都没有逃过战火的摧残,现在已经是全无踪迹了。

现在的北京孔庙则是历经元、明、清三代的修建才形成了今天的规模,为封建国家最高等级规制的官庙。庙内前后三进院落,南北中贯轴线,建筑左右对称,是非常典型的大型官制建筑布局形式。北京孔庙现存建筑30多座,经过了元、明、清三代统治者的建造、修葺和完善,都是典型的北方官式建筑。由于礼制中对建筑规模、屋顶形式、屋瓦颜色、彩绘、图案、色彩等方面的种种规定,形成了孔子庙建筑的多姿多彩。全庙建筑高低错落,大小有致,瓦色斑斓,红墙、绿树、黄瓦交相辉映,非常雄伟壮观、庄严肃穆,其历史价值和艺术价值是我国历史文化遗产中最为闪亮的资源之一,其至尊地位

---

① 《辽史·宗室传》。
② 《辽史·道宗纪》。
③ 《续文献统考·学校考》。
④ 《金史纪事本末》卷三十四、《金史·章宗本纪》《古今图书集成·礼仪典》《金史·礼志》诸卷。
⑤ 《大金国志·章宗本纪》。

在历史上一直居各地孔庙之首。

1988年北京孔庙被国务院公布为"全国重点文物保护单位"。

3-4 北京孔庙大门

第四章　北京孔庙三朝建

元朝

元代初，燕京之地刚刚从战火中平定下来，当时的重臣宣抚（受皇帝委派传达皇帝命令和安抚军民的大臣，类似明、清钦差职）王楫向元太祖窝阔台建议，将金朝的枢密院旧址改建成"宣圣庙"（即孔庙），以便春、秋两季能有地方进行释奠礼，为了彰显孔子释奠礼仪的历史久远，还把旧岐阳石鼓列在草创的宣圣庙两庑檐下。当时的窝阔台汗远在边塞忙于打仗，对于孔庙的重要作用还来不及细细思量，王楫的上书很容易地得到了窝阔台的同意。根据耶律楚材的记述，[①]乙丑年（1205）二月八日率诸士大夫到宣圣庙行释奠礼。这些被当时战争搞得灰头土脸的诸位儒生，参加了释奠礼以后，还都高兴得不得了："这下可是看见儒道的希望了！"

就是这个宣圣庙，在元太宗登基以后的第五年（1233）冬十二月、第六年（1234）八月经过两次整修，在此开设了国子学（见上篇第一章），教授蒙古贵族子弟学习汉语和其他的一些实用知识。世祖忽必烈当上蒙古大汗的第二年即中统二年（1261）下诏要求倍加爱护孔庙，要求各官员、使臣、管工匠官，严禁在孔庙内有亵渎行为。国家岁时祭奠、诸儒月朔之日释奠一定要沥扫清洁，违反了规矩要严加治罪。第三年，忽必烈对宣圣庙又加以整修。之所以这样，忽必烈是有一个思考过程的。据《元史·张德辉传》透露，在忽必烈还没有当皇帝之前，在他的潜邸召见张德辉时，问张："孔子去世已经很久了，到现在他还有什么生命力吗？"张对答："圣人就像天地一样始终，无处不在。殿下能行圣人之道，孔子的生命力就会显现出来。"戊申年（1248）春释奠时，忽必烈看到祭祀孔子时所用的肉祭品，就问："孔子庙的祭品礼应该符合怎样的标准呢？"言语之中似乎觉得祭品用肉大可不必。陪伴他的张德辉说："孔子为万

---

① 《湛然居士集》。

代王者师，国家的统治者都很尊重他，所以严整孔庙，及时修整庙堂以备祭祀。对孔子崇拜的程度如何，对圣人毫发无损，但可以从中看出来一位国君崇儒重道的诚意来。"忽必烈听了之后，说了一句意味深长的话："从今往后，此礼不可废。"

至元四年（1267），元世祖忽必烈重建都城，"画地宫城之东为庙学基。"①在重建都城和规划庙学的这两件事上，是忽必烈的深思熟虑使然。在上篇《国子监史话》中曾叙述过，这里不再赘述。这里需要说明的是，忽必烈的深思熟虑在以后得到了有效的执行，有两位历史人物是做出了重大贡献的。这就是汉族的刘秉中、蒙古族的哈喇哈斯。

刘秉忠是元大都的主要设计者，生于1216年。17岁时进邢台节度使府中做令史，即秘书。不久弃职隐居，后拜虚照禅师，出家为僧，法名"子聪"。1247年，蒙古朝廷把京兆地区赐给成吉思汗的孙子忽必烈并封藩王。海云禅师闻知刘秉忠"博学多才艺"，把他推荐给忽必烈。刘秉忠有经世致用之才，精通天文历法、地理和儒家经典，因而深得忽必烈的重用。中统五年（1264）八月参与枢密院议事，被赐名"秉忠"，官至太保。同年，刘秉

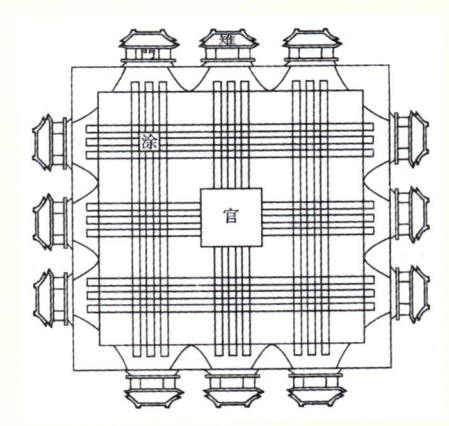

4-1《考工记》九经九轨图

忠建议忽必烈定都于燕京（金中都故地，今北京地区），并为忽必烈设计了新的年号"至元"。"元"的汉语意思是"发端、起源"，在《易经》中，"元"指的是"宇宙之始"或"原始力"。因此，这个年号与儒家观念有着直接和密切的联系，也与忽必烈平时所想一拍即合，于是下诏改"中统五年"的下一年为"至元元年"。令刘秉忠赴燕京作整体规划，张柔、张弘略父子及行工部尚书段天佑等人负责施工。刘秉忠规划的新都城，参考了儒家经典《周礼·考工记》中"匠人营国，方九里，旁三门，②国中九经九纬，③经涂九轨，④左祖右社，面朝后市"的理想描述。据《日下旧闻考》记载："至元四年（1267）作都城画地，宫城之东为庙学基。"从那时起，孔庙就有了确切的规划位置。至元二十四年（1287）设置国子监，"元贞元年（1295）命立孔子庙"。⑤大德三年（1299）正月，刚上任不久的中书左丞相哈喇哈斯奏请元成宗铁穆耳皇帝，他说：京师里很长时间缺少孔子庙，而现在的太学又与国子监衙署合署办学，设施简单又

① 《雪楼集》。
② 每边的城墙开三门。
③ 城中干道九纵九横。
④ 纵向的干道可并行九辆马车。
⑤ 《吴文正公全集》。

拥挤，因此向皇帝奏请修建孔庙、扩建太学，并选拔著名的儒士作为庙学的学官，将官员子弟入学接受教育。当时的元成宗批准了这个请求，同意在元世祖规划的位置上筹建宣圣庙，这就是今天孔庙的前身。

提出修建孔庙的哈喇哈斯是怎样的一个人呢？

哈喇哈斯，蒙古族威拉诺尔氏。其曾祖曾救过元太祖成吉思汗，使之得以逃脱被暗杀之谋，因是赐号"达尔罕"。史载哈喇哈斯"不妄言笑，善骑射，工国书，又雅重儒术"。因作战有功，被允因袭前勋"达尔罕"号。忽必烈曾对皇太子评价哈喇哈斯说："达尔罕非常人比，可善遇之。"大德二年（1298），哈喇哈斯上书给成宗皇帝，要求建造孔庙。大德三年（1299），开始了对孔庙的规划和设计。可是却因为种种原因一直拖延了近四年没有开工，最后还是在哈喇哈斯的直接督促和指挥下，于大德六年（1302）六月，修建文宣王庙的工程才在京师正式动工。大德十年（1306）八月，京师孔庙就在现在这个孔庙的位置上终于建成了。以后又由哈喇哈斯亲自挂帅，于大德十年春正月丁卯，开始扩建国子学于文宣王庙西，即现在的国子监。

在建设孔庙的工程中还有一位汉族官员在其中发挥了至关重要的组织管理作用，这种作用很像现在工程"项目经理"的职责，担任这个职责的就是贾驯。修建孔庙之前，贾驯因其能力出众刚升任为工部奉正大夫不久，出色的表现深得太保右丞相的器重和"同僚仰成"。元成宗铁穆耳下诏修建孔庙以后，主管大臣专设"国学丞相"一职授予贾驯担当此任。贾驯笑答："此政化之本，敢不敬成。"修建孔庙是朝廷教化天下之根本，我要专心负责地做成这个工程。每天忙碌的贾驯"入理曹务，出营庙事"。不管是风吹雨打，还是烈日寒风，贾驯一直坚守现场亲自组织指挥。无论是涂墙墁地，还是砍削梁材，他都亲自谋划、指点。最后，"构缔宏丽，庙学俱兴。首善之观，朝野瞻，莫不咨嗟羡赞"。大臣们都纷纷表示，贾驯是对元朝文化建树的有功之臣，建议朝廷提拔为工部侍郎。元武宗海山登基之后，拜贾驯为工部尚书加少中大夫。[①]为了表示对孔庙竣工的重视和庆祝，元成宗铁穆耳决定要行"释奠"大礼：要用猪、牛、羊作为祭品；以乐器合奏、乐师登堂合唱的"登歌"形式颂扬孔子；还给参与祭祀的萨满法师新制了全身缝缀有几百件饰物的"法服"三套；并且命令翰林院确定乐名、乐章。由此看来，这个释奠礼节在当时来讲已经是非常虔诚和隆重的了！京师孔庙建成以后的规模仅次于当时的山东曲阜孔庙，很是宏伟壮观。

---

① 以上据《中庵集·卷十七·贾驯诏先碑铭》。

吴澄作《草庐文集·贾侯修庙学序》中对新修建的宣圣庙做了描述，使今天仍得以了解当时的概貌：首先，孔庙处于交通方便的的地理位置，"庙在东北纬途南北，东经途之东"，"途"是走车的道路，纬途就是东西向的大道，经途则为南北大道。这个方向的确定显然是从位于中轴线的皇宫中辨别的，文中所指的"北纬途"和"东经途"与现在北京东西走向的二环路以及南北走向的安定门大街相差不多。

4-2 吴澄（吴幼清）

孔庙内的正殿为四阿屋面，就是现在所能看到的明清时的庑殿式屋顶，为四面坡顶。建筑"崇十有七仞"，合元尺119尺，按元代1尺相当于31.2厘米计算，高度达到37.12米；南北进深40尺，约为12.48米；①殿内空间很大，东西长为130尺，合现代长度40.56米。两庑自北向南有70步长到达中门（"大成之门"）。中门高18.72米，长度是高度的一半，面阔约9.36米左右，进深十一步长。中门之东侧、西侧庑房（面北）各七间，均为52步长，用为神厨、神库。外门（棂星门）内左右为斋宿居室，各有15间。从正殿开始经过两庑到达中门，走过斋宿之室回到中门内的神厨、神库，共计478间。从古籍记载来看，当时的孔庙正殿、中门都没有说到露台或是石基，显然这与以后明代重新修建孔庙的设计方案有显著的不同。至此，这个"肇谋于大德三年（1299）之春，迄工于大德十年（1306）之秋"的巨大工程，在元成宗左丞相哈喇哈斯任上，终于完成了一件"克继先志"的历史任务。

大德十一年（1307）正月，元成宗铁穆耳去世。在哈喇哈斯的策划下，海山的同母弟弟爱育黎拔力八达三月带兵入京政变。五月间在上都召开了一次"忽里台"大会，公推海山为可汗，这就是继元成宗皇位的元武宗。嗣位以后的元武宗效法他的哥哥铁穆耳，也到孔庙去做文章。庙已经修好了，释奠礼也做过了，还应该做什么"文章"才能达到影响广泛并借此表达尊孔的心意呢？除了给孔子献上洁净的祭牲、甘美的醇酒和碎肉之外，聪明的武宗决定给孔庙的正殿和殿前的中门赐匾。这就是给孔庙的正殿赐"大成之殿"的名匾，为殿前的中门挂匾命名为"大成之

4-3 元武宗海山

---

① 注：吴澄这个数字可能有夸张。按后来程钜夫写的另一碑文《雪楼集·先师庙碑文》讲"殿四阿，崇尺六十有五，广倍之，深视崇之尺加十焉"比较合理。

门",以表示自己"俾尊慕先圣",使得"入其门升其堂者得所瞻仰焉"。[①]中国传统建筑的做法有一特殊之处,这就是于建筑内外挂匾。这样的装饰,往往可以达到意境深远、义理深邃的目的,同时也言简意赅地注明了建筑的人文意义,对建筑本身可以起到独特的画龙点睛的作用。看来元武宗是深得其中之奥秘的。为了使这次赐匾的行为具有礼制的色彩,元武宗还为新命名的"大成之殿"专门作了"登歌乐"。乐师是一位江南人士,可是奏乐的诸生却都是北方人,"情性不相能",意思是说北方的奏乐诸生难以奏出歌曲的韵味和意境。为此专门请了时任教授的虞集专门对这些人进行训练,达到标准以后,又按照虞集的安排,在乐队里特别专设了一位"司乐"负责,以保证登歌之乐的纯正不走样。

七月,还没有改元的元武宗又下诏,为孔子加封谥号为"大成至圣文宣王",立碑于曲阜孔庙,用以表彰为中国古代文化作出的"集大成"贡献。这就使得孔子得到的封号达到了历代前所未有的高度。这篇封号的"制诰",实在胜过历代敕封孔子的"诏书",文辞大气、华美。碑文如下:

上天眷命

皇帝圣旨盖闻先孔子而圣者,非孔子无以明;后孔子而圣者,非孔子无以法。所谓祖述尧舜、宪章文武、仪范百王、师表万世者也!朕篡承丕绪,敬仰休风,循治古之良规,举追封之盛典,加号为"大成至圣文宣王",遣使阙里,祀以太牢。於戏!父子之亲,君臣之义,永惟圣教之尊。天地之大,日月之明,奚罄名言之妙,尚资神化,祚我皇元。主者施行。

大德十一年七月十九日

奉训大夫国子司业潘迪书亚中大夫国子司业谢瑞篆臣茅绍之刻。

上述的种种做法,明显地看出元武宗利用孔子的影响来维护统治目的的用意,那真是做足了"文"功夫。

在元朝入主中原后50年间,一直没有举行科举选士,正式的科举考试方案长期在朝廷议而不决,这首先是元世祖忽必烈在实际行动上不愿意恢复科举制度,因为这种制度的结果必然是大量的汉人得到任用,或者说至少要启用更多汉人充当政府官员。忽必烈想在政治、人事和文化上有更多的自由度,因而也就不愿意被科举制度束缚住自己。直到元仁宗皇庆二年(1313)十一月,才下诏开科取士。延祐元年(1314)八月开考,

---

[①]《国子学告揭大成殿新匾文》。

延祐二年（1315）殿试进士，"呼图克岱尔、张起岩等五十六人及第出身有差"。①元代的科举制度基本沿袭宋代，用"经义"、"经疑"为题述文。科举分为地方的乡试、在京师进行的会试以及殿试三级。元代科举分成左、右榜：右榜供蒙古人、色目人应考，乡试只考两场，要求较简单；左榜供汉人、南人应考，乡试时考三场，要求相对较严格。乡试、会试中试名单要按种族分配。殿试考取后，"择日进士诣先圣庙，行舍菜礼，第一人具祝文行事，刻石题名于国子监"。②从此以后，开科进士题名刻石立碑就成了国子监孔庙的例行规矩了。

元末期，泰定帝之后，一年之内（1328）就换了天顺帝、文宗、明宗三朝皇帝，虽经几朝皇帝修葺孔庙，但随着元代走向衰落，孔庙终将逃脱不了荒废的厄运。

明朝

4-4 明神宗皮弁服饰画像

明太祖朱元璋打败元朝，定鼎南京以后，和历史上其他的帝王一样，遣使去曲阜孔庙拜谒孔子，行祭祀大礼。临行时对派去的使者阐述了他对孔子思想的看法："孔子之道包罗万象，历史悠久，与天地共存。凡是取得天下的人没有不虔诚地进行祭祀，对他表达敬意的。当今我为天下之主，也期盼着用孔子之道教化大明朝，以使孔子的学说畅通无阻。今天我去太学实行释奠之礼，派你去阙里孔庙祭祀孔子，你一定要心存敬意。"随后又规定，每年的仲春和秋季的上丁日，由皇帝的名义进香，派使者前往太学前去祭祀。以丞相、翰林学士、国子学祭酒为释奠"三献官"。在遣使祭祀的前一天，皇帝本人着皮弁朝服到奉天殿降香，并先行斋戒一天。其他祭祀官员两日分散、一日集中地也行斋戒之事。这位刚刚登基不久的皇帝把自己祭祀孔子的礼仪搞得很是隆重，但他却有一个不讲理的规定，那就是只有自己拥有对曲阜孔子庙祭祀的特权，别人是搞不得的。这是洪武二年初的规定："孔庙春秋释奠，止行于曲阜，天下不必通祀。"③于是，朱元璋手下的刑部尚书钱唐和侍郎程徐坚决反对，劝导朱元璋说："孔子的思想教育了世世代代，天下都遵守着孔子的教诲，所以大家都来祭祀孔子，这个国家的根本之礼可不能废除呀！"侍郎程徐讲的道理更多："从古到今的祭祀典礼，只有社稷、三皇

---

① 《元史》卷八十一。
② 《五礼通考》卷一百七十五。
③ 《明史》列传第二十七。

（燧人、伏羲、神农）与孔子通祀。如果没有社稷和三皇，天下的百姓就不会存在，没有孔子之道，人们就不会树立志向。虽然尧、舜、禹、汤、文、武、周公都是圣人，但是一直发挥作用的却是'三纲五常'之道，这早已记载于经书之上，因此百代帝王才具有了仪容风范，万世子民才有了榜样和典范。世风虽降而人不堕落，那都是孔子的力量。孔子以自己的学说教育天下，故而天下纪念他，这并不是纪念这个人，而是信奉他的学说，牢记他的教育。今使天下之人读其书，奉其教，行其道，而不让祭祀孔子，这不是维护人心、扶持社会正统礼教的办法。"[1]不管他们怎么说，朱元璋就是不听，还是坚持自己的主意。但这一番掰开又揉碎了的劝导，还是起了作用的，经过一段时间的思考，最终朱元璋还是听从了他们的规劝，诏告天下，通祀孔子。当年十月，"令天下郡县皆立学，学皆立孔庙，礼延师儒教授生徒"[2]。天下所有的郡县都要建立学校，所有的学校都要建孔庙，邀请儒士给学生们教授礼仪。既然要通祀，那还需要有个统一的祭祀标准。洪武四年（1371）朱元璋批准礼部的奏章，改定祀物礼器，将以前规定的8个笾、豆改为10个；笾用竹制；以前的簠、簋、登、铏及豆均为木制品，现在一律改为瓷制品；将太牢祭牲换成煮熟的祭牲。原有的乐生增加到60人，舞生48人，引舞为2人，共110人。礼部建议选用京民之秀者充当乐、舞生，朱元璋不同意："乐舞乃学者的事情，何况释奠是为了表达崇师之意，最好选择在学的国子生及公卿子弟，事先训练以熟练掌握。"在自己的王朝天下中通祀孔子的道理，作为一个极端的封建专制皇帝，68岁的朱元璋才算是比较彻底地明白了。二十九年（1396），他对工部右侍郎秦逵说："春秋之时人纪废坏，孔子以至圣之资删述《六经》，使先王之道晦而复明，万世永赖，功莫大焉。夫食粟则思树艺之先，衣帛则思蚕缫之始，皆重其所从出也。孔子之功与天地并立，故朕命天下通祀，以致崇报之意。"朱元璋对所要祭祀的对象也很在意，他曾经对孟子很是恼火，曾下令删除《孟子》一书中有关"民贵君轻"等思想的论述85条，规定所删条文"课试不以命题，科举不以取士"，并且把孟子从孔庙的配享位置拿下（洪武五年）。过了一年又认为孟子"辨异端，辟邪说，发明孔子之道"而予以"解放"，恢复了孟子的配享位置。

洪武十五年（1382），在朱元璋数次现场的督促下，鸡鸣山下新建的南京国子监建成，将元代的京师国子监改为"北平府学"。南京国子监的孔庙建在新的太学东边，

---

[1] 引文同上。
[2] 《春明梦余录》卷二十一。

中为大成殿，左右两庑，前大成门，门左右列戟二十四。门外东侧为牺牲厨，西为祭器库，又前为棂星门。南京孔庙落成之后，朱元璋亲诣释奠，又诏令天下通祀孔子，并颁释奠仪礼的详细规定。

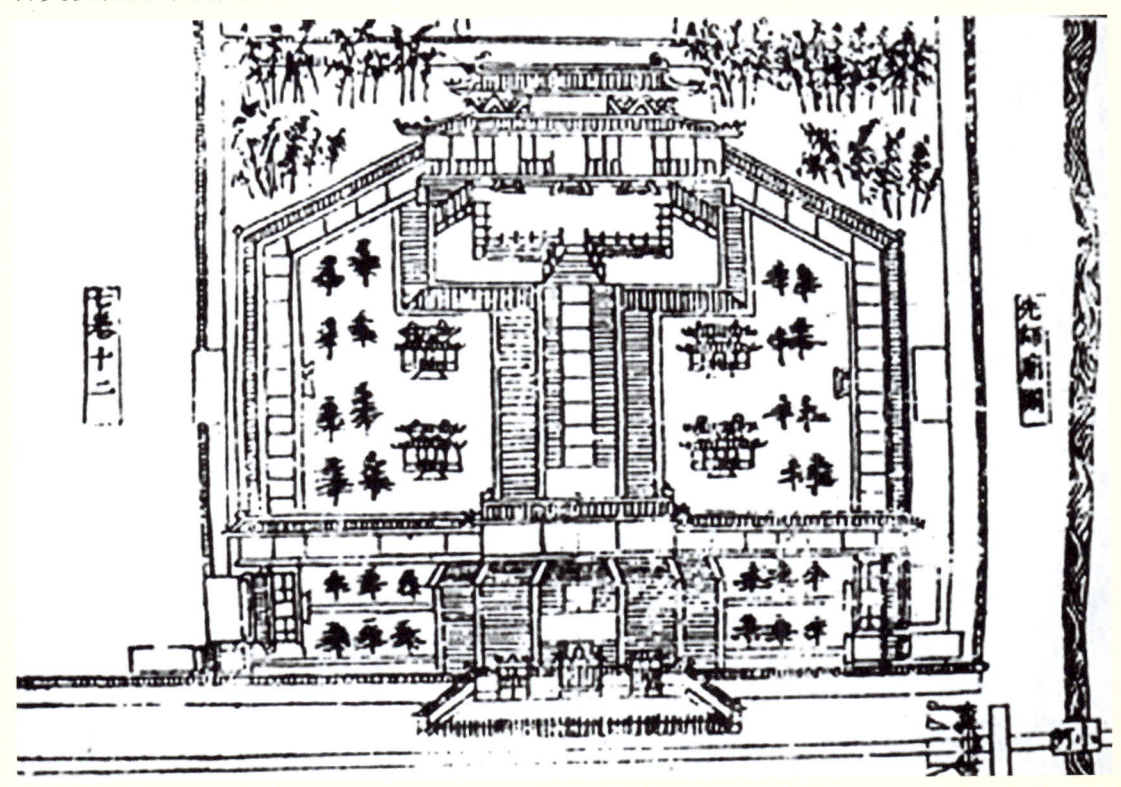

4-5 朱元璋亲自规划的南京孔庙绘图

南京孔庙建成以前和以后，朱元璋显然并不熟悉和掌握孔庙一类建筑的规制。因为孔庙建成十几年之后，这位明太祖又嫌孔庙窄小了，于是在洪武三十年（1397），朱元璋又命令工部改建孔庙。这次由年迈的朱元璋亲自动手规划孔庙。在他的规划中，孔庙大成殿和大成门各面阔六间（注：以下都是面阔尺寸），棂星门三间，东西廊庑七十六间，神厨、神库都是八间，宰牲所六间。中国向来是京师的做法具有价值引导取向，何况又是老皇帝亲自挂帅做孔庙规划，自此的孔庙建设都以"朱记"孔庙为蓝本，相沿成制了。

朱元璋去世五年后的永乐元年（1403），朱棣遣派重要官员去北京国子监孔庙举行释奠礼。这次到北京孔庙来，朱棣首先是将"北平府学庙"改称"国子监孔子庙"，而且此时的明成祖还有一个目的，那就是想在原北京孔庙的故址上重新建造北京孔庙。他曾设想："中为庙，南向，东西两庑，丹墀西为瘗所。正南为庙门，门东为宰牲亭、神厨，西为神库、持敬门。门正南为外门，正殿初名'大成殿'。"①据《钦定国子监志（卷十）》（四库本）记载，永乐皇帝的这个设想是在永乐九年实现的。实际情况却完全不是这样的。根据权威的《明实录》文献记载，《明实录·太宗文皇帝实录》在纂写之前，曾确定了《修纂实例》，也就是我们所说的纂写原则。"车驾视学礼仪，恩赉，备书，修曲阜先圣庙、两京国子监，皆书。各处学校增设或罢革皆书，公、侯、伯有年少特旨送监读书及四夷遣子入学皆书，每科京府乡试、礼部会试、廷试，皆书。廷试"制策"悉录全文。"这就是说，倘若永乐皇帝在频繁的战事中能按照明太祖规定的建筑程序将北京孔庙翻建一新，这样事关朝廷礼制的大事在文献中是必须要记载下来的。但阅遍《明实录》中所涉及永乐九年这一年时间内的记载（即《太宗文皇帝实录》卷一百十二至卷一百二十三）中，却没有任何记载谈到北京孔庙的新建或翻建。除此之外，只有永乐十二年（1414）春正月至永乐十五年（1417）八月将山东曲阜孔庙修葺一新的大段文字记载。竣工后，永乐皇帝亲制洋洋八百字碑文，刻石立碑，以彰显"圣道日崇，礼乐治平"②之世。故"永乐初，建庙于太学之东"并不是真实的史载，充其量也不过是以讹传讹。永乐十八年（1420）"十一月戊辰，以迁都北京诏天下"③，十九年（1421）迁都北京后，将"行部国子监"改称"京师国子监"，

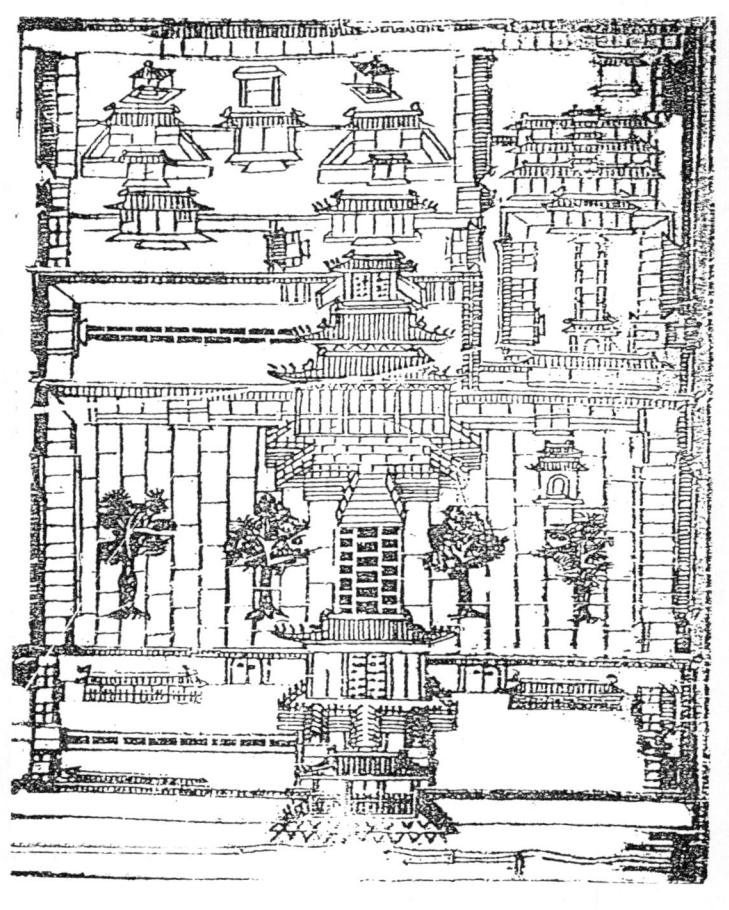

4-6 永乐十五年对南京孔庙修葺后的绘图

---

① 《五礼通考》卷一百二十。
② 《大明太宗文皇帝实录》卷一百四十七。
③ 《明史》卷七。

北京国子监的孔子庙也自然升格为国家最高级别的孔子庙。至于原来的南京孔子庙，明成祖朱棣则指派给南京国子监的祭酒去完成每年的祭祀任务了。

永乐二十二年（1424），率兵作战的朱棣病逝于外地，其子仁宗朱高炽登基一年也去世。破烂不堪的北京孔庙只是到了宣德四年（1429），才得到一些修葺。主要是孔庙大成殿及两庑。

正统八年（1443），明英宗修缮国子监孔庙。九年（1444）重修国子监落成，英宗命刻《御制新建太学碑》，此碑原立于孔庙中院东庑内，清乾隆朝修葺孔庙时被移到

4-7 北京孔庙屏墙

前院东南；孔庙棂星门临街，门前常有污物堆积，明孝宗弘治十四年（1501）在门外路南专门购买了地皮，添建屏墙以遮挡灰尘。

嘉靖九年（1530），明世宗的大学士张璁对嘉靖皇帝建议修改对孔子的祀典。为什么要这样做呢？张璁认为："叔梁纥乃孔子之父，颜路、曾皙、孔鲤乃颜、曾、子思之父，三子配享庙庭，纥及诸父从祀两庑，原圣贤之心岂安？请于大成殿后别立室祀叔梁纥，而颜路、曾皙、孔鲤配之。"意思是说，儿子在庙堂中享受配享，他们的父亲却在外边的两庑被从祀，这很不合理。他附和着嘉靖皇帝的意思还建议，孔子宜称"先圣先师"，不宜称"王"，所以应当把祭祀的屋宇称为"庙"而不称为"殿"，孔子的塑像容易毁坏，宜用木主（也就是今天我们说的木制牌位）代之；对于两庑中从祀的先贤先儒都削掉"公、侯、伯"的封号，只称"先贤先儒"；依然沿用自朱元璋以来规定的祀器数量和祀典规格，"笾豆用十，乐用六佾"。嘉靖皇帝批准了这些建议，因而在大成殿后

4-8 先师庙匾额

增建"启圣祠"以祭祀孔子五代先祖，这就是嘉靖年间为什么在孔庙修建"启圣祠"的缘由。除此以外还改正孔庙祀典，将孔子谥号去掉王号，由"大成至圣文宣王"改为"至圣先师"，孔庙大成殿改称"先师庙"，大成门改称"庙门"；孔子的塑像改为南京孔庙时朱元璋所规定尺寸的木主（即木牌位）。这次围绕着对孔子去王号、撤塑像的问题，朝廷上还闹了一场不小的争论，质问最为严厉的要算是御史黎贯，他说：明太祖朱元璋登基之初，天下岳渎之神号都被取消，唯有先师孔子谥号如故。陛下敬天尊亲，不应独疑孔子王号，以免僭越之疑。黎贯的意思很明白，就是指责嘉靖皇帝借用改孔子名号想超越他的祖先朱元璋。这一下说得嘉靖皇帝勃然大怒，将黎贯下狱审讯，褫官职。争论的结果，自然是那些持反对意见的大臣没有好下场，翰林编修徐阶被谪官，给事中王汝梅被斥。至此，由张璁发端而引起的祀典争论算是平息了，孔子的祀典做了很大的改变。改变的还有：四配称为"复圣颜子，宗圣曾子，述圣子思子，亚圣孟子"。孔子门弟子以下均称为"先贤某子"，左丘明以下均称为"先儒某子"，不再称为"公、侯、伯"。启圣祠中叔梁纥被题为"启圣公孔氏神位"，以颜无繇、曾点、孔鲤、孟孙氏为"先贤某氏"从祀之。①万历二十八年（1600），明神宗下诏将孔庙建筑的灰瓦全部换成绿色琉璃瓦（或周围一圈为绿色琉璃瓦的"绿剪边"屋顶）（图4-10），提高了孔庙的建筑级别。

4-9 孔子木牌位

4-10 绿剪边屋面

明代经过了16位皇帝，277年，诸多的皇帝在位时间有长有短

---

① 《五礼通考》卷一百二十。

（最短的是明光宗，在位时间仅一个月），从明成祖开始，程度不同地对北京孔庙施以一定的物力和财力，使得孔庙的建筑布局和建筑功能得以维持或臻于完善。从古籍记载的情形来看，当今孔庙的雏形已经基本具备了。

清朝

清代以少数民族入主中原、武力统一全国后，力争正统，大兴文治。文治的原则性内容，便是儒教所谓的礼、乐、政、刑。孔子是儒家教义的创立者，其删述六经，垂宪万世，在文化融合的历史过程中，俨然已成为正统文化的象征，所以清代极力推崇孔子，最终把祭孔仪制提升到大祀，也就是国家级的祭祀大典，将孔子的地位推向历史的最高峰。从清人入关定都北京开始，北京孔庙又经历了268年的历史，见证了中国最后一个封建王朝从辉煌走向灭亡的历史进程。清朝定都北京以后，北京孔庙迎来的第一位皇帝是十三岁的顺治皇帝。为了迎接清朝第一位释奠的小皇帝到来，朝廷提前一年要求礼部对"圣庙作速修理"，[①]这算是清代以后对孔庙进行的首次修缮。待到顺治皇帝十九岁时（1657），情况就有所不同了。顺治皇帝给工部下的谕旨是这样讲的："文庙崇祀先师孔子，所关典礼甚重。今已年久倾圮，若不速为整理，后渐颓坏，葺治愈难。因尔部钱粮匮乏，所需工料未能措办，朕发内帑（音躺）三万两，特加修葺。尔部即传谕行。"从这个谕旨中可以感觉到，清初的孔庙此时已经是破烂不堪了，急需进行彻底的整修。而清入关之初，致力于消灭大顺、大西农民政权及黄河、淮河以南的明朝残余力量，连年兵火，财政紧张，工部以"钱粮匮乏，所需工料，未能措办"上禀，顺治帝筹措再三，发内帑银三万两，"特加修葺"，并发下谕旨："诸王、贝勒、大臣及在京满汉官员，愿捐资者许令协助"。历经三年，清代第一次大规模修葺孔庙告罄，从这以后，清代的历朝皇帝对孔庙进行了大大小小不少于十次的维修工程，分别是：

康熙六年（1667），为筹皇帝举行释奠大典修缮孔庙。

康熙十八年（1679），修大成殿西庑及启圣祠（即崇圣祠）。

康熙四十二年（1703），特发内帑修孔庙，命和硕理亲王监理其事。

康熙五十二年（1713），祭酒徐日暄奏请修葺庙庑，皇帝谕发广善库帑办理。

雍正元年（1723），修孔庙以备皇帝即位后的释奠大典。同一年雍正皇帝又追封孔子五代先人为王。在祀典开始之前，先行上祭。孔子五代宗祖为：木金父：肇圣王木金公

[①]《钦定国子监志》卷一。

（太高祖）；孔祈父：裕圣王祈父公（高祖）；防书：诒圣王防叔公（曾祖）；伯夏：昌圣王伯夏公（祖）；叔梁纥：启圣王叔梁纥公（考）。以后，启圣祠改称"崇圣祠"。

雍正八年（1730），诏太常寺经理修缮孔庙。

雍正十一年（1733），修葺孔庙东西庑。

乾隆二年（1737），高宗认为："皇考世宗宪皇帝，尊师重道，礼敬尤隆，阙里文庙特命易盖黄瓦，鸿仪炳焕，超越前模"，又"思国子监为首善观瞻之地，辟雍规制，宜加崇饰"。特命北京孔庙的大成门、大成殿，着用黄瓦，崇圣祠沿用绿琉璃瓦，以昭展敬至意。

4-11《国子监志》中的孔庙绘画

乾隆三年（1738），北京孔庙着用黄瓦工程告竣，乾隆帝亲诣孔庙行礼祭先师孔子。

道光二年（1822）修葺孔庙殿庑。

光绪三十二年（1906），升祭孔之礼为大祀。将大成殿扩展为九间五进，并全面修缮孔庙，最终形成今天的布局规模和建筑规制。在历次对孔庙的修缮过程中没有哪一次比得上这次争论大而费工费时的。这是怎么一回事呢？

原来，光绪三十二年（1906）将祭祀孔子升为大祀规格以后，三十四年（1908）五月，山东巡抚袁树勋以祭祀先师孔子既升为大祀，"文庙体制，自应展拓"为由上奏。光绪皇帝对此要求："敬以实不以文，查勘曲阜文庙，择要兴修"。要求参照曲阜孔庙的主要样式兴修北京孔庙。九月，估修文庙工程大臣协办大学士荣庆等奏，文庙工程"拟采九楹三阶五陛之制，以期备礼"，帝从之，并颁旨，各省文庙规制，并视太学。但谕旨下达后却迟迟没有动工，大学士张之洞和朝廷修建估修大臣会同礼部学部曾经复议，认为按照面阔九间、三层石基、五出陛的形制改造，工程耗资巨大，一时难以办到。一直拖到宣统二年（1910）十一月，礼部才做了改建孔庙的详细方案。其中是这样规划并实施大成殿改建工程的：

首先是否定了改建大成殿台基和再加设两组台阶（出陛）的方案。认为殿前阶墀是孔庙大成殿神所的基础，应当"敬尊典守"，改建固然可以显示隆重的礼仪，但遵守现状却可以稳妥孔子圣灵。大殿的台基若要改为三阶五陛，势必要拓展地基，损坏台基下的树木，于心不忍；如果临时架设木制台陛，台基剩下的地方狭隘，祭孔时的悬乐佾舞展不开。所以最好不用改建，仍采旧制。"伏念先师神牌移奉彝伦堂，为时已久，亟应恭奉还御，以妥神灵。"①总之，就是不同意原来的方案，不过是用"孔子圣灵"的借口说事而已。

其次是将原来的小夹室扩展和大殿融为一体。"虽敬考会典通礼诸书。并无大祀必须正殿九楹明文。即就该御史原奏所称九楹而论。其数亦适相符。"意思是说，大成殿已"隐具九楹之象"，稍加改建即可，不必大动土木。原来的大成殿是一层台基三出陛，正殿七间，外有檐廊，大殿东西两侧各有一间非常小的夹室，是放置闲物所用。

4-12 大成殿改建后的局部（梢间奇小）

夹室与大殿用板壁相隔。计划将板壁撤掉，与大殿七间相通，合为一体，共成九间。把原来的七间三门变成五门，以合周礼"九间五门之制"。

最后是将檐廊包进大殿，增加进深。原来大成殿为"正殿七楹，外加行廊"，而现在却不见了大殿的行廊，这就是说，檐廊在改建的时候被包进了正殿之中，也就相应增加了大殿的进深，从名义上达到了皇家的"九五至尊"规制。虽则在两旁扩展了两间狭小的梢间，但无论如何，取消了檐下的行廊，看起来或多或少地有些别扭。

这一大规模的修缮，将原来七间三门的大成殿改为九间五门五进，连同其他相关的改建工程，一直进行到民国五年（1916）才最后竣工，形成了今天所看到的规模和布局。

经过历代修葺的北京孔庙坐北朝南，占地约23800平方米，三进院落。古建筑面积约有7400平方米，房屋286间。中轴线上的

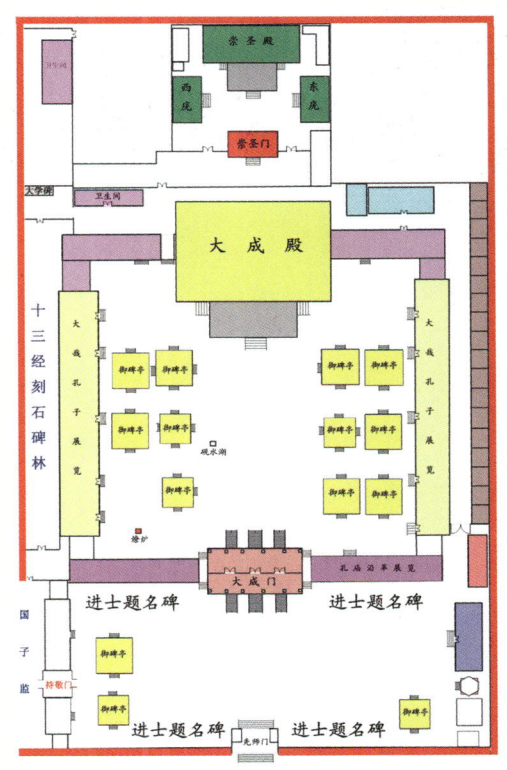

4-13 孔庙全景示意图

① 详见《清实录·宣统卷》。

建筑顺次为先师门、大成门、大成殿、崇圣祠（图4-13）。第一进院东面有碑亭（明英宗）、宰牲亭、井亭、神厨；西面有碑亭（清乾隆、道光）、致斋所、神库，持敬门与国子监相通。院内南北两侧排列着198座元、明、清三代进士题名碑。

大成门面阔五间，台基前后有汉白玉护栏，前后三出陛，海石榴望柱双钩花石栏板，中陛有雕龙御路，黄琉璃筒瓦单檐庑殿顶，门内两侧置戟二十有四，门外两侧放置清乾隆年间仿制石鼓10枚，石碑两通，一为音训碑（重刻），上有乾隆五十五年御制手书刻石经过，一为张照草书韩愈诗碑。

大成门台基之下，左右各有一座仪门通向中院，中院甬路两旁有清代11座御碑亭（东六、西五），加上一进院三座（明朝一座，清朝二座）共14座。碑亭巍峨壮观，碑上内容主要是明、清两朝，特别是清康熙、雍正、乾隆三帝南征北战、统一中国的重大史实，或是修葺国子监孔庙、或是皇帝"临雍"、祭孔的纪事题诗。亭内石碑高大、龟趺精美，碑体穷尽雕工，精制绝伦。

4-14 北京孔庙大成门　　　　　　4-15 孔庙清代御碑亭

这些刻碑有（按立碑的历史年代排序）：

1. 明英宗正统九年（1444）御制新建太学碑（该碑立于第一进院东南）；

2. 康熙二十五年（1686）御制至圣先师孔子赞碑；

3. 康熙二十八年（1689）御制四子赞碑；

4. 康熙四十三年（1704）御制平定朔漠告成太学碑；

5. 雍正三年（1725）御制平定青海告成太学碑；

6. 雍正六年（1728）御制仲丁诣祭文庙诗刻；

7. 乾隆四年（1739）御制文庙易盖黄瓦、临雍记事碑；

8. 乾隆十四年（1749）御制平定金川告成太学碑；

9. 乾隆二十年（1755）平定准噶尔告成太学御制文；

10. 乾隆二十四年（1759）御制平定回部告成太学碑；

11. 乾隆三十二年（1767）敕修文庙碑（该碑立于第一进院西侧）；

12. 乾隆三十四年（1769）御制重修文庙碑记；

13. 乾隆四十一年（1776）平定两金川告成太学御制文；

14. 道光九年（1829）御制平定回疆剿擒逆裔告成太学碑（该碑立于第一进院西侧）。

按照大祀规格改建后的大成殿坐落在高2.24米单层三出陛的石质露台之上，整体通高33米。大殿面阔九间，进深五间，合"九五至尊"规制。丹红涂墙，屋面为四坡五脊，黄琉璃筒瓦重檐庑殿顶；大殿屋顶正脊两端龙形大吻尾部上卷，张口吞脊，神采奕奕；檐下单翘双昂七踩斗拱，蓝绿相间；前檐下装修为正交六宛菱花格扇门窗，大小额枋和玺彩画。大殿前露台周围护以汉白玉雕云纹石柱护栏，海石榴望柱头。露台前、左、右砌有石阶，正中御路嵌有一块长7米、宽2米的大青石浮雕（螭陛），上下两龙戏珠，中间盘龙吞云吐雾，宝珠火焰，云水波涛，栩栩如生。

4-16 北京孔庙大成殿

4-17 大成殿内景

这是中国第一所按照国家大祀规制建造的孔庙大成殿，是整座孔庙的中心建筑，是孔庙内最神圣的殿堂。每逢祭孔大典，这里便钟鼓齐鸣，乐舞升平，仪仗威严。

殿内正中木龛置"至圣先师孔子神位"木牌，龛前置祭案，案上陈设尊、爵、笾、豆、登、铏、簋、簠、筐、三牲俎（牛、猪、羊）等祭品器皿，以及陈设的鼓、瑟、编钟、编磬等乐器，为祭孔典礼所用。

在孔子牌位正前方两侧的朱漆圆柱上，悬挂两副醒目的楹联，一副的上联为："齐家治国平天下信斯言也布在方策"；下联为："率性修道致中和得其门者譬之宫墙"，集中体现儒家的待人处世哲学，是为乾隆皇帝所题；另一副也是乾隆所题：上联是："气备四时与天地日月鬼神合其德"；下联是："教垂万世继尧舜禹汤文武作之师"。

殿内正上方悬挂的牌匾"道洽大同"出自民国大总统黎元洪之手。清代皇帝登基后，照例要到国子监"临雍"讲学（"诣学"），并在视学之前一定要到孔庙来进行释奠典礼，然后在大成殿悬挂匾额一方。因而，大成殿内集积了自康熙至宣统九位帝王之匾。依序为：

康熙："万世师表"；

雍正："生民未有"；

乾隆："与天地参"；

嘉庆："圣集大成"；

道光："圣协时中"；

咸丰："德齐帱载"；

同治："圣神天纵"；

光绪："斯文在兹"；（注：光绪元年"以御极之初，敬循旧典，恭书'斯文在兹'扁额，敬悬京师太学文庙、阙里文庙、及各直省府州县学。"史载表明光绪皇帝1894年（光绪二十年仲秋上丁）诣孔庙行释奠祀礼。①）

宣统："中和位育"。

此外，除了上面说到的民国大总统黎元洪所题之匾，还有袁世凯的一块"大总统告令"题匾：

中国数千年来，立国根本在于道德。凡国家政治、家庭伦纪、社会风俗，无一非先圣学说，发皇流衍。是以国有治乱，运有隆污，惟此孔子之道，亘古常新，与天无极。经明于汉，祀定于唐，俎豆馨香，为万世师表。国纪民彝，赖以不坠。隋唐以后，科举取士，人习空言，不求实践，濡染酝酿，道德浸衰。近自国体变更，无识之徒，误解平等自由，越范围，荡然无守，纲常沦弃，人欲横流，几成为土匪禽兽之国。幸天心厌乱，大难削平。而黉舍鞠为荆榛，鼓钟委于草莽，使数千年崇拜孔子之心理，缺而弗修，其何以固道德之藩篱，而维持不敝。本大总统躬膺重任，早作夜思，以为政体虽取革新，而礼俗要当保守。环球各国，各有所以立国之精神，秉诸先民，蒸为特性。中国服循圣道，自齐家、治国、平天下，无不本于修身。语其小者，不过庸德之行，庸言之谨，皆日用伦常所莫能外，如布帛菽粟之不可离；语其大者，则可以位天地，育万物，为往圣继绝学，为万世开太平。苟有心知血气之伦，胥在范围曲成之内，故尊崇至圣，出于亿兆景仰之诚，绝非提

---

① 《清实录·德宗景皇帝实录》卷之三《钦定大清会典》卷四百三十六（光绪本）。

倡宗教可比。前经政治会议议决，祀孔典礼，业已公布施行。九月二十八日为旧历秋仲上丁，本大总统谨率百官，举行祀孔典礼。各地方孔庙，由各该长官主祭，用以表示人民俾知国家，以道德为重。群相兴感，潜移默化，治进大同。

本大总统有厚望焉。此令。

中华民国三年九月二十五日。

民国五年（1916），教育总长范源濂将清代帝匾全部取下，移交当时的历史博物馆保存，改悬"道洽大同"匾。1984年，大成殿重新对外开放，除康熙"万世师表"匾移悬至大成殿前檐正中，其他匾额原样未变。大成殿外的东西南北均以廊庑和掖房连接，东、西廊庑是供奉和祭祀先贤、先儒的所在。

第三进院落中的崇圣祠是用来供奉和祭祀孔子先人的地方，这一进院落最具特色，由崇圣门、崇圣殿和东西配殿组成独立完整的院落，与前二进院落分割明显而又过渡自然，反映出古人在建筑部局上的巧妙构思。同时在很大程度上标志了孔子在封建社会中所拥有的较高地位。这组建筑称为"崇圣祠"，是祭祀孔子五代先祖的家庙。建于明嘉靖九年（1530），清乾隆二年（1737）重修，并将灰瓦顶改为绿琉璃瓦顶。崇圣殿又称"五代祠"，面阔五间，进深七檩，殿前建有宽大的月台，月台三面建有垂带踏步各十级。殿内供奉孔子五代先人的牌位及配享的颜回、孔伋、曾参、孟轲四位

4-18 崇圣门

4-19 崇圣祠近照

先哲之父的牌位。东西配殿各三间，灰瓦悬山顶，一斗三升斗拱。建筑等级是本组建筑中最低的。配殿坐落在砖石台基上，面阔三间，进深五檩，单檐悬山顶，内奉程颐、程颢兄弟、张载、蔡沈、周敦颐、朱熹6位先儒之父。

至此，孔庙建筑规格尊崇至极盛，并一直延续到今。过去孔庙一直被列为"禁地"，民国十七年（1928）始对外开放。

1988年孔庙被国务院公布为第三批"全国重点文物保护单位"。

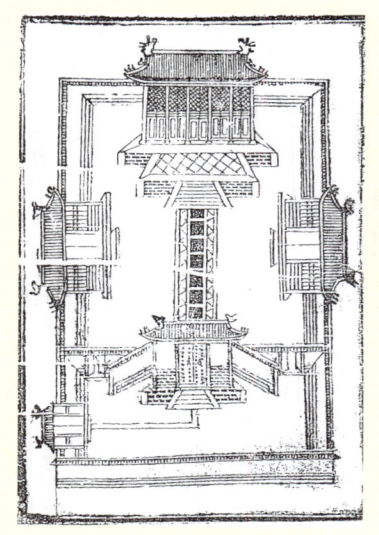

4-20 古籍启圣祠全图

4-21 崇圣祠东配殿

第五章 孔庙处处皆文物

孔庙作为儒家文化最具代表性的物化象征，作为讲述儒家文化具体而又极具代表性的视角，再度引发众人了解的兴趣。孔庙里边一块碑、一道门、一块匾额都是有想法、有讲究的，可以说文庙处处藏玄机，文史专家郑孝燮曾说："托物寄人，托物寄史，文庙历史文化价值在于它们是孔子思想文化的象征和寄托。"

第一节 下马碑

在北京孔庙先师门的东西两侧，各立有一通高约四米的石碑，为康熙二十九年（1690）立。碑身下为抱鼓石雕碑座，碑身正背两面用汉、满、蒙、回、藏、托忒（回鹘式蒙古文，在新疆等地蒙古族中通行）六种文字镌刻"官员人等至此下马"，故俗称"下马碑"。孔庙下马碑是昔日皇家设立的谕令碑，是一种显示封建等级礼仪的标志。为了表示对孔子的尊崇，凡经过或者进入孔庙"先师门"的人，无论文官、武官，地位多么显赫，都必须下轿下马，步趋而行，以示对圣贤的恭敬。走过另一端的下马碑后方可上马。除了这通下马碑以外，北京城内还尚存下马碑七通：东华门外一通，西华门外两通，阜成门内历代帝王庙门外两通，午门外两通。

5-1 下马碑

第二节　元代风格的孔庙大门

一般孔庙大门均称"棂星门"。帝王祭天时要先祭棂星。北京孔庙大门于清乾隆三十三年（1768）重修后，定名为"先师门"。此后，"棂星门"三字就很少被用了。这个门的形制和规制与旁边的国子监大门完全不一样，为黄琉璃筒瓦单檐歇山顶，明、次间三间，面宽11.2米，檐下每间平身科斗拱（每间额枋之上的斗拱）为单翘单昂五踩形制，既大且疏，每间两攒；而明清两代的斗拱即细且繁，做工精致。明间额枋之上的平身科斗拱一般都是奇数，在斗拱和梁架结构的处理上仅起到装饰作用，不承重。而孔庙先师门斗拱的这种形制和结构与明清斗拱有着显著的区别，这在北京是极其罕见的，元代建筑风格显而易见。

5-2 孔庙大门斗拱特写

第三节　元代孔子封号碑

汉武帝"独尊儒术"以来，孔子被历代帝王尊为先师、先贤、先圣，尊号不断加封，冠以最神圣、最智慧的头衔。

大成门前东侧立加号碑一座，内容为元大德十一年（1307）七月，元武宗诏命孔子加谥为"大成至圣文宣王"，以表彰他为中国古代文化作出的"集大成"的贡献。这是孔子在历代所获得的最高称誉。碑文中有"遣使阙里，祀以太牢"等

5-3 加封孔子诏书碑文

5-4 19世纪70年代的孔庙题名碑

5-5 罩上新棚的进士题名碑一角

句。石碑立于元惠宗至元二年（1336），是研究元代思想、政治、文化的实物，是极为珍贵的历史遗存，具有很高的史学价值。西侧是"加封先圣父母及圣配夫人颜曾思孟四子碑"，元惠宗至正十六年（1356）立碑。

第四节 元明清进士题名碑的由来与存失

在大成门两侧古树参柏之中，整齐地排列着一排排的石碑，这些石碑样式不尽相同，高低也是错落不一。近距离地观看，这些斑驳的石碑上镌刻着许许多多的人名、籍贯，这就是中外闻名的"进士题名碑"。

5-6 特用出身题名碑局部

孔庙现存有进士题名碑198通，其中元代3通，明代77通，清代118通，碑上刻有榜期、次第、进士姓名与籍贯。明、清两代科举考中的进士计51624人（含状元、榜眼、探花）。历史上元碑仅存3块，其余的被明代官员磨去碑上原有字迹而刻上当朝进士姓名了。明朝初

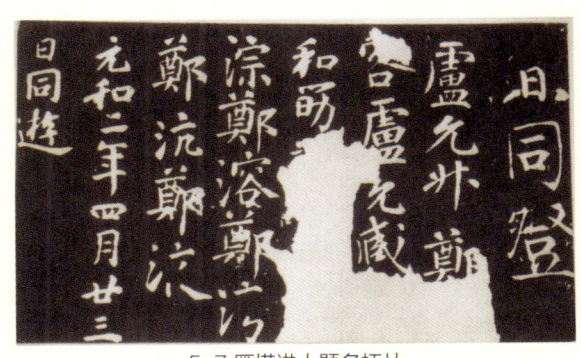
5-7 雁塔进士题名拓片

年,"进士题名碑"就在南京国子监落建,"永乐二年三月命工部建'进士题名碑'于国子监。"①明朝北京国子监进士题名碑的首碑为永乐十三年(1415)乙未科陈循榜的题名碑。有明一朝的进士题名碑至崇祯十三年(1643)"特用碑"止,(注:这是一块比较特殊的题名碑,按《钦定国子监志(光绪本)》引用史《杂记》云:"崇祯庚辰,上有厌薄进士之意,故将下第举人与廷士贡生尽留特用。等请援进士例,谒文庙,行释菜礼,并立石题名。阁臣张四知以为不可,上命如所请,立石国学。"也就是说,这是一块"非进士题名碑") 共77块立在北京孔庙内(崇祯十六年未立进士题名碑)。清代的进士题名碑自顺治三年(1646)至光绪三十年(1904)甲辰科止,共存118块。这些极为珍贵的历史文物,对于研究我国的教育史、科举史、政治史等极具重要的价值。

为进士题名刻碑立石这一做法源自于唐代进士在长安慈恩寺塔下题名的行为。根据清代国子监祭酒吴苑的《皇清进士题名碑记》一文记述,唐代新科进士在长安慈恩寺塔下的题名行为,不过是一些进士中举之后参加曲江杏林宴时"飞文斗酒,时聊以志","朋友相与之乐事也",是一时兴致所为,并非国家行为。

宋朝的进士题名碑记载比较分散。据《宋宝祐四年登科(卷一)》记载,南宋理宗宝祐四年(1256),"五月二十四日皇帝御集英殿唱名,赐进士文天祥以下及第同出身共六百一人,当日赴期集所(注:新科进士聚会的地方)。……七月二十五日,立题名碑石于礼部贡院。"再早一些是宋代赵升写的《朝野类要》,作者详情不可考。该书成于宋理宗端平三年(1236),比上述早一些时候的做法是"进士及第各集乡人于佛寺作题名"。赵升因此还解释:"若官司州县厅事各立题名碑者,盖被遗忘尔。"清王士祯所著《池北偶谈》文中亦引云:"本朝(指宋朝)进士题名皆刻石于相国、兴国两寺",讥讽此种所为"予按进士题名列诸梵刹,于意无取"。由于宋代进士题名碑的刻立和修建没有统一的规制和约定,所以保留下来的进士题名碑散见于各处,不易见到。

元仁宗皇庆二年(1313)十一月,下诏开科取士,分蒙古、色目人一场,汉人、南人为一场分场考试,分榜录取。"择日进士诣先圣庙,行舍菜礼,第一人具祝文行事,刻石题名于国子监。"②这块进士题名碑的书写还是大书法家、集贤学士赵孟頫书写的。③从此以后,开科进士题名刻石立

① 《钦定日下旧闻考》卷六十七。
② 《五礼通考》卷一百七十五。
③ 《春明梦余录》、《钦定国子监志》卷四十八,四库本。

5-8 元代题名碑

碑就成了国子监孔庙的例行规矩了。元代起始的这块和以后的进士题名碑可惜早已不存。其原因据王士禛叙述,明代时内官阮安督工建太学时,"悉取前元进士碑磨去刻字,今三年一立石,皆是物也",为此惋惜万分![1]

康熙三十一年(1692),当时的国子监祭酒吴苑在启圣祠修建工程中,从土中发现了三块元代题名碑。这三块元碑分别是:

一 至正十一年(1351)辛卯科,碑刻有蒙古色目一甲图烈图(《元史》记为朵列图),二甲五人,三甲二十七人;汉人南人一甲文允中,二甲五人,三甲三十九人,祭酒王思诚题记。

二 至正十九年(1359)己亥科,正榜乌兰等六人,副榜人数字皆磨灭,难辨,故无记载。(注:至正十九年未行科举,应为国子监"公试"题名碑)

三 至正二十六年(1366)丙午国子监"公试"题名碑,正榜蒙古(**字缺**)等七人赐正六品,色目(**字缺**)等六人赐从六品,汉人蔡元等七人赐正七品,副榜六人俱蒙古人名,史料无载。

明代初始,朱元璋将元代的南京国子学改造为太学,又在洪武十五年(1382)五月在鸡鸣山下新建国子监。在这一时期里,朱元璋开始并不是重视科举的,自然进士题名碑一类的事情还顾及不到。《五礼通考》记载,当朱元璋看到历科进士多出于太学,而这一年的科举(戊辰科,1388,洪武二十一年)中,太学生任亨泰殿试中又考为第一名,明太祖召国子监祭酒宋讷进行褒奖,并撰题名记立石于南京国子监大门,这是史载朱元璋首次立石题名碑的记录。三年之后的辛未科(1391,洪武二十四年),廷试第一人又是太学生许观所得,于是又立题名碑。从此以后,在国子监里立石题名碑"相继不绝"。

5-9 明永乐朝进士题名首碑

永乐元年(1403)始设北京国子监,二年(1404)三月,命工部建进士题名碑于南京国子监,命侍读学士王达撰记题名碑,"有记始此"。

"永乐十三年,令立石北京国子监。"明代的进士题名碑原在国子监孔庙大成门下。正统年间(1436—449)曾被移出至太学门外,景泰二年(1451),国子监司业赵琬呈奏明代宗,要求为这些"风雨飘淋易于损坏"的题名碑加盖房屋,"以图经久",代宗应允。好在那时的进士题名碑数量还不多,也就十几块的规模,就是盖房也用不了几间。

---

[1]《池北偶谈》卷三。

天顺七年（1463）八月，久日的大雨将这些遮雨挡风的碑亭毁坏，坍塌的碑亭梁架大木将亭内的5通石碑压倒，复位后的英宗急令主管官员修葺碑亭，重新将题名碑竖正。现在，太学门外的进士题名碑早已都移回到孔庙大成门外，何时将进士题名碑移到了孔庙内的大成门外？那些遮风挡雨的碑亭又去往何处？已无可考。

关于进士题名碑的沿革，雍正八年（1730）的国子监祭酒孙嘉淦撰写了一篇《续刻进士题名碑录序》文章，简明扼要地阐述了这一过程。文章中讲到："考唐进士自神龙（注：唐中宗705—707）以来，杏园宴后皆于慈恩寺塔下题名，他时有将相者则朱书其下。宋世进士诸科放榜，后缀行期，集列叙名氏、乡贯、三代书之，谓之小录，俱未锓诸石也。明自永乐二年命工部建进士题名碑于南京国子监，十三年会试天下贡士于北京登科考谓是年即命立石国子监，然今无有，有之自宣德五年林震榜始。"

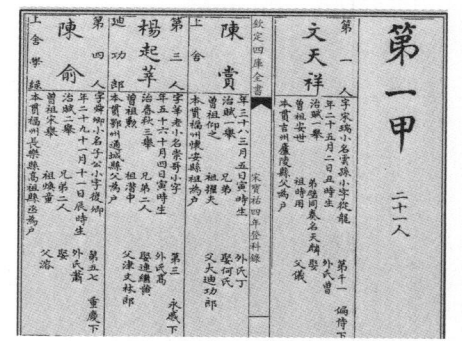

5-10 宋记有文天祥登科录书影

查《宋宝祐四年登科录'卷二'》（四库本）载"第一甲第一人文天祥"名下，记载了文天祥的字、小名、小字、出生年月日、曾祖、祖父、父亲、母亲、籍贯诸项，甚是详细，确如孙嘉淦所述。《钦定日下旧闻考》则详尽地记载了明时题名碑的存失及补刻情况，该书成于康熙二十七年（1688）。孙嘉淦文写于雍正八年（1730），关于明代进士题名碑则采用了《日下旧闻考》的记载，与事实是有出入的。乾隆四十六年（1781）完稿的《钦定国子监志》（四库本）中，则是根据明代进士题名碑在北京孔庙中的实际位置予以记录，应该是可信的史料。明代进士题名碑存碑从永乐十三年乙未科陈循榜始，至崇祯十三年史淳、吴康侯"特用出身题名碑"止，共计77通。

明代这77通题名碑，其中有永乐二十二年（1424）甲辰科邢宽榜为宣德九年（1434）补刻立石；嘉靖十一年（1532）壬辰科林大钦榜为嘉靖三十一年（1552）补刻立石；嘉靖十四年（1535）乙未科韩应龙榜、嘉靖十七年（1538）戊戌科茅瓒榜、嘉靖二十年（1541）辛丑科沈坤榜、嘉靖二十三年（1544）甲辰科秦鸣雷榜、嘉靖二十六年（1547）丁未李春芳榜均为嘉靖三十年（1551）补刻立石；万历十一年（1583）癸未科朱国祚榜为万历十八年（1590）补立。在书写格式内容上，从万历十四年（1586）丙戌科唐文献榜开始，由于朝廷之中士大夫论资排辈之风日甚，撰文和书写题名碑的官职和姓名不再碑记（除崇祯十五年〈1642〉的那一块例外）。

清代的进士题名碑始建于顺治丙戌（1646）科，满汉进士题名同碑，每科一碑。但此后的顺治壬辰（1652）、乙未（1655）翻译科则另为碑刻，亦计入进士题名碑的统计之中。

本来顺治朝的规矩是由礼部提请工部给建碑100银两，交予国子监立石题名。康熙三年（1664），辅政大臣欺负康熙当时年小无知，裁省此种做法，改为每科进士捐资立石。雍正二年（1724）将此做法废止，由工部动用正项钱粮，令国子监即行建立雍正癸卯（元年，1723）、甲辰（二年，1724）两科题名碑，补建康熙辛丑科（六十年，1721）题名碑。这样就从国家制度上保证了以后历朝进士题名碑的顺利建成。[①]

清光绪三十年（1904）甲辰科，是年正逢慈禧七旬大寿，本来是正科，但为庆贺慈禧太后寿诞改为恩科。此科也是自隋大业年间开科举试以来的最后一科。在"戊戌变法"的影响下，光绪帝颁诏"废科举兴学校"，从而结束了1300余年的科举制度。

5-11 顺治丙戌科碑

原来立碑均由国家拨银刻石，而此时清王朝已近衰亡，无钱支付，中榜进士只好自筹银两建碑。这科进士有著名学者商衍鎏（一甲第三名），著有《清代科举考试叙录》，1949年10月后曾在南京博物馆任职；还有王庚（王揖唐，二甲第五名），民国时先后任参、众院议长；谭延闿（二甲第三十四名）国民政府主席；汤化龙（二甲一百零六名），北洋政府教育总长、众议院议长。中华人民共和国第一任最高法院院长沈钧儒也是本科进士（二甲第七十五名）。

第五节 触奸古柏

此柏位于"大成殿"右前方，苍劲高耸，相传为元代教

5-12 光绪甲辰科末一碑

[①]《世宗宪皇帝上谕内阁》卷二十七。

育家、国子学祭酒许衡所植，至元年间，曾有甘露降于此树，《元史》记为祥瑞。相传，明代天启年间，御前太监魏忠贤（一说严嵩）无恶不作，祸国殃民。有一年他代皇帝前来祭祀，当路过院西北一棵古柏树下时，突发一阵狂风，一根下垂枝干狠狠

5-13 触奸柏

地摔打在魏的头上，帽子被掀，魏即刻鼻青脸肿，口吐鲜血，不久便呜呼身亡了。人们认为此系古柏有灵，是有意为民铲除奸臣国贼的，因而就有了"触奸柏"、"辨奸柏"的美名，这个传说反映了儒家文化"忠诚正直"的价值取向。古柏虽然已经700多岁了，但仍青翠挺直，威风不减当年。

第六节　燎屋

乾隆四十八年（1783）令工部建造了燎屋，亦称"燎炉"或"焚炉"。是祭孔时焚烧祝笏板、丝帛、贡品等的地方。清宣统二年（1910）进行孔庙大成殿规制改建时将此燎炉的表面改用绿色琉璃。古人认为圣人之神灵系于上天，将祭祀物品焚烧后就能上达于天，为圣人所享，因此每次祭孔大典行礼毕，都由祭祀官员将祭品送往事先挖好的土坑中焚化，皇帝或主祭官还要亲自查看，以防有人偷拿供品，这即是所谓的"望瘗"礼仪。此后该仪程改为用固定的"燎炉"

5-14 燎屋

焚烧祭品，这是一种措施上的进步，后被各地孔庙效法亦设燎炉。孔庙中院西北角原有

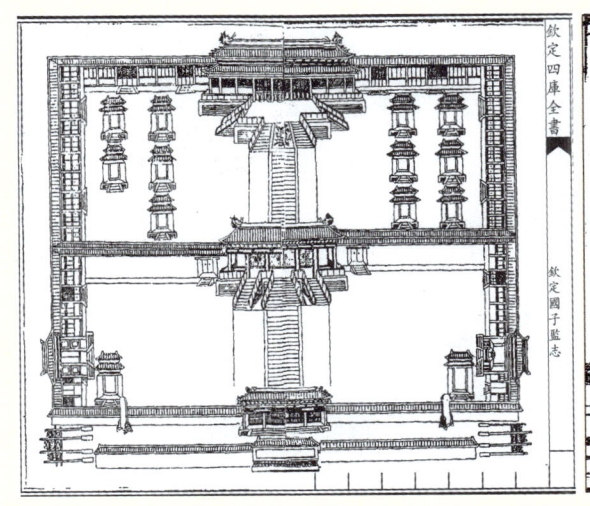
5-15 清朝北京孔庙绘图

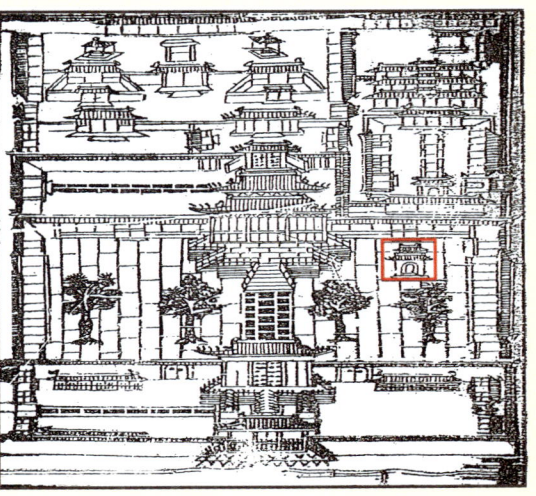
5-16 明朝北京孔庙图（载《皇明太学志》）

"坎瘗"遗址一处，所谓"坎瘗"，就是掩埋那些燃烧未尽祭品的土坑。

这里还有一个问题需要提出来，那就是明代的"燎屋"原是设置在大成殿前甬道之东边的（图5-14）。其位置与后来清乾隆四十八年修建的燎屋位置隔甬道而立。清编纂的《钦定国子监志》中北京孔庙的绘图表明乾隆三十二年时，明代的这个旧燎屋已经不复存在，而新的燎炉也不见踪迹。这至少说明近二十年间孔庙又沿袭了旧的"望瘗"，直到乾隆四十八年修起这个燎炉。

第七节 孔庙古井——砚水湖

"砚水湖"之称始见于山东胶州市北关镇麒麟山下砚水湖。此山有一"庸生祠"，为纪念汉代著名学者庸谭所建。庸谭系西汉初年大学问家，受学于都尉朝。[1]秦始皇焚书坑儒，庸谭以其特殊的记忆力，将《尚书》《论语》《孟子》等文献整理再现，为古文化典籍传世作出了重要贡献。为此，汉宣帝曾下诏为其建祠。麒麟山中有泉瀑奔涌而注入砚水湖中，湖畔繁花似锦，砚水湖亦因庸生祠而闻名。乾隆帝慕名前来，竟流连忘返。我国许多地方的庙学都将庙中古井或水面称为"砚水湖"，如清代榆次县

---
[1]清·阎若璩：《尚书古文疏证》卷二："安国（注：孔安国）古文之学，其传有四：一传于都尉朝，朝传庸谭，谭传胡常，常传徐敖，敖传王璜、涂恽，恽传桑钦。"

学凤鸣书院中的湖面、天津蓟县金代文庙中的古井等都称作"砚水湖"。

5-17 砚水湖

北京孔庙的"砚水湖"在大院甬道西侧有一口小古井。由青石板组成的花瓣形井台,石质井圈。由于坐落在德胜门、安定门内一带水线上,当年井水常溢到井口,水质清纯甘冽。相传如臣民喝了此井水,便有求知若渴且安心健神之功效。如果前来祭孔的士子学人喝了"圣水",就可精神振奋,文思焕发,落笔生花,取得科举考试之佳绩。由于该井形似一小砚台,故乾隆帝特赐其"砚水湖"之美名。

这眼深约5米的井,已经干枯了30多年。而1998年7月两场大雨,井中却又涌出大量水,水位离地面只有2米。对于这件奇事,当时来察看的国土资源司水文地质专家认为:这种情况叫上层滞水,与近期降水量大有一定关系。此外还与孔庙周边的环境有关。孔庙内的地下可能有一个含水层,由于附近植被保护较好,地面是透水砖,因此才会出现这种情况。因为从北京市区的其他地下水位观察孔观测,近期的两场大雨过后城区地下水位只上涨了几公分,而这口井的水位却上涨了3米,的确罕见。

第八节 乾隆石鼓

孔庙大成门两侧各有五枚石鼓,共计"十鼓"。东西两侧的石鼓旁各立有一碑,东侧碑阴为音训碑文(重刻),碑阳镌刻了乾隆五十五年(1790)重刻石鼓的经过;西侧碑是清代大书法家张照草书唐代韩愈所作的《石鼓歌》。张照手书苍劲有力,刚柔相济,属难得的书法珍品。《石鼓歌》的全文如下:

张生手持石鼓文,劝我试作石鼓歌。

少陵无人谪仙死,才薄将奈石鼓何。
周纲凌迟四海沸,宣王愤起挥天戈。
大开明堂受朝贺,诸侯剑佩鸣相磨。
搜于岐阳骋雄俊,万里禽兽皆遮罗。
镌功勒成告万世,凿石作鼓隳嵯峨。
从臣才艺咸第一,拣选撰刻留山阿。
雨淋日炙野火燎,鬼物守护烦撝呵。
公从何处得纸本,毫发尽备无差讹。
辞严义密读难晓,字体不类隶与蝌。
年深岂免有缺画,快剑砍断生蛟鼍。
鸾翔凤翥众仙下,珊瑚碧树交枝柯。
金绳铁索锁钮壮,古鼎跃水龙腾梭。
陋儒编诗不收入,二雅褊迫无委蛇。
孔子西行不到秦,掎摭星宿遗羲娥。
嗟余好古生苦晚,对此涕泪双滂沱。
忆昔初蒙博士征,其年始改称元和。
古人从军在右辅,为我度量掘臼科。
濯冠沐浴告祭酒,如此至宝存岂多。
毡包席裹可立致,十鼓只载数骆驼。
荐诸太庙比郜鼎,光价岂止百倍过。
圣恩若许留太学,诸生讲解得切磋。
观经鸿都尚填咽,坐见举国来奔波。
剜苔剔藓露节角,安置妥帖平不颇。
大厦深檐与覆盖,经历久远期无陀。
中朝大官老于事,讵肯感激徒媕婀。
牧童敲火牛砺角,谁复著手为摩挲。
日销月铄就埋没,六年西顾空吟哦。
羲之俗书趁姿媚,数纸尚可博白鹅。
继周八代争战罢,无人收拾理则那。

5-18 清石鼓和韩愈《石鼓歌》

5-19 清石鼓石刻文字

方今太平日无事,柄任儒术崇丘轲。
安能以此上论列,愿借辩口如悬河。
石鼓之歌止于此,呜呼吾意其蹉跎。

【诗译文】张生手拿周朝石鼓文的拓本,劝我写一首咏赞它的石鼓歌。杜甫、李白才华盖世但都作古,薄才之人面对石鼓无可奈何。周朝政治衰败全国动荡不安,周宣王发愤起兵挥起了天戈。庆功之时大开明堂接受朝贺,诸侯接踵而至剑佩叮咚撞磨。宣王田猎驰骋岐阳多么英俊,四方禽兽无处躲藏都被网罗。为把英雄功业刻石扬名万世,凿山石雕石鼓毁坏高山嵯峨。随从之臣才艺都是世上第一,挑选优秀撰写刻石放在山坡。任凭长年雨打日晒,野火焚烧,仗着鬼神守护石鼓永不湮没。你从哪里得来这拓本的底稿?丝毫都很完备一点也无差错。言辞严谨内容奥密难于理解,字体不像隶书蝌文自成一格。年代久远难免受损笔画残缺,仍像得剑斩断活生生的蛟鼍。字迹有如鸾凤翔飞众仙飘逸,笔画恰似珊瑚碧树枝杈交错。苍劲钩连像金绳铁索穿锁钮,浑然又像织梭化龙九鼎沦没。寡闻儒士编纂《诗经》却不收入,《大雅》《小雅》内容狭窄并不壮阔。孙子周游未到秦地无知难怪,采诗不全像取星宿却漏羲娥。啊,我虽好古却苦于生得太晚,对着石鼓文我哭得涕泪滂沱。想当年我蒙召做国子监博士,那年正改纪元年号称着元和,我的朋友在凤翔府任职从事,曾经为我设计挖掘石鼓坑窝。我刷帽沐浴禀告国子监祭酒:"如此至宝文物世上能存几多?只要包毡裹席就能立即运到,十个石鼓运载只需几匹骆驼。进献太庙把它比作文物郜鼎,那声价百倍于郜鼎岂是太过?皇恩浩荡如果准许留在太学,诸生就能钻研解说一起切磋。汉朝时鸿都门观经尚且拥塞,将会看见全国上下为此奔波。剜剔藓苔泥尘,露出文字棱角,把它放得平平稳稳不偏不颇。高楼大厦深檐厚瓦把它覆盖,经历久远不受意外损坏伤挫。" 朝中的大官个个都老于世故,他们空无主见岂肯感奋奔波?牧童在鼓上敲火,牛用它磨角,谁能再用手把这个宝物抚摸?长年累月风化销铄将被埋没。六年来向西遥望我空叹吟哦!王羲之书法时俗趁机显秀媚,书写数张还可换回一群白鹅。继周之后八代争战已经结束,至今无人收拾整理又可奈何?如今正是天下太平,国泰民安,皇上重视儒术推崇孔丘孟轲。怎么才能把此事向皇帝建议,愿借善辩之人发挥口若悬河。石鼓歌写到这里就算结束吧,呜呼!石鼓所经历的时光就这样白白流逝了!

孔庙中现存石鼓是清高宗（乾隆）年间制品，[①]一共有两套，另一套"石鼓"现存放在承德避暑山庄。石鼓上所镌刻的文字称"清高宗重摹本"。石鼓的"复制品"在外形上和先秦珍贵文物——石鼓，并无相似之处。真石鼓出土于唐朝初年，历经宋、金、元、明、清，抗战初期迁徙西南，现存故宫，堪称国宝；石鼓文是中国历史上最为著名的石刻之一，素有"石刻之祖"的美名。它是将10篇东周秦国时的四言古诗每鼓一诗，镌刻在了10个鼓形圆顶平底的黑色花岗岩石块上。因其形似鼓而刻有诗文，故发现它最早的唐初文人称其为"石鼓文"，内容为古代帝王游猎生活古诗，所以这些文字又被称为"猎碣"。郭沫若《石鼓文研究》序中说"石鼓呈馒头形"，"它所象征的是天幕，就如北方游牧民族的穹庐，今人所谓蒙古包"。所以，石鼓并不真如鼓形而似蒙古包。元大德十一年（1307），虞集在王宣府宅大兴府学后附近的草丛之中发现了被金军士兵掠走丢弃的先秦石鼓。他将这尚存386个字每个重达一吨的十枚石鼓洗净，但却无法挪动。五年后的皇庆元年（1312）任为国子助教后，才求助于兵部用十辆大车将石鼓拉回到孔庙大成门。为了保护好这极为珍贵的国宝，虞集以砖砌成平台，将石鼓置放于上，大成门内左右壁下各五枚，并且用木栅栏围挡，以铁环锁住。自此，这十枚珍贵的石鼓在北京孔庙的大成门内存放了三代王朝。清乾隆五十五年（1790），于石鼓外再设重栏围护，另选石摹其诗文，供人锥拓，自此石鼓文就有了新、旧两种。所以，现在孔庙之石鼓与原石鼓有很大差异。

读大成门侧旁韩愈《石鼓歌》诗碑，从诗文中可以看出，自唐初以来，一直认为石鼓文是西周宣王（前827—前782）时代文字，此说一直占据着统治地位。诗人杜甫、韩愈、韦应物纷

5-20 先秦石鼓旧照

纷歌咏，以韩愈《石鼓歌》影响最大。此说盖因东汉许慎《说文叙》有"宣王太史籀著大篆"之说。韩诗今日看来，很有些"想当然"，并无科学依据。清高宗也深受韩愈影响，一代风雅天子乾隆对石鼓为周宣王时物说，深信不疑。宋代郑樵是位了不起的学者，他主张石鼓为秦器。后来证明郑樵之说是对的。1929年，前故宫博物院院长马衡发表了著名的《石鼓为秦刻石考》。[②]文中指出，北京孔庙现存石鼓"最可笑者，莫

---

① 见《钦定国子监志》卷六十一，光绪本。
② 收入《凡将斋金石丛稿》。

过于清高宗之重摹石鼓。夫既曰'重摹',必依其形制矣,而彼则不然。其形类今之鼓,冒革施钉,无不毕肖;其文又不在四周而在顶上"。自南宋以来,石鼓为东周秦国刻石(我国最早的刻石)已成定论,否定了石鼓作为周宣王时之说。在这个前提下,石鼓文有作于秦公、秦穆公、秦襄公、秦献

5-21 东周秦国石鼓文拓片节选之一　　5-22 东周秦国石鼓文拓片节选之二

公等等诸说,近几十年来,对石鼓文字究竟作于何时的研究和考证一直没有停息,据陈平先生所著《关陇文化与嬴秦文明》一书"华夏石刻之祖——石鼓文"文认为,最新的成果当属1997年学者王辉所做的结论。王氏以秦景公大墓(1985年陕西凤翔出土)石磬铭中新出土的古文字确凿资料为依据,与石鼓文所述的气氛和文字结构、安排布局、甚至运笔方法作了详细的比较,认为石鼓文大体上可看作是与石磬铭同一时代(秦景公之世)文字。陈平先生认为:"王氏的证据确凿,论证也合理,结论是基本可靠的。它是迄今为止石鼓文年代诸说中最晚出、同时也是最为贴近历史真实的一家之说。"

秦石鼓文较小篆字体古拙,而又比商周金文工整(图5-21、5-22)。石鼓文字不仅具有史料价值、文学价值,在书法史上也占有一席之地。我国出了几位擅写石鼓文的大家,以吴昌硕最出名。

第九节 "万世师表"匾

康熙皇帝于二十三年(1684)十一月到曲阜孔庙祭祀,在"诗礼堂"听完监生(例监生)孔尚任讲完《大学》首节后,对大学士王熙等人宣谕:"欲加赞颂,莫能名言,

特书'万世师表'四字悬额殿中。"并将所带的曲柄黄盖留下,用于孔庙庙廷飨祀之用。以后,又将这块匾额的榜书颁发给全国各地的孔庙,统一刻匾恭悬。

5-23 万世师表匾

第六章 孔庙建筑有说法

孔庙历经700多年的历史文化积淀，遗留下来弥足珍贵的文物，成为研究中国古代科举和孔子儒学的重要史料和实物。但对孔庙丰富多彩的建筑形制、布局以及平立面的文化意义研究还很少，仅仅停留在"大成殿等级之高堪比故宫太和殿"等诸如此类的简单赞美上，对孔庙建筑群中深厚的建筑礼制、文化底蕴的研究仍显不足，在这一章节里，笔者试图对此作一简单阐发，希冀获得有识同仁的斧正，不枉此引玉之功。

第一节 孔庙的门堂之制

在孔子生活的那个时代，古代宫廷建筑的"形制"最初表现为对建筑和布局的规定，同时也被看作是国家的一种基本制度。宋代著名学者聂崇义所作的《三礼图集注》中就有关于"周人明堂度九尺之筵"、"王宫五门及王与后六寝之制"、"匠人营国方九里旁三门，国中九经九纬，经涂九轨，左祖右社，面朝后市"等记载，就是从礼制的意义上解释了这些制度性的问题。随着建筑生产技能的不断提高，成熟的建筑模式相对固定了下来，对于诸侯、大夫、士子的房屋形式也就有了相互区别的规定，形成了详细完整的建筑礼制，也就是常说的"建筑规制"。明、清两代对这种建筑模式的规定之详细和严格，几乎到达了登峰造极的地步，这里不再赘述。今天孔庙中形制不同的各类建筑，首先就是礼制规范的结果。

在游览和观赏孔庙建筑的时候，您是否想过是从何时集中注意力开始关注游览内容的呢？答案一定是相同的，那就是在看到并经过国子监街口"成贤街"牌楼的时候。这个过程从经过牌楼开始，进入孔庙"先师门"，迈过气度非凡的"大成门"，进入庄严隆重的"大成殿"，出来转而再过墙门（掖门），进入"崇圣门"，步上台阶，再迈进"崇圣祠"结束。这个简单的过程凸显了一个值得讨论的问题，那就是进入殿堂之前，一定要先经过一定形式的门，才能步入某一个殿堂，这就是传统建筑中门与堂的分立又相互联系的现象。看来极为简单的问题，经过"礼"在理论上的解释后就变成了一个复杂的制度性问题。一个最简单的解释就是有了"门"的这个建筑形式，就产生了贵贱等级、内外之分、上下之别、宾主相异的"礼"的

6-1 成贤街牌楼

精神了。古典文献《五礼通考》中描述了门的等级差别，内容十分庞杂："大夫士之门惟外门内门而已，诸侯则三，天子则五，庠序则惟一门。乡饮酒射礼主人迎宾于门外，入门即三揖至阶是矣。"[1]这里可以很直观地看出主人的地位并不高，仅是一位士大夫。因为客人从外门而入，三次揖礼就可到达台阶之上的房屋内门了。那些诸侯或者天子的门就不是这样简单了，起码要过三五道门。至于那些学校（庠序）为何只有一门的原因也很好理解：公益事业不分内外。回过头来观察北京孔庙："先师门"是这偌大的孔庙的外门。当我们看到孔庙先师门的时候，心里马上就会意识到，这里有着悠久的孔庙人文建筑和丰富的历史内容。"先师门"在这里则起到了孔庙的代表作用、标识作用。同样的道理，"大成门"就是大成殿的外表和标识，"崇圣门"就是崇圣祠的代表形式。西边的国子监也有这样具象着礼的内涵："集贤门"是国子监的外表，"太学门"是彝伦堂的外表，清乾隆新建的"琉璃牌楼"（牌楼也是一种特殊形式的门）

6-2 北京孔庙大门

---

[1]《五礼通考》卷六十。

则是新建辟雍的外表。整个国子监和孔庙建筑群的代表形式则是矗立在国子监街口的"成贤街"牌楼。从这些建筑中，很容易发现一个有趣的现象，那就是诸多的殿堂没有一个是孤单的"单座建筑"的，有一个（组）殿堂，必然就有一个"门"与之相伴。门的设立和使用，使得建筑自身和所在的院

6-3 透过持敬门看孔庙

落就有了空间上的内外之分，等级上的上下之别。门就这样巧妙地成为表现建筑内容的一个不可缺少的组成元素。在占地近50000平方米的国子监孔庙建筑群的平面上，各种等级的"门制"把形形色色的古代建筑连接为一个整体，如同一本厚厚的历史书籍被划分为相互连贯的章节，讲述着一个又一个的历史故事，其中那些形制各异、规制不等的"集贤门"、"储才门"、"广居门"、"持敬门"、"太学门"、"大成门"、"崇圣门"、"先师门"则成为了每一个故事的标题。

第二节 孔庙的殿堂之制

北京明、清的皇宫是在元大都的基础上重建起来的。元大都是一个新建的都城，是一个以皇宫为中心的城市，因而为明、清的皇宫设计打下了一个完整的基础。明代皇宫设计成功的地方主要是令皇宫和整个城市取得呼应，产生了一种不可分割的有机的结合。不论哪一个朝代的皇宫都不如北京城这样，二者之间的关系简直就成为了一体，整个城市是以宫城为主而组织起来的。与皇帝治理朝政有着密切关系的孔庙和国子监虽然位于皇城外的东北方向，但其中诸多的建筑元素却保持着与之相呼应的关系。

首先是规制等级上保持着与皇宫的呼应关系。国子监的"辟雍"专为清高宗乾隆临雍视学所建，不仅辟雍的建造是乾隆皇帝的钦点，而且是只为皇帝临雍所用的专属建筑（平时关紧大门不得入内）。其建筑形制独特之最大特点不在于坐落国子监的中轴和中心，而在于水面与建筑合为一体的巧妙运用，更不是等级的最高（仅为重檐七踩斗栱）；孔庙内的大成殿规制更是巧妙地处理了尊崇"至圣先师"孔子和维护皇权至高无上地位之间的关系，很值得讨论一下。

敬奉孔子的大成殿经过光绪、宣统两朝皇帝的改建，从外形规制上颇具皇家宫殿之风格。坐北朝南，位于中轴线上，四周有殿堂的辅助建筑掖房和廊庑。为了构成高大壮丽的殿堂，沿用了自周文王以来建筑向高空发展筑台的做法，①构造了一个高高的单层台基，以此作为大成殿的基座。松柏古树映衬之下，整个大成殿显示出圣殿巍峨之势。台基的东、西、南三个方向各出陛，东阶为"主阶"，西阶为"宾阶"，正南方向的石阶御路嵌有螭陛，以示皇帝专用。整体的大成殿面阔九间、五门（正中开门）、五进（大殿南北进深），庑殿屋面四坡五脊，重檐双昂七踩斗拱。乍看合于"九五之尊"之制，气势恢宏。因此博得诸多赞誉，称之为"与太和殿相同规制的圣殿"。殊不知这是大成殿装饰艺术的巧妙之处。紫禁城太和殿是皇宫最高等级的建筑，那个体量巨大的庑殿顶建筑所采用的各个建筑装饰元素都显现了最高的等级规制。十一间面阔、三层台基、正南三出陛、重檐之下十一踩斗拱的"太和殿"与"大成殿"相比较，很容易看出它们之间根本就不在一个级别上，这正是与皇宫建设紧密相呼应的做法。圣人尊崇之所虽然可以有九尊五门五进之制，可以造高台重檐庑顶之作，但必须严守礼制规范，即使在建筑上也不允许有任何僭越行为。中国传统建筑规制等级的元素主要是指台基（台明）的高度、大额枋之上的斗拱攒数、和玺彩画的位置和内容、建筑的面阔开间、屋面的形制与瓦色，等等，孔庙大成殿固然显示了圣贤之所的尊崇地位和建筑形象，但毕竟不是等级最高的宫殿，这完全是北京城内的皇宫规制所决定的。

第三节　孔庙建筑的平立面

为了显示孔庙"大成殿"的尊崇，"大成门"作为表现这个建筑内容的门制必然要

---

① 《诗经》"经始灵台，经之营之"。

采取特殊门制，这就是"屋宇式大门"。它的建筑形制呈现为一个台基之上的单体歇山顶建筑，既是"门"又是"屋"实际是"殿"。它的前后檐完全敞开通透，檐下不安装任何窗扇，大门门槛安装在正中央的位置，与屋顶最高的那根檩子脊檩对齐。这种形式的门就是"屋宇式"

6-4 大成门中大成殿透视照片

大门。在传统建筑里，一般只能用于重要建筑的南面正门。大成殿尊为圣贤之所，采取这种门制自然不在例外。出乎意料的却是把这样的门制放在了孔庙整个大院之内，倒使临街的正门"先师门"相形见绌了。大成门是大成殿的标识，其气势恢宏的建筑形象把大成殿整个院子的规制等级一下子提得很高，显现出大成殿院在整个建筑群中的鹤立之势。仔细观察"大成门"，它已经把"门"强调到不能再强调的地步，重檐双昂七踩斗栱的屋宇式大门，与国子监的"集贤门"、"太学"门、孔庙的"先师门"相比，显示出更为豪华的装饰。门前是中间"御路"的三出陛石台阶，台阶两旁汉白玉石栏杆望柱头恰好是24个，与大门内侧置放的24个画戟所标示的礼制级别相同，从建筑形制的本身就固化了这个门制的尊贵，这是一个很不一般的巧妙做法。从大成门的空间利用来看，它除了在祭孔大典上需要布置和陈列之外，还把乾隆皇帝青睐的"石鼓"和相应的音训碑（重刻碑）、韩愈诗碑分列两旁，彰显着中国正统文化传承的底蕴。每每走到此处，遥望与之相对的大成殿的雄姿，"大哉，孔子"的感叹油然而生。

讨论过大成殿和大成门的规制，连同孔庙内所有的建筑，概括地讲，所有建筑的立面均由台基、屋身和屋顶三个部分组成，即前面

6-5 大成殿与东掖房

~272~

所讲过的"三分"。而孔庙建筑群的平面则可以概括为门、殿堂、廊庑三个不同性质的部分组成。它们的建筑功能、建筑形式和所在位置，都各自显现出自己不同的特色。其中，殿堂是建筑的主体，是表现其功能的主要内容；而殿堂之下的四周廊庑和掖房、厢房则是辅助建筑；各式各样的门制则把这一切有机地连接了起来，门在孔庙建筑群中发挥了中间环节的作用，是"门"把整个孔庙的平面有机地组合在一起，有实（宫殿）有虚（廊庑），虚实结合，环环（门）相扣，极为巧妙地构成了孔庙生动的历史画面。

第七章 孔子历代谥号和配享

历代在各级学校内修建孔庙、奉祀孔子以及历代儒家代表人物的目的就是为读书的士子们提供学习的榜样，进行成圣成贤的教育，以期将他们培养成忠君扬亲、爱国惠民的官吏。孔庙主祀孔子，并以历代先贤、先儒配享从祀。孔庙大成殿内，在正中，南向的正位为孔子牌位，全称为"至圣先师孔子之位"。"至圣先师"就是孔子的谥号。

7-1 大成殿内全景

第一节 孔子的历代谥号

孔子在中国历史上获得的谥号是最多的，时间也是最长的，谥号的内容更是最智慧、最尊贵的，这样的待遇在我国历史上仅此一人。什么是谥号呢？简单地说，就是古人故去后依其生前行迹而为之所立的称号。一般情况下帝王的谥号由礼官议上由新即位皇帝批准；臣下的谥号由朝廷赐予。一般文人学士或隐士的谥号，则由其亲友、门生或故吏所加，称为"私谥"，与朝廷颁赐的不同。孔子的第一个不太正式的谥号是在战国时期鲁哀公的诔文中称其为"尼父"。

以后，孔子的谥号世有更定：

汉平帝元始元年（1），始加谥曰"褒成宣尼公"。

北魏孝文帝太和十六年（491），乃改谥"文圣尼父"。

唐太宗贞观十一年（637），尊孔子为"宣父"。

唐玄宗开元二十七年（739），始进谥"文宣王"。

宋真宗大中祥符元年（1008），加谥孔子为"元圣文宣王"。

宋真宗大中祥符五年（1012），改谥孔子为"至圣文宣王"。

元武宗大德十一年（1307），加谥"大成至圣文宣王"。

明初因之。

嘉靖九年（1530），谥号改为"至圣先师孔子"。①

清初承明制，孔子神位上仍书"至圣先师孔子之位"。

清顺治二年（1645），国子监祭酒李若琳奏请更孔子神牌为"大成至圣文宣先师孔子"，世祖从之。

顺治十四年（1657）二月，吏科给事中张文光上奏顺治皇帝说：孔子生前不曾为王，死后却追加"王"的称呼，似乎讲不通，最适改为"至圣先师孔子之位"。以前，国子监祭酒李若琳奏称孔子为"至圣"，没有什么不应该的，称"先师"，也名正言顺，不可改变。但我认为，追加王号却是对圣人的玷污，就是加上了"大成文宣"四字，也不能足以完整地表述孔子，不过是元代武宗皇帝用过的旧谥号而已。唐臣柳宗元有言：赞扬孔子之圣比作天地一样的广袤，奉承为日月之明的说法，不是愚蠢就是蛊惑人心。还是改为"至圣先师孔子之位"为宜。

"是时，顺治帝事事稽古，议礼制度考之于文，务求至当。因而从其请，复'至圣先师孔子之位'旧称，颁诏天下，悉为更改。"②经过详细的考证，顺治皇帝听从了这个意见，恢复了孔子牌位的旧称，并且颁布天下，让大家都知道更改后的孔子牌位称呼。

---

① 以上均见《五礼通考》卷一百二十一。
②《清世祖实录》卷一百八，《钦定大清会典事例（光绪）》礼部·中祀四·先师庙制。

第二节 四配、十二哲

中国历史上的祭典来源于上古时代，有这样一段对话很能说明这个问题。鲁国的季桓子问孔子："《尚书·盘庚》上讲：'兹予大享于先王尔，祖从其顺与享之。'这是怎样一回事呀？"孔子给他讲："上古的时候，有功的大臣死去后一定要把他祭祀在庙里，

7-2 大成殿中四配神龛局部

以表彰他的功绩，鼓励后来的人忠诚和勤奋。盘庚这样做的目的就是激励他的世臣。"季桓子又追问："天子之臣立下大功可以这样做，那些诸侯大臣立了功也可以这样对待吗？"孔子肯定地说："劳能定国，功加于民，大臣死去后在公庙里祭祀他们，当然可以了。"桓子接着问："祭祀的时候怎么排列他们的位次呢？"孔子解释道："天子诸侯的大臣们活着的时候，在朝廷里有他们的排列位置，死后在庙里也有他们各自的位次。他们的等级顺序是一样的。"

清乾隆朝的刑部尚书秦蕙田评论此道："配享之典国家所以报功而勤忠也。周礼祭于大烝（音蒸）并及禘祫（音地霞），后世不废焉。"①这段话的意思是说，周代将祭牲放在俎之上的"大烝"祭礼，用在天子诸侯三年大祭典（禘）、五年合祭祖先（祫）的礼仪上，那些配享的功臣因此而得到表彰，后人得到激励，就这样一直流传了下来。祭祀的祀位之中有主有从，处于"从"的位置就是"配享"之位。这种形式也为祭孔礼仪所仿效，孔庙内以四位最杰出的孔门弟子颜渊、曾参、子思、孟轲为"四配享"，文庙大成殿内的"配位"就是这"四圣"的神位。

复圣颜子、述圣子思子位，在殿东，西向；

宗圣曾子、亚圣孟子位，在殿西，东向。

四人中颜渊、曾参是孔子弟子，子思是孔子的孙子，孟轲为子思的门人。这四位孔门弟子进入配享的时间是不一样的。

---

① 以上均见《五礼通考》吉礼一百二十二。

最早得到配享殊荣的是颜渊。颜渊名回，字子渊，习称颜渊，他是孔子最为得意的弟子。鲁哀公曾问孔子："弟子孰为好学？"孔子对曰："有颜回者好学，不迁怒，不贰过，不幸短命死矣，今也则亡，未闻好学者也。"①颜回一心向学，又有"闻一则十"②的能力。孔子以德行、言语、政事、文学四个科目评价学生，德行以颜回为首。他一直追随孔子，亲如父子，终身不做官。所以后人把他看做是孔子最亲近的学生。从三国魏齐王正始二年（241）春二月，魏齐王使太常以太牢祭孔子于辟雍，以颜渊配，这是以颜渊配享孔子的开始。后世将颜渊尊为"复圣"。

7-3 颜回

进入配享系列的第二位是曾参。曾参十六岁拜孔子为师，勤奋好学，颇得孔子真传，是孔子得意的学生之一。曾参上承孔子之道，又是子思子的老师，下启思孟学派，对孔子的儒学学派思想既有继承，又有发展和建树。

曾参是一位著名的孝子。唐太常博士皮日休曾经评论说，曾参之孝感天地、泣鬼神，从汉代到隋代没有比过他的（30多年前的唐太宗却不这样看）。曾子性格刚毅，他说过的一些话至今传为名言，比如"君子视死如归"，③比如"临大节而不可夺也"。④曾子所著《大学》为"四书"之一，被誉为儒学纲领，入德之门。唐高宗总章二年（669）二月皇太子到国子监讲学时，给曾参赠予"太子少保"封号，与颜渊"太子少师"封号同列，唐睿宗太极元年（712），加赠为"太子太保"。⑤唐玄宗开元八年（720年），特塑曾子像坐于十哲之次。⑥后世尊为"宗圣"。

7-4 曾子

进入配享第三位的是孟子，他是孔子的孙子子思的学生，是继孔子之后的儒家最重要的代表人物，被后人尊为"至圣"之后的"亚圣"。孟子将孔子的"德治"学说发展为"仁政"理论体系，在我国政治思想史上有重要的意义。曾遭到朱元璋恶删的"君轻民贵"、"性善论"的观点以及他的心性学说，开启了宋明理学的先河。所著

7-5 孟子

---

① 《论语注疏》卷六。
② 《论语·公冶长》。
③ 《春秋繁露·竹林》。
④ 《论语·泰伯》。
⑤ 《旧唐书》卷七。
⑥ 《通志》卷四十三。

的《孟子》七篇,在宋代被列入"十三经"和"四书",影响至巨。宋神宗元丰七年(1084)孟子进入配享系列。

子思,即孔子的孙子孔伋。子思幼年丧父,一直与孔子一道生活。成年后曾为鲁穆公的老师,在学术上很有建树,后人曾将他的二十三篇著作汇编为《子思子》,可惜除《中庸》因编入《礼记》而流传至今外,其他的均散失于隋唐之时。《中庸》这篇著作在中国哲学史上居于重要位置,朱熹将其列入《四书》,从此成为儒家经典著作之一。宋度宗咸淳三年(1267),子思最后一个进入孔子的配享之列,是为"述圣"。

7-6 子思子

上面讲到,孔子对他的学生有四科即德行、言语、政事、文学作为标准来评定他的学生的优长,德行以颜子渊、闵子骞、冉伯牛、冉仲弓为优;言语以宰子我、端木子贡为长;政事以冉子有、仲子路为善;文学以言子游、卜子夏为优。这十个人被公认为是孔子的好学生,开元八年(720)唐玄宗诏令国子学祭祀孔子时,以上述的十个人为"先哲"配享。①

经过朝朝代代的调整,现在列在北京孔庙内的十哲分别是:闵子损、冉子雍、端木子赐、仲子由、卜子商、冉子耕、宰子予、冉子求、言子偃、颛孙子师。清代又增加了两位先哲,朱熹和有若,至此,孔子配享的十二哲再也没有变动。

7-7 大成殿内十二哲的牌位照(局部)

康熙五十一年(1712),诏令"朱子昌明圣学,升跻十哲,位次卜子商"。这是因为,孔孟之后的儒学最杰出的功臣当属朱熹。朱熹(1130—1200)字元晦,号晦庵,祖籍是今天的江西婺源,出生于今天的福建南平尤溪县。朱熹得程颐学说之真传,经史、文学、老子道家,甚至自然科学,无不精研。在贯通百家的基础上发展了宋代理学,成为理学的集大成者。朱熹所撰写的《四书集注》水平超绝,是元、明、清三代科举考试的官定文本,对中国思想文

7-8 朱熹

---
① 《通志》卷四十三。

化的发展产生了巨大的影响。朱熹还是一位优秀的教育家，一生从事教育活动，并提出了一整套富于特色的教育思想。鉴于朱熹的卓越贡献，康熙将朱熹增补为第十一哲。

乾隆三年（1738），又升有若为十二哲，位次卜子商。有若的事迹罕见于文献记载，《论语·学而》仅录有三段有若的言论。有若去世的时候，鲁哀公前去凭吊。他在活着的时候，子夏、子张、子游这些同学都认为有若的言行、气质与孔子很是相像，打算用侍奉孔子的礼节来侍奉他。南宋时曾被儒臣所推举，然因国子学的祭酒上书所力诋。直到乾隆三年，有若终成第十二哲。自此四圣、十二哲配享从祀沿袭至今。这位思想家，除朱熹为宋代理学家以外，其他都是孔子弟子。

7-9 有若

崇圣祠内奉祀孔子的五代先人。配享的先贤是：在其东侧为先贤颜无繇（颜子之父）、先贤孔鲤（孔子之子、子思之父），西侧为先贤曾点（曾子之父）、先贤孟孙激（孟子之父）。

东庑奉祀周辅成（周敦颐之父）、程珦（程颢、程颐之父）、蔡元定（蔡沈之父），西庑奉祀张迪（张载之父）、朱松（朱熹之父）。

大成殿东西两庑为文庙从祀的先贤、先儒。如果"四圣"属于第一配享级别、十二哲属于第二级别，那么先贤、先儒则是孔庙中最低的配享级别。"先贤"主要指的是孔门弟子。东汉永平十五年（72）明帝到曲阜孔庙祭孔，并祭孔门七十二弟子。唐代开元八年（720），唐玄宗诏令将十哲做成坐像，七十二弟子和左丘明等二十二人画成画像贴在庙的两壁之上，与孔子同祀。这二十二人是对儒学有杰出贡献的学者，贞观二十一年（647）唐太宗曾下诏，每年太学祭祀时将"左丘明、卜子夏、公羊高、穀梁赤、伏胜、高堂生、戴圣、毛苌、孔安国、刘向、郑众、杜子春、马融、卢植、郑玄、服虔、何休、王肃、王弼、杜预、范宁、贾逵总二十二座，春秋二仲行释奠之礼"，认为他们都是"四时之学，将习其道"的"诗书礼乐之官"，是为《春秋》《诗》《书》《礼》《易》等经典著作做过出色解释的学者，是传播儒家经典的功臣，因此被尊为"先儒"配享。①

经过历朝历代对先贤、先儒人物和数量的增减，清初时已有先贤69人、先儒28人从祀。康熙中后期，有军事实力的反清势力已经被逐渐荡平，清统治者开始大兴文治，努力成为继明之后的正统王朝。为了争取新一代汉族士大夫、士人的认同，康熙帝力推崇

---

① 《五礼通考》卷一百十七。

儒重道,其手段之一便是增加文庙配享的先贤、先儒。康熙五十四年(1715),圣祖特命宋儒范仲淹从祀孔庙,位列东庑唐儒韩愈之后,开追认先贤、先儒之觞。

雍正从少时起就受到严格的教育,也是一位饱读经书的皇帝,对儒家的那些事情多少有所了解,对孔庙中原来配享的众多先贤先儒有他自己的看法。比如"戴圣何休未为纯儒","郑众、卢植、服虔、范宁仅守一家言,转相传述","视郑康成淳质深通,似乎有间"。所以在登基以后二年(1724)五月,世宗命廷臣考议孔庙从祀的诸位先贤,"先儒从祀文庙,关系学术人心,典之重也。宜增宜复必详加考证,折衷尽善,庶使万世遵守,永无异议"。①礼部和其他的衙门哪里敢怠慢,经过三个月的考证评议,整理出一份名单,三个月后呈奏给雍正帝。考证评议的结果是:"复祀者六人:曰林放、蘧瑗、秦冉、颜何、郑康成、范宁;增祀者二十人:曰孔子弟子县亶、牧皮,孟子弟子乐正子、公都子、万章、公孙丑,汉诸葛亮,宋尹焞、魏了翁、黄榦、陈淳、何基、王柏、赵复,元金履祥、许谦、陈澔,明罗钦顺、蔡清,国朝陆陇其。"世宗从众议,使陆陇其成为清代当朝配享文庙第一人。本次追认增补先贤、先儒,是清代历史上规模最大的一次。(全部《祀先贤表》和《祀先儒表》如下所示。

7-10 大成殿西庑

从祀先贤表

姓名	时代	说明(东庑)	姓名	时代	说明(西庑)
公孙侨	东周	清咸丰七年祀。孔子同时郑国人	蘧瑗	东周	唐开元二十七年祀,明嘉靖九年罢,清雍正二年复
林放	东周	唐开元二十七年祀,明嘉靖九年罢,清雍正二年复	澹台灭明	东周	唐开元二十七年从祀。孔子弟子
原宪	东周	唐开元二十七年从祀。孔子弟子	宓不齐	东周	同上
南宫适	东周	同上。孔子侄女婿	公冶长	东周	同上。孔子的女婿。
商瞿	东周	唐开元二十七年从祀。孔子弟子	公皙哀	东周	唐开元二十七年从祀。孔子弟子
漆雕开	东周	同上	高柴	东周	同上
司马耕	东周	同上	樊须	东周	同上
梁鳣	东周	同上	商泽	东周	同上
冉孺	东周	同上	巫马施	东周	同上
伯虔	东周	同上	颜辛	东周	同上
冉季	东周	同上	曹䘏	东周	同上
漆雕徒父	东周	同上	公孙龙	东周	同上
漆雕哆	东周	同上	秦商	东周	同上

① 《世宗宪皇帝圣训》卷三十二。

续表

公西赤	东周	同上	颜高	东周	同上
任不齐	东周	同上	壤驷赤	东周	同上
公良孺	东周	同上	石作蜀	东周	同上
公肩定	东周	同上	公夏首	东周	同上
鄡单	东周	同上	后处	东周	同上
罕父黑	东周	同上	奚容蒧	东周	同上
荣旂	东周	同上	颜祖	东周	同上
左人郢	东周	同上	句井疆	东周	同上
郑国	东周	同上	秦祖	东周	同上
原亢	东周	同上	县成	东周	同上
廉絜	东周	同上	公祖句兹	东周	同上
叔仲会	东周	同上	燕伋	东周	同上
公西舆如	东周	同上	乐欬	东周	同上
邽巽	东周	同上	狄黑	东周	同上
陈亢	东周	同上	孔忠	东周	同上。孔子之侄
步叔乘	东周	同上	公西蒧	东周	唐开元二十七年从祀。孔子弟子
琴张	东周	同上	颜之仆	东周	同上
秦非	东周	同上	施之常	东周	同上
颜哙	东周	同上	申枨	东周	同上
颜何	东周	唐开元二十七年从祀,明嘉靖九年罢,清雍正二年复	左丘明	东周	唐贞观二十一年先儒,明天启四年升先贤
县亶	东周	清雍正二年从祀。孔子弟子	秦冉	东周	唐开元二十七年从祀,明嘉靖九年罢,清雍正二年复
牧皮	东周	清雍正二年从祀。孔子弟子	公明仪	东周	清咸丰三年从祀。颛孙师门人
乐正克	东周	清雍正二年从祀。孟子弟子	公都子	东周	清雍正二年从祀。孟子弟子
万章	东周	同上	公孙丑	东周	清雍正二年从祀。孟子弟子
周敦颐	宋	宋淳祐一年、元皇庆二年先儒,明明天启四年升先贤	张载	宋	宋淳祐一年、元皇庆二年先儒,明天启四年升先贤
程颢	宋		程颐	宋	
邵雍	宋	宋咸淳三年先儒,明天启四年先贤			

从祀先儒表

姓名	朝代	说明(东庑)	姓名	朝代	说明(西庑)
公羊高	东周	唐贞观二十一年从祀	穀梁赤	东周	唐贞观二十一年从祀
伏胜	汉	同上	高堂生	汉	同上
毛亨	汉	清同治二年从祀	董仲舒	汉	元天历三年从祀
孔安国	汉	唐贞观二十一年从祀。孔子十一代孙	刘德	汉	清光绪三年从祀
毛苌	汉	唐贞观二十一年从祀	后苍	汉	明嘉靖九年从祀
杜子春	汉	同上	许慎	汉	清光绪元年从祀
郑玄	汉	唐贞观二十一年从祀,明嘉靖九年罢,清雍正二年复	赵岐	汉	清宣统二年从祀
诸葛亮	蜀汉	清雍正二年从祀	范宁	晋	唐贞观二十一年从祀,明嘉靖九年罢,清雍正二年复
王通	隋	明嘉靖九年从祀	陆贽	唐	清道光六年从祀
韩愈	唐	宋元丰三年从祀	范仲淹	宋	清康熙五十四年从祀
胡瑗	宋	明嘉靖九年从祀	欧阳修	宋	明嘉靖九年从祀
韩琦	宋	清咸丰二年从祀	司马光	宋	宋咸淳三年、元皇庆二年从祀
杨时	宋	明弘治八年从祀	游酢	宋	清光绪十八年从祀
谢良佐	宋	清道光二十九年从祀	吕大临	宋	清光绪二十一年从祀
尹焞	宋	清雍正二年从祀	罗从彦	宋	明万历四十七年从祀
胡安国	宋	明正统二年从祀	李纲	宋	清咸丰元年从祀
李侗	宋	明万历四十七年从祀	张栻	宋	宋景定二年、元皇庆二年从祀
吕祖谦	宋	宋景定二年、元皇庆二年从祀	陆九渊	宋	明嘉靖九年从祀

续表

袁燮	宋	清同治七年从祀	陈淳	宋	清雍正二年从祀
黄榦	宋	清雍正二年从祀	真德秀	宋	明正统二年从祀
辅广	宋	清光绪三年从祀	蔡沈	宋	同上
何基	宋	清雍正二年从祀	魏了翁	宋	清雍正二年从祀
文天祥	宋	清乾隆二十三年从祀	赵复	元	同上
王柏	宋	清雍正二年从祀	金履祥	元	同上
刘因	元	清宣统二年从祀	陆秀夫	宋	清咸丰九年从祀
陈澔	元	清雍正二年从祀	许衡	元	元皇庆二年从祀
方孝孺	明	清同治二年从祀	吴澄	元	明宣德十年从祀，明嘉靖九年罢，清乾隆二年复
薛瑄	明	明隆庆五年从祀	许谦	元	清雍正二年从祀
胡居仁	明	明万历十二年从祀	曹端	明	清咸丰十年从祀
罗钦顺	明	清雍正二年从祀	陈献章	明	明万历十二年从祀
吕柟	明	清同治二年从祀	蔡清	明	清雍正二年从祀
刘宗周	明	清道光二年从祀	王守仁	明	明万历十二年从祀
孙奇逢	明	清道光七年从祀	吕坤	明	清道光六年从祀
黄宗羲	清	清光绪三十四年从祀	黄道周	明	清道光五年从祀
张履祥	清	清同治十年从祀	王夫之	清	清光绪三十四年从祀
陆陇其	清	清雍正二年从祀	陆世仪	清	清光绪元年从祀
张伯行	清	清光绪四年从祀	顾炎武	清	清光绪三十四年从祀
汤斌	清	清道光三年从祀	李塨	清	民国1919年从祀
颜元	清	民国1919年从祀			

注：援引自孔喆《北京孔庙历史沿革展》底稿，作者引用时对纪年的表述做了修改。

至此，孔庙东西两庑从祀的先贤、先儒：东庑先贤40位、先儒35位，均西向；西庑先贤39位、先儒35位，均东向。共149人。孔庙从祀制度的确立，也很清楚地表明了在制度化的孔庙祭祀中儒家道统的相对独立性。

孔庙中这些从祀的受祭者，包括了历代学术精英。奉祭者所看到的，实际上是一部浓缩了中国的学术史；站在这些诸如诸葛亮、韩琦、李纲、文天祥、陆秀夫、黄宗羲、王夫之、顾炎武等卓行者面前，不能不在多方面受到激励和鼓舞。这是它的正面意义之所在。

2013年9月28日，经过反复研讨论证、精心施工的"岫岩玉雕孔子圣像及孔门七十二贤瓷板画廊"国学文化新景观工程终于完成，并于当日在孔庙和国子监博物馆举行了隆重的揭幕仪式。这个文化新景观有助于广大观众直观地感受孔子和七十二先贤的思想魅力，提高对国学的兴趣和认知。开展以来受到广大游客的一致好评。

7-11 孔子和七十二先贤瓷板画

第八章　释奠礼渊源

在漫长的历史长河中，对孔子的祭祀仪式一直延续了两千多年，很多关键的礼仪内容至今还在保留着，如果现代祭孔仪式没有作秀成分的话，完全可以称为"礼仪化石"。这个仪式的详细过程在下一章要专门予以介绍，这里先把北京孔庙祭孔的释奠礼概述如下：

北京孔庙每年的仲春和仲秋上旬丁日大祭两次，即所谓"丁祭"。祭孔前日，宰杀猪、牛、羊，整只烹好摆放于孔子牌位前，即所谓"太牢三牲"，另要清洗或调制好果类、菜蔬、鱼、肉、稻、谷、干饼等食物分装在礼器中，按顺序整齐地摆放在规定的位置上。是日，午夜过后，参祭人员便忙碌起来，庙内殿堂内外烛火荧荧，人头攒动，各

8-1 祭祀官员进入释奠现场

8-2 释奠文舞生

8-3 释奠乐生

8-4 释奠舞生场面

司其职，各安其位。参祭人员主要由祭祀人员包括皇帝（主祭）、陪祀官、分献官和司礼人员（通赞、引赞、鸣赞、读祝生及乐、舞生）组成。释典在钟鼓齐鸣中开始，参祭人员列队缓缓步入孔庙大成殿前，在司仪的引导下行祭孔之礼。整个过程分为迎神、初献、亚献、终献、撤撰、送神六大步骤，寓意迎接孔子的神灵、祀飨孔子的神灵（向孔子的灵位献帛、献酒，宣读祝文）和恭送孔子的神灵。

典礼的高潮是"三献礼"，主献官在大成殿前向孔子灵位献爵、奉帛、行跪拜礼，舞生跳"六佾舞"。按规制，只有皇帝才能步入大成殿内祭拜孔子，亲王只能立于大成殿的月台上，而大臣就只有在台阶下遥拜了。释典结束后，供品分发给参祭人员，以求得到孔子神灵的庇护。因为孔子生前最讲礼制，乐舞则是礼制的重要形式；孔子又精通

8-6 孔庙祭孔之释奠乐舞

8-5 孔庙祭孔之三献官

8-7 孔庙祭孔之献爵

8-8 孔庙祭孔之撤馔

乐理，求学时曾"访乐苌弘，学琴师襄"，闻韶乐谓之"三月不知肉味"，所以乐舞伴随着整个祭孔过程。光绪三十二年（1906），升祭孔为"大祀"以后，按帝王之礼使用"八佾舞"。祭孔乐舞以乐、歌、舞三位一体的形式颂扬了孔子一生的功德，舞生们穿着古朴典雅、雍容华贵的服饰，以稳重凝练、刚劲舒展的舞姿演示着每一个动作。文舞生左手持龠（一种竹制的似笛而短小的乐器），右手持羽（华丽的野雉尾），象征文德；武舞生则手持干戈（古代的兵器），象征武德。

下面就来简略地说说这个礼仪的悠久历史。

根据《五礼通考》的记述，上古时代设置学校后，一定要首先祭祀先圣先师，来表示尊师重道之意。先圣的对象因时而定，"虞庠以舜，夏学以禹，殷学以汤，东胶以文王也"。说的是虞、夏、殷、周时代祭祀的先圣分别是舜、禹、汤、周文王。所谓的先师，也不是指特定的某一个人或某些人，凡是过去对教育有贡献，目前已经过世的教师，都是师生祭祀的对象。比如尧舜时期的大司乐官夔，"生前掌成均之法，以治建国之学政"，死后则以"乐之祖神"祭之于学宫明堂之位，谥为"瞽宗"。汉、魏以后，逐渐形成"以周公为先圣，孔子为先师，或是以孔子为先圣，颜回为先师"的祭祀局面。这种被长孙无忌讥讽为"颜回、孔子互作先师，宣公、周公迭为先圣"的混乱局面一直延续到唐代的贞观四年（630），唐太宗下诏，历史上第一次将"所有州县学皆作孔子庙"定为规制，统一定为孔子为先圣，颜子祭为先师。虽然在唐高宗永徽年间更改过这个规定，但从高宗显庆年又予以复原，至此千年未改。①

祭祀礼仪历史上曾经存在过三种，这就是释奠礼、释菜礼、释币礼。这三种祭祀仪礼中的"释币礼"主要用于告祭氏族先祖之用，仪式内容也比较复杂，所以史上不太常用。祭祀先圣先师用得最多的是礼仪形式比较简单的释菜礼和释奠礼。"释奠有乐无尸，释菜无乐，则其又略也"。这里所讲的"尸"，不是现代意义所理解的死者的遗体，而是代替死者受祭的活人。②乐，指的是祭祀礼仪上进行的乐舞，最初的祭祀包括"礼"和"乐"两个组成部分。礼，指礼仪、等级。乐，指音乐、乐舞。南宋史学家郑樵在《通典》中说："礼乐相须为用，礼非乐不行，乐非礼不举。"由此可见，最简单的祭祀礼仪应该是释菜礼了。可惜释菜礼在唐宋期间失传，仪礼详情不得而知。唐宋以后许多古籍记述祭孔仪式的时候，仍有"释菜"词汇的出现，但其所指并不是释菜礼，而是祭品简化的释奠礼而已，为了区别正式与简化的礼节，故言"释菜"。这就是说，

① 《五礼通考》卷一百十七。
② 《仪礼·士虞礼》。

唐、宋之后各学学官在祭祀先圣先师时用的都是释奠礼。随着历史的变迁，释奠礼仪的内容也有了不少的变动，与原来意义上的释奠礼已经相去甚远了。这主要表现在：历代帝王在释奠礼上对祭祀对象所封的爵位越来越高，谥号越来越赞美有加，笾、豆礼器数量不断增多，登歌形式越发盛大，顶戴冠冕前后的玉串（冕旒）代增世益，用的乐舞都是天子的规格，几乎与大祀相差无几。本来"释奠礼"的释、奠就是陈设、呈献的意思，指的是在祭典中，陈设音乐、舞蹈，并且呈献牲、酒等祭品，以表示崇敬之意。后代王朝将释奠礼搞得异常繁复以后，仍概其名曰"释奠"。以致把释奠礼与其他祭天地、祭社稷、祭列祖列宗等重大祭祀仪礼一齐被典制为"吉礼"，显示出历代封建王朝强化礼制的演变过程。

中国古代有"五礼"之制：祭祀之事为"吉礼"；冠婚之事为"嘉礼"；宾客之事为"宾礼"；军旅之事为"军礼"；丧葬之事为"凶礼"；是为"五礼"。"吉礼"居五礼之首，主要内容可包括三个方面。第一是祭天神，第二是祭社稷、五帝、五岳；第三是祭人鬼，主要为春夏秋冬享祭先王、先祖，还有曾经在世间留下生活痕迹的历史人物。

由于孔子生前学行为世人所重，且教育成就至高无上、影响深远，所以释奠的对象后来逐渐以孔子为主，尤其是孔子被尊称为"先师"以后，释奠礼几乎成为祭孔典礼的专有名称了。在孔子的释奠礼上，除了有专门的乐舞、乐章、乐器之外，还要在祭祀的主位、配享位各摆放一些祭器，用于盛放祭品，这些祭器主要有：俎、爵、豆、簠、登、铏、笾、簋、筐。

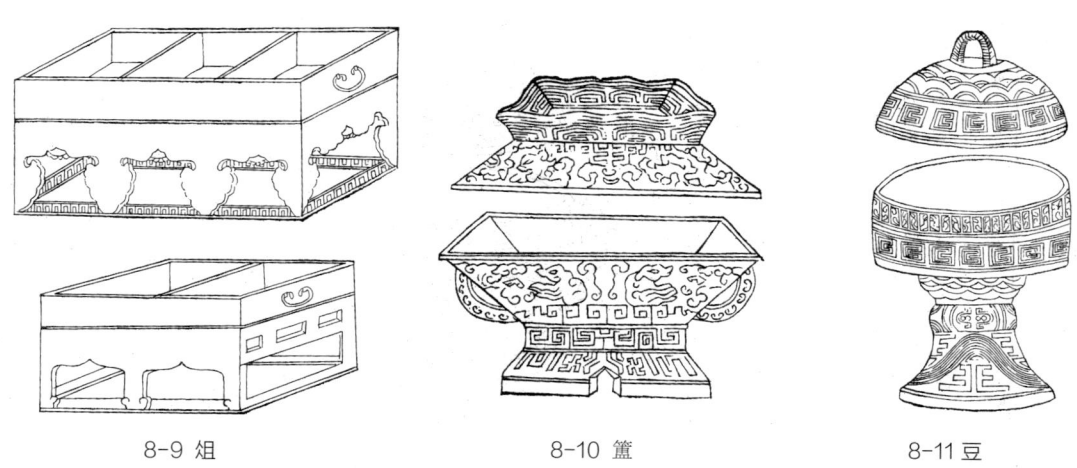

8-9 俎　　　8-10 簠　　　8-11 豆

下边将这些器皿分别简单地介绍一下：

俎：古代祭祀或宴会上用于盛放牲的礼器，很像四周带有围挡的大案板；

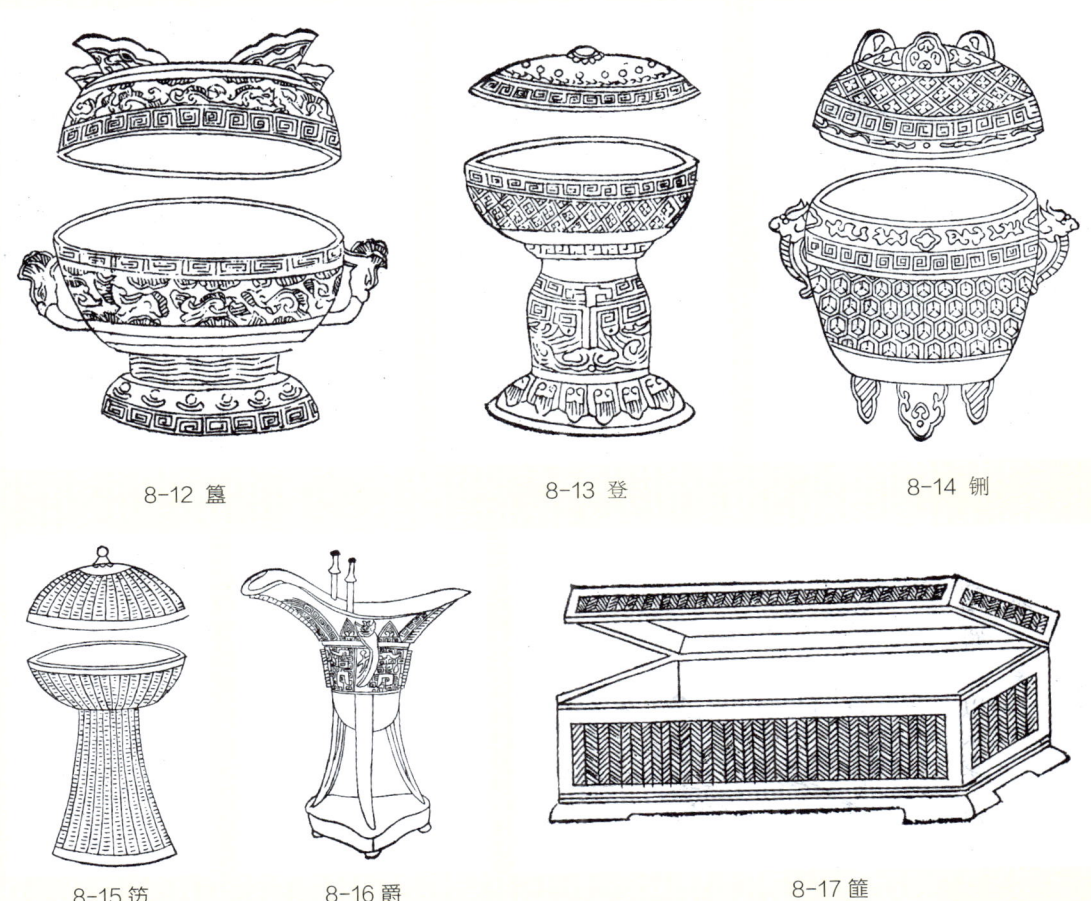

8-12 簠　　8-13 登　　8-14 铏

8-15 笾　　8-16 爵　　8-17 筐

簠（fǔ）：古代长方形的食器，用以盛放粟、稷、稻粱；

豆：盛肉或其他食品的器皿，形状类似高足盘，上部呈圆盘状，盘下有柄，柄下有圈足。常以偶数组合使用，后演变为专门盛放腌菜、肉酱等调味品的器物。豆作为礼器、常与鼎、壶配套使用。

簋（guǐ）：古代圆肚圈足的食器，以竹、陶或青铜制成；

登：古代食器，与豆相似，但稍浅；

铏（xíng）：古代用于盛放羹的器皿；

笾（biān）：古代祭祀或宴会上用于盛放干食物的竹器，形似高脚盘，多为陶制，高一尺、径一尺，用于盛放菹醢（即肉酱）；

爵：古代饮酒器，三足；

筐：用以盛物的圆形或方形竹器。

清末光绪三十二年（1906）孔子释奠礼（大祀）所用的祭器分别为：

三俎（盛放牛、猪、羊），三爵（酒器）；

二簠（盛放稻、黍），二簋（盛放粱、稷）；

一登（用于盛放太羹。太羹是原味的肉汁，不调五味），二铏（用于盛放和羹，和羹是经过调味的肉汁）；

十二笾（盛放盐、枣、栗、榛、菱、芡、藁鱼、鹿醢、白饼、黑饼等干食物）；

十二豆：其中盛放的是韭、菁、芹、笋各种腌菜或酸菜（"菹"），兔肉和鱼肉的肉酱（"醢"）、有汁的肉酱（"醓醢"，tǎn hǎi）、鹿脯等。

中国历史的传统是极为讲求等级差别的，活着的人还好办，有官居品级可鉴，但对于故去的、像孔子一类的人怎样来显示受到高规格、高等级的礼遇呢？聪明的古人发明了用不同数量的生活器具作为祭器来表现的方法。可别小看了这些制作并不复杂的祭器，它的数量多少可是关系到祭祀规格的高与低，在《孔庙史话》第三章里曾涉及过这个问题。以所用笾、豆为例，十二笾十二豆是为皇帝社稷大祀之规格，可见祭祀孔子的礼仪规格崇隆至极。

孔子及四配、十二哲、从祀先贤先儒祭器配位

朝代	神主	祭器种类、数量	说明
元	孔子	笾10、豆10、簠2、簋2、登3、铏3、俎3	配位同
	从祀	笾2、豆2、簠1、簋1、俎1	
明（嘉靖）	孔子	爵3、登1、铏2、簠2、簋2、笾10、豆10、俎1	牲用牛、羊、猪各1
	四配	爵3、铏2、簠2、簋2、笾8、豆8、俎1	每位一坛，俎盛猪肉、羊肉
	十哲	爵1、铏1、簠1、簋1、笾4、豆4	每位一坛，五位一俎（猪）
	两庑	爵3、簠1、簋1、笾4、豆4	三位一坛，每位猪肉一份
	启圣祠正位	爵3、铏2、簠2、簋2、笾8、豆8、俎（猪、羊）1	
	启圣祠配位	爵3、簠1、簋1、笾4、豆4、猪头1、猪肉1份	每位一坛
	启圣祠从祀	爵3、簠1、簋1、笾4、豆4、猪头1	
清	孔子	爵3、登1、铏2、10笾、10豆、簠2、簋2、簠1、三牲俎（牛、猪、羊）1	中祀。大祀为12笾、12豆
	四配	爵3、铏2、簠2、簋2、笾8、豆8、俎（猪、羊）1	每位一案。崇圣祠正位同
	十二哲	爵3、铏1、簠1、簋1、笾4、豆4、俎（猪、羊）1	每位一案，俎六位共用
	两庑	爵2、簠1、簋1、笾4、豆4、俎（猪、羊）1	二位一案，每庑共三俎
	崇圣祠正位	爵3、铏2、簠2、簋2、笾8、豆8、俎（猪、羊）1	每位一案
	崇圣祠配位	爵3、铏1、簠1、簋1、笾4、豆4、俎（猪、羊）1	每位一案，二位一俎
	崇圣祠两庑	爵1、簠1、簋1、笾4、豆4、俎（猪、羊）1	东庑二案，西庑一案

注：援引自孔喆《北京孔庙历史沿革展》文稿。

第九章 释奠礼的沿革和程序

　　孔庙是封建国家推行儒家思想的象征，因此祭祀孔子被列入国家祀典。祭祀孔子的典礼，最初每年只有秋季一次，后逐渐演化为春秋二次。以后，人们又在农历八月二十七日（相传为孔子诞辰）举行祭祀。这一天的祭孔仪式隆重，连在私塾念书和在学堂里学习的学生也要放假一至三天，以示敬重。参加祭孔的人员，最初只限于孔氏直系子孙。后来，祭孔被当作国家的大典，但"家祭"仍照常进行。国祭多由皇帝专门指定的大臣、地方官或皇帝自己亲至阙里孔庙致祭。

　　从汉代开始，历代王朝不断制定、修订专门祭祀孔子的礼仪。汉章帝到曲阜祭祀孔子，作六代之乐，南朝刘宋时确定用六佾舞，悬轩乐。从隋朝开始制定了祭祀孔子的专门乐章。

　　唐朝的每一个王朝都专门制定祭祀孔子的礼仪、音乐、舞蹈。唐开元二十三年（735），唐玄宗亲祭孔子，并作《经邹鲁祭孔子而叹之》诗。以"夫子何为者，栖栖一代中。地犹鄹氏邑，宅即鲁王宫。叹凤嗟身否，伤麟怨道穷。今看两楹奠，当与梦时同""感叹"孔子的际遇，并示崇敬与深切缅怀。

9-1 唐玄宗李隆基

　　宋代起，不仅祭祀孔子及十哲，而且以历代大儒从祀。北宋末年，金兵南侵，南宋建炎二年（1128），孔子第48世孙袭衍圣公孔端友负孔子和亓官夫人楷木像，率族人随高宗赵构南渡，后赐家于衢州。绍兴六年（1136），宋高宗又下诏"权以州学为家庙"。绍兴八年（1138），赐田5顷，免租税，供祭祀。南宋宝祐三年（1255），朝廷拨款36万缗，建家庙于城东

9-2 南宋高宗赵构

北菱湖,"广至200余楹,规制略同曲阜"。自此子孙绵延,衢州遂成孔子后裔第二故乡,被称为"东南阙里",而在衢州的孔氏后裔便有了"孔氏南宗"之谓。南宋建炎二年(1128)以浙江衢州为南宋孔庙之地举行了国祭。

元世祖至元十年(1273)三月,"中书省命春秋释奠,执事官各公服如其品,陪位诸儒带唐巾行礼";① 元武宗至大元年(1308)秋七月加封孔子谥号号为"大成至圣文宣王";元文宗至顺元年(1330)加封颜渊为"兖国复圣公",曾参为"郕国宗圣公",孟轲为"邹国亚圣公",子思为"沂国述圣公"。除此之外还加封齐国公叔梁纥为"启圣王",鲁国太夫人颜氏"启圣王夫人"。

释奠先师的仪程根据历代对孔子的尊号而有所改变,从六佾八佾,到舞乐安排,到拜礼站位的细节等等,但是,迎神奠币(帛)、三献读祝、饮福望瘗的基本构架却是几千年一脉相承。下边以明初释奠礼为例,详加叙述。

明太祖朱元璋建立明朝的统治以后,首要要务就是制定礼制祀典。他让中书省、翰林院、太常寺召集了很多高龄的儒士历数各朝各代礼制沿革的缘由,由上述政府部门的礼臣斟酌制定郊社、宗庙、郊庙、山川的祭祀礼仪。洪武二年,朱元璋又下令召集众多儒臣修订礼书,经过一年的努力,终于编纂出一部关于"五礼"之"冠服、车辂、仪仗、卤簿、字学、音乐,凡升降仪节,制度名数"的集大成著作,朱元璋亲自命名《大明集礼》。② 就在这部著作中,详尽规定了明朝祭孔的释奠礼仪,作为基本的礼仪制度被后来明朝历任皇帝所沿用。

为了便于理解,用现在的语言来描述一下明朝这个繁复的礼仪过程。

释奠礼的全过程分为:斋戒、降香、陈设、省馔、主祭(迎神、奠币、进俎、初献、亚献、分献、饮福受胙、豆、送神、望瘗)。

第一个过程是"斋戒":所谓斋戒,就是参加释奠礼的皇帝前期三日要沐浴更衣,饮食上对酒和肉只能少量进食,而且不能参加吊丧活动,不能听音乐,不能参与任何凶秽之事,在专用宫殿里静心斋戒。而释奠礼主献、亚献、分献的官员和办事官员不需要三天都集中,而是两天分散斋戒,一天集中斋戒。

第二个过程是"降香":祭祀孔子的前一天的清晨,有关主管官员要排列仪仗队伍,朝廷百官都要穿着公服按照等级顺序排列有序地等待着皇帝的到来。穿着皮弁服饰的皇帝在奉天殿(清时称太和殿)升陛以后赐香给第二天祭祀的主献官、亚献官、分献

---

① 《元史》志第二十七·祭祀五,下同。
② 《明史》卷四十七。

官。三献官手捧着由皇帝亲赐的香,由中间的台阶(皇帝专用)走下来,沿中辇道(皇帝专用)一直走到午门外,将手中的香炷放在早已准备好的"龙亭"之内。仪仗队奏响鼓乐,前行导引,一直将龙亭内的香送到孔庙。

第三个过程是"陈设":由主管官员负责,将各种祭品按照规定在祭孔现场陈设完毕。如下图。

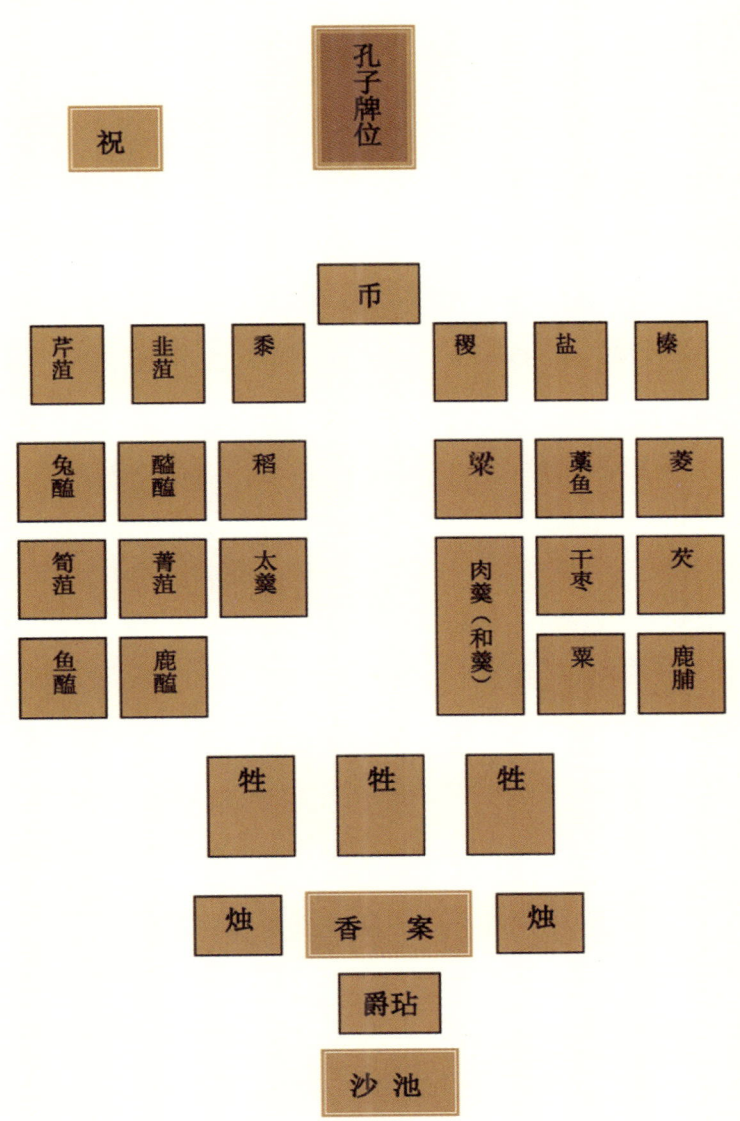

9-3 释奠正位陈设图 (《明集礼》卷十六)

第四个过程是"省馔":就是在祭祀大典的前一天,负责官员要视察祭器、陈设的礼馔、祭牲和殿内外的环境清洁状况,这可不是随便转转就能交差了。首先是三献官和主办官员要穿着法服集合在初献所。具体的办事人员将要陈设的礼馔摆在庙门之东南，面南摆放，各位官员在赞引礼官的导引下，就位于"省馔位"清点礼馔数量是不是准确；又到"省牲位"，办事人员将活的祭牲牵过来，请与检查；再到"神厨"，检查鼎、镬（大锅）、祭器洗的是不是干净，用作祭牲的牛、猪、羊个头大不大，肥不肥；随后杀牲将毛血放在盘内置于馔所，开始烹煮祭牲，办事人员将殿之内外打扫干净，检查的官员返回原来的地方——初献所。

第五个过程是正祭：正祭开始的时间是当日的凌晨丑时。前五刻时分，大约是凌晨两点左右这个时候，办事人员把祭祀现场所需要的尊、罍、笾、豆、簠、簋等各种礼器放到祭祀大殿所规定的位置上，把牲、俎、币、篚放置在"酒尊所"。引导礼生引导参加祭典的三献官和其他应祀官员各就各位。引导礼生又引导监礼、监祭官员升入大殿检查祭品礼器陈设的状况，纠正不符礼仪之陈设瑕疵。下来就是乐舞的负责人乐正把乐舞生带到殿前划定的地方就位。【插图页《明代释奠礼乐图》】

祭孔乐舞器具，按质地一般可分为：金、石、竹、木、陶五类。按音质分则属于如下"八音"演奏乐器。

金：特钟（镈钟）一至二件
　　编钟 一至两套（16或32件）
石：特磬 一至两件
　　编磬 一至两套（16或32件）
竹：笛、排箫、龠、箫 各若干件
木：（古击打乐器）各若干件
革：建鼓、应鼓、鼗鼓、博鼓、（带长柄的摇鼓）鼓各二件
丝：琴六至八件，瑟四至六件
匏：笙 若干件
土：埙 若干件

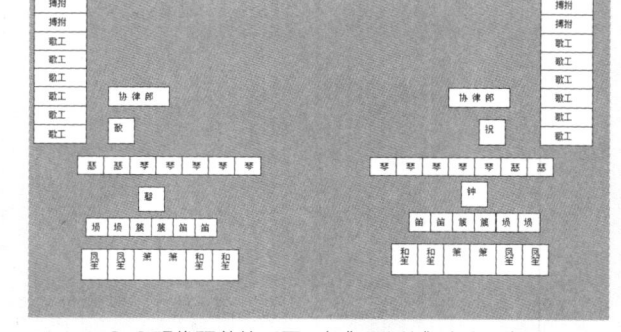

9-3 明代释奠礼乐图 （《明集礼》卷十六）

【注】图中所示的"搏拊"是指击打乐器的位置，这些击打乐器包括鼓类和木制的击打乐器类。

最后是三献官进场，殿前面北站好。赞礼官（司仪）开始主持仪式："各项都已准备好，请开始！"（"有司谨具，请行事"）。

程序一：迎神。赞礼官唱道"迎神"，乐正挥动指挥旗，奏迎神《咸和之曲》

（注：下列各曲均为洪武六年所定）：

"大哉宣圣，道德尊崇。维持王化，斯民是宗。典祀有常，精纯益隆。神其来格，于昭圣容。"

祭孔乐舞规格是和诸侯一样的六佾舞，跳舞的佾生站在大成殿月台下，6行6列共36人。在乐声的伴奏下，佾生挥动龠（竹管）和羽（雉尾），舞姿七类，造型六种，严格按舞谱做动作，一个舞蹈动作代表一个字，四个动作为一组，即四字赞语，串联起来就是歌颂孔子的诗句。

与此同时，所有参加祭典的人们按照赞礼官的唱令，鞠躬——拜——兴——拜——兴——平身。

程序二：奠币。赞礼官唱道"奠币"，引导礼生将引献官带到洗手处，献官将手中的笏板插在腰间，洗手，用丝锦蒙手，取出笏板，行进到孔子的牌位之前，鼓乐大作，奏《宁和之曲》："自生民来，谁底其盛？惟师神明，度越前圣。粢帛具成，礼容斯称。黍稷非馨，惟神之听。"

引献官跪拜，插笏于腰间，三上香。办事人员面向东跪授引献官于币，顺便解释一下，这里的"币"不是钱币，而是用于祭祀的帛，是一种丝织物。引献官接币后在赞礼官的唱令中起身献币于孔子牌位之前，鞠躬，拜，兴，再拜，兴，平身。完毕之后依次再到配享的四圣牌位前，像在孔位之前那样各重复一次上香奠币之过程。乐止。引献官回到原位。

程序三：进俎。随着赞礼官的唱令，在乐声中办事人员举着牲俎从大殿东门进入，由引献官进献到孔子和配享四圣的位前，举笏复位。

程序四：初献、亚献、终献。赞礼官唱道"行初献礼"，引导礼生带引献官到清洗爵器的位置上，引献官把笏插到腰间，洗爵，擦爵，交给办事者，来到酒尊所。司尊者举着爵器，打开牺尊（牛型的酒器）上的蒙巾给爵内酌酒，之后交给执爵的那些办事人员。赞礼官此时唱道"诣文宣王神位前"，奏乐声起，奏《安和之曲》："太哉圣王，实天生德。作乐以崇，时祀无。清酤惟馨，嘉牲孔硕。荐羞神明，庶几昭格。"

初献官走到神位之前跪下，三上香，三祭酒，把爵放在神案之上，拿出插在腰间的笏版，举笏跪姿不变。赞礼官唱"读祝"，读祝官走向神位之右，面北跪下诵读祝文。完毕，乐起。初献官随着赞礼官唱令，俯伏，兴，平身。稍后，又是鞠躬，拜，兴，再拜，兴，平身。而后引导到配享的四圣位前，上香、祭酒、读祝文，各行一遍礼仪。

此时奏乐《景和之曲》："百王宗师，生民物轨。瞻之洋洋，神其宁止。酌彼金，惟清且旨。登献惟三，於戏成礼。"

在初献进行完之后，亚献官负责十哲（注：明初还没有十二哲），终献官负责两庑先贤、先儒的释奠礼仪式，依上述的礼仪过程各行一次。

这一个程序是释奠礼的高潮，那真是赞礼官唱令不止，官员行礼不断，鼓乐声声，舞姿翩翩，场景煞是好看。

程序四：饮福受胙。赞礼官唱令"饮福受胙"，礼生引导初献官走到饮福位，鞠躬，拜，兴，再拜，兴，平身。而后稍前跪下，接过奉爵者手中的爵，先祭酒，后饮酒，这叫作"饮福"，然后把爵放在神案之前的"爵玷"上；再接过奉俎者手中的胙肉（祭祀用过的肉），把它交给具体的执事人员。饮福受胙之后，举笏俯伏，兴，平身；鞠躬，拜，兴，再拜，兴，平身。

程序五：撤豆。赞礼官唱"撤豆"，奏乐《咸和之曲》："牺象在前，豆笾在列，以享以荐，既芬既洁。礼成乐备，人和神悦。祭则受福，率遵无越。"主祭官员撤除豆等礼器，赞礼官唱令"赐胙"，已饮福受胙者不拜，亚献官以下受胙官员鞠躬，拜，兴，再拜，兴，平身。

程序六：送神。赞礼官唱"送神"，奏乐《咸和之曲》："有严学宫，四方来宗。恪恭祀事，威仪雍雍。歆格惟馨，神驭旋复。明斯毕，咸膺百福。"众多参加祭典的官员随着赞礼官的唱令鞠躬，拜，兴，再拜，兴，平身。读祝的官员取下祝文，献币的官员取下献币来到"望瘗位"（燃烧祭品的土坑，瘗yì）。

程序七：望瘗。赞礼官唱"望瘗"，引导礼生带领三献官来到望瘗位，在赞礼官的唱令下，东西各站二人，以炬燎火，烧到一半之后壅土掩埋。赞礼官唱道"礼毕"，各位官员依次退出释奠礼的现场。

至此，释奠礼的全程结束。

明成化、弘治间，祭奠先师孔子的礼仪改用"八佾"。《周礼》对古代中国的祭祀规格，作了如下描述："天子八佾，诸侯六，大夫四，士二。""八佾"已然成为大祀规格，明成化、弘治间，祭孔仪制已有升为大祀的趋势。但到嘉靖九年，世宗采纳张璁建议，又将祭孔仪制厘正为中祀，并沿袭至明末（见本篇第四章所述）。

9-4 明宪宗朱见深

第十章 清代的临雍释奠

清军入关之初，李自成虽然率大顺军退出北京，但仍拥有数十万兵众；张献忠领导的另一支大西农民军也拥众数十万；明朝在黄河、淮河以南的力量并未遭受损失，明军各支军队集合起来也有数十万之多，且明朝藩王宗室多尚在，南明弘光政权已经在南京酝酿建立。这样的严重形势，迫使清朝统治者必须将主要精力贯注于荡平中原上。

《礼记·乐记》云："五帝殊时，不相沿乐；二王异世，不相袭礼"。王者事定功成，方制礼作乐，清朝统治者也是这样。在全国统治稳定后，开始对祭孔礼仪不断加以修改。清代先是以京师国子监为太学，确立孔庙的政治地位；顺治九年（1652）视学释奠，雍正时又追封孔子上五代王爵；乾隆初期，丰富了释奠礼上的陈设礼品，规范了皇帝亲祀的行礼，提高了从祀的规格。

清朝每年都要举行两次大型祭祀孔子的仪式，即仲春上旬丁日和仲秋上旬丁日的上丁祭祀，简称"丁祀"（亦称"丁祭"）。每逢祭日，午夜过后参祭人员便齐集孔庙门前，凌晨3时许，祭祀仪式开始，先是钟鼓齐鸣，经奏乐、迎神等一套仪式后，直至破晓方告"礼成"。随后祭祀用过的三牲（猪、牛、羊）分成若干块分送主祭和陪祭，分享祭孔贡品，算是一种荣誉。按照规则，皇帝亲临祭孔，则拜于大成殿中；如派亲王代行释奠，则拜于大成殿檐下的月台；遣派大臣代祭，则拜于大成殿阶下。这里所讲的是清朝祭祀孔子的中祀规格。

光绪三十二年（1906）"十一月己亥……诏升孔子为大祀，所司议典礼以闻"[①]冬十二月，慈禧皇太后以"孔子德配天地，万世师表"，升释奠礼为"大祀"，在京孔庙祭祀孔子，均"乐用八佾，增武舞，释奠跪诣，有事遣亲王代。分献四配用大学士进行，十二哲两庑用尚书进行"。大祀之日，皇帝（或亲王）入大成门左门进入，拾阶而

[①]《清史稿》卷二十四。

入大成殿左门，对孔子牌位行三跪九拜礼。由皇帝（或亲王）本人跪着上香、奠帛、献爵，而且三次献爵都是由皇帝（或亲王）本人进行。出来依然从左门。遣代四配的尚书、侍郎则从大成殿右门出入。在此之前，国家大祀特指祭天地、祭太庙、祭社稷。把祭孔与祭天地、太庙、社稷等同，清朝对孔子的推崇可谓达到了登峰造极的境地。把祭孔规格提升到大祀，有一个循序渐进的历史过程：

早在清入关前，沈阳文庙建成时，清太宗皇太极即派遣内秘书院大学士范文程，致祭于至圣先师孔子神位前，"并从唐制，定春、秋二仲上丁行释奠礼"。"春秋二仲上丁行释奠"指的是每年春秋两季的第二个月，即二月、八月的第一个丁日举行祭祀孔子的典礼，又称"丁祭"。清入主中原后，于顺治二年重申："每年春秋仲月上丁日，祭先师孔子。……如遇有事，改次丁或下丁"。①自此，清代一直实行丁祭礼。

"顺治元年定（1644），每岁春秋仲月上丁日，直省、府、州、县各行释奠于先师之礼，以地方正印官主祭，陈设礼仪均与国子监丁祭同。"②顺治二年（1645）八月以前的丁祭礼，根据《清实录》载，仅记之为"遣官祭先师孔子"，并没有明确统一主祭官员的规格。由此推断，最早派遣主持丁祭的官员，职勋级别并不确定。顺治二年下谕：丁祭时遣大学士一人（初献）行礼，翰林官二人分献；国子监祭酒祭启圣公于启圣祠。这才算是有了明确的级别规定。

10-1 清太宗皇太极

顺治二年（1645）八月丁亥，《清世祖实录》开始明确记载"遣大学士李建泰祭先师孔子"，大学士主持释奠礼于是成为定制。至雍正三年（1725）二月丁丑，出现了"遣果郡王允礼祭先师孔子"的记载，大学士主持丁祭的等级规格被打破，被亲王所替代。这是提高春秋仲月上丁释奠规格的一个信号。至雍正四年（1726）八月仲丁，清帝首次亲诣孔庙释奠（注：非临雍释奠），祭祀仪制上升为与"临雍释奠"相同的规格。自此，如有清帝亲诣文庙行丁祭礼，其仪制皆采用"临雍释奠"之规制。

"临雍释奠"是怎么一回事呢？这种典制不同于单一的祭孔释奠，这个礼典的内容需要做两件事：一是皇帝国子监讲学之前要祭祀孔子，二是祭祀完毕要到国子监讲学。皇帝亲自到国子监讲学之礼，始于汉明帝。唐太宗以后，始设皇帝讲学之专用讲榻。明代开始则设御座于国子监彝伦堂中央。清沿明制，顺、康、雍三朝，清帝均到孔庙释奠

① 《钦定大清会典则例》卷八十二（四库本）。
② 《钦定学政全书》卷一。

孔子，并御彝伦堂讲儒家经典，称之为"视学"，视学之前祭奠孔子的礼仪就称为"视学释奠"。乾隆四十九年（1784），于国子监太学门内始建"辟雍"，之后皇帝亲诣国子监讲学均在辟雍进行，"视学"也就改称为"临雍"，"视学释奠"的史称亦随之改为"临雍释奠"了。此前东汉及以后的若干朝代也曾修建了皇帝讲学的辟雍，故他们的讲学也称之为"临雍"。视学与临雍的区别只在于皇帝讲学时有无辟雍而已。

顺治九年（1652），清帝首次行"视学释奠"礼。此前一日，皇帝致斋，由司礼监衙门负责设立更衣御幄于大成门东，南向。到了视学释奠这一天，不在陪祀范围之内的固山贝子（清代第四等级的宗室皇亲）以下、辅国公（第六等级宗室皇亲）以上及各官俱于金水桥南候跪送驾。陪祀的和硕亲王（第一等级的宗室皇亲）以下、多罗贝勒（第三等级的宗室皇亲）以上的官员、宗亲俱赴午门内等候随驾。在部院各衙门满、蒙、汉侍郎以上、八旗固山额真精奇尼哈番（"精奇尼哈番"是清初一、二、三等总兵的爵号，超品）以上、文官三品以上、武官二品以上及翰林院七品以上官，俱先行到达孔庙，东西相向序立。司礼监设拜位于孔子神位前。清晨五点钟左右时分，皇帝御驾从长安左门出发，诸王贝勒随行。到达成贤街后，国子监满汉两祭酒、司业均着朝服，率学官诸生，于成贤街左跪迎。圣驾至孔庙大门外降辇。皇帝行至大成门东入御幄更衣后，由大成门中门入大成殿。①（下同）

"视学释奠"礼分为迎神、释奠、送神三个部分。顺治皇帝至拜位，诸王贝勒在台基之上，分献陪祀官在台基之下，亦各就拜位后。赞礼官高声赞"迎神"。所谓"迎神"就是请出孔子及四配的牌位，由主祭人进香，行三拜九叩礼。乐奏《昭平之章》。歌词为称颂孔子生前的功德。其文是："大哉孔子，先觉先知，与天地参，万世之师。祥征麟绂。韵答金丝、日月既揭，乾坤清夷。"

整个过程，用六佾乐舞，演奏金声玉振，古朴悠扬的韶乐，吟唱孔子德侔天地、道贯古今的颂词。月台上站立36名舞生，身穿蓝色长袍，头戴黑色平顶方角帽，脚蹬皂鞋。舞分文舞、武舞两班，每班又分两组，每组8人，相对而立。武生在前，右手执戚，左手执干；文生居后，右手执羽，左手执龠，在八音齐备的乐器伴奏中，舞生跳起祭孔乐舞，每一舞蹈造型代表一个字，舞姿刚劲舒展，极具古典美。

乐止后，赞礼官唱令"皇帝行两跪六叩头礼"，通赞"诸王贝勒及分献陪祀官行礼"，同叩头毕，赞礼官高声唱道"行释奠礼"，此时乐声响起。献帛、献爵都是由皇

---

① 《清实录》世祖章皇帝卷六十八。

帝本人接过帛、爵后交给跪在身边的献官，由他代皇帝将帛和爵奠放于神位前。分献官则按照配享"四圣"次序到神位前奠爵完毕，仍以次序退就原拜位，乐止。赞礼官高声唱令"送神"，送神乐响起，这是祭孔礼仪的最后一部分，乐奏《德平之章》。歌词为："凫泽峨峨，洙泗洋洋，景行行止，流泽无疆。聿昭祀事，祀事孔明，化我蒸民，育我胶痒。"赞礼官"皇帝行两跪六叩头礼"，通赞"诸王贝勒及分献陪祀官行礼"。同叩头毕，献帛官到先师神位前捧帛，由中门出。赞礼官赞"礼毕"，引导皇帝出庙门，乐止。诸王贝勒出大成门，陪祀各官、衍圣公、五经博士等皆出圣庙至彝伦堂，听皇帝讲学。

康熙二十年（1681），圣祖因滇南荡平，遣官致祭阙里孔庙。遣派人员除承祭官外，"委礼部太常寺笔帖士各一人，典守祭文香帛。遣行之日，给伞仗牌旗"，基本与遣祭帝王陵寝规制相同。二十三年（1684）康熙东巡，经过曲阜，亲自致祭阙里孔庙。礼部制定仪制与顺治九年视学释奠之礼相同。圣祖却坚持尊行三跪九拜礼（顺治皇帝是两跪六叩头礼），并御制祝文。天子亲祭，首次行三跪九叩头礼，俨然已经将祭孔当作大祀。

雍正二年（1724），世宗认为："帝王视学大典，所以尊师重道，为教化之本。朕览史册所载，多称'幸学'。而近日奏章仪注，相沿未改。此臣下尊君之词，朕心有所未安。今释奠伊迩，朕将亲诣行礼。"①嗣后，清代奏章仪注，均把皇帝到孔庙的"幸"字改为"诣"，以示对先师孔子的崇敬。同年，雍正帝诣文庙"释奠"，典礼与顺治九年（1652）相同。

这里还有一个历史记载需要强调一下，据《清史稿》载，雍正五年，"定八月二十七日先师诞辰，官民军士，致斋一日，以为常"。②从这条记载可以看到，在阴历八月二十七日这一天，官民军士要致斋一日，以示纪念孔子。"以为常"，则说明雍正皇帝想在此后把纪念孔子诞辰变成为清朝的"常制"，用现在的话来说，就是想把孔子诞辰这一天作为节日。雍正皇帝的想法是，与国家孔庙祀典有所不同，孔子诞辰的纪念应该是具有全民特征的"官民军士"来进行。这个谕旨的内容已经具备了把孔子诞辰日作为全国性节日的一个基本特征，而不像作为国家祭典的孔庙祭祀一样，只是针对于社会某个阶层的人有效。当然，雍正的这个定制在民间社会和以后的时间里究竟是否落实下来了，古籍记载不详。

① 《清实录》雍正卷十六。
② 《清史稿》卷八十四·志五十九。

10-2 年轻的乾隆皇帝

乾隆元年（1736），清高宗认为孔庙脯醢（肉酱）宜更为丰富，议准孔子正位上除了已有的兔肉酱外，把鹿肉脯、肉酱再增加两份，四配、崇圣祠正位仍用兔肉酱。十一哲（乾隆三年增有若为第十二哲）、两庑，崇圣祠配位两庑，把兔的肉酱改为有汁的兔肉酱"醓醢"（音坦海，有汁的肉酱）外，再增加两只猪的牲品。

三年（1738），清高宗规定了完整的孔庙亲祀释奠礼仪程序，以"既行亲祭，仍当从三献之仪"。自此，初献、亚献、三献之爵，皇帝均亲自进行躬献，不再由献官代奠。并颁敕谕一道："四配、十二哲后裔，及元圣周公裔东野氏等（来观礼）三十一人，均送监读书"。①

十八年（1753）仲秋上丁，乾隆亲诣孔庙致祭先师孔子，定"大成殿内十二哲，东西各豕首一，每位豕肉一盘。……十二哲东西各少牢一案，两庑各少牢三案"。②乾隆皇帝认为，由于两庑都位于东、西两侧，屋内的先贤先儒牌位陈列都是南北相向，以前都是在对着门的墙壁中心处

10-3 大成殿东庑

设立一排两条桌案，靠墙的桌案上供奉的六只猪头祭品，前面又放一桌案，置放着香与帛等供品。分献官就在这里祭奠和摆放祭品，这样做与礼不相符合。应按照帝王庙分献的礼节，两庑内再增加一套香案，各放在南北排位之前，用分献官两名，分别在南北方向就位行礼。乾隆皇帝还规定：以前对大成殿内的十二哲和两庑的先贤先儒都是分献官用一爵酒行三献礼，现在改成献三爵酒置放于香案之上。太常寺的执事人数不够用时，大成殿内增加国子监监生用来持爵，翰林分献官奠上三爵。大成殿外的两庑则由国子监的监生持爵，国子监的官员四人（东西各二人）照例同奠三爵酒。这样的规制，使得祭孔又向实行国家的大祀前进了一步。

乾隆五十年（1785），高宗以辟雍落成，亲诣释奠。此次释奠恰逢春雨，乾隆帝深为欣喜，念及随从执事诸臣及观礼人员衣履被雨水打湿，下令"所有执事扈从的王公

① 上述引文均见《钦定大清会典则例》卷八十二。
② 同上。

10-4 辟雍全景照

大臣、衍圣公并文武官员俱纪录一次。其观礼诸生及圣贤各氏后裔，分别查明赏赉"，加赏圣贤各氏后裔五丝缎122卷；朝鲜国使臣大缎2疋、八丝缎4疋；观礼诸生3088疋。并奏准："至圣后裔，以往陪祀五人都为曲阜籍，由衍圣公带领，此次衢州孔氏南宗五经博士，亦带领二人，嗣后定制为：曲阜五人，衢州（注：孔氏南宗）二人；元圣裔（注：周公旦后裔）原陪祀二人，为山东省东野氏。今陕西姬氏，添设五经博士，定为东野氏二人，姬氏二人；有子裔（注：孔子弟子有若后裔）陪祀二人，由山东肥城有氏五经博士带领；朱子裔（注：朱熹后裔），向例陪祀二人，今安徽婺源、福建建安各有额设五经博士，嗣后将原定二人，于安徽、福建二处分派，定为婺源一人，建安一人。"①此后，凡临雍释奠前，先差人传旨，诏谕衍圣公五经博士至圣裔5人，元圣周公裔、四配十二哲裔各2人，接传旨赴京。其他各氏子孙、列官、在朝之人，各官学师生，直省在京已经考中待名次之进士、举人、贡、监生，都参加与观礼，成为定例。自此，凡皇帝亲到孔庙释奠，礼仪皆与乾隆五十年同，当日如果遇雨，均照乾隆五十年例加赏。

乾隆五十五年（1790）后，清高宗以"年寿渐高，恐精力或有不逮"，传谕内外，"所有中祀之礼，不再亲行"。然而乾隆六十年（1795）二月，清高宗却又一次亲诣孔

① 据《钦定大清会典事例（光绪本）》卷三百九·礼部·视学。

庙行上丁释奠礼，以昭崇儒重道之诚意，这是祭孔仪制已经超越中祀的又一例证。

经过这一系列漫长的变化，光绪三十二年（1906）终将祭孔释奠升为国家大祀。

综上所述，清代昭宣文治，就是通过不断提高祭祀孔子的仪节定制，用来表现清王朝的"崇儒重道"的文化价值。不断升格的孔子释奠礼仪，无非是向世人炫示清朝皇帝统治中国的正统地位。

祭孔典礼一直延续到辛亥革命以后的中华民国。民国初年（1914），由袁世凯大总统亲自主持祭孔典礼，这是他妄图复辟帝制、借祭孔表明称帝合法化的举措之一。

10-5 老年的乾隆皇帝

其后的祭孔活动，已经失去了帝王特权的象征意义。鲁迅先生于1912年5月随蔡元培主持的教育部由南京来到北京，因为一般情况下由教育部主办祭孔典礼，次年秋季鲁迅就因为职务关系（社会教育司佥事兼第一科长），直接参与了1913年9月28日（孔子生日）的祭孔典礼。先生在日记中记录下来当时的情景："星期休息。又云是孔子生日也。昨汪总长令部员往国子监，且须跪拜，众已哗然。晨七时往视之，则至者仅三四十人，或跪或立，或旁立而笑。钱念敏又从旁大声而骂，顷刻间便草率了事，真一笑话。……昨国子监送来牛肉一方。"[①] 这牛肉就是来自祭礼上所宰杀的牛，按照自古以来的惯例，要分发给参加祭礼

10-6 鲁迅

者。执行"祭孔"典礼的只有"三四十人"，而且态度极不严肃。对于跪拜的要求"众已哗然"，就是不肯跪拜，而且是旁立而笑，领导拿他们也是毫无办法。此时的祭孔已经变成了敷衍应付差使的滑稽戏了。

民国期间最后一次祭孔是在1948年，这里不再赘述。

1989年，时任北京孔庙管理所所长的李超英先生亲自组织筹备，在艾春华、江帆两

---

① 1913年9月28日《鲁迅日记》。

位专家悉心指导下,又盛邀孔子第七十七代嫡孙女孔德懋女士莅临指导,孔庙释奠祀礼遂又隆重复兴。本书第八章中孔庙释奠礼的插图就是这次复兴的释奠祀礼现场情景。

2011年9月28日,时隔二十二年后的金秋孔庙,旌旗飘扬,黄菊漫地,黄绸围栏,一派节日的浓重气氛。在孔子2562周年诞辰日当天,一场盛大的"祭孔大典"活动在具有700多历史的元、明、清皇家孔庙又一次次隆重举行。

2012年9月28日,北京孔庙再次举行盛大祭孔典礼。

10-7 2011年祭孔典礼

10-8 2012年祭孔典礼

第十一章 立碑孔庙 彰显国家一统

孔庙之内还有一种文化现象，许多人来过孔庙，但不知是否注意到。在前边章节里谈过的那些林林总总的十几座御碑亭中，不乏对孔子以及颜、曾、子思、孟四圣的赞美之词，还有修葺孔庙、太学的纪念碑石，但更为引人注意的是，还有7座"告功碑"是元代与明代所没有的建树，这就是：

康熙四十三年（1704）御制平定朔漠告成太学碑；

雍正三年（1725）御制平定青海告成太学碑；

乾隆十四年（1749）御制平定金川告成太学碑；

乾隆二十年（1755）平定准噶尔告成太学御制文；

乾隆二十四年（1759）御制平定回部告成太学碑；

乾隆四十一年（1776）平定两金川告成太学御制文；

道光九年（1829）御制平定回疆剿擒逆裔告成太学碑（该碑立于第一进院西侧）。

11-1 平定朔漠告成太学碑

这些石碑立于孔庙，告成于太学，且颁行于全国。

康熙四十三年（1704）"御制平定朔漠告成太学碑"是元、明、清三代王朝在孔庙立"告功碑"之首。此碑是一通把平定叛乱、维护国家统一作为莫大的政绩御文勒石，告功于天下的石碑。把这样的石碑首次立在北京孔庙，比起元、明两代各朝都是一个首创，给北京孔庙的历史作用增加了新的内容。这个标新立异的做法就是昭示天下，维护国家统一，反对民族分裂的理念和决心。

是什么样的历史背景使得这座石碑不同寻常呢？

清代前期，我国北方的蒙古族一个分支叫做"厄鲁特蒙古"（明代称其为"瓦剌"）曾一度崛起，雄踞西北，与当时的清朝争夺漠北、青海、西藏，前后长达70年（康熙二十六年到乾隆二十二年，即1687—1757年）。

11-2 噶尔丹给俄国沙皇的信

清朝统一漠北、青海、西藏、天山南北的进程，是与对准噶尔大封建主的斗争错综复杂地联系在一起的，他们的代表人物噶尔丹虽是五世达赖的弟子，但他并不是要献身于黄教，而是把注意力集中在准噶尔的政治风云上，企图借黄教在蒙古族的巨大影响，来捞取政治资本。噶尔丹做了首领后，甚至备足兵马图谋占领青海、西藏，只是因为前哨到达哈密之后见到清朝统兵守备严密才算是罢休，但其势力所达已到今天甘肃省的张掖。面对这些分裂企图，康熙皇帝虽然不安，但还一直把噶尔丹进攻青海看成是少数民族部落的内部事务，与噶尔丹仍然保持着良好的贡使关系，始终接受噶尔丹的贡品，默认他是"厄鲁特"的首领，但始终没有对其封汗位，即始终拒绝其皇位的合法性（这里顺便纠正一个错误：电视剧《康熙大帝》剧情里说康熙皇帝已对噶尔丹封帝位，即汗位，这是对历史认知的失误）。1690年，噶尔丹在沙俄的支持下，率二万多骑兵，向内蒙古大举进攻，公然向康熙帝提出："圣上（指康熙帝）君南方，我长北方。"①这种狂妄野心，这种分裂国家的举动，是康熙帝断然不能允许的。为了和平解决同噶尔丹的矛盾，康熙帝以恩抚为主，平乱为次，对噶尔丹反复宣谕，耐心说服，但都不奏效，事端很快扩大，已经严重地威胁到京师的安全。康熙帝以噶尔丹"一日不灭，则边陲一日不宁"②的决心，为了维护国家的统一和巩固边疆，曾先

11-3 消灭噶尔丹的乌兰布通古战场

① 《平定朔漠方略》卷七。
② 《清圣祖实录》卷一七三。

后于1690年（康熙二十九年）、1696年（康熙三十五年）和1697年（康熙三十六年）三次亲征，打败了叛军。

第一次亲征：乌兰布通之战。康熙二十九年（1690）五月，噶尔丹自科布多起兵，直抵距京师350公里的乌兰布通。康熙帝了解噶尔丹无意和解，便决定亲征。七月二日，康熙皇帝分兵东路、西路、中路，再命盛京（今沈阳）、乌拉、科尔沁诸部，准备会师合击之。十四日康熙帝率禁军出古北口，亲临视师。大战一触即发之时，不巧康熙帝染病，高烧不退。诸大臣环跪恳请皇帝回銮调养。不允，诸臣长跪不起。康熙帝垂涕曰："朕来此地，欲克期剿灭噶尔丹，以靖沙漠。今以朕躬抱疾，实难支撑，不获灭此贼，甚为可恨！"边谕边哭，泪流满面，下令回銮。八月初一，中午，两军相接，在伤亡很大的情况下仍大败敌众。但是，留在战场上的康熙的哥哥和硕裕亲王、抚远大将军福全没有贯彻康熙帝歼灭噶尔丹军的作战意图，乘胜进击，而令"将士暂息"，给噶尔丹以喘息的机会。噶尔丹于当夜逃遁。康熙帝部署严密，准备充分，战术得当，但福全误中敌计，坐失战机，没有达到全歼之目的，噶尔丹逃跑。康熙帝决定再次亲征。

11-4 报道昭莫多之战的巴黎报纸

第二次亲征：昭莫多之战。康熙帝第二次率军亲征噶尔丹，三十五年（1696）二月三十日离京出发，集结部队近8万人兵分东、中、西三路，约定日期，分进合攻。抚远大将军费扬古按康熙帝预授"下马步战"之策，指挥所部下马迎战，集中火力，猛攻山头。噶尔丹及其妻阿奴也舍骑冒失应战。清军见状调整战术，分兵为四，分路猛冲。噶尔丹军大乱阵脚，夺路先逃，余众瓦解。清军在月下追杀30余里。此战，清军斩噶尔丹妻阿奴并斩噶部2000余首级，降2000人，获马、驼、牛、羊、庐帐、器械无数，噶尔丹仅率20余骑逃脱。①史称"昭莫多大捷"。六月初九清军班师回京，这次战役共进行了98天。

第三次亲征：不战而班师。康熙三十六年（1697），康熙帝亲征到达克鲁伦河北岸的托诺山（今蒙古国境内）地方。噶尔丹在众叛亲离下，走投无路，染病死去。康熙帝闻报噶尔丹兵败身死，不战班师回京。其实，这个时候太应该"宜将剩勇追穷寇"了，

---

① 《清圣祖实录》卷一七五。

但康熙皇帝没有这样做,为日后的动乱埋下了隐患。

　　康熙帝在三次御驾亲征中,不论是武器、兵力、粮饷、情报等,他都亲自筹划,周详部署,预料彼己,谋定而战,显示了他丰富的军事知识,且不怕大漠沙砾,不惧沙俄威胁,长途跋涉,不怕艰险,表现出过人的胆识、耐力、意志。正是这三次征战的胜利,彻底击败了噶尔丹势力制造民族分裂,破坏国家统一的阴谋。为了彰显维护国家一统的决心,康熙特御书立碑,告成于孔庙,诏告世人。

11-98 平定噶尔丹叛乱时康熙穿过的铠甲和战刀

　　准噶尔部叛乱及其影响是清朝长期头痛的问题,也是康熙对噶尔丹初期的内侵处理不善才留下这后遗症。最大的失误就是没有毕其功于一役,趁势将漠西漠北同时平定,再设官分治,或可长治久安;然而虽劳师再三,敌巢如故,却从此结怨于准噶尔部族,以致康、雍、乾三朝连年用兵,以对付准部及其附庸在青海、西藏、新疆发动的叛乱。到1757年平定阿睦尔撒纳叛乱时,乾隆恼羞成怒,竟命兆惠将准部屠戮几尽。雍正、乾隆、道光的那几块"告成碑"就是说的这些事情。其后霍集占、张格尔、阿古柏等叛乱迭起,令朝廷几无宁日,也是准噶尔部事件开了新疆少数民族与清政府长期对立的恶劣先例。

第十二章 北京孔庙的历史作用

有关北京孔庙的历史和相关文化在前几章做了一些简单的叙述和讲解，面对着修葺完美的孔庙，我们不由得会问一个问题：在中国悠久的历史演化过程中，北京孔庙发挥了哪些作用？回顾孔子思想学说在历史中深远的影响，至少可以概括为下列几点：

第一节 孔庙历史作用之一——中国古代文化的象征

在历史上，孔子是中国古代思想文化的重要象征之一。为了纪念孔子和传承孔子的教育思想，中华文明所及之处，无论南北东西，尤其是在汉族居住的广袤地区，都有孔庙的存在。在古代汉文化圈内的朝鲜、韩国、日本、越南等国也表现得比较明显，这在世界发展史上是绝无仅有的现象。在特定的时间内去孔庙进行的释奠礼，其表征的最大意义是对中国古老文明的敬意，具有鲜明的提倡文教的意义。在古老中国的历史上，由少数民族建立的政权不在少数，但都和以往的汉族政权一样，把孔子的儒家学说奉为文化经典，奉孔子思想为正宗，确立为国家的统治思想。也正因为如此，无论历史上的政权如何更迭，如何变化，中华古代文化却始终绵延不绝。不同朝代的政权在强化儒家学说的同时，也在自觉不自觉地传续着历史的文脉，客观上加强了以

12-1 孔子

中华文化为核心的民族凝聚力。

当今的世界,孔子作为中华古代文化的代表人物,得到了世界上的广泛认同。可以这样说,孔子所代表的文化现象已经变为一种世界语言,和万里长城一样,成为了悠久中华文化的重要组成部分,而分布在华夏大地之上的以及古代汉文化圈内所有国家之中的孔庙建筑,则承载和见证了这悠久绵长的文脉变迁历史。以孔子学说为核心的儒家文化诞生于两千多年前的中国,而后相继传播到日本等亚洲国家,与当地国家的文化相互融合和补充,构成亚洲共同的精神财富。在21世纪的今天,我们进一步研究和弘扬儒家文化为重要组成部分的东方文明,不仅会对现代人的行为准则提供有益的参考,也为我们解决当前世界上所面临的问题,构建和谐的世界提供有益的思考和启示。

这里还想顺便说一点警醒的话:作为与西方文明、阿拉伯文明和印度文明相并列的以孔子为重要代表的中华文明,如果要在全球化日益扩大的今日世界发挥出应有的影响力的话,仅仅一般的宣传是远远不够的,最终还是取决于它在中国本土究竟能够发挥出怎样的影响力。离开这一前提,谈论孔子对世界的影响不免显得奢侈与虚妄。

第二节 孔庙历史作用之二 —— 庙学合一

孔庙作为儒家文化最具代表性的物化象征,作为讲述儒家文化具体而又极具代表性的视角,再度引发众人了解的兴趣。尤其是孔庙的"庙学合一"制度使得教育成绩十分突出,哪里有孔庙哪里就有教育。从北魏起,郡一级的地方基层就已经建立起了庙学,成为教育的基层单位,唐高祖更是把教育普及到州、县地方政权。"郡之有学也,自后魏天安始,州县之有学也,自唐武德始。"① 就男性人口而言,世界上已知的国家内没有一个国家的教育普及程度像中国那样广泛。的确,孔子的伟大,不仅是创立了被后世统治者极力推崇的儒学,更重要的是他在2500多年前就首开私人讲学之风,总结出一套对后世教育有普世意义的教学思想和理念:孔子作为普遍教育开创者的"有教无类";以人文教育为至上目标的"成人之教";以"教学相长"奉行终身教育、终身学习的教育理念;"启发教育"与"因材施教"具体的教育方法,更是对我们今天的教育

---

① 《光绪顺天府志》。

工作者以深刻的多方启迪，深具永恒价值。孔子在人类社会教育史上开创性的贡献、巨大的成就和持久的影响力，使他成为全世界公认的先哲之一。

偌大的一座北京孔庙，现在我们经常看到的是来自各个国家和国内各地的游客参观游览，我们已经习惯了熙熙攘攘的人群所形成的人文环境。但如果按照古代传统礼制的要求，这里可是教育的圣地，是不允许有闲杂人等的。历史上北京孔庙祭祀正式纳入国家祭典之后，除了每年仲春、仲秋上丁日朝廷高官及圣贤后裔到孔庙行释奠礼以外，只有每个月的月初（朔）与十五（望）国子监各位学官和监生于孔庙行释菜之礼，才能看到

12-2 参观孔庙的游客

学子的身影。这种"庙学合一"的建制，恰恰体现了孔庙祭祀与学校教育之间的密切关系。在这样一个静谧的环境之中，能深切地感到孔子和我们普通人一样，曾经在这个世界上存在过、生活过，他的教育影响流传至今，"孔子之魂"犹在。而蕴含着深厚历史文化底蕴的孔庙殿堂，带给我们的感受更是令人遐想连连。因为孔子的存在，才有了儒学，有了孔庙，2500年来孔子所开创的教育理念和教育思想才传承到近代，筑就了"庙学合一"的孔庙根脉。从中央的国子监到地方的府、州、县学，都以"庙学"作为学制的主要形态，因普设孔庙传播儒学，才为中国封建社会文明奠定了文化基础，推动了朝鲜半岛、日本、越南等东亚和东南亚国家的文明进步。尽管儒家文化圈的各个民族国家所理解与接受的孔子各不相同，各有其本民族的历史文化传统的因素融合于其中。

2006年4月4日，在日本开办了第三所在大学里成立的孔子学院，也是在世界上第40所大学成立的孔子学院，这就是日本的北陆大学。当时的驻日大使王毅还出席了孔子学院的开幕式。孔子学院的开办主要是为了普及汉语教学，但一些学校也注意用孔子的思想教育学生，北陆大学就是这样。他们专门从曲阜制作了一座孔子大理石像，用飞机运到日本。放在北陆大学孔子学院的门口，学生进门时首先看到孔子雕像，大学里还购买了很多有关《论语》的研究书籍，放在孔子学院里供人阅读，北陆大学理事长、北陆大学孔子学院理事长北元喜朗先生还经常为学生讲解"和为贵"、"和而不同"的思想，以增进日本学生对中华孔子文化的了解。

八年之后的4月，在北京发布的文化建设蓝皮书《中国文化发展报告（2013）》显示，截至2013年底，全世界已有120个国家（区）建立了440所孔子学院和646个孔子课堂，共计1086个，孔子学院已成为汉语推广和体现中国"软实力"的文化品牌。据报告统计，从全球分布上看，欧洲、美洲和亚洲是孔子学院分布最密集的地区，分别为149所、144所和93所。欧洲以英国、俄罗斯、法国、德国和意大利开办的数量最多且规模最大，分别为24所、18所、17所、14所和11所；美洲以美国、加拿大和巴西开办的孔子学院数量为最多且招生规模最大，分别为97所、13所和8所；亚洲以韩国、日本和泰国开办的数量最多且规模最大，分别为19所、13所和12所。

报告还显示，2010—2013年，孔子学院的发展呈现出多元化趋势。除了以汉语言文化推广为主的普通孔子学院之外，还创建了各种各样的特色孔子学院，传播中国文化，如中医孔子学院、商务孔子学院、旅游孔子学院、音乐孔子学院、舞蹈和表演孔子学院、饮食文化孔子学院、茶文化孔子学院等。报告认为，特色孔子学院的发展走出了一条推广中华文化的新途径，其特点是不再是单纯的汉语推广，而呈现多元化和专业化。

在历史文化背景相近的国家之间形成了今天在世界上极具鲜明特色又生机勃发的"孔子文化圈"，这不能不说是一种奇迹。在我国逐步扩大中华文化软实力的今天，科学地评价孔子，扬弃和发展儒家学说中的伦理道德成分，孔庙更是日渐被看重的传统教育基地之一。

孔庙自从建立以来，所有能够留存下来的孔庙，几乎都经历过不断复修的命运。最为奇特的是，每次复修都固守于原址上，就是为了守住所谓"风水"和"文脉"，在一代代复修者看来，这才是根本。复修并不是"修旧如旧"，只有现代文物保护才有这种理念。历代的复修都是唐朝修成唐朝的样子，宋朝修成宋朝的样子，孔庙能够固守的，只是"文脉"而已。这种以物质的形式顽强地一次次重现历史的记忆行为，无论是我国历史上还是日本、越南、韩国，都是这样。其重要原因就在于孔庙历史文化价值是孔子教育思想的普世象征和寄托，以此延续着孔庙鼓励教育、激励学习热情的历史作用。《金史·熙宗纪》记载了这样一个故事：皇统元年（1141）二月，金熙宗到孔庙行再拜之礼，礼毕之后，他无限感慨地对侍臣们说："我幼年的时候只知道四处游玩，不懂得立志学习。随着年龄的增长，我心里深深地后悔。孔子虽然没有官职官位，但他所开创的学说思想令人尊崇，以至于万世景仰。"由于在孔庙受到的激励，熙宗幡然改过，从此刻苦学习《尚书》《论语》及《五代史》《辽史》等书,"或以夜继焉"。这虽然是560多年前的故事,在现代中国的历史条件下,这种尊孔的激励作用对我们同样有着重要的积极意义。

第三节 孔庙历史作用之三——维系儒学价值

12-3 各地士子进入考场

　　从隋代开始的科举制度,使得儒家学说与权力、利益发生了密切关系。先前的汉武帝用权力的力量将孔子的学术思想奉为学术经典和国家意识形态,使儒家学说戴上了至尊的光环,赋予了一种先赋的合法性。以后的科举考试制度又使儒家思想的传播得到严格的制度化保证。传统、权力、制度的"三合一",形成了一个具有中国历史特色的教育产物,这就是孔庙与官学一体化,并设于全国的府、州、县,使得儒家教育以空前的规模和速度普及化。统治者们用一座孔庙,一个考试制度,一套"四书五经",像一张巨网一样,捕捉笼络了天下读书人。千年来在这里穿梭往来、挤向科举这条羊肠小道的儒子书生,进得门来都是为着"朝为种田郎,暮登天子堂"的梦想而来的,而达到理想境地的首要前提,就是奉孔为尊,苦读儒家经典。这是所有理想的出发点和基础。

　　1905年9月2日,年轻的光绪皇帝采用休克疗法"立停科举",历经1300年的科举制度走到了尽头。同年十一月(农历),"诏置学部,以国子监归并之,调荣庆为尚书"。①数百万在孔庙中求学的秀才,扔下"四书五经",走出国子监和各类官学。即使这样,全国很多孔庙还是被改作了近代的学校,用另一种方式延续了孔庙的"官学功能",只是不再祭祀孔子而已。

　　如今,孔庙重新进入人们的视线,传统文化的永久魅力吸引着五大洲的朋友,他们

---

① 《清史稿》本纪二十四。

藉此来了解古老而又充满生机的中国。孔庙又告诉那些慕名而来的莘莘学子，这里实在是一部值得认真阅读研究的一部大书。虽然时代变迁结束了农业生产方式所培生的神话故事，至尊的孔子走下了神坛，至尊的儒学融入了多种文化的历史长河之中，但孔子关于个人道德修养、关于文化

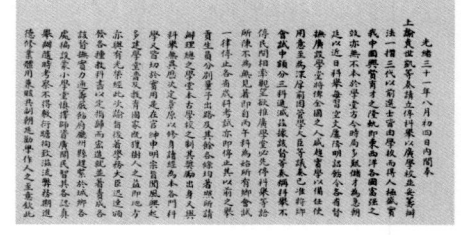

12-4 废除科举制谕旨（局部）

教育、关于以民为本、重民生、重仁政、限君权的政治主张，仍有必要"扬弃"地继承，做到"古为今用"。有些议论认为孔子道德学说是虚伪（或曰虚幻）的，并列举出儒家政治上屡屡失败的事例加以否认。其实，问题的关键是，儒家学说的作用在历史上主要表现为社会道德规范，在政治制度上则没有什么建树，宋代大儒朱熹曾指出这一点。一千五百年来，"其间虽或不无小康，尧、舜、三王、周公、孔子所传之道，未尝一日得行于天地之间也"。①儒学道德的理想一旦落实到权力的使用，便会产生异化，历史上许多权相失败的实例（如宋王安石变法）深刻地表明了这一点。其实，在"人性善"的前提下，儒学本身很难在政治学上发展出宪政思想和路径，历史的局限性决定了儒学绝不会产生"主权在民"思想基础上的对权力的制衡与规范。这有助于理解什么才是"以德治国"的深刻内涵。

又如，我们现在所热议的话题"建立和谐社会"为例，就与儒家学说有着深刻的历史联系。儒学的核心内容之一是儒家伦理原则"极高明而道中庸"。曾子在解释他的老师这个思想时，将其概述为"忠恕"，即以"尽己"为"忠"，以"推己"为"恕"。强调在人们的生活世界中，个人的自我把握以及人际交往中的原则性意义。"忠恕"既可以作为伦理生活的底线，也可以成为人们终身奉行的理想。在现代化狂飙突进的社会演化进程中，人们试图从传统文化的博大智慧中寻找根据和一些解决办法，用以解决或冲淡价值观念冲突的爆发，以和谐之势面对复杂局面，既是正合所需，也是世势所趋。

---

① 《御纂朱子全书》卷六十三。

【附录一】韩国、越南、日本的孔庙管窥

第一节 韩国的孔庙

在历史上，朝鲜半岛是除中国本土之外儒化最为彻底的地区。其中的历史原由在上篇《国子监史话》中已经有所涉及。时至今日，儒家思想在韩国的影响，依然随处可见，其中最具象征意义的是成均馆的释奠礼。

韩国京都的成均馆相当于中国的国子监，至今已有600多年的

附1-1 韩国首尔成均馆大成殿

历史。如同中国历史上官学的设置有府、州、县学一样，今日韩国南北各道，尚有363所古代儒林留存的"乡校"，每校都有庙和学两部分。韩国的"成均馆"与北京的国子监格局有所不同，国子监是左庙右学，"成均馆"则是前庙后学的格局。前殿称"大成殿"，后学称"明伦堂"。当年明朝使节朱之藩所书的"明伦堂"匾额，一直保留至今。明伦堂前为广场，两侧为"养贤斋"。乃当年学生的居室。

每年春秋的上丁、中丁、下丁日，分别是成均馆、各道、各乡校的祭孔日子。成均

馆的释奠礼是对人文之祖的膜拜，故不售门票，欢迎参观，成为著名的文化景观之一。成均馆的释奠礼程式、服装、乐曲、礼器都是明朝时期传过去的，至今没有变化。尤其是祭孔的乐曲，朝鲜王朝曾经加以记录，故保存至今。据记载，韩国大约在1600年前（372）的三国时代（高句丽、百济、新罗）就开始了纪念孔子的释奠，一直延续至今。在韩国，"释奠大祭"被誉为是儒林追悼孔子及众多儒家圣贤的最大的盛典。韩国人祭孔使用明代的仪式，这是韩国的传统。除此以外，成均馆还有一个每月朔日的"焚香日"，在这一天。成均馆邀请学者前往讲解"四书"、《孝经》等，用焚香和读书来纪念孔子。

各地乡校的释奠礼规模要比成均馆小很多，但却是一丝不苟。每个人都有专门的祭服"儒巾服"，据说也是明朝传过去的。更令惊叹的是，韩国人至今把祭孔的礼仪称为"释奠礼"，而我们则更多地称为"祭孔表演"或"祭孔典礼"。"释奠礼"的名称却很少有人知道了。

韩国以"礼"为中心的道德规范体系，是从中国引进的，它使韩国成为当代名副其实的"礼仪之邦"，展现了对于古代先哲的崇敬，是后人对前人的伟大贡献的感激与承扬。这种感恩的意识，正是代代相传的民族美德。孔庙不仅是纪念孔子丰功伟绩的场所，而且成为了强化历史文化记忆的物质载体。

2011年10月17日，韩国成均馆馆长崔根德一行到北京孔庙和国子监博物馆交流访问。

第二节　越南的孔庙

越南仿效中国的教育制度，中央和地方各级学校也都建有文庙，与中华文化有很深的历史渊源。

越南李氏王朝李公蕴自幼受汉文化熏陶，饱读书诗经史，是个有远见的开国君主。他吸收前朝历史经验，以孔孟之道治国，仁政亲民，励精图治，1010

附1-2　越南文庙大门

年下诏书把安南国都花芦迁到比较富裕的红河三角洲的升龙城（即今河内市），于城内建庙祀孔子，以孔孟之道教化臣民。1070年建成雄伟的文庙。《大越史记全书》记载："庚戌年，李朝圣宗皇帝神武二年（1070年）八月秋建文庙，立孔子、周公及四配塑像，画七十二贤肖像，四季供祭，并让皇太子前来学习。"又于1076年在文庙旁建成国子监，据学者考证，文庙和国子监占地面积共为55007平方米（合150亩）。后人扩建改名为国学院，为当时越南王朝培养人才的第一个最高学府，按中国封建年代的模式，科举取士，直至1918年越南阮氏王朝才废科举。

附1-3 越南1442年进士题名碑

越南经历了千百年的兴衰，河内国子监早已不存，仅留下国子监的街名；而文庙有高墙围绕，面积共24500平方米，至今已有900多年历史了，可以说是在中国境外历史最悠久、最宏伟的孔庙。河内文庙与我国山东曲阜的孔庙有过学术交流。

河内的文庙前面是四条大柱（谓之"擎天四柱"），之后直通大门，大门南侧，有两道小门，那是"下马"处和四条朝拜的龙，再入内共分成五个区域：

第一个区域为人道。

第二个区域，成达：从大忠门至魁文阁，两侧有两个方形莲池，而魁文阁建在四条方柱上，上层以格木建成，阁上四道门向四方，象征着魁文星光芒四射。下面开有两道门，称为"秘文"与"蓄文"，象征着文章涵意深远，文辞优美。

第三个区域，进士坊：这是越南黎氏王朝所建，记录历届考取进士的事迹。有82块石龟背着的石碑，形态各异，每块高约1.5～2米不等，记录82届科举的1306名进士的姓名与籍贯。其中有两位进士相当特别，那便是12岁考中的阮

附1-4 越南孔庙内景

贤和68岁才考中的郭童寅。碑文都是对历朝歌功颂德。

第四个区域，大成殿：这是供奉孔子的大殿，正中有孔子塑像，前置香案，有四贤塑像，堂上有"万世师表"金字匾额，其字体和山东曲阜孔庙的匾额一样。四位贤人的塑像便是颜渊、子路、子思、孟子，还有72位弟子的牌位和越南儒家李朝国师朱文安的牌位。侧面有演奏古乐的小厅，另一边是藏书房，藏有《论语》《孟子》《礼记》《春秋》等古典中越文书籍及研究儒家学说的书刊，不少珍藏本来自中国。

第五个区域，太学：此区通国子监，有藏书库以及六排供学子居住的宿舍。河内文庙以及国子监的建设，为越南历代王朝所重视，把它当作一项巨大的文化建设工程，是当时越南历代王朝培养人才的场所，其历朝掌权的高官大吏大部分就学于斯，或经科举进入仕途。越南历代王公贵族到中国朝觐大都先到文庙致敬行礼。百年以前中国历朝到越南宣慰的将军及大吏都依例到文庙致祭。在文庙的门庭、走廊、过道，可以看到许许多多中文写的楹联，在厅内可以看到描绘考生中举骑马巡行，以及敲锣打鼓报喜的彩画，还可以看到百年前阮氏王朝率文武百官祭孔的照片。越南黎朝国王黎思诚（庙号黎圣宗），曾颁布过"五经"的"官板"，令越南国子监印行，越南国子监多次刻印过"监本书"。

越南文庙的活动，对孔孟的宣褒，国子监的教育，上千年越南的经、史、诗、文、碑刻都以中文为载体。

越南各县郡皆建文庙，学官、祭祀、配享如中国。1905年中国废除了科举制度，1918年越南阮氏王朝废科举制度。

直到现在每逢春节将至的时候，越南第一所大学——文庙国子监都迎接广大游客来烧香求字。男女青年来此祈求学习进步，考试通关。

第三节　日本的孔庙

就资料所及，除北海道尚未发现孔子庙或孔子像收藏情况的记录以外，孔庙的历史遗迹已经遍布日本列岛。其中，日本关东的两所孔庙，非常具有代表性。

一所是位于东京市文京区汤岛街区的御茶之水"汤岛圣堂"孔庙，曾经是经过幕府几代将军修缮并参与祭祀的江户时代国家级孔庙。明治维新后，汤岛圣堂曾参与建立日本近代东京师范大学、东京女子大学和东京国家博物馆。

另一所是位于东京以北70公里处的栃木县足利市足利学校。足利学校是15世纪

附1-5 由中国旅日侨胞于明治维新时（1893）建立的日本长崎市的孔庙

以来日本儒学传播和研究的重镇之一，也是日本尊孔敬孔历史时期的一个见证。自15世纪初"为兴儒学而建立"以来，一直作为有孔庙的儒家学校而出现在历史记载中，至今足利孔庙大成殿内还供奉着建成于1532年日本最早的木质孔子坐像。自创建以来，足利学校的儒学教育、孔子祭祀、孔庙修建管理以及孔庙文化等等，都具有鲜明的地方特色。日本的教育制度虽然和中国不同，但作为实际执政者的幕府将军和地方诸侯大名大多也修建学校和孔子庙。日本长崎市的孔庙由中国旅日侨胞于明治维新时期的1893年建立，庙内大成殿奉有孔子塑像及其他4位圣人的牌位，两侧有孔子72贤人的大型石雕像。殿内的全套祭器都是按曲阜孔庙内的祭器复制。

【附录二】《北京孔庙国子监史话》大事记

前124年，元朔五年，汉武帝在长安为汉博士置"博士弟子"50名，标志着中国古代中央最高学府的诞生。史家以此作为太学建立的开始。

1153年，贞元元年，海陵王完颜亮把都城从金代上京会宁府迁到燕京，称中都，完成了金国政治中心的向南转移，北京自此开始了建都史。

1174年，大定十四年，金世宗更定孔子庙释奠仪数。

1199年，承安四年，金章宗诏令修建太学于京城之南。

1205年，旧历二月八日，诸士大夫到金代枢密院改建的宣圣庙行释奠礼。

1233年，蒙古太宗继汗位后的第五年冬、第六年（1234）八月两次整修宣圣庙。

1234年，蒙古太宗窝阔台六年灭金后，经过道士冯志亨的劝说，由王楫向太宗建议在城南原金代枢密院旧址立为国子学。

1238年，忽必烈批准建立的"太极书院"建立。

1254年，蒙古宪宗四年，在忽必烈的严令下，冯志亨被迫将占据的国子学庙产控制权交出。

1254年，蒙古宪宗四年，忽必烈出王秦中，任命许衡为京兆（西安市）提学。

1262年，中统三年，元世祖忽必烈对旧宣圣庙进行整修。

1266年，至元三年，忽必烈命令开始兴建新都，建都地点选在今北京。

1267年，至元四年开始修建"大都"城，并规划好"庙学"所在地，即现在北京国子监和孔庙这个位置。

1269年，至元六年，元代国师、藏僧八思巴创建蒙古文字，忽必烈因此而设蒙古国子监、蒙古国字学（后为蒙古国子学），以推行这种新型的蒙古文字。

1271年，至元八年，忽必烈公布《建国号诏》法令，正式建国号为"元"，即位为皇帝。

1271年，至元八年，世祖忽必烈任命许衡为集贤馆大学士、国子祭酒。

1273年，至元十年三月，中书省命春秋释奠，执事官各公服如其品，陪位诸儒戴唐巾行礼。

1287年，至元二十四年迁都北城，设置国子监，立国子学于国城之东与国子监合署。

1299年，大德三年正月，中书左丞相哈喇哈斯奏请元成宗铁穆耳修建孔庙。

1302年，大德六年六月，修建文宣王庙的工程在京师正式动工。

1306年，大德十年正月，扩建国子监工程正式开工。

1306年，大德十年八月，京师孔庙建成。

1307年，大德十一年正月，元成宗铁穆耳去世。

1307年，大德十一年五月，元武宗给孔庙的正殿赐"大成之殿"匾，殿前中门赐匾"大成之门"。

1307年，同年七月，元武宗下诏，为孔子加封谥号为"大成至圣文宣王"，并镌刻立石于曲阜孔庙。这是历代统治者对孔子的最高封号。

1307年，大德十一年，虞集在大兴府学附近的草丛之中发现了被金军士兵掠走丢弃的先秦石鼓。5年后的皇庆元年（1312）移至北京孔庙大成门内。

1308年，元武宗至大元年，国子监扩建工程竣工。

1313年，元仁宗皇庆二年十一月，下诏开科取士。并由集贤学士赵孟頫书写"进士题名碑"刻石立于国子监。

1314年，延祐元年八月开考，延祐二年（1315）殿试进士。

1317年，元仁宗延祐四年开始重修国子学（监）殿门、堂庑，建东西两斋，建崇文阁。

1326年，泰定三年增建国子学环廊。

1327年，从泰定帝四年开始，所有在国子监读书生员都在监内就餐。

1329年，文宗天历二年扩建国子学斋舍。

1330年，明宗至顺元年，加封颜渊为"兖国复圣公"，曾参为"郕国宗圣公"，孟轲为"邹国亚圣公"，子思为"沂国述圣公"。

1336年，元惠宗至元二年，在北京孔庙立"加号诏书"碑（注：这块碑是为孔子加封谥号立石于曲阜孔庙的复制碑）。

1356年，元惠宗至正十六年，在北京孔庙立《加封先圣父母及圣配夫人颜曾思孟四子碑》碑。

1365年，至正二十五年，朱元璋修建了在自己管辖区域内的国子学，提拔许衡的儿子许存仁为博士。

1369年，洪武二年初规定：孔庙春秋释奠，止行于曲阜，天下不必通祀。同年十月，令天下郡县皆立学，学皆立孔庙，礼延师儒教授生徒。

1369年，洪武二年，下令召集诸多儒臣修订礼书《大明集礼》。

1370年，洪武三年，高丽国派金涛等4人到国子监读书。

1371年，洪武四年，朱元璋准奏改定孔庙祀物，将礼器笾、豆8个改为10个。

1372年，明洪武五年正月，明太祖再度派遣朝廷的使者出使琉球，要求中山王即国王位并建立新的年号，中山王察度应召，第一次派遣使臣赴明进贡，琉球从此成为中国的藩属。

1381年，洪武十四年，改建国子学。

1382年，洪武十五年五月，朱元璋在南京鸡鸣山下按照"东庙西学"的庙学规制建成新的太学和孔庙，并改太学名为"国子监"。

1382年，洪武十五年五月，明太祖着手制定国子监的"监规"。一年里曾经两次更定。此后，洪武十六年（1383）、二十年（1387）、三十年（1397）共5次更定国子监"监规"。

1382年，洪武十五年复设科举，三年一试定为制度。

1392年，洪武二十五年，朱元璋批准琉球中山王将自己的侄子和陪臣子弟送南京国子监学习的请求，并给予这些留学生以优厚的待遇。

1397年，洪武三十年，朱元璋下令工部改建南京孔庙，并亲自动手规划孔庙。

1403年，永乐元年，朱棣改北平府为北京。

1404年，永乐二年，设立由中央政府尚书侍郎领导下的分科机构专门管理北京国子监。

1415年，永乐十三年乙未科陈循榜题名碑始在北京国子监竖立。

1420年，永乐十八年迁都北京，将北京改称京师，南京成为陪都，朱元璋时的京师国子监则改称"南京国子监"，形成了南北二监（亦称南北二雍）。

1422年，永乐二十年六月，皇太子朱高炽督工部修葺国子监。两年后作战在外的永乐帝病逝于榆林川。

1429年，宣德四年修整孔庙大成殿及两庑。

1442年，正统八年，明英宗对北京国子监孔庙进行大规模维修改建，正统九年（1443）春二月竣工。

1451年，景泰二年，国子监司业赵琬呈奏明代宗要求为移出至太学门外的题名碑加盖房屋，准奏。

1458年，明英宗天顺二年，严格规定不是进士出身的不能升迁到翰林院，非翰林院官员不能入内阁。

1489年，明孝宗弘治十四年对国子监实施维修。

1526年，嘉靖五年十月，嘉靖亲自书写了《敬一箴》和《注范浚心箴》《注程颐视听言动四箴》诸篇文章，颁赐给大学士费宏等人。

1526年，嘉靖五年，琉球生蔡廷美等4人入学，6年后归国。

1528年，嘉靖七年十月，国子监敬一亭工程竣工。

1530年，嘉靖九年，修建孔庙启圣祠，厘正祭孔祀典。改孔子谥号为"至圣先师"。

1532年，嘉靖十一年，国子监实施维修工程。

1538年，嘉靖十七年，琉球生梁炫等4人入国子监学习，6年后归国。

1550年，嘉靖二十九年，琉球陪臣子弟5人入学。

1580年，万历八年为止，共接受琉球生16批来华学习。

1600年，万历二十八年，明神宗下诏将孔庙建筑的灰瓦全部换成绿色琉璃瓦。

1601年，万历二十九年，经过长期的努力，努尔哈赤正式整编牛录，建立正黄、正蓝、正白和正红四旗（固山），每旗约7500人。

1641年，崇祯十四年八月，重建国子监竣工。

1644年，清代顺治元年，定都燕京即始对国子监进行扩建，维修孔庙。

1644年，即顺治元年旧历十一月，宣布满洲官员子弟及汉官子孙都可送入国子监学习。

1644年，顺治元年十二月，建立八旗官学。

1645年，顺治二年，下谕丁祭时遣大学士1人（初献）行礼，翰林官2人分献，国子监祭酒祭启圣公于启圣祠。

1646年，顺治三年，清代进士题名碑始建于该科（丙戌），满汉进士题名同碑，每科一碑。

1652年，顺治九年，颁行并刻石新监规（俗称"卧碑"）。

1652年，顺治九年，清帝首次行视学释奠礼。

1653年，顺治十年四月，首次进行"京察"，考核京官。

1654年，顺治十一年，决定在国子监监生期满拨历合格之后由吏部、礼部共同考试，以定职衔。

1657年，顺治十四年，筹银30000两，经三年，修葺孔庙。

1657年，顺治十四年，规定举人在会试前复试。

1658年，顺治十五年，将国子监独立于礼部管理。

1660年，顺治十七年，在国子监开始按"积分法"实行教学管理，一年后废止。

1662年，康熙元年，废止国子监"拨历"的措施。

1663年，康熙二年，将国子监重新划归礼部管理，8年后又将国子监独立出来。

1668年，康熙七年，为筹释奠大典修缮孔庙。

1669年，康熙八年，皇帝命令大臣20员赴观象台当场测验新旧历法，现场得出结果。

1683年，康熙二十二年，维修国子监、孔庙大成殿、西庑、启圣祠。

1684年，康熙二十三年，东巡经过曲阜，亲自致祭阙里孔庙。尊行三跪九拜礼，并御制祝文。

1684年，康熙二十三年，琉球中山王陪臣子弟4人赴京受业，得旨允行。二十五年，梁成楫、郑秉均、阮维新、蔡文溥4人随琉球贡使魏英伯赴国子监学习，途中海上遇险漂至太平岛，至康熙二十七年方得以成行入国子监。7年后学成归国。

1685年，康熙二十四年，破格提拔例监生孔尚任为国子监博士。正月孔尚任赴京就职，入国子监博士厅讲经。

1689年，康熙二十八年，在原明代的会同馆内，设立俄罗斯馆，作为培养俄罗斯留学生的专门学校，属国子监管辖。

1690年，康熙二十九年，立北京孔庙先师门东西两侧的下马碑。

1690年，康熙二十九年，康熙亲征噶尔丹，乌兰布通开战。

1692年，康熙三十一年，在启圣祠修建工程中，时任国子监祭酒吴苑从土中发现了三块元代题名碑。

1696年，康熙三十五年，集结部队近8万人，第二次率军亲征噶尔丹，是为昭莫多之战。

1697年，康熙三十六年，亲征到达克鲁伦河北岸，闻报噶尔丹兵败身死，不战班师回京。

1699年，康熙三十八年，52岁的孔尚任完成《桃花扇》的写作。

1702年，康熙四十一年，和硕理亲王负责，对孔庙和国子监进行大修。

1712年，康熙五十一年，恢复会试复试的制度规定。

1712年，康熙五十一年，诏令"朱子昌明圣学，升跻十哲，位次卜子商"。

1712年，康熙五十一年，下诏开"蒙养斋"，开始编撰《数理精蕴》。

1713年，康熙五十二年，谕发广善库帑修葺孔庙两庑。

1715年，康熙五十四年，特命宋儒范仲淹从祀孔庙，位列东庑唐儒韩愈之后，开追认先贤、先儒之觞。

1718年，康熙五十七年，享有盛誉的一代戏曲家、原国子监博士孔尚任在曲阜家中与世长辞，年七十岁。

1723年，雍正元年，礼部会同工部奉旨修葺国子监讲堂和监生号房；修孔庙以备皇帝即位释奠大典。同年雍正追封孔子五代先人为王。

1724年，雍正二年，谕将皇帝到孔庙的"幸"字改为"诣"，以示对先师孔子的崇敬。

1724年，雍正二年，琉球生郑秉哲、郑谦、蔡宏训（当年病逝）入学，其余二人4年后归国。

1724年，雍正二年，废止每科进士捐资立题名碑做法，由工部动用正项钱粮刻石立碑。

1724年，雍正二年五月，命廷臣考议孔庙从祀的诸位先贤，增祀者二十人。

1725年，雍正三年二月丁丑，遣果郡王允礼祭先师孔子。

1725年，雍正三年，"特命康亲王、果郡王领监事"，从此国子监由皇帝特派的大学士、尚书、侍郎等高官兼任国子监管理监事大臣。

1726年，雍正四年八月仲丁，清帝首次亲诣孔庙释奠。

1727年，雍正五年，开始扩建八旗官学。

1727年，雍正五年，中俄签订的《恰克图条约》中规定每10年俄派遣6个留学生来中国学习满、汉语言。

1727年，雍正五年，规定国子监监生坐监36个月为期满。

1728年，雍正六年，始设俄罗斯馆于同文馆。

1729年，雍正七年，将国子监生考职地点改在贡院（原在午门）。

1730年，雍正八年，始定国子监每年膏火岁支户部库帑六千两，月给内外肄业生。

1731年，雍正九年，始设立国子监对面的"南学"，作为助教和监生内班生宿舍及读书场所；诏太常寺修缮孔庙。

1733年，雍正十一年，修葺孔庙东西庑。

1736年，乾隆元年，丰富孔庙祭祀礼品。

1737年，乾隆二年，改革国子监的教学内容。即学习科举考试的相关内容外，实行明经治事的"分斋教学法"。

1737年，乾隆二年，高宗特命北京孔庙大成门、大成殿着用黄瓦，崇圣祠沿用绿琉璃瓦，以昭展敬至意。

1738年，乾隆三年，孔庙着用黄瓦工程告竣，乾隆帝亲诣孔庙行礼祭先师孔子，始亲行三献之仪。

1738年，乾隆三年，升有若为十二哲，位次卜子商。

1738年，乾隆三年，奏准八旗官学生学习汉文的官学生增学经、史学识。三年时奏请钦差大臣考试，优秀者选拔为国子监生。

1739年，乾隆四年，将算学馆划归国子监管理，称国子监算学。

1746年，乾隆十一年，规定国子监生缺额必须经过考到、考验，方准录取肄业。

1752年，乾隆十七年，始定"大挑"制，于会试榜后举行。三科以上会试不中的举人参加，六年一次。

1753年，乾隆十八年，仲秋上丁亲诣孔庙，致祭孔子，增祭品数量，两庑改祭祀形式。

1759年，乾隆二十四年始，修葺国子监外东北角的御书楼。

1760年，乾隆二十五年，琉球陪臣子弟郑孝德、梁允治（病逝）、蔡世昌、金型（病逝）入学，3年后归国。

1768年，乾隆三十三年，御史曹学闵向皇帝建言建辟雍于太学之中，被礼部否决。

1768年，乾隆三十三年，重修北京孔庙大门，定名"先师门"。

1769年，乾隆三十四年，恢复国子监生考职在午门内的考点。

1781年，乾隆四十六年，由纪昀担任总纂官编纂的《四库全书》耗时10年完成。

1783年，乾隆四十八年始，仿周古制新建辟雍和与之配套的东、西碑亭，钟、鼓亭，琉璃牌坊。

1784年，乾隆四十九年，皇帝下旨在修建辟雍的同时将彝伦堂和其他的厅堂整修一新，并把除了辟雍、彝伦堂以外所有外悬的建筑横匾更换为竖额（即"华带牌"），以便牌上加进竖写的满文文字。

1784年，乾隆四十九年冬，"辟雍"及配套工程竣工。

1784年，乾隆四十九年初冬，高宗谕旨为三千老叟举行盛大的宴会，史名"千叟宴"。

1785年，乾隆五十年春天，高宗亲诣孔庙释奠。在新落成的辟雍举行盛大的临雍讲学典礼。

1790年，乾隆五十五年，仿刻石鼓、重刻潘迪音训碑。

1791年，乾隆五十六年之后，钦命和珅、王杰为总裁，彭元瑞、刘墉为副，负责考订蒋衡所书十三经文字，动工刻石。

1791年，乾隆五十六年，停止国子监贡、监生考职。

1794年，乾隆五十九年，十三经刻成并立于太学东西六堂檐廊之中。

1795年，乾隆六十年二月，耄耋高宗再次亲诣孔庙行上丁释奠礼。

1804年，嘉庆九年十二月二十五日，曾三次担任国子监兼管监事大臣的刘墉于北京驴市胡同家中逝世，享年86岁。

1805年，嘉庆十年，琉球生毛邦俊、向邦正、梁文冀、杨德昌4人入国子监学习，4年后归国。

1811年，嘉庆十六年，琉球生陈善继、马执宏、毛世辉、梁元枢入国子监学习，4年后归国。

1822年，道光二年，修葺孔庙殿庑。

1854年，咸丰四年，将国子监的6000两膏火银骤减到1200两。

1863年，同治二年议准，从三年（1864）的甲子科开始，允许优贡生参加廷试考官。

1870年，同治九年，恢复国子监原有的6000两膏火银。

1886年，光绪十二年，规定居住于南学定额60名内的诸生每名每月增加到8两膏火银。

1901年，光绪二十七年，时任吏部尚书的张百熙兼任管学大臣，专门负责京师大学堂的恢复和筹建事宜。

1902年8月，光绪二十八年，张百熙亲自主持拟定的《钦定学堂章程》，经清廷批准颁布执行，是我国第一个以政府名义规定的完整学制。同年12月17日，大学堂举行入学典礼，宣布正式开学。

1904年，光绪三十年，甲辰科考试结束，此科是自隋大业年间开科举试以来的最后一科。中试进士自筹银两建题名碑。

1905年，光绪三十一年，慈禧太后宣布停止一切乡、会试。1300年历史的科举制度终结。

1905年11月,光绪皇帝谕准设立学部,国子监所有事务归并学部。至此,国子监走到了历史的尽头。

1906年,光绪三十二年,升祭孔之礼为大祀。将大成殿扩展为九间五进,并全面修缮孔庙,历时10年,形成如今的布局规模和形制。

1907年2月18日,光绪三十三年,张百熙在北京逝世,享年60岁。

1914年,国家博物馆筹备处在国子监成立。

1916年,民国五年,孔庙改建全面竣工。

1916年,民国五年,教育总长范源濂将清代帝匾全部取下,移交当时的历史博物馆保存,大成殿内改悬民国大总统黎元洪的"道洽大同"匾。

1917年,国家博物馆筹备处迁至故宫午门端门。

1917年1月26日,京师图书馆在昔日国子监南学重新开放。

1928年,民国十七年,京师图书馆改称"国立北平图书馆",迁往中海居仁堂。一直被列为禁地的孔庙开始对外开放。

1948年,民国三十七年,最后一次祭孔。

1984年,大成殿重新对外开放,康熙"万世师表"匾移悬至大成殿前檐正中。

1988年,孔庙被国务院公布为第三批"全国重点文物保护单位"。

1989年,时任孔庙管理所所长、现任博物馆副馆长李超英率先垂范,艾春华、江帆两位专家悉心指导,孔子第七十七代嫡孙女孔德懋女士亦亲临指导,北京孔庙释奠祀礼遂又复兴。

2001年始,原首都图书馆、首都博物馆、首都少儿图书馆相继迁出孔庙和国子监。

2005年,"孔庙和国子监管理处"成立,马法柱为管理处主任。北京市委、市政府斥资逾亿元,历时两载,对国子监、孔庙进行了恢复历史(清代)原貌的大修工程。工程历时两载,2007年岁末北京奥运会开幕前夕竣工。至此,孔庙和国子监焕然历史原貌展示于天下。

2008年2月23日凌晨,国子监门外西侧"国子监"牌楼被一辆施工拖车碰撞,造成牌楼大额枋断裂,立柱出现裂纹(额枋与柱子均为民国时按原牌楼式样仿建的钢筋水泥质地)。后精心修复如初。

2008年4月24日,"孔庙和国子监管理处"正式更名为"孔庙和国子监博物馆",吴志友为首任馆长,至今。

2008年6月14日，国子监街举行隆重的"开街仪式"，届时"孔庙和国子监博物馆"正式挂牌开馆。

2009年6月8日，国子监街经国家文物局召集专家综合评定，位列"全国十大历史文化名街"之首。首批"中国历史文化名街"授牌仪式暨高峰论坛协调会在孔庙和国子监博物馆召开

2011年6月，成功翻建了"孔庙十三经碑林保护棚"和"进士题名碑保护棚"。

2011年9月28日，孔子2562周年诞辰日，北京孔庙举行"祭孔大典"。

2012年7月，完成了国子监敬一亭之东、西两厢的改造工程。

2012年9月28日，孔子诞辰日，北京孔庙再次举行盛大祭孔典礼。

2013年9月28日，经过反复研讨论证、精心施工的"孔子岫岩玉雕圣像和孔门七十二贤瓷板画廊"国学文化新景观工程终于完成。

参考书目

1.《钦定续通志》。
2.《元史》卷八十一。
3.《元史》卷一百八十九。
4.《续资治通鉴》。
5.《五礼通考》卷第一百十九。
6.《钦定国子监志》卷二十七。
7.《畿辅通志》卷七十九。
8.《立斋闲录》。
9.《诗经·大雅·公刘》。
10.《钦定大清会典》卷七十二。
11.《大戴礼记·保傅》。
12.《册府元龟》卷五百七十五。
13.《钦定国子监志》卷五十四。
14.《清实录·高宗纯皇帝实录》卷一千二百三。
15.《清实录·高宗纯皇帝实录》卷一千二百。
16.《清实录·高宗纯皇帝实录》卷一千二百十九。
17.《周易·系辞上》。
18.《易数勾隐图》卷上。
19.《梦溪笔谈》卷十八·技艺。
20.《易经·系辞传》。
21.《营造法式》卷三十二。
22.《钦定八旗通志》卷一百十二。

23.《圣祖仁皇帝圣训》卷十二。

24.《皇朝文献通考》卷七十三。

25.《周易衍义》卷八。

26.《论语》。

27.《尚书通考》卷九。

28.《野客丛书》卷八。

29.《后汉书》卷九十下。

30.《营造法式》卷三。

31.《怀麓堂集》卷七十二。

32.《明史》。

33.《池北偶谈》卷三。

34.《元名臣事略》卷八。

35.《明太学志》。

36.《明史·宋讷传》。

37.《明史》卷一百六十三。

38.《古廉文集·提要》。

39.《清史稿》。

40.《钦定历代职官表》卷三十四。

41.《清仁宗实录》。

42.《清会典事例》卷七九。

43.《元史》卷一百三。

44.《明会典》。

45.《钦定国子监志》卷三十。

46.《明会典》卷一百七十三·国子监·监规。

47.《圣祖仁皇帝圣训》卷十二。

48.《前汉书》卷五十六。

49.《汉书·鲍宣传》。

50.《明史·选举志》。

51.《南雍志》卷十·谟训考。

52.《清代全史》1991.7,辽宁人民出版社。

53.《钦定八旗通志》卷九十五。

54.《檐曝杂记》。

55.《皇朝文献通考》卷五十二。

56.《旗军志》。

57.《东华录》乾隆卷二。

58.《例案汇编》卷上。

59.《皇朝文献通考》卷二百五十六。

60.《钦定国子监志》卷三十七·算学。

61.《说文解字》。

62.《明史》卷六十九·选举。

63.《钦定大清会典事例》卷三九二(嘉庆本)。

64. 商衍鎏:《清代科举考试述录》。

65.《续清文献通考》。

66.《清会典》卷七十六。

67.《钦定国子监志》卷三十五。

68.《清会典事例》卷一零九八(嘉庆本)。

69.《清史稿》志八十一。

70.《钦定大清会典》卷七十六。

71.《皇明太学志》卷一。

72.《清朝文献通考》卷六十六。

73.《大清会典》。

74.《清史稿》卷一〇六。

75.《钦定国子监志》卷三十六。

76.《郎潜纪闻》。

77.《大学·第十章》。

78.《钦定国子监志》卷三十五。

79.《清世宗实录》卷七十一。

80.《钦定大清会典事例》卷三四〇。

81.《异辞录·考试公然犯规》。

82.《经世文续编》卷六五。

83.《钦定国子监志》卷四十。

84.《钦定大清会典则例》卷八十五。

85.《钦定大清会典》卷五。

86.《钦定八旗通志》卷一百八十九。

87.《钦定国子监志》卷十二（光绪本）。

88.《旧典备征》。

89.《政典类纂》卷一百九十八。

90.《戊戌变法档案史料》。

91. 朱保炯、谢沛霖：《明清进士题名碑索引》。

92.《清史稿》卷一百一十。

93. 王德昭：《清代科举制度研究》，1984.12，中华书局。

94.《清代中央国家机关概述》，1989.6，紫禁城出版社。

95.《诗集传名物钞》卷七·大雅三。

96.《说文解字》卷三上。

97.《尚书全解》。

98.《礼记·王制》。

99.《礼记·明堂位》。

100.《毛诗李黄诗解》。

101.《三辅黄图》。

102.《后汉书·献帝纪》。

103.《文献通考》学校考二。

104.《北齐书》卷六。

105.《旧唐书》卷一百八十九上。

106.《新唐书》卷四十四。

107.《宋史纪事本末》卷一。

108.《文献通考》卷三十四。

109. 邓广铭：《历史研究》，1990.1。

110.《玉海》卷四三《端拱校五经正义》。

111.《资治通鉴长编》卷六十。

112.《金史》卷五十六·志第三十七·百官二。

113.《金史》选举一。

114.《金史》卷五十一·志第三十二·选举一。

115.《金史》本纪第十一。

116.《金史》卷三十五·志第十六·礼八。

117.《御定佩文韵府》。

118.《通志》卷十一。

119.《史记·孔子世家》。

120.《论语·子罕》。

121.《孔子家语·辨乐解》。

122.《孔丛子·陈士义》。

123.《后汉书·礼仪上》。

124.《光绪顺天府志》。

125.《礼书》卷九十四。

126.《宋史》。

127.《五礼通考》卷一百二十一。

128.《辽史·宗室传》。

129.《辽史·道宗纪》。

130.《续文献统考·学校考》。

131.《金史纪事本末》卷三十四。

132.《金史·章宗本纪》。

133.《古今图书集成·礼仪典》。

134.《金史·礼志》。

135.《大金国志·章宗本纪》。

136.《湛然居士集》。

137.《元史·张德辉传》。

138.《雪楼集》。

139.《吴文正公全集》。

140.《日下旧闻考》。

141.《草庐文集·贾侯修庙学序》。

142.《国子学告揭大成殿新匾文》。

143.《五礼通考》卷一百七十五。

144.《春明梦余录》卷二十一。

145.《五礼通考》卷一百二十。

146.《钦定国子监志》卷十。

147.《清实录》（宣统卷）。

148.《三礼图集注》。

149.《宋宝祐四年登科录》卷一。

150.《朝野类要》。

151.《钦定国子监志》卷四十八（四库本）。

152.《世宗宪皇帝上谕内阁》卷二十七。

153.《钦定国子监志》卷六十一（光绪本）。

154.《凡将斋金石丛稿》。

155.《五礼通考》卷一百二十一。

156.《清世祖实录》卷一百八。

157.《钦定大清会典事例·礼部·中祀四·先师庙制》。

158.《五礼通考》吉礼卷一百二十二。

159.《论语注疏》卷六。

160.《通志》卷四十三。

161.《五礼通考》卷一百十七。

162.《世宗宪皇帝圣训》卷三十二。

163. 彭林：《中国古代礼仪文明》，2004.1，中华书局。

164.《仪礼·士虞礼》。

165.《元史》志第二十七·祭祀五。

166.《明史》卷四十七。

167.《大明集礼》。

168.《清史稿》卷二十四。

169.《清实录·世祖章皇帝》卷六十八。

170.《清史稿》卷八十四·志五十九。

171.《钦定大清会典事例》卷三百九·礼部·临雍（光绪本）。

172.《明史纪事本末》卷三十三。

173.《清圣祖实录》卷一七三。

174.《清圣祖实录》卷一七五。

175.《金史·熙宗纪》。

176.《中庵集》卷十七·贾驯诏先碑铭。

作者的话

北京国子监及其孔庙历经元、明、清三代皇朝近700多年的历史，是我国唯一保存相对完整的古代最高学府和教育管理衙署的历史遗存。2001年，北京市政府投以巨资全面修缮和恢复了北京国子监及孔庙的历史原生态并对外开放。很多国内外宾客对孔庙和国子监的历史渊源以及它们的历史作用显示出很高的兴趣，一些国家的学者还提出相关资料的二次文献要求。此前，国子监博物馆原研究部主任高彦先生就曾有计划与我将他撰写的国子监复原展览大纲稿本改写成一小册子的想法，藉此使游客更详细地了解国子监和孔庙。对此，国子监博物馆的新、老领导和研究部同事都给予了莫大的支持，文物局的相关专家以及北师大著名教授董乃强老师在本书初版和再版时曾两次逐字逐句地审读书稿并提出了中肯的修改意见。笔者就是在这样令人羡慕的研究环境中，不揣浅陋，广泛阅读有关古典文献，搜集和考证相关史料，重新勾勒写作线索和确立写作体例，并执笔写作。

六年前，经过呕心沥血地写作和修改，八次易稿的书稿出版了。我由衷地希望这本书能对我们这个东方大国五千年文明史重要的核心部分——太学传承体系，有一个较全面地了解。补充或完善对国子监史研究的缺憾是我们专业人员责无旁贷之要，希望这本书对探索我国教育史的传承脉络，能起到一颗铺路石的作用，将传承国学文化做到最广泛的普及。

2014年《史话》再版时,笔者用几年来对国子监史研究的新成果进一步完善本书,对书中的内容作了较大的修改,聊供读太学史者之一助。其中疏失之处,仍祈各位老师不吝赐教。

李永康

2014年12月

后　记

　　孔庙国2008年6月，我出任孔庙和国子监博物馆首任馆长，能在具有七百多年历史的子监工作，既感荣幸，又觉肩上担子沉甸甸……

　　据《元史·成宗纪》载："大德六年（1302）建文宣王庙于京师，十年（1306）营国子学于西偏。"程钜夫《国学先圣庙碑》中记载："大德十年（1306）秋庙成……至大元年（1308）冬学成。"这就是今天的孔庙和国子监，是元、明、清三代皇家祭祀孔子的专门场所和国家的最高学府、教育管理机构。1905年，随着科举制度的废除，孔庙、国子监的历史功能就此结束。2005年北京市政府拨专款对孔庙国子监进行了建国后最大规模的修缮，历时三年。并根据孔庙国子监的历史功能精心策划了"大哉孔子展"、"中国古代科举展""大成殿复原陈列展""国子监辟雍原状陈列展"等多项展览。

　　乾隆四十九年（1784）传说中的天子之学辟雍完工，乾隆皇帝甚喜，作《御制国学新建辟雍圜水工成碑记》以示纪念，文中记载了北京"国学"的历史："国学者，天子之学也。……北京之国学，自元历明以至本朝，尽五百余年矣。"北京"国学"——孔庙国子监自元至大元年（1308）修建完成，历经元、明、清、中华民国至公元二〇〇八年整整七百年！

　　在党中央大力倡导弘扬中华传统文化之时，在世界各地"孔子学院"雨后春笋般出现之际，具有七百余年历史的北京孔庙国子监如何担负起昌明"国学"、发扬优秀传统文化、建设"人文北京"、构建和谐社会的新使命，是我和我的同事们一直思考的问题。

中华民族的文化与历史同在，历史是我们观照今天的一面镜子！发掘孔庙国子监的文化底蕴是以了解孔庙国子监的历史为前提的，基于这样的想法，出版一本详细介绍孔庙国子监历史的专著是十分必要和紧迫的。研究部李永康同志在研究部高彦等同志的前期撰写的几个展览大纲的基础上完成了《北京孔庙国子监史话》的写作。出于"不诬古人，不误今人和后人"的目的，永康同志查阅了大量史料，反复甄别考证，付出了艰辛的劳动。《史话》初稿完成后，馆领导及研究部同志提出众多宝贵的意见，永康同志又数易其稿。《史话》也许不能完全尽如人意，但当你捧起沉甸甸的书稿，你会感到：手中的不仅仅是一摞纸，更是孔庙国子监七百多年的历史，是今天博物馆人传承中华民族优秀文化的一颗心！

新年伊始，恰逢北京四十年一遇之瑞雪，环顾雪后孔庙国子监，心中感慨，赋诗一首，以为后记，并向永康、高彦和所有对于出版此书给予支持帮助的朋友们表示敬意。

瑞雪铺圣地，祥祯入庙堂。
先师弄琴瑟，吾辈和诗章。
殿宇献素英，苍松做新娘。
神州行礼乐，国学旗正扬。

于2010年1月6日记